U0556592

北京市社会科学界联合会、北京市哲学社会科学规划办公室项目

北京社科青年学者文库

多边贸易体制中
非互惠问题研究

Study on Non-Reciprocity in
the Multilateral Trading System

郝荻 著

中国人民大学出版社
·北京·

图书在版编目（CIP）数据

多边贸易体制中非互惠问题研究 / 郝荻著 . -- 北京：
中国人民大学出版社，2024.9. --（北京社科青年学者
文库）. -- ISBN 978-7-300-32920-8

Ⅰ. F752.74

中国国家版本馆 CIP 数据核字第 2024AM5286 号

北京社科青年学者文库

北京市社会科学界联合会、北京市哲学社会科学规划办公室项目

多边贸易体制中非互惠问题研究

郝荻　著

Duobian Maoyi Tizhi zhong Feihuhui Wenti Yanjiu

出版发行	中国人民大学出版社				
社　　址	北京中关村大街 31 号		**邮政编码**	100080	
电　　话	010 - 62511242（总编室）		010 - 62511770（质管部）		
	010 - 82501766（邮购部）		010 - 62514148（门市部）		
	010 - 62515195（发行公司）		010 - 62515275（盗版举报）		
网　　址	http://www.crup.com.cn				
经　　销	新华书店				
印　　刷	唐山玺诚印务有限公司				
开　　本	720 mm×1000 mm　1/16		**版　　次**	2024 年 9 月第 1 版	
印　　张	20.25 插页 2		**印　　次**	2024 年 11 月第 2 次印刷	
字　　数	356 000		**定　　价**	92.00 元	

版权所有　侵权必究　印装差错　负责调换

《北京社科青年学者文库》编委会

顾　　　问：邓小南　陈平原　白暴力　谢地坤　黄泰岩

主　　　任：张才雄

常务副主任：杨志俊　谢富胜

副 主 任：刘亦文　李开龙　王　玮　徐　莉

编　　　委（以姓氏笔画为序）：

卜宪群　王一川　王广州　田海平　朱旭东　李曦辉

杨生平　吴晓东　张　翼　张宝秀　赵长才　郝立新

莫纪宏　寇　彧　隋　岩

项 目 统 筹：李晓华　陈松涛

出版说明

"青年强，则国家强。"

"未来属于青年，希望寄予青年。"

——习近平总书记的讲话语重心长。

青年"好像早晨八九点钟的太阳"，是民族的希望、祖国的明天、各行各业的未来，哲学社会科学界亦然。

2016年，习近平总书记在哲学社会科学工作座谈会上指出，要实施哲学社会科学人才工程，着力发现、培养、集聚一批年富力强、锐意进取的中青年学术骨干。为贯彻习近平总书记系列重要讲话精神，呈现和展示青年社科学者的优秀研究成果，并以此发现和培养青年社科学术骨干，扶持和助力青年学者成长，北京市社会科学界联合会、北京市哲学社会科学规划办公室策划设立《北京社科青年学者文库》。

该文库设计为开放性丛书，萃集北京地区高校和社科研究机构45岁以下青年学者的优秀学术专著和博士论文，由北京市社会科学理论著作出版基金予以出版资助、中国人民大学出版社出版。

希望该文库能为北京青年社科学者的学术发轫和进步作出有益的贡献。

编委会

2024年3月

前　言

　　多边贸易体制正面临着深刻的治理困境。以机制化、制度化为代表的WTO体制是多边贸易体制当下发展的最高阶段，这套以规则导向为基础的治理体系也面临着来自体制内外的多重危机和挑战。发展中成员待遇问题是各WTO成员围绕WTO治理困境所推动的改革焦点之一。以美国为首的发达成员反对发展中成员身份的"自我认定"，拒绝给部分新兴经济体以发展中成员待遇，并要求以对等为前提，重塑自由贸易秩序。发展中成员待遇的实质是多边贸易体制中的非互惠问题，非互惠治理困境反映了多边贸易体制的治理结构危机，也进一步加剧了这一结构性失衡。对该问题的破解是推动WTO改革、践行真正的多边主义的关键，也能为提升RCEP等大型区域贸易协定的凝聚力提供经验。

　　多边贸易体制中的非互惠是一个从理念到机制，再到具体规则条款的"三位一体"的系统性概念。多边贸易体制中非互惠的治理困境也相应地体现在非互惠的理论基础、制度体系以及具体条款三个不同层面上。在理论基础层面，多边贸易体制中的非互惠是非互惠理念与演进中的多边贸易体制相交织的产物。而互惠以及非互惠概念本身存在着理论体系不周延、内涵界定不清晰的问题。这组概念的复杂性、多变性与模糊性既为互惠与非互惠的学理分析增加了障碍，也为解析多边贸易体制中的非互惠治理从而完善非互惠制度制造了困难。此外，多边贸易体制中的非互惠还存在法理不明确的问题。不充分论证多边贸易体制中非互惠背后的法理，既难以为非互惠制度的完善提供正当性，也难以对要求弱化甚至取消多边贸易体制中非互惠的相关观点进行有力的驳斥。在制度体系层面，多边贸易体制中的非互惠存在定位不清晰、标准不完善以及主体不明确的问题。迄今为止，多边贸易体制中的互惠与非互惠相互脱嵌，WTO 体制中还没有建立起足够成熟的可以反映成员发展需求的非互惠治理机制。在具体条款层面，多边贸易体制中的非互惠存在条款效力缺失问题。上述问题是非互惠治理困境最直观的体现，反映了现有 WTO 内部治理与具有充分正当性的多边贸易治理之间的水平差距。

造成多边贸易体制中非互惠的治理困境的根本原因是结构性的。多边贸易体制结构性失衡贯穿了 ITO—GATT—WTO 的不同历史发展进程，而互惠与非互惠成为该发展进程中多边贸易规则体系建构的重要组成部分。发达成员和发展中成员非对称的驱动力量推动着多边贸易体制中互惠与非互惠的演进。互惠与非互惠的演进结果又反向作用于成员驱动力，形成了互惠与非互惠、发达成员与发展中成员的双向互动。

面对多边贸易体制中非互惠的治理困境，WTO 成员应当积极推动非互惠的制度完善。多边贸易体制中的非互惠在保障成员的平等参与权与民主决策权、维护成员的贸易政策规制权、促进贸易收益分配的实质公平、协调国际社会共同体利益等方面能够发挥积极作用，且能够强化规则生成的民主性、化解 WTO 规则生成危机，有助于促进发展权理念在多边贸易体制中的贯彻落实。然而，完善多边贸易体制中的非互惠制度不等同于对互惠原则的否定，更不意味着对现有自由主义国际经济秩序的颠覆。发展中成员群体不具备彻底转变现有国际经贸体制文化和制度的实力，激进式的改革反而会导致其自身被边缘化。

多边贸易体制中非互惠的制度完善尤其要处理好互惠与非互惠原则和对等开放的关系，并协调好互惠与非互惠背后发达成员与发展中成员的利益分歧。首先应确定在包容性的互惠原则下构建非互惠运行机制，确保 WTO 成员对非互惠谈判的平等参与，以弥补 WTO 的治理赤字和发展赤字，并实现成员利益共享和责任共担。其次应促使非互惠成为多边贸易体制的第三个规则支点。现行多边贸易体制事实上以美国倡导的公平为价值取向，以扩散的互惠为规范，以具体的互惠和无条件最惠国待遇为两个规则支点。多边贸易体制中的非互惠应与具体的互惠以及无条件最惠国待遇相互补充和协调，共同服务于多边主义扩散的互惠，并塑造更具包容性的公平价值理念。在此过程中，需注重成员权利义务的差异化配置，最终努力实现非互惠由理念到机制再到规则的全面、系统性完善。

本书主要分五章对上述内容进行了详细的论证与阐述。在逻辑上可以划分为理论基础、症结阐释与制度完善三个部分。第一章对多边贸易体制中的互惠与非互惠基本问题作了阐述。该章主要从三条线路入手，梳理互惠与非互惠的基本问题。第一条线路解释了互惠的词源、一般含义、学界对 reciprocity 的翻译差异和理解分歧；并以互惠为基础，对non-reciprocity 一词作出了全面的解读。互惠是一个谱系，而对等是其中的一个关键点，互惠包含了对等，也包含了不符合严格对等的更为宽泛的互惠关系。在国际社会中，共同体特征越明显，互惠中对于对等的要求越低。non-reciprocity 具有非相互、非互惠以及非对等三个层面的含义。其中，第一层面的非相互是第二层面的非互惠的内在组成元素，而非对等的范围要大于非互惠。

第二条线路阐释了多边贸易体制中的互惠与非互惠。互惠与非互惠均是一种理念，被引入多边贸易体制中，影响着多边贸易规则的形成发展。与此同时，互惠（对等）原则是一项国际法原则，也是 WTO 中的一项重要原则，而非互惠是一项具有争议的导向性原则。互惠与非互惠的理念之下均有一系列规则条款。多边贸易体制中的互惠来源于美国互惠贸易政策，对等与扩散的互惠的创新组合是多边贸易体制成功运行的关键元素，奠定了互惠在多边贸易体制中的基石地位。多边贸易体制中的非互惠是指多边贸易体制内一成员方（或缔约方）单方面给予另一成员方的利益或优惠，抑或成员双方或多方相互给予的不对等的利益或优惠。包含了特殊与差别待遇条款、新成员加入 WTO 议定书、关税减让表、服务贸易具体承诺表、开放式诸边协定等多种具体表现形式，且与扩散的互惠之间存在着交叉关系。

第三条线路分析了区域贸易协定中的互惠与非互惠，与多边贸易体制中的互惠与非互惠形成对照，既有利于对互惠与非互惠的基本问题形成系统化理解，也有利于探索多边贸易体制中互惠与非互惠的发展趋势与动力。考虑到区域贸易协定中缔约方经济发展水平的差异，非互惠在增加凝聚力、弥合缔约方利益分歧的过程中发挥了不可替代的作用。然而互惠与非互惠在 USMCA、CPTPP 以及 RCEP 中具有程度上的差异，USMCA 所展现出的重对等轻非互惠的特征，加速了非互惠理念在现有国际贸易体制中被削弱的趋势。

第二章详细分析了多边贸易体制中非互惠从产生到发展的演进脉络。从历史发展的时间线索出发对互惠与非互惠的发展作出纵向梳理，与前一章对互惠与非互惠多学科的横向分析相结合，有助于形成对多边贸易体制中的互惠与非互惠的全面深刻理解。该章主要沿三条线索详细梳理了多边贸易体制中非互惠从产生到发展的演进脉络。第一条线索澄清了发展经济学的理论流派与发展进程，为多边贸易体制中的非互惠演进提供了相应的理论渊源和解释。第二条线索梳理了非互惠在多边贸易体制中产生和发展的历史实践，这一实践发展进程是发展中成员努力参与多边贸易体制的真实写照。多边贸易体制中的非互惠自产生后，经历了从承担义务的非互惠到履行义务的非互惠再到多哈发展回合的非充分互惠的转变过程，在后多哈时期发达成员和发展中成员就非互惠的适用主体、方式和范围等问题展开了激烈的博弈。第三条线索则相对应地探究了互惠的反向演进路径。在以美国为首的发达成员的影响下，多边贸易体制中的互惠也经历了由扩散的互惠到具体的互惠、由以规则为基础的互惠到以结果为基础的互惠、由一阶差分的互惠到现状的互惠的发展趋势，自由贸易显示出向公平贸易和管理贸易的转向，与之相伴的是单边主义的盛行，与多边贸易体制中非互惠的演进相互作用。该章的创新点在于，通过梳理多边贸易体制中非互惠的演进脉络，以三个关键性阶段为标志，归纳并预测了非互惠演进的三种范式，即从隔绝的非互惠到例外的非互惠再到核心的非互惠的发展过程。这一过程是发展中成员总结参与多边贸易体制经验教训的结果，更是多边贸易体制沿着发展与进步的方向演进的体现。

第三章从三个方面论证了多边贸易体制中非互惠背后的法理，目的是解决多边贸易体制中非互惠的法理模糊不清的问题。对非互惠的法理分析是讨论多边贸易体制中非互惠治理困境和改革的前提，也是对要求弱化甚至取消多边贸易体制中非互惠的相关观点的驳斥。首先，多边贸易体制中的非互惠契合了国家经济主权、公平互利以及全球合作几项国际经济法的基本原则。其次，非互惠理念及其所统领的规则条款是发展权在国际经贸合作领域的体现，是对维护弱势群体发展权益的更为具象化的表述，为塑造包容性发展理念、构建包容性发展格局创造了空间，有助于促进发展权理念在多边贸易体制中的贯彻落实。作为集体人权与个体人权的统一，发展权所提供的理论基础能够补充国际法基本原则体系，回应现代国际法日益展现出的"人本化"的发展趋势。最后，对于法理的讨论无法回避法的正当性问题。该章通过对多边贸易体制中非互惠的正当性论证，进一步夯实非互惠的法理依据。从输入正当性与输出正当性两个视角，对非互惠的正当性进行了相对周延的阐释和证成，表明非互惠在强化规则生成的民主性、化解规则生成危机等方面具有重要作用，因而能够提升规则治理的正当性。

第四章剖析了多边贸易体制中非互惠的治理困境及其结构性成因。目的是寻找到非互惠条款效力缺失、非互惠治理机制不成熟等治理困境的症结，为未来完善非互惠制度，增强多边贸易体制的发展导向性和包容性打下坚实基础。该章从两个不同层面分析了多边贸易体制中非互惠的治理困境。非互惠治理困境最直观的体现在于具体的规则和条款层面，特殊与差别待遇、过渡期、灵活性以及授权条款等反映非互惠理念的条款在适用过程中存在效力缺失问题。多边贸易体制中非互惠更深层次的治理困境体现在非互惠治理机制的不成熟。迄今为止，WTO 体制中仍缺乏可以反映WTO 发展需求的系统性非互惠治理机制。治理机制建设的不成熟体现在非互惠定位不清晰、标准不完善与主体不明确等多个方面，不仅影响着已有的非互惠条款的效力，更阻碍了未来以发展为导向的多边贸易规则的形成。引发非互惠治理困境的根本原因是结构性的。多边贸易体制的生成发展，历经多个阶段，持续面临着互惠与非互惠之间的结构性张力。多边贸易体制中的互惠是等级制治理结构中的关键规范性元素，它具有权力导向性，且展现出相当程度的制度惯性，能够维持甚至扩大多边贸易体制不均衡的治理体系。而非互惠理念的提出是对于等级制结构性不平等的反思，它干扰了规则反哺权力的链条，又打破了西方发达成员对规则的垄断局面，因而引起了以美国为首的发达成员的排斥。该章的创新点在于对多边贸易体制中非互惠的治理困境的体制结构根源进行了深入挖掘，揭露了互惠与非互惠的张力背后贸易规则主导权的博弈，表明了互惠与非互惠以及发达成员与发展中成员驱动间的双向互动关系，解析了互惠与非互惠在WTO等级制治理结构中扮演的角色。综上，如何明确非互惠在多边贸易体制中的定位，回应非互惠治理困境的结构性根源，是未来WTO改革与规则现代化能否迈向成功的关键所在。

第五章主要围绕如何推进多边贸易体制中的非互惠制度完善展开论述。完善多边贸易体制中的非互惠制度的目的在于进一步提升WTO内部治理的正当性、弥合WTO成员利益分歧、化解自由主义霸权秩序下的结构性危机、推动WTO改革与规则现代化的实现。该章第一部分首先对多哈回合非互惠制度完善的谈判实践进行了实证分析。多哈回合发展中成员提出的改革建议，并没有充分解决多边贸易体制中的非互惠在原则、机制和规则各个层面的治理困境和症结，尤其未能对造成非互惠治理困境的结构性失衡予以矫正。《贸易便利化协定》虽然包含了非互惠创新元素，但由于贸易便利化议题自身的独特性质，该模式并不具备充分的可复制性，例外的非互惠向核心的非互惠转化的实践探索以失败告终。

该章第二部分在考虑多边贸易体制中非互惠的治理困境及其成因的基础上，结合前期制度完善实践中的经验教训，提出了多边贸易体制中非互惠制度完善的基本路径：在包容性的互惠原则下构建非互惠运行机制，并促使非互惠成为多边贸易体制的规则支点，在此过程中尤其要注重新兴经济体在推动非互惠制度完善方面的作用发挥，以成员权利义务的差异化配置优化发展中成员"毕业"和分类的敏感问题。

该章第三部分在基本路径规划的基础上，提出非互惠制度完善的具体方略：建立"互惠—非互惠"的"双层决策模式"，以推动落实在包容性的互惠原则下构建非互惠运行机制；倡导以规则导向为核心的非互惠标准，从而促使非互惠成为多边贸易体制的规则支点，并实现权利义务的差异化配置；创设多边贸易体制中的非互惠监督机制，增强非互惠条款的法律约束力，并防止成员权力滥用。多边贸易体制中非互惠制度完善的基本路径和具体方略的结合，将有助于实现非互惠由理念到机制再到规则的全面、系统性完善。

概言之，以规则导向为基础的WTO治理体系需要对非互惠问题进行从理念到机制再到规则层面的破解。非互惠制度完善将有利于推动多边贸易体制的有效运行，增强多边贸易规则的发展导向性，弥补 WTO 体制的发展、治理与规则鸿沟，为 WTO 改革和规则现代化提供有效突破口，也为中国扩大高标准自由贸易区网络、推动真正的多边主义提供重要的法治经验。

目　录

绪　论

一、研究目的

本书聚焦多边贸易体制中的非互惠问题。非互惠以互惠（reciprocity）为逻辑起点和基础，而 reciprocity 是一个多义词，在不同学科背景下具有相互、互惠、对等三种不同层面的含义。相应地，non-reciprocity 也具有非相互、非互惠、非对等三个不同层面的含义。第一层面的非相互是第二层面的非互惠的内在组成元素，而非对等既包含互惠下的非对等，也包含互惠之外的非对等——非互惠，非对等的范围大于非互惠。但考虑到学界对非互惠这一概念的惯常用法，本书仍将 non-reciprocity 一词的多层含义统称为非互惠。

多边贸易体制中的互惠具有美国互惠贸易政策渊源，以对等削减贸易壁垒和无条件最惠国待遇为规则支点。多边贸易体制中的非互惠是指多边贸易体制中一成员方（或缔约方）单方面给予另一成员方的利益或优惠，抑或成员双方或多方相互给予不对等的利益或优惠。非互惠是一种理念，其在多边贸易体制中具有相应的规则条款以及未完善的机制支撑，因而多边贸易体制中的非互惠形成了一个从理念到机制，再到具体规则条款的"三位一体"的系统性概念。由于非互惠在多边贸易体制中意味着差异性的权利义务配置，因此多边贸易体制中的非互惠不仅体现为特殊与差别待遇条款，还体现为新成员加入 WTO 议定书、关税减让表、服务贸易具体承诺表及开放式诸边协定等更广泛的形式。

多边贸易体制中的互惠与非互惠问题在本质上是 WTO 成员就贸易规则主导权和贸易收益分配而展开的博弈。多边贸易体制中的分配性矛盾在历史上没有得到解决，现如今这一矛盾更为凸显。在国家主权平等的基本原则下，国家间经贸合作是否要考虑各国的经济体量与实力，从而由贸易强国给予贸易弱国倾斜性让步？当对等开放已越发在主要贸易大国之间成为一种趋势，各国在国际贸易合作过程中如何协调不同发展水平缔约方之间的利益诉求？在经济全球化与区域一体化的大背景下，各国应如何在规则适用的普遍性与国家利益多元化的包容性间取得平衡？上述问题的解决，不仅关系到未来国家间经贸合作的前景，对于推动 WTO 改革与规则现代化进程，处理好 WTO 治理结构和规则生成危机也具有重要意义。

与此同时，中国正处于对外开放的新发展阶段，既需要利用对等开放提供深化改革的动力，也需要通过非互惠获取发展空间和法治保障，维护自身在对外开放过程中的自主性。中国促推国际贸易非互惠制度完善，还有利于中国提升自身的国际话语权，为世界经济秩序的发展作出理念创新和制度创新贡献。因此，解决发展中成员待遇争议及非互惠制度完善问题，对于中国争取良好的外部制度环境，积极参与全球治理体系的变革具有至关重要的意义。

多边贸易体制如今正面临着深刻的治理困境。以机制化、制度化为代表的 WTO 体制是多边贸易体制当下发展的最高阶段，这套以规则导向为基础的治理体系面临着来自体制内外的多重危机和挑战。其中，发展中成员待遇问题是各 WTO 成员围绕 WTO 治理困境所推动的改革焦点之一。以美国为首的发达成员认为以中国为代表的新兴经济体不正当地寻求特殊与差别待遇，利用 WTO 规则不公平地获取优惠待遇和灵活性。因而反对发展中成员身份的"自我认定"，拒绝给予部分新兴经济体发展中成员待遇，并要求以对等为前提，重构自由贸易秩序。

在美国频频抛出对等要求，并否定部分经济体享受发展中成员待遇之际，对多边贸易体制中非互惠问题的分析更具紧迫性。发展中成员待遇的实质正是多边贸易体制中的非互惠问题，对该问题的破解是推动 WTO 改革和规则现代化进程的关键环节。然而国际经贸体制中非互惠制度安排存在严重的治理困境。不仅非互惠的基本概念和理论体系存在模糊不清的问题，以特殊与差别待遇条款为代表、体现着非互惠理念的一系列规则条款也存在效力缺失的问题。且多边贸易体制还没有建立起可以反映成员发展需求的系统性非互惠治理机制，非互惠存在定位不清晰、标准不完善以及主体不明确的问题。回应上述问题，需要梳理多边贸易体制中互惠与非互惠的基本理论，分析非互惠治理困境的症结和原因，并提出相应的解决方案。

另外，本书的研究尤其注重多边贸易体制中互惠与非互惠的张力。互惠是国家间开展经贸合作过程中的常用概念，反映了各行为体对公平贸易的理解。互惠原则也构成了多边贸易体制的基石，在促进各成员展开经贸合作方面发挥了基础性作用。然而实践中被冠以互惠之名的国际经贸合作呈现出名不副实的状态。互惠概念本身具有的内在复杂性与模糊性，为以美国为代表的成员操纵 WTO 治理理念与治理规则提供了有效途径，压缩了非互惠的制度空间，导致了多边贸易体制治理结构的失衡和发展赤字的出现。美国近年来在国际经贸合作中大力推行对等合作模式，深刻影响着包括 WTO 和各类区域贸易协定在内的国际贸易体系。要使得非互惠理念嵌入并体现在多边贸易规则中，从而增强贸易体制的发展导向性，必须协调处理好多边贸易体制中互惠与非互惠的关系。

因此本书对于多边贸易体制中非互惠问题的研究重点在于以下方面：首先，在多学科理论背景下，澄清互惠与非互惠的种类、层次和内涵，系统梳理多边贸易体制中的互惠与非互惠，并进一步阐释二者间的关系，从而厘清多边贸易体制中互惠与非互惠的基本理论问题。其次，分析多边贸易体制中互惠与非互惠的演进脉络，总结其发展趋势，以揭示发达成员与发展中成员对多边贸易体制中互惠与非互惠演进的非对称的驱动力量。再次，对多边贸易体制中的非互惠进行法理分析，阐释非互惠的正当性，为完善多边贸易体制中的非互惠提供理论前提和铺垫。最后，揭示多边贸易体制中非互惠的治理困境，分析其生成根源，凸显互惠与非互惠之间的张力，并通过非互惠的制度完善，改善多边贸易体制的治理结构失衡。

二、文献综述

(一) 多边贸易体制中的互惠

现有研究对于多边贸易体制中互惠的法律属性、层次和内涵缺乏系统的梳理，因而存在不同学者在不同层面讨论互惠问题的现象，整体上呈现出碎片化的特征。巴顿（John H. Barton）等将互惠定义为多边贸易体制的一项基础性原则，并将其解释为成员应相互给予减让以实现利益交换的平衡状态。然而他们并没有对互惠原则及其所统领的规则进行系统性解析，而只是笼统地讨论了互惠原则适用于 GATT 早期各轮谈判以及再谈判的情形，并将非互惠原则视为对互惠原则适用的挑战①。何梦笔（Carsten Herrmann-Pillath）提出互惠是多边贸易体制不成文的宪法性原则，反映了每一个国家贸易政策的帕累托改进效果，以"协商一致"为动态等值②。杰克逊（John H. Jackson）则从实际削减贸易壁垒的操作层面入手，将互惠视为多边贸易谈判的惯例和目标。他提出，互惠是一种政治判断。GATT 主要的谈判方都要求互惠，而不论互惠究竟意味着什么。事实上，互惠在实际的关税减让谈判中难以评估，计算各种非关税措施的等同关税价值则更加困难③。基于上述判断，杰克逊还提出，互惠与主权概念具有密切关联，其都因过分注重重商主义传统而不再适应今天的全球化体制。赵维田则关注到了互惠内涵的复杂性，并从相互、互惠与对等三种含义出发解读 reciprocity 一词。他认为，相互意味着相互给予最惠国待遇，而对等则类似于美国实行的有条件最惠国待遇中的"等量补偿"④。除了不同学者对于多边贸易体制中的互惠的不同定性之外，现有研究还涉及多边贸易体制中互惠的分类、功能、关键性的特征和局限等多方面内容。

---

① 巴顿，戈尔斯坦，乔思林，等. 贸易体制的演进：GATT 与 WTO 体制中的政治学、法学和经济学 [M]. 廖诗评，译. 北京：北京大学出版社，2013：42 - 43.
② HERRMANN-PILLATH C. Reciprocity and the hidden constitution of world trade [J]. Constitutional Political Economy, 2006, 17 (3)：136.
③ 杰克逊. 国家主权与 WTO：变化中的国际法基础 [M]. 赵龙跃，左海聪，盛建明，译. 北京：社会科学文献出版社，2009.
④ 赵维田. 世贸组织（WTO）的法律制度 [M]. 长春：吉林人民出版社，2000：57.

1. 互惠的分类

许多学者在关税减让的背景下研究不同种类的互惠。在不同学者的归纳下，多边贸易体制中的互惠可以分为以下类别。

第一，具体的互惠与扩散的互惠。基欧汉（Robert O. Keohane）对于互惠问题的重要贡献在于他在吸收了其他学科研究成果的基础上将国际关系中的互惠层次作了系统梳理，并确定了具体的互惠（specific reciprocity）和扩散的互惠（diffuse reciprocity）两种被广为援引的分类类型。具体的互惠是指特定的行为体之间以一种严格限定的顺序交换等值物品的情形。这是经济学和博弈论对于互惠的典型定义。而扩散的互惠出现在许多社会学文献中。扩散的互惠关于对等的定义没有那么准确。行为体可能被视为一个群体而非特定的个体，且交换的顺序并没有被严格限定。基欧汉详细阐述了具体的互惠和扩散的互惠在单独促进国家间合作过程中的优势和弊端，并提出具体的互惠是世界政治中最常见最稳定的形式，但也强调扩散的互惠存在于需要广泛协调不同利益的合作型国际机制中。他指出无论扩散的互惠还是具体的互惠都无法单独成为规范国际贸易行为的理想原则。多边贸易体制能否成功在一定程度上取决于能否使得两种类型的互惠相互协调与融合①。

第二，机会的互惠与结果的互惠。格哈特（Peter M. Gerhart）区分了机会的互惠与结果的互惠。他提出机会的互惠意味着不同国家同等程度地开放市场，或作出同等程度的市场准入机会的减让。结果的互惠是各国从互惠减让中获得的实际利益的对等，也是 WTO 成员维护 WTO 体制的必要影响因素。因此即使 WTO 通过机会的互惠要求成员作出关税减让，仍然需要运用结果的互惠对贸易合作进行再调整。即以机会的互惠为主，结果的互惠为辅②。阿尔宾（Cecilia Albin）提出，WTO 体制既需要机会的互惠以充分利用市场的力量，最大效率地创造价值；也需要结果的互惠以兼顾不同成员之间的差异性，确保 WTO 成员都能够在谈判中获益，因

---

① KEOHANE R. Reciprocity in international relations [J]. International Organization, 1986, 40 (1): 1 - 27.

② GERHART P M. Slow transformations: the WTO as a distributive organization [J]. American University International Law Review, 2002, 17 (5): 1045 - 1096.

而拥有继续参与谈判、善意执行规则的动机①。

第三，一阶差分的互惠与现状的互惠。在国际贸易中一种常见的衡量互惠的标准就是通过衡量市场准入机会增加的水平，这种类型的互惠主要针对的是贸易的增量，而不考虑不同国家先前的市场开放水平。经济学家巴格瓦蒂（Jagdish N. Bhagwati）将这一标准定义为一阶差分的互惠②。何梦笔提出的现状的互惠（status quo reciprocity）概念，意味着由一国单边确定市场准入权利的减让幅度，或单边确定需要统一适用的规则。前者的代表规则是有条件最惠国待遇，后者表现为以《TRIPS协定》为代表的统一适用规则。其衍生物主要是指由美国主张的绝对的互惠，它不再意味着对等的减让幅度，而是指某领域内对等的开放水平，也因而成为其指责与他国间贸易关系不公平的理由和借口③。现状的互惠要求既可以存在于国家层面，也可以存在于部门层面；既可以是对最终达成的贸易结果或贸易额的要求，也可以包含对贸易条件和生产条件一致性的要求。后者通常被称为国内贸易规制和监管标准的"协调"（harmonization），以实现公平的市场竞争。

第四，正面的互惠与负面的互惠。法德（Shahrad Nasrolahi Fard）对正面的互惠与负面的互惠作出了区分。正面的互惠是指给正面的行为以正面的回应，即以善意回报善意。而负面的互惠是指给负面的行为以否定性的回馈，即以恶意对抗恶意。二者都在国际政治、法律和经济谈判中发挥着重要的作用。正面的互惠体现为国家间合作，是国际社会长期和平与稳定的关键。在当今世界，单个国家无法依靠自己的力量来面对各种挑战，国家间相互依赖程度的加深导致了各国在许多问题上需要开展合作④。国际法意义上的合作则意味着两个或多个国家为实现特定的

---

① ALBIN C. Getting to fairness: negotiations over global public goods [M] // KAUL I, CONCEIÇÃO P, GOULVEN K L, et al. Providing global public goods: managing globalization. Oxford: Oxford University Press, 2003: 266.

② BHAGWATI J N. Departures from multilateralism: regionalism and aggressive unilateralism [J]. The Economic Journal, 1990, 100 (403): 1313.

③ HERRMANN-PILLATH C. Reciprocity and the hidden constitution of world trade [J]. Constitutional Political Economy, 2006, 17 (3): 154 – 155.

④ FARD S N. Reciprocity in international law: its impact and function [M]. London: Routledge, 2015: 14.

目的在法律机制下自愿协调行动。由于国家间互动交往包含利益的平衡和分配，互惠在国家间谈判达成政策协调的过程中扮演了重要的角色。

第五，部门内的互惠与跨部门的互惠。米切尔（Ronald B. Mitchell）和基尔巴赫（Patricia M. Keilbach）分析了部门内的互惠和跨部门的互惠两种不同类型。他们指出，当国家行为能够产生对称的外部性时，国家进行相互合作的动机更强烈，因此各国只需要在具体的议题内部进行互惠减让。而当国家行为产生非对称的外部性时，国家面临的收益分配和协议执行的问题会更加严峻。具体议题内部的互惠仅会使部分国家获益，而另一部分国家需承担额外的执行成本。因此在面临棘手的分配问题时，国家有必要扩大国际机制调整的范围，利用议题之间的联结获得更多的合作激励①。部门内互惠的标准来源于竞争性市场的理念。美国独立的企业以及行业团体相信，有限的市场限制了美国企业的竞争力以及收益的上限，因此其更愿意支持部门内的互惠。但美国的行政部门通常支持跨部门的互惠，因为在多边贸易谈判中，各成员往往需要为最终达成协议作出妥协，这种妥协通常发生于部门之间。

第六，直接的互惠与间接的互惠。诺瓦克（Martin A. Nowak）和西格蒙德（Karl Sigmund）提出了间接的互惠的概念。不同于两个行为体之间直接发生的互惠关系，间接的互惠通过提高行为体的合作声誉来促进合作。行为体的合作声誉越高，其他行为体就越倾向于与他展开合作，尽管他们之间在过去并没有产生过直接的合作关系②。换言之，间接的互惠是一个行为体在历史中发生的互惠关系，通过产生合作声誉间接导致了他与另一行为体之间的互惠关系。

2. 互惠的功能

不同的学者分析了互惠的多种功能意义。第一，互惠对贸易自由化的

---

① MITCHELL R B，KEILBACH P M. Situation structure and institutional design：reciprocity，coercion，and exchange [M] // KOREMENOS B，LIPSON C，SNIDAL D. The rational design of international institutions. Cambridge：Cambridge University Press，2003：132.

② NOWAK M A，SIGMUND K. Evolution of indirect reciprocity by image scoring [J]. Nature，1988，394（6685）：573－577；DIEKMANN A. The power of reciprocity：fairness，reciprocity，and stakes in variants of the dictator game [J]. Journal of Conflict Resolution，2004，48（4）：487－505.

促进作用。虽然支持自由贸易的经济学家认为一国能够从单边的贸易自由化中受益因而质疑互惠的经济学意义，但在政治经济学方面互惠推动贸易自由化的作用被普遍认可。正如麦金尼斯（John O. McGinnis）和莫维塞西恩（Mark L. Movsesian）所言，WTO 体制的引擎是互惠，互惠为贸易自由化提供了动力。它不但有利于创造出口机会，也有利于解决国内的集体行动问题。因为拥有比较优势的生产者对获得国外新的市场的期望促使这类生产者在自己的国家游说支持进一步削减关税①。也有以谢笠天（Pasha L. Hsieh）为代表的相当一部分学者认为寻求特殊与差别待遇而没有互惠地开放市场、参与谈判是发展中成员在 GATT 时期贸易回合谈判中被边缘化的主要原因②。第二，互惠限制"搭便车"的作用。关注到互惠的这一功能的学者大都重视互惠在美国贸易政策中的起源，以及互惠贸易政策在多边贸易谈判中的影响力。体现了互惠原则的主要供应方规则便是 GATT 时期美国倡导的一项有效促使贸易伙伴开放市场的谈判规则，用以避免无条件最惠国待遇可能导致的"搭便车"行为。第三，互惠对国家间合作的促进作用。国家间相互依赖程度的提高需要各国开展更多的国家间合作，而互惠在促进国家间政策协调、平衡国家利益和权利义务过程中发挥着关键性作用。国际规则为国家权利义务的平衡提供了以互惠为基础的法律交易框架。第四，互惠对于规则的执行作用。互惠不仅仅是一种谈判方式。一旦条约谈判成功，互惠就转化为一种条约义务，以及自助执行条约的方式。特别是在没有超国家机构的无政府状态下，互惠在裁判、执行国际规则的过程中都发挥了重要作用③。第五，互惠在维护国家主权方面的法律意义。以芬格（J. Michael Finger）和温特斯（L. Alan Winters）为代表的学者认为协商一致决策方式下达成的多边贸易协定本身就定义了互惠，因为基于国家同意而达成的协定能够促进实现所有成员均认

---

① 麦金尼斯，莫维塞西恩. 世界贸易宪法 [M]. 张保生，满运龙，译. 北京：中国人民大学出版社，2004：60-61.

② HSIEH P. Reassessing the trade-development nexus in international economic law: the paradigm shift in Asia-Pacific regionalism [J]. Northwestern Journal of International Law and Business，2017，37（3）：321-370.

③ STOLL P-T, SCHORKOPF F. WTO: world economic order, world trade law [M]. Leiden: Martinus Nijhoff Publishers, 2006: 46.

为对其有利的结果①。协商一致或全体一致的决策方式本身就是国家主权平等的体现，而互惠通过确保每个国家都能从条约中受益而扮演了"试金石"的作用。第六，互惠的道德意义。卡普斯坦（Ethan B. Kapstein）提出扩散的互惠的概念符合罗尔斯（John B. Rawls）的差别原则。正如罗尔斯所说，差别原则表达了一种互惠的概念，它是一个相互得利的原则。扩散的互惠有助于确保社会秩序对每个人来说都是合理的，特别是那些弱势群体，社会秩序在这种意义上就是平等的。因此以扩散的互惠为交往基础的国家在互利的国际合作中将会享有更大的空间②。

3. 互惠的模糊性

许多学者指出了多边贸易体制中互惠的模糊性。这种模糊性首先体现为互惠标准的模糊性。格哈特提出，互惠的标准是通过谈判的过程自我定义并自我实现的。在整个谈判的过程中，不存在外部的监督标准来决定成员间是否已达成了互惠的要求，也不存在相关的裁决机构基于互惠标准判断成员达成的协定的正当性。更重要的是，WTO 成员也无法详细确定互惠的要求，因为这种标准本身就是不可执行的。WTO 只能通过设置相关机制来管理谈判的进程和谈判方的行为③。罗兹（Carolyn Rhodes）提出，涉及非关税壁垒的互惠贸易谈判相比于互惠的关税谈判更难衡量，各国在实践中通常以某国是否签订了统一适用的协定作为标准，但这样的标准无法准确衡量特定的贸易协定给不同成员方带来的不对称影响④。柯曾夫妇（Gerard and Victoria Curzon）认为，互惠是一个非常不稳定的术语。互惠在很大程度上是一个价值判断，难以进行客观衡量，这也解释了为何 GATT/WTO 谈判都是让成员方自主对互惠的标准

① FRINGER J M, WINTERS L A. Reciprocity in the WTO [M] // HOEKMAN B M, ENGLISH P, MATTOO A. Development, trade, and the WTO: a handbook. Washington, D. C.: World Band Publications, 2002: 50.

② KAPSTEIN E B. Economic justice in an unfair world: toward a level playing field [M]. Princeton: Princeton University Press, 2006: 50.

③ GERHART P M. Slow transformations: the WTO as a distributive organization [J]. American University International Law Review, 2002, 17 (5): 1045 - 1096.

④ RHODES C. Reciprocity, U. S. trade policy, and the GATT regime [M]. Ithaca: Cornell University Press, 1993: 92.

进行衡量，而从未对每一回合的谈判结果进行具体的计算和判断①。正如米切尔和基尔巴赫认为，互惠很少会为各谈判方带来平等的成本收益，但互惠所具有的平等的外衣能够避免收益分配矛盾变得过于尖锐，从而避免其成为争议的焦点②。

多边贸易体制中互惠的模糊性还体现为互惠类型的模糊性。格哈特认为，WTO 体制中的互惠类型具有模糊性。这种模糊性难以被解决，因为是内在于 WTO 体制的，导致 WTO 规则同时包含了确定性与灵活性。不同的利益相关者也可能在多边贸易体制内支持不同类型的互惠。然而，不同的互惠类型所代表的价值需要被平衡。尽管 WTO 在整体上看是以规则为基础，并崇尚机会的平等，但 WTO 成员有时也会致力于实现结果的互惠而不只谈判贸易规则。换言之，WTO 成员也会选择将结果为导向的谈判作为对规则的补充③。多边贸易规则灵活性存在的目的是为了协调机会的互惠与结果的互惠，以确保 WTO 规则能够在环境改变的情况下仍然产生令所有 WTO 成员满意的结果，在分配问题难以解决或未来存在较大不确定性的情况下推动体制向前发展④。

4. 对等减让的局限性

多边贸易体制中的互惠经常体现为对等减让。学界有一些研究成果探讨了多边贸易体制中对等减让的局限性。部分学者提出，对等减让难以约束成员权力的滥用。尽管以贝格威尔（Kyle Bagwell）和思泰格尔（Robert W. Staiger）为代表的经济学家提出，对对等的期待可以减少贸易谈判

---

① CURZON G, CURZON V. Non-discrimination and the rise of "material" reciprocity [J]. World Economy, 1989, 12 (4): 481 – 500.

② MITCHELL R B, KEILBACH P M. Situation structure and institutional design: reciprocity, coercion, and exchange [M] // KOREMENOS B, LIPSON C, SNIDAL D. The rational design of international institutions. Cambridge: Cambridge University Press, 2003: 140.

③ GERHART P M. Slow transformations: the WTO as a distributive organization [J]. American University International Law Review, 2002, 17 (5): 1045 – 1096.

④ GERHART P M. Slow transformations: the WTO as a distributive organization [J]. American University International Law Review, 2002, 17 (5): 1045 – 1096; MITCHELL R B, KEILBACH P M. Situation structure and institutional design: reciprocity, coercion, and exchange [M] // KOREMENOS B, LIPSON C, SNIDAL D. The rational design of international institutions. Cambridge: Cambridge University Press, 2003: 132.

中市场规模的影响力并约束权力的作用，仍然有学者强调了对等在约束国家权力方面的局限性。例如斯通（Randall W. Stone）认为，不能将国际机制中的行使规则与实践相混淆。尽管谈判过程中权力的行使会受到对等减让规范一定程度上的约束，但贸易体制中的谈判仍然是以权力为基础的①。伍尔科克（Stephen Woolcock）则全面分析了影响国家间经贸谈判结果的因素。他指出每个贸易谈判的参与方都有自己的获胜区间，而单纯依靠对等谈判并不能决定国家间贸易谈判的结果。这一结果要受到国家相对经济实力、国际制度或国际机制、市场、国家利益、国内决策机制和价值理念等多重因素的联合作用影响②。

更重要的是，发达成员长期以来操控着多边贸易体制中互惠原则的走向。关税减让和市场开放的对等主要是在发达成员拥有比较优势的领域内开展，发展中成员难以在其比较优势领域通过对等谈判获益③。WTO前总干事素帕猜（Supachai Panitchpakdi）指出，发达成员长期实行选择性贸易自由化，在其具有比较优势的领域要求以对等实现贸易自由化，在农产品、纺织品等具有防守利益的领域则以各种形式提供灵活性与豁免④。

一些国际法和国际政治学者讨论了对等与发展中成员关税减让的适配性问题。修德克（Robert E. Hudec）和芬格承认，虽然对等对于发达成员而言可以成为打开其贸易伙伴市场的有效工具，但对于绝大部分发展中成员而言，由于市场规模的局限性，以对等为基础的谈判无法为其提供充分的出口机会，也无法给予其足够的经济权力和实力来对抗来自发达成

---

① STONE R W. Controlling institutions: international organizations and the global economy [M]. New York: Cambridge University Press, 2011: 93.

② WOOLCOCK S. Factors shaping economic diplomacy: an analytical toolkit [M] // BAYNE N, WOOLCOCK S. The new economic diplomacy: decision-making and negotiation in international economic relations. London: Routledge, 2016: 38 - 58.

③ 廖凡. 构建更加公平的国际贸易体制: 对 WTO 互惠原则的再思考 [J]. 国际贸易, 2007 (6): 62 - 65.

④ PANITCHPAKDI S. The WTO, global governance and development [M] // SAMP-SON G P, CHAMBERS W B. Developing countries and the WTO. New York: United Nations University Press, 2008: 191.

员的贸易保护主义行为①。戈尔斯坦（Judith L. Goldstein）和斯坦伯格（Richard H. Steinberg）提出，GATT/WTO 的对等减让规范并没有对所有成员产生同等程度的影响力。只有那些拥有较大市场的成员方才能通过主要供应方规则而加入到关税的互惠减让过程中。对等使成员方在GATT/WTO 的谈判权在一定程度上受制于其由市场规模以及威胁关闭市场而产生的影响力②。卡普斯坦提出，对等减让实质上限制了部分发展中成员对多边贸易谈判的有效参与。因为发展中成员难以提供充分的市场准入份额，所以其难以在多边贸易谈判中享有足够的话语权③。伊斯梅尔（Faizel Ismail）客观全面地总结了发展中成员参与 GATT 和 WTO 谈判的实践。发展中成员曾反对将互惠原则作为 GATT 的核心原则，因为发展中成员缺乏讨价还价的能力，无法在对等的基础上从发达成员那里获得有价值的让步④。

还有一些学者揭示了多边贸易体制中严格的互惠在维护形式公平上的作用，以及推动实质公平方面的不足。例如韦德（Robert Hunter Wade）提出，互惠原则与非歧视原则致力于增进国际贸易的形式公平；而非互惠则致力于实现实质公平。考虑到发达成员与发展中成员之间的经济发展水平差距，应当增强对发展中成员的非互惠优惠待遇⑤。廖凡提出，互惠原则是多边贸易谈判的基础，但其强调的是形式上的公平和机会上的均等，因而存在深刻的内在局限⑥。车丕照提出，多边贸易体制中的

————————————

① HUDEC R E，FINGER J M. Developing countries in the GATT legal system [M]. Cambridge：Cambridge University Press，2010.

② GOLDSTEIN J L，STEINBERG R H. Regulatory shift：the rise of judicial liberalization [M] // MATTLI W，WOODS N. The politics of global regulation. Princeton：Princeton University Press，2009：211‐241.

③ KAPSTEIN E B. Economic justice in an unfair world：toward a level playing field [M]. Princeton：Princeton University Press，2006：50.

④ 伊斯梅尔. 改革世界贸易组织：多哈回合中的发展中成员 [M]. 贺平，凌云志，邓峥晖，译. 上海：上海人民出版社，2011：25.

⑤ WADE R H. What strategies are viable for developing countries today? the World Trade Organization and the shrinking of "development space" [J]. Review of International Political Economy，2003，10（4）：621‐644.

⑥ 廖凡. 构建更加公平的国际贸易体制：对 WTO 互惠原则的再思考 [J]. 国际贸易，2007（6）：62‐65.

互惠原则对国际法的一项重要挑战在于，多边国际法律安排能否兼顾互惠原则与公平原则。由于国家间地位的平等和缔约自由，以条约为主要表现形式的国际法对国家间利益的分配通常是互惠的。但互惠的国际法并不等同于公平的国际法。在某些情况下，可能需要通过非互惠来实现效果上的公平[①]。还有学者提出，形式上的对等和公平实际上表现出不对等和不公平，是对发展中成员利益的忽视。而非对等和非互惠的规定恰恰体现了实质上的公平与互惠[②]。

（二）多边贸易体制中非互惠基本问题

学界对多边贸易体制中的非互惠缺乏系统、完整、准确的界定，大都以 GATT1994 第四部分作为讨论多边贸易体制中的非互惠的依据。这一概念的模糊性恰恰证明了发展中成员想要在多边贸易体制中推进非互惠所面临的困境[③]。加西亚（Frank J. Garcia）使用了"非互惠义务原则"的概念。他认为市场准入是通过贸易法调整不平等问题的关键变量[④]。而非互惠原则的核心就是通过不对称的贸易自由化，以矫正不公平的贸易收益分配，保护发展中成员的利益不受损害[⑤]。他提出非互惠原则有两种基本形式：第一种是充分的非互惠义务。发展中成员可以通过谈判承担与发达成员不同的义务，其贸易壁垒削减的水平并不依照发达成员的削减水平而定。第二种是有限的非互惠执行。WTO 成员作出的贸易壁垒削减水平是相同的，但是发展中成员并不需要以与发达成员相同的速度进行削减，换言之，发展中成员被赋予了更长的执行期限[⑥]。整体而言，学界对于多

---

① 车不照. WTO 对国际法的贡献与挑战 [J]. 暨南学报（哲学社会科学版），2014，36（3）：1 - 10.

② 陈德照. 正确理解 WTO 的互惠原则 [J]. 世界知识，2002（3）：28 - 29.

③ JOBIM M L K. Drawing on the legal and economic arguments in favour and against "reciprocity" and "special and differential treatment" for developing countries within the WTO system [J]. Journal of Politics and Law，2013，6（3）：55 - 66.

④ GARCIA F J. Trade, inequality, and justice: toward a liberal theory of just trade [M]. Ardsley, N. Y.: Transnational Publishers, 2003：149.

⑤ GARCIA F J. Trade, inequality, and justice: toward a liberal theory of just trade [M]. Ardsley, N. Y.: Transnational Publishers, 2003：148.

⑥ GARCIA F J. Trade, inequality, and justice: toward a liberal theory of just trade [M]. Ardsley, N. Y.: Transnational Publishers, 2003：151.

边贸易体制中非互惠问题缺乏清晰的解读，大都将给予发展中成员的特殊与差别待遇作为多边贸易体制中非互惠的主要研究内容。

1. 特殊与差别待遇

部分学者分析了特殊与差别待遇条款的正当性基础。主要集中于弗兰克（Thomas M. Franck）的国际法公正理论[①]、罗尔斯的差别原则、国际合作发展原则、公平互利原则、国际法的法律多元化理论等等。蔡从燕则从契约法的视角分析了特殊与差别待遇条款的正当性基础，他提出 WTO 发展中成员与发达成员之间存在法律能力上的差别，因此现代契约法中有关保护契约弱者的规范设计可以为特殊与差别待遇条款提供契约法上的依据[②]。

国内外大量研究成果分析了特殊与差别待遇条款的不足。主要可归纳为以下几点：第一，特殊与差别待遇条款规则用语模糊且具有软法属性，导致其对发达成员缺乏强制力约束，且难以在争端解决实践中进行认定。有学者全面分析了特殊与差别待遇条款的软法性质，并把特殊与差别待遇条款分为四类："可自由裁量条款""尽最大努力条款""事实上无拘束条款""强制性但没有实际意义的条款"[③]。第二，发达成员对自身义务的规避，导致特殊与差别待遇条款实施效果不佳[④]。发达成员频频运用关税高峰与关税升级，且在实施特殊与差别待遇条款的过程中，多从自身需求出发，没有充分考虑发展中成员和最不发达成员的发展需要。第三，缺乏界定"发展中成员"的标准体系，且当下 WTO 体制中发展中成员与发达成员的二分法无法充分反映 WTO 成员的经济发展水平和能力差距[⑤]。第

---

① 弗兰克在《国际法与组织中的公正》一书中全面阐释了国际法的公正理论，并提出，商品分配的不平等不仅应有利于受益者，还应当按照比例或在更大程度上对所有人有利。FRANCK T M. Fairness in international law and institutions [M]. 2nd ed. Oxford：Clarendon Press，1995：18.

② 蔡从燕. 身份与契约：GATT/WTO 体制内"特殊与差别待遇"的契约法研究 [J]. 国际经济法学刊，2005，12（2）：140-162.

③ 姜作利. 试析 WTO 特殊差别待遇规则"硬化"的合理性：发展中国家的视角 [J]. 山东师范大学学报（人文社会科学版），2015，60（4）：68-79.

④ 漆彤，范睿. WTO 改革背景下发展中国家待遇问题 [J]. 武大国际法评论，2019，3（1）：93-108.

⑤ JEAN S. Moving towards a refined special and differential treatment. [R]. VoxEU and CEPR，202，2013：88.

四，特殊与差别待遇条款无法反映发展中成员和发达成员在执行多边贸易规则时的成本收益差距，因而无法矫正结构性失衡①。以柳井秋子（Yanai Akiko）为代表的学者提出，特殊与差别待遇并非依据法律规范和标准建立，在很多时候是发达成员和发展中成员政治妥协的结果，因而缺乏法律基础②。曾华群指出，特殊与差别待遇条款效果不佳的原因包括，发达成员掌控着 WTO 体制发展方向的主导权，而发展中成员不仅在经济实力方面不足，在制定、运用"游戏规则"方面也处于劣势③。另外，特殊与差别待遇条款缺乏基本法律原则的支持，这也导致特殊与差别待遇条款沦为 WTO 例外，以及成为发达成员对发展中成员单方面的施舍。

2. 发展中成员分类

有学者对主要 WTO 成员在发展中成员身份问题上的立场进行了总结④。其中，美国认为 WTO 成员自我认定发展中成员地位是导致 WTO 无法有效运转的主要原因。美国希望借助特殊与差别待遇的改革削减享受特殊与差别待遇的成员数量，提高 WTO 贸易自由化水平，提升成员间权利义务的对等性。欧盟认可发展中成员获得援助和灵活性的需要，但要求改变对发展中成员"一刀切"式的认定方法，要求以实际发展需求为导向，以客观证据为基础，提供差异化的特殊与差别待遇。对于美欧的立场，大部分发展中成员表示反对。以中国和印度为代表的发展中成员提出联合提案，强调发展中成员参与多边贸易体制的能力缺失，并认为发展中成员普遍适用特殊与差别待遇的基础条件并未消除。也有巴西、韩国等成员在此问题上转变了立场。发展中成员和发达成员两大阵营在发展中成员

①　SUPPERAMANIAM M. Special and differential treatment for developing countries in the World Trade Organization [M] // SAMPSON G P，CHAMBERS W B. Developing countries and the WTO. New York：United Nations University Press，2008：131.

②　AKIKO Y. Rethinking special and differential treatment in the WTO [R]. IDE Discussion Paper，2013，435：5.

③　曾华群. 论"特殊与差别待遇"条款的发展及其法理基础 [J]. 厦门大学学报（哲学社会科学版），2003（6）：5 - 13.

④　顾宝志. WTO 发展中成员地位改革及中国应对建议 [J]. 国际贸易，2020（1）：38 - 43.

身份认定、发展中成员政策空间等问题上分歧较大，甚至存在相互对立的利益冲突。有学者分析了美国要求部分发展中成员"毕业"的原因。其中包括：第一，美国与部分发展中成员经济发展水平差距缩小，引起其自身被赶超的忧虑；第二，美国认为对发展中成员不加区分地给予发展中成员待遇是造成多哈回合谈判失败的重要原因；第三，美国将国内结构性失业及部分行业国际竞争力不足归咎于现行多边贸易体制的不公平；第四，美国试图以对等的贸易思维服务"美国优先"的战略目标①。

对于中国的发展中成员身份问题，国内绝大多数学者认为中国应当坚持发展中成员身份，并与广大发展中成员深化合作，维护发展中成员在多边贸易体制中的利益。彭德雷、周围欢、屠新泉提出，在本质上，一些发达成员提出公平贸易与互惠的主张也是为了巩固并扩大其比较优势②。而中国与广大发展中成员仍存在合作基础，中国应当团结发展中成员，积极参与 WTO 未来规则的制定。以徐崇利为代表的学者提出，中国可以在符合自身经济发展实力的前提下，适当降低享受特殊与差别待遇的水平③。还有学者分析了我国发展中成员身份对改善全球治理的意义。新兴经济体与其他发展中成员必须用"一个声音说话"，方可提升整体话语权和博弈能力④。我国作为发展中成员的重要代表，能够带领广大发展中成员弥补传统全球经济治理体系中的发展赤字。

3. 多边贸易体制中非互惠原则的必要性及其引发的争议

发展中成员自加入多边贸易体制开始，就与互惠原则之间发生了复杂的互动关系，并在多边贸易体制中成功引入了非互惠原则。大部分学者认可为发展中成员提供在非互惠的基础上进行的关税减让的必要性。韦德提

---

① 李双双. WTO "特殊和差别待遇" 透视：改革争议、对华现实意义及政策建议 ［J］. 国际贸易，2019（8）：4 - 11，78.

② 彭德雷，周围欢，屠新泉. 多边贸易体制下中国发展中国家地位问题研究：基于历史、现实与规范的多维考察 ［J］. 太平洋学报，2020，28（1）：64 - 75.

③ 徐崇利. 新兴国家崛起与构建国际经济新秩序：以中国的路径选择为视角 ［J］. 中国社会科学，2012（10）：186 - 204，208.

④ 张久琴. 对中国 "发展中国家" 地位的再认识 ［J］. 国际经济合作，2018（11）：11 - 15.

出，考虑到不同成员之间经济发展水平的差异，非互惠原则应当被强化①。伊斯梅尔强调每个成员需要有一定的发展空间，依靠其自身的判断，采取最适合本国的政策。发展中成员尤其需要一定的政策空间来利用适合于本国的贸易政策和产业政策调整其经济结构、促进经济多元化、设定适合的经济发展阶段性目标。霍克曼（Bernard M. Hoekman）提出一揽子协定下的 WTO 规则不应对所有 WTO 成员强制性统一适用，他建议将 WTO 规则区分为核心与非核心协定。前者适用于所有成员，而发展中成员可以以满足发展目标为由免除特定的非核心义务。布朗（Andrew G. Brown）和斯特恩（Robert M. Stern）提出了尊重国家贸易政策规制权的重要性。当今世界仍然由不同的主权国家组成，这些国家都拥有自己的国家市场、目标和政策，因而这些目标和政策应当被认为具备一定程度的合法性。应当由各国自主决定其自身的社会标准和经济目标，自主决定如何调整本国国内法律和实践，以实现与其贸易伙伴之间的协调。这种方式才应被作为实现互惠贸易自由化的基础②。戈尔斯坦和斯坦伯格关注到非互惠在协调不同成员方利益并推动谈判进程方面的作用。他们提出非互惠原则在 20 世纪 80 年代开始被打破，1994 年乌拉圭回合之后，非互惠实质上成为多边贸易体制中的例外而非规则。正是这一趋势在很大程度上造成了 WTO 谈判的僵局③。

但与此同时，也有不少学者对非互惠原则持怀疑态度。以特松（Fernando R. Tesón）和克利克（Jonathan Klick）为代表的学者认为，贸易自由化能够从个体和整体方面增加所有参与者的利益，因此是消除世界贫困的最有效率的方式，而对发展中成员的优惠待遇并不能产生相应的效

① WADE R H. What strategies are viable for developing countries today? the World Trade Organization and the shrinking of "development space" [J]. Review of International Political Economy，2003，10（4）：621-644.

② BROWN A G，STERN R M. Global market integration and national sovereignty [J]. World Economy，2006，29（3）：257-279.

③ GOLDSTEIN J L，STEINBERG R H. Regulatory shift：the rise of judicial liberalization [M] // MATTLI W，WOODS N. The politics of global regulation. Princeton：Princeton University Press，2009：215-216.

果①。还有观点认为，对非互惠原则正当性的认知也可能是主观的②。多边贸易体制中的公平和平衡并不是一个可以衡量的现象，相反它非常容易受到其支持者的操纵。特别是考虑到 WTO 成员立场多受到其国内利益集团的影响，贸易关系的"公平"与否很可能成为这些利益集团实行贸易保护主义或迫使他国开放市场的借口。修德克也对公平贸易的道德基础持怀疑态度。虽然他认可了公平的规范性价值，但是他认为这一规范性价值在实践中难以实现。"发展中成员究竟应当从发达成员处获得多少优惠以实现实质公平？""哪些国家是发展中成员而有资格享受非互惠待遇？"③ 修德克认为，对上述问题的回答难以获得确定的法律依据，故不愿为贸易政策的道德讨论留下充分空间。

面对上述质疑，有学者从维护特定国际组织或国际体制内部的公平原则出发，论证非互惠原则存在的必要性。詹姆斯（Aaron James）提出了结构性公正的概念。国际贸易体制中的贸易事实上是一种合作性的市场依赖的实践，完全不同于一些经济学家想象中自发进行的自由贸易。这就是结构性公正原则所适用的社会现实。依据结构性公正原则，自由贸易只有在优势和劣势在制度背景下被恰当分配时才是公平的。除非存在过渡期等补充性的非互惠制度安排，否则贸易自由化的规则可能对发展中成员不公平。因此，发达成员对发展中成员的非互惠支持是其参与多边贸易体制应当付出的公平成本④。斯蒂格利茨（Joseph E. Stiglitz）和查尔顿（Andrew Charlton）客观地指出，考虑到发展中成员与发达成员之间显著的权力不对称，发达成员在贸易自由化和开放市场的进程中能够获得更多的收益，而发展中成员需要承担更高的执行和适应成本。因此对等减让

① TESÓN F R，KLICK J. Global justice and trade ［M］ // CARMODY C，et al. Global justice and international economic law. Cambridge：Cambridge University Press，2012：217 - 219.

② LIM C L. The conventional morality of trade ［M］ // CARMODY C，GARCIA F J，LINARELLI J. Global justice and international economic law：opportunities and prospects. Cambridge：Cambridge University Press，2012：145.

③ HUDEC R E. Developing countries in the GATT legal system ［M］. Cambridge：Cambridge University Press，2011：158 - 159.

④ JAMES A. Global economic fairness：internal principles ［M］ // CARMODY C，GARCIA F J，LINARELLI J. Global justice and international economic law：opportunities and prospects. Cambridge：Cambridge University Press，2012：113 - 118.

不应继续成为多边谈判的核心特征，发展中成员应当被给予更长的履行义务的过渡期。但他们也担忧一个过于强调非互惠的回合可能会让发展中成员缺乏参与谈判的动机从而进一步被边缘化，削弱其在多边谈判场所的话语权①。苏佩拉马尼亚（Manickan Supperamaniam）指出，贸易本身就会带来发展问题。特别是由于发展中成员一直都是规则和标准的接受者，而发达成员在多数情况下只是输出了自己的规则，WTO 规则执行的成本在不同的协定之间与不同的成员之间均具有显著差异。WTO 的执行需要时间、技术、资金等成本，对于大多数发展中成员而言，在不弥补这些执行成本的情况下，WTO 规则的执行将会挤压其发展空间②。

还有学者反对在探讨非互惠的正当性基础时采取唯经济学和唯效率论的做法。以 Chin Leng Lim 为代表的学者提出，认为 GATT/WTO 只服务于效率这一价值的说法本身是有历史争议的。因为对于效率这一价值的纯粹支持只是来自部分缔约方，并非其所有的成员③。桑普森（Gary P. Sampson）提出，对于自由贸易是不是解决全球贫困问题的最有效的方式，在经济学特别是发展经济学上也仍存有争议。以中国为代表的亚洲国家崛起的实践表明，虽然全球化是经济增长的主要引擎，但是全球化的主要受益者并不必然是那些经济政策最开放的国家。即使是贸易自由化这个最简单的政策建议，对其效果的评价仍然要取决于对执行这一政策建议的政治经济背景的判断，包括应该实行何种程度的贸易自由化，如何处理市场失灵的情况，如何对贸易自由化产生的收入和资源进行分配，能否保证贸易自由化在政治上具有可持续性等诸多考量因素④。詹姆斯提出，国际贸易体制中的贸易自由化进程是具有合作性质的社会实践，对此进程的治理不能由经济学

---

① STIGLITZ J E, CHARLTON A. Fair trade for all: how trade can promote development [M]. New York: Oxford University Press, 2005: 92.

② SUPPERAMANIAM M. Special and differential treatment for developing countries in the World Trade Organization [M] // SAMPSON G P, CHAMBERS W B. Developing countries and the WTO. New York: United Nations University Press, 2008: 134.

③ LIM C L. The coventional morality of trade [M]// CARMODY C, GARCIA F J, LINARELLI J. Global justice and international economic law: opportunities and prospects. Cambridge: Cambridge University Press, 2012: 148 – 149.

④ SAMPSON G P. The WTO and sustainable development [M]. New York: United Nations University Press, 2005: 207.

家垄断①。

公平正义实现途径的不确定性呼吁更具包容性的民主治理进程，而非"虚无主义"。即便哲学家对于国家公平正义的需求尚未达成共识，怀疑主义者的批评并不能撼动非互惠原则在多边贸易体制中存在的合法性基础②。对非互惠是否具备充分法理的分歧表明，学界对这一概念仍存在进一步讨论的必要性。

（三）在 WTO 体制内完善互惠与非互惠的政策建议

迄今为止经济全球化并没有惠及所有发展中成员，反而加大了世界经济体之间的经济发展差距。多边贸易体制中的互惠与非互惠并未在调整成员间收入差距、矫正结构性失衡等方面发挥应有作用。部分学者就如何在 WTO 体制内完善互惠与非互惠提出了相应的政策建议。

1. 在多边贸易体制中推行扩散的互惠

联合国贸易和发展会议（UNCTAD）的前任秘书长里库佩罗（Rubens Ricupero）曾提出，国际社会需要以宽泛的互惠关系为基础建立，且国际经济关系的互惠必须是真实的。真实的互惠必须体现于国家间谈判、决策和争端解决的各个环节中，必须考虑各国经济结构间的非对称性。里库佩罗认为，多边贸易体制需要重新进行更加公平的利益分配，以确保在各 WTO 成员间建立起真实的互惠关系③。卡普斯坦建议强化在原则层面的扩散的互惠的重要性。他认为，多边贸易体制的互惠原则必须是宽泛的、扩散的互惠，这样的互惠给所有的 WTO 成员都施加了恰当的义务和责任。而以对等为条件的互惠难以被视为公平的贸易体制基础。因为互惠概念必须承认不同经济体之间相对的实力差距，必须对发展中成员的

---

① JAMES A. Global economic fairness: internal principles [M] // CARMODY C, GARCIA F J, LINARELLI J. Global justice and international economic law: opportunities and prospects. Cambridge: Cambridge University Press, 2012: 113 - 118.

② BROWN A G, STERN R M. Concepts of fairness in the global trading system [M] // STERN R M. Globalization and international trade policies. Hackensack, NJ: World Scientific Publishing Company, 2009: 110.

③ SAMPSON G P. The role of the World Trade Organization in global governance [M]. New York: United Nations University Press, 2001: 57.

利益足够敏感①。阿尔宾提出，互惠必须考虑谈判参与方之间在资源等方面的差异。互惠通常情况下是为了实现整体的收益的平衡，需要参与方尽可能地去作出贡献，而不必然是作出同等程度的关税减让②。格林（William Scott Green）呼吁不应只关注互惠概念本身，还应关注互惠原则或规则适用的前提、背景和框架③。崔凡和洪朝伟则分析了多边贸易体制中对等原则与非歧视原则的联系，提出对等与最惠国待遇之间的关系可能存在四种情况：对等直接违背最惠国待遇原则、对等被当作最惠国待遇的合法例外或豁免、对等与有条件最惠国待遇相容，以及对等与无条件最惠国待遇相符。进而他反对过于狭隘地定义对等，并倡导以扩散互惠为主、兼顾特定对等，以多边互惠为主、兼顾双边对等，以全面互惠为主、兼顾产品对等，以避免违反最惠国待遇原则，对多边贸易基石造成破坏④。

2. 协调多边贸易体制中的互惠与非互惠

部分学者意识到，互惠与非互惠关系的不明确已构成了多边贸易体制中非互惠制度建设的障碍。以梅迪纳德·索菲（Igor Abdalla Medina de Souza）为代表的一些学者提出，多哈回合曾提倡的发展理念与多边贸易体制的对等规范相互竞争和冲突，因而限制了发展理念的实际作用。发展中成员当下面临的挑战是如何在对等、特殊与差别待遇，以及发展关注之间进行协调⑤。纳利卡（Amrita Narlikar）对发展中成员参与 GATT/

① KAPSTEIN E B. Economic justice in an unfair world: toward a level playing field [M]. Princeton: Princeton University Press, 2006: 60.

② ALBIN C. Getting to fairness: negotiations over global public goods [M] // KAUL I, CONCEIÇÃO P, GOULVEN K L, et al. Providing global public goods: managing globalization. Oxford: Oxford University Press, 2003: 266.

③ GREEN W S. Parsing reciprocity: questions for the golden rule [M] // NEUSNER J, CHILTON B. The golden rule: the ethics of reciprocity in world religions. London: Continuum International Publishing Group, 2008: 5.

④ 崔凡，洪朝伟. 论对等开放原则 [J]. 国际贸易问题，2018 (5): 1 - 11.

⑤ MEDINA DE SOUZA I A. The power of law or the law of power? a critique of the liberal approach to the dispute settlement understanding [J]. Meridiano 47 - Boletim de Análise de conjuntura em Relações Internacionais, 2015, 16 (150): 34 - 41; JOBIM M L K. Drawing on the legal and economic arguments in favour and against "reciprocity" and "special and differential treatment" for developing countries within the WTO system [J]. Journal of Politics and Law, 2013, 6 (3): 55 - 66.

WTO 的过程作了实证分析。她提出在乌拉圭回合之前的 GATT 谈判期间，发展中成员持续要求强化非互惠制度安排以促进谈判结果体现分配正义和结果公平。在乌拉圭回合谈判期间，发展中成员转而参与到以互惠为基础的一揽子协定谈判中，以接受新议题为代价来换取发达成员的关税减让。然而在 WTO 成立之后的谈判中，发展中成员认为在乌拉圭回合过于仓促地接受了对等谈判，导致自身面临沉重的执行成本，于是决定在接下来的多边贸易谈判中兼顾程序公平和结果公平。纳利卡将发展中成员在 WTO 成立后的立场转变解释为既没有直接拒绝也没有全然接受对等①，但她却没有透彻分析发展中成员立场转变背后的原因和机理。虽然她正确地归纳了发展中成员基于多边贸易谈判的实践经验而最终在对等与非互惠之间选择的中间立场，但是她没有在理论层面对这种中间立场进行解读和剖析。同样，兰普（Nicolas Lamp）揭示了为何发展中成员在多边贸易体制中所获得的非互惠优惠并没有真正回应这些成员的发展需求。他指出，发达成员承诺给予发展中成员的非互惠关税减让并非来自发达成员与发展中成员之间的谈判，而是最惠国待遇将发达成员之间的对等谈判利益扩展到发展中成员的结果。兰普虽然意识到主要供应方规则几乎剥夺了发展中成员参与谈判的机会和资格②，然而这一觉知也未能触及多边贸易体制中互惠与非互惠的结构性问题。概言之，虽然学界现有研究成果关注了多边贸易体制中对等与非互惠的关系问题，并呼吁在推进非互惠制度改革过程中对互惠原则予以重视，但始终没能将这一问题进一步上升到理论层面来探讨。多边贸易体制中的互惠与非互惠的关系没有得到充分的论证，对于如何推动互惠与非互惠的协调也缺乏相应的解决方案。

3. 对特殊与差别待遇的改革建议

由于非互惠概念的模糊性，学界尚未形成完善多边贸易体制中非互惠制度的系统性方案。绝大多数的研究集中于 WTO 体制下特殊与差别待遇

---

① NARLIKAR A. Fairness in international trade negotiations: developing countries in the GATT and WTO [J]. The World Economy, 2006, 29 (8): 1003 - 1030.

② LAMP N. How some countries became special [J]. Journal of International Economic Law, 2015, 18 (4): 743 - 771.

的改革。WTO 前总干事素帕猜曾提出要通过巩固加强特殊与差别待遇，使"发展"成为多边贸易体制权利义务的主流①。有学者提出要加强发展中成员联盟，以推动 WTO 特殊与差别待遇的"硬化"。Yong-Shik Lee 提出制定《发展促进协定》，允许发展中成员实施"发展促进关税"和"发展促进补贴"；并创造一个贸易与发展理事会，专门处理贸易与发展问题②。有学者建议设定各个部门领域内特殊与差别待遇条款的不同适用条件，以明确发展中成员享受特殊与差别待遇的具体标准③。苏佩拉马尼亚提出，应建立一系列清晰的标准，作为特殊与差别待遇的基础。这样的方式能够解决发展中成员间的差异性带来的特殊与差别待遇条款适用困境，且能够避免"毕业"和"分类"等敏感问题④。还有学者提出要建立能够反映经济社会发展综合水平的多维指标⑤。米查洛普洛斯（Constantine Michalopoulos）提出要为发展中成员提供更加充裕的执行期限，使其建立起履行义务所需要的制度能力⑥。有学者提出应注重发展中成员的能力建设，包括与贸易伙伴谈判的能力、执行贸易规则的能力，以及在国际经

① PANITCHPAKDI S. The WTO, global governance and development [M] // SAMPSON G P, CHAMBERS W B. Developing countries and the WTO. New York: United Nations University Press, 2008: 193.

② LEE Y-S. Development and the World Trade Organization: proposal for the Agreement on Development Facilitation and the Council for Trade and Development in the WTO [M] // LEE Y-S. Economic development through world trade: a developing world perspective. Netherlands: Kluwer Law International, 2008: 5; LEE Y-S. The long and winding road-path towards facilitation of development in the WTO: reflections on the Doha round and beyond [J]. Law and Development Review, 2016, 9 (2): 437 - 465.

③ 姜作利. 论 WTO 特殊与差别待遇的缺陷及改革建议 [J]. 法治研究，2020 (1): 98 - 108.

④ SUPPERAMANIAM M. Special and differential treatment for developing countries in the World Trade Organization [M] // SAMPSON G P, CHAMBERS W B. Developing countries and the WTO. New York: United Nations University Press, 2008: 137.

⑤ 袁其刚，闫世玲，张伟. 发展中国家"特殊与差别待遇"问题研究的新思路 [J]. 国际经济评论，2020 (1): 43 - 58, 5 - 6.

⑥ MICHALOPOULOS C. Special and differential treatment: the need for a different approach in developing countries and the WTO [M] // SAMPSON G P, CHAMBERS B. Developing countries and the WTO. Tokyo: United Nations University Press, 2008: 116 - 117.

贸市场上竞争的能力①，强调发展中成员和发达成员在能力建设方面的差异性而非经济地位上的差异性，以拓展特殊与差别待遇条款的正当性基础。还有学者建议倚重双边和区域自由贸易协定，提出以多样化的技术援助和能力建设条款拓展特殊与差别待遇条款的实施空间，建立合理有效的监督机制等多种特殊与差别待遇条款的完善路径②。

(四) 对国内外研究现状的评析

国内外不同学者已从不同学科角度、不同层次和不同类别对多边贸易体制中的互惠与非互惠进行了丰富的研究，研究内容涉及内涵、分类、功能、特征、正当性及争议、存在问题及完善等多个方面。但若想要从结构根源处透彻分析并破解多边贸易体制中的非互惠法律问题，为未来 WTO 改革和规则现代化进程作出贡献，现有研究仍不够完善和成熟，仍有一系列问题尚待学界作出进一步回应。

第一，学界缺乏关于互惠与非互惠的基本理论研究。特别是对于这一组概念的词源、词义、翻译等基本问题缺乏准确认识。互惠与非互惠基本问题的不明确，既为互惠与非互惠的学理分析增加了障碍，也为推进多边贸易体制中互惠与非互惠制度的完善制造了困境。另外，尽管互惠在社会学、经济学、哲学等学科领域已经具有较为成熟的理论基础，但是学界对多边贸易体制中互惠的研究更多停留在具体的规则和实践层面，未能汲取跨学科理论研究的精华，塑造符合 WTO 治理需求的互惠与非互惠原则与制度规范。

第二，现有研究对多边贸易体制中非互惠的法理分析不充分。学界大都从分配正义、实质公平等道德层面分析多边贸易体制中非互惠的正当性，缺乏从法律视角对多边贸易体制中非互惠正当性的论证，特别是对非互惠与国际经济法基本原则间的关系缺乏系统分析。对非互惠的法理分析不充分，将无法为多边贸易体制中非互惠治理困境和改革提供理论前提，

---

① FUKASAKU K. Special and differential treatment for developing countries: helping those who help themselves? [M] // MURSHED S M. Globalization, marginalization and development. London: Routledge, 2002: 164.

② 韩永红. 特殊与差别待遇: 超越世界贸易组织的改革路径 [J]. 政治与法律, 2019 (11): 36 - 144.

也难以对要求弱化甚至取消多边贸易体制中非互惠的相关观点进行有力的驳斥。

第三，学界对于多边贸易体制中非互惠问题的研究大多聚焦于条款，而没有触及多边贸易体制改革的结构性问题，没有对多边贸易体制中互惠与非互惠中的权力因素给予足够的重视。特别是互惠作为国际关系中新自由主义的研究重点，被放置于约束国家权力的对立面上。虽然有学者指出互惠在约束国家权力和规制国家行为方面的局限性，但他们仍然是将互惠作为约束权力的主体，而非权力作用的客体。而实践证明，多边贸易体制中的互惠与非互惠是成员制度性权力的主要载体，反映了成员间的力量博弈。因而对于非互惠治理困境的反思，不能脱离多边贸易体制治理结构失衡的背景。

第四，对于多边贸易体制中的互惠与非互惠缺乏理论层面的关系阐释。一些学者独立地分析多边贸易体制中非互惠的治理困境和对策，没有充分考虑互惠与非互惠之间的应然与实然关系，仅仅呼吁在非互惠的基础上给予发展中成员更优惠的待遇。这种研究思路仍然是将互惠与非互惠视作相分离、相对立的，这正是二者在多边贸易体制中面临治理困境的主要症结。非互惠并不是对于互惠的否定，二者间充满了张力，但可以相互协调。因而想要研究多边贸易体制中非互惠的治理困境及其解决方案，必须处理好多边贸易体制中互惠与非互惠的关系问题。

第五，现有研究成果大都没有对多边贸易体制中非互惠制度的完善作出从理念、原则到规范、规则的系统性的制度设计，因此无法落实非互惠理念，并以该理念指导未来多边贸易规则的谈判。非互惠制度的完善需要在明确基本路径的前提下，提出具有可行性的具体操作方案。而现有研究尚未针对非互惠治理困境的症结与根源，对完善路径进行准确的定位，具体的改革方案也呈现碎片化特征。许多学者提出的解决方案只是在表面上提高相应非互惠条款的法律约束力，在技术上对于条款的不足之处进行修补。改善多边贸易体制中非互惠的治理困境的关键，在于利用以规则为导向的非互惠标准进行差异化的权利义务配置，不能仅依靠具体的非互惠条款的完善，而需要依靠系统性非互惠机制的运转。现有研究未能对多边贸易体制中非互惠的机制化建设给予足够的关注，提出的改革和修补措施没有从本质上改变非互惠条款的法律特征与属性，并不能从治理结构上解决非互惠原则被边缘化的困境。

三、研究意义

尽管对等开放在主要贸易大国之间已越发成为一种趋势，但兼顾规则适用普遍性与成员利益包容性的非互惠制度安排有利于促进渐进式开放，未来将必不可少地体现在多边贸易机制组成和规则设计当中。中国正处于对外开放的新发展阶段，尤其需要利用非互惠获取发展空间和法治保障，维护自身在对外开放中的自主性，积极参与全球治理体系的变革。研究多边贸易体制中的非互惠问题，无论对于提高多边贸易规则治理水平，还是对于推动中国改革开放进程都至关重要。以下为多边贸易体制中非互惠问题研究的几点理论和实践意义总结。

（一）理论意义

第一，对互惠与非互惠的含义作出系统性梳理。学界对多边贸易体制中的非互惠缺乏系统、完整、准确的界定。这一概念的模糊性恰恰证明了发展中成员想要在多边贸易体制中推进非互惠所面临的困境。本书试图澄清对对等、互惠、非对等、非互惠等不同概念的基本内涵、特征和相互关系的理解，从而为进一步分析多边贸易体制中的非互惠问题奠定初步的理论基础。另外，本书还结合互惠的多学科背景，全面梳理了多边贸易体制中以及美国贸易政策中互惠的起源和发展脉络，厘清了多边贸易体制中多层次互惠的内涵和类别，澄清了非互惠的含义和表现形式，揭示了发达成员和发展中成员在多边贸易体制中互惠与非互惠演进过程中的双向作用力。

第二，对多边贸易体制中非互惠的治理困境作出结构性分析。现有研究成果大都针对特殊与差别待遇条款的缺陷进行表面化的改革建议，而对影响条款效力的结构性问题的分析不足。本书通过对多边贸易体制中非互惠理论规则体系及其治理困境的研究，能够在理论层面揭示多边贸易体制中互惠与非互惠相互脱嵌，以及非互惠被边缘化的问题，从而阐释多边贸易体制中非互惠的治理困境的症结所在。通过关注多边贸易体制中的非互惠问题，聚焦发展赤字，揭示 WTO 内部治理结构失衡与制度失范的理论症结，为未来非互惠制度完善奠定重要的理论基础。

第三，为未来完善非互惠制度安排提供重要的理论指引。本书在系统分析非互惠治理困境的基础上，呼吁对多边贸易体制中的互惠原则和规范进行反思，倡导在包容性的互惠原则下构建非互惠制度，推行以发展为导向的价值取向。保障发展中成员对国际经济事务的平等参与权，拓展发展中成员的政策空间和发展空间，调节国际贸易收入分配，以矫正不平衡的等级制治理结构。

（二）实践意义

第一，非互惠制度安排能够为发展中成员享受发展中成员待遇提供可行性方案。虽然发展中成员作为一个具有显著异质性的群体，分类和进一步差别待遇已成为多边层面上不可回避的问题，但发展中成员身份和发展中成员待遇是多边贸易体制中客观存在且不能撼动的重要组成部分。WTO若不能在谈判中融合体现公平价值的利益分配机制，并从根本上调整内部治理的结构性失衡，必将加剧自身谈判陷入僵局的困境。

第二，非互惠机制的构建有利于推动WTO谈判进程。发达成员和发展中成员在非互惠制度完善以及特殊与差别待遇改革方面的矛盾已成为WTO改革和规则现代化的主要障碍之一。通过协调互惠与非互惠原则体系的关系，建立起系统且完善的多边贸易体制中的非互惠机制，可以弥合南北双方的分歧，促进双方在给予发展中成员待遇问题上取得进展，并有效开展在其他规则领域的谈判。兼顾科学客观标准和各方利益诉求的非互惠机制可以成为WTO谈判机制的重要补充，指导成员方规则谈判过程中权利义务的分配，降低谈判难度，增加协商一致达成的可能性。

第三，非互惠提供的制度空间有助于推动中国的角色由全球经济治理的参与者向推动者、引领者的方向转换。未来多边贸易体制中的互惠与非互惠可能会成为各国争夺国际经贸规则制定主导权的博弈焦点。全面分析互惠与非互惠的法律特征、发展趋势、演进逻辑、制度弱点，以及背后的成员权力的关系，有助于中国积极参与多边贸易治理，平衡治理结构的失衡，有针对性地提出WTO改革与规则现代化的中国方案、贡献中国力量。

第四，多边贸易体制中的非互惠能为中国自身发展赢得必要的政策空间和法治保障。为推动建设更高水平开放型经济新体制，中国需要更主动和对等地开放市场。而非互惠与对等并非全然对立的关系。在主动开放市场以及参与引领国际经贸规则建设的过程中，中国更加需要非互惠制度安排提供的发展空间和政策空间作为法治保障。

四、研究方法

第一，历史研究法。一方面，本书系统梳理了多边贸易体制中非互惠的演进路径和脉络，并从非互惠的发展轨迹中总结了非互惠研究的逻辑范式；另一方面，本书系统梳理了美国互惠贸易政策的产生和发展史，也梳理了多边贸易体制中互惠的起源和发展路径，以展现美国互惠贸易政策对多边贸易体制中互惠产生的影响。更重要的是，对多边贸易体制中互惠与非互惠演进的历史研究，可以更好地呈现互惠与非互惠二者间的关系，及其背后的成员驱动力量。

第二，实证研究法。通过对多边贸易体制中体现非互惠理念的法律条文和案例进行分析，揭示多边贸易体制中非互惠的治理困境，证实了非互惠演进的逻辑范式，及其与互惠之间的结构性张力。

第三，跨学科研究法。综合社会学、经济学、哲学、国际关系学以及国际法学等多学科关于互惠的理论研究成果，构建多边贸易体制中互惠的理论基础，为澄清、协调多边贸易体制中互惠与非互惠的关系提供理论铺垫。

五、创新特色

本书全面梳理了互惠与非互惠理论及演变。结合多学科视角提出对多边贸易体制中互惠的全新解读，并尝试提出对互惠与非互惠从理念到机制、规则的系统性分析与完善建议，为多边贸易体制的未来发展及 WTO 改革方案奠定理论基础和规则改进思路。本书通过对以 WTO 为代表的多边贸易体制中非互惠的已有制度规范作出全面分析，提出现有的非互惠治理困境和成因，试图改善既有多边贸易治理的理论基础缺失和规则供给不足。具体而言，本书的创新点体现在以下几个方面。

第一，在多学科的背景下，对多边贸易体制中的互惠与非互惠进行全面系统的解释。此外，还从不同维度建立起概念谱系，有助于澄清对对等、互惠、非对等、非互惠等不同概念的基本内涵、特征和相互关系的理解。

第二，通过梳理多边贸易体制中非互惠的演进脉络，以三个关键性阶段为标志，归纳并预测了非互惠演进中的三种范式，即从隔绝的非互惠到例外的非互惠再到核心的非互惠的发展过程。这一过程是发展中成员总结参与多边贸易体制经验教训的结果，更是多边贸易体制沿着发展与进步的方向演进的体现。

第三，对多边贸易体制中非互惠治理困境的体制结构根源进行了深入挖掘，既澄清了互惠与非互惠之间的矛盾关系，又揭露了二者的张力背后贸易规则主导权的博弈，表明了互惠与非互惠以及发达成员与发展中成员驱动间的双向互动关系，解析了互惠与非互惠在 WTO 等级制治理结构中扮演的角色。

第四，提出了多边贸易体制中非互惠制度的完善路径——在包容性的互惠原则下构建非互惠机制，以使非互惠成为多边贸易体制的重要支点。本书提出，需要通过确立多边贸易体制包容性的互惠原则、强化多边贸易体制中非互惠原则的地位、建立"互惠—非互惠"的"双层决策模式"以落实这一方案。

第五，结合中国面临的新的外部发展环境和内部发展现状，提出了中国应对多边贸易体制中的非互惠问题的方案建议。中国应当在多边贸易体制中的非互惠制度完善问题上积极作为，通过进一步扩大对外开放提供市场驱动力，通过人类命运共同体思想提供理念驱动力，通过区域经济协调联动发展提供制度驱动力，积极促推具有发展导向性的国际贸易非互惠制度安排。

第一章　互惠与非互惠基本问题概述

本章对多边贸易体制中的互惠与非互惠基本问题作了阐述。目的主要有三重。第一，互惠是非互惠的逻辑基础，想要恰当地理解非互惠，必须将互惠的基本内涵予以澄清；第二，对多边贸易体制中的互惠与非互惠作出系统性梳理，解决学界长期以来对于互惠与非互惠这一组概念的认知混乱；第三，在多学科背景下，确立多边贸易体制中非互惠的基本内涵和定位，为探究非互惠治理困境和完善作基础理论的铺垫。为实现这一目标，本章主要从三条线路入手，梳理互惠与非互惠的基本问题。第一条线路解释了互惠的词源、一般含义、学界对 reciprocity 的翻译差异和理解分歧，并从经济学、社会学、法哲学等多个学科剖析互惠的内涵，重点对国际法中的对等和互惠进行了界定；并以互惠为基础，对 non-reciprocity 一词作出了全面的解释。第二条线路阐释了多边贸易体制中的互惠与非互惠。在规则层面揭示了互惠的美国国内法起源，梳理了对等和无条件最惠国待遇的具体表现形式；在原则层面明确了互惠原则具备更宽泛的扩散的互惠特征，与社会学背景下的互惠更加贴合。并在此基础上分析了多边贸易体制中的非互惠，区分了狭义与广义的非互惠，梳理了多边贸易体制中非互惠的表现形式，并特别辨析了非互惠与特殊与差别待遇条款、非互惠与WTO例外这两组易混淆概念，全面厘清了多边贸易体制中互惠与非互惠之间的关系。第三条线路分析了区域贸易协定中的互惠与非互惠，与多边贸易体制中的互惠与非互惠形成对照，既有利于对互惠与非互惠的基本问题形成系统化理解，也有利于探索多边贸易体制中互惠与非互惠的发展趋势与动力。本章的创新点在于，在多学科的背景下，对多边贸易体制中的互惠与非互惠进行全面系统的解释，还从不同维度建立起概念谱系，有助于澄清对对等、互惠、非对等、非互惠等不同概念的基本内涵、特征和相互关系的理解。

第一节　互惠与非互惠基本概念厘定

分析多边贸易体制中的非互惠问题，首先要澄清非互惠的基本含义。非互惠起源于互惠，本节试图对互惠与非互惠的基本概念进行梳理。互惠与非互惠这一组概念本身具有复杂性、多变性与模糊性。这些特征既为互惠与非互惠的学理分析增加了障碍，也为推进多边贸易体制中互惠与非互惠制度建设制造了困境。

一、reciprocity 的内涵与翻译

本书所指的互惠是由英语单词 reciprocity 翻译而来，因而要想澄清互惠与非互惠的基本概念，有必要追溯 reciprocity 一词的词源含义与用法，还需要探究 reciprocity 在汉语中的翻译，解释 reciprocity 对应的中文词语在词典中的一般含义，分析 reciprocity 的中译能否准确、充分地阐释该词的基本含义。

（一）reciprocity 的一般含义

Reciprocity 是一个多义词，在字典中的一般含义较为宽泛。《牛津英语词典》将该词的一般含义界定为"两方主体或事物之间相互行动、相互影响、相互取予等交往行为存在的状态或形成的关系"，也形容"相互间作用与反作用"[1]。在国际交往的层面则定义为"两个国家相互或对等地给予优势和优待，以形成商业关系的基础"，还用以形容"两国相互作出的行为或反馈"[2]。《韦氏新大学辞典》将名词的 reciprocity 解释为一种相互依赖、相互行为或相互影响的特质或状态，也表示优势或优惠的交换。并从多个方面解释了作为动词的 reciprocate：相互取予；相互或等量交

---

[1]　The Oxford English dictionary［M］. Oxford：Clarendon Press，1989：330.
[2]　The Oxford English dictionary［M］. Oxford：Clarendon Press，1989：330.

换；返还、报复（在性质或数量上）；报答、回报（通常不是对等的）①。《布莱克法律词典》将 reciprocity 一词的内涵分为三个层次：第一层含义代表着相互或双边的行为。第二层含义意味着为了商业和外交关系相互给予利益或优待。该词典进一步将第二层次的含义作了三种解释：其一，利益的相互关系；其二，以一种行为或事物交换价值基本等同的其他行为或事物；其三，等量的利益或优势。第三层含义则尤指对知识产权的保护，即一国对他国知识产权的保护，仅限于他国在同等程度上认可本国公民的同等权利。《元照英美法词典》对于 reciprocal 一词作了五个层面的解释：第一，相互的；交互的；有来有往的。第二，互惠的；对等的；相互补偿的。第三，相同的；相等的。第四，回报的；答谢的；报答的。第五，相应的；相互补充的。这五种解释是对于 reciprocal 较为宽泛的释义。此外，还有国内学者总结了 reciprocity 一词的三种常见用法——互惠、对等和相互，这三种含义在 reciprocity 的英文原义中均有相应的体现。

通过分析 reciprocity 一词的一般含义可以总结出以下几点：第一，这一概念具有双重指涉性。它可以形容特定行为，例如彼此采取特定的行动，彼此间"给予—接受—再给予"的交互过程，以及"以牙还牙"的报复行为。这种相互作出的行为往往显示出彼此间地位的平等性。另外这一概念还可以形容行为体双方所交换的内容，包括价值基本相等的物品，也包括等量的权利、利益和优惠。第二，"相互性"是各层含义均内在包含的重要元素，因为 reciprocity 代表一种社会关系的存在，且这种关系是相互的，而非单方建立的。第三，价值的对等是行为体互惠交往过程中需要秉持的标准，但并不总是构成互惠的必要条件。特别是 reciprocity 指涉对象为特定行为的时候，并不必要或难以对所交换的事物进行具体的价值衡量。另外，在特定的社会关系下，例如当 reciprocity 意味着报答、回报、答谢等含义时，交换物的价值只需要基本相等或成比例相等，而不需要严格一致。上述几点可以从对 reciprocity 的学理分析中获得进一步印证。

在学理上，reciprocity 这一概念具有两个至关重要的维度：权变性

---

① Webster's ninth new collegiate dictionary [M]. Springfield：Merriam-Webster Inc，1984：983.

(contingency) 和对等性（equivalence）①。互惠的权变性表明互惠是一种有条件的行为，取决于其他行为体是否作出期待中的给予报偿的反馈。互惠的对等性表明，在互惠的关系中必须存在某种大体等价的交换。这种粗略的对等对理解互惠而言是必不可少的，这就排除了那些不公正的、无回报的剥削行为。但互惠不等同于严格的对等，一个行为体给予的利益是否必须与其接受的利益对等是一个经验主义或实证性的问题②。换言之，并非所有的互惠都要求严格的对等。

基于互惠的基本内涵，互惠可以被分为具体的互惠与扩散的互惠两种类型。这是基欧汉对于互惠概念作出的最经典且被广泛引用的分类。具体的互惠类似于对等，是指特定的行为体之间以一种严格限定的顺序交换等值物品的情形。这是经济学和博弈论对于互惠的典型定义，以利己主义的理性选择理论为基础。但是在实践中，这种对等性如何实现会成为很大的困难，因为相对方对于对等的判断往往会偏向自身利益。而在扩散的互惠中，对于对等的要求并不严格，行为体可能被视为一个群体而非特定的个体，且交换的顺序并没有被严格限定。扩散的互惠更强调在整个群体内达成的平衡。换言之，"如果每个人都为提供公共产品作出了一定程度的努力，你也必须这样做"③。扩散的互惠多出现在社会学文献中，需要由普遍被内化的义务感来维持。互惠规范既可以包含道德因素，也可以包含实用主义与利己主义因素，但是互惠规范对于自我利益的理解要更为宽泛，

---

① 这两个维度由著名国际关系学者基欧汉提出。KEOHANE R. Reciprocity in international relations [J]. International Organization, 1986, 40 (1): 1-27.

② 社会学的相关文献在解释互惠概念时会非常谨慎，不将其解释为利益的严格对等交换。对等是一个难以衡量但十分重要的因素。考虑到互惠关系中的行为体时常承担着不同的义务，在没有"市场价格"的情况下，想要准确衡量对等几乎是不可能的事。对等可分为异态对等和同态对等。前者形容交换物在形态上不同，但是在价值上相等（tit-for-tat）；后者则形容交换物在具体形态和交换背景上都是相似或一致的（tat-for-tat）。GOULDNER A W. The norm of reciprocity [J]. American Sociological Review, 1960, 25 (2): 171-172. 另外，在不平等行为体或实力差距显著的行为体之间，对等是很难被期待的。互惠关系双方可能会相互交换彼此珍视的物品或服务，但是在他们所提供的交换物之间并不具有可比性。KEOHANE R. Reciprocity in international relations [J]. International Organization, 1986, 40 (1): 1-27.

③ SUGDEN R. Reciprocity: the supply of public goods through voluntary contributions [J]. Economic Journal, 1984, 94 (376): 775-776.

且对于其他行为体的"善意"更加信任。具体的互惠与扩散的互惠作为两个轴点，共同位于一个连续的统一体当中①。二者之间密切关联，且可以相互转化。多次重复的具体的互惠为扩散的互惠创造了信任的条件，从而有助于扩散的互惠的实现，而扩散的互惠的衰退可能导致行为体偏向于采取以对等为基础的有条件的利益交换。

（二）reciprocity 的翻译

国内对于 reciprocity 一词最常见的翻译是互惠和对等两种。《现代汉语词典》将互惠解释为"互相给予好处"；将对等解释为（等级、地位等）相等。《古今汉语词典》将互惠解释为互相给予好处；将对等解释为"平等，相等或相当的（地位、条件等）"。

国内学界对于 reciprocity 的翻译和理解有两种偏差。第一种偏差是将 reciprocity 翻译为互惠，又把互惠想当然地理解为共同获益，而不去考虑 reciprocity 在西方语义中的相互和对等的成分。第二种偏差则认为互惠与对等是一组相互排斥的概念，从而将二者完全割裂。例如有学者认为 reciprocity 翻译为对等更为贴切。理由是对等既有积极对等也有消极对等，二者都在国际政治、法律和经济谈判中发挥着重要的作用。而由于在国际法和多边贸易体制中，国家都可以依据 reciprocity 采取报复措施，因此 reciprocity 应当翻译为对等而非互惠②。也有学者因此认为，"对等原则的外延要大于互惠原则的外延"，因为"互惠原则仅仅适用于两个国家间相互给予优惠和便利，并不涉及彼此间相互限制、歧视或敌视"③。

事实上，仅因为对等的含义更能体现消极的报复和反措施，就认为对等的外延大于互惠的判断是不准确的。因为 reciprocity 一词，从"以善报善，以恶报恶"的角度理解，原本就存在积极和消极两面。根据前文的分析，reciprocity 这一概念体现出的是由权变性与对等性这两个关键成分所支撑起来的一个谱系，而对等只是这个谱系中非常重要的一点，消极对等所包含的报复行为正是对这一点所在社会关系具体的体现。虽然对等在国

---

① KEOHANE R. Reciprocity in international relations [J]. International Organization，1986，40（1）：1－27.

② 崔凡，洪朝伟. 论对等开放原则 [J]. 国际贸易问题，2018（5）：1－11.

③ 张亚非. 浅论对等和互惠原则及其作用 [J]. 社会科学，1984（10）：60－63.

际关系与国际法中被广泛适用，但是仍不能概括 reciprocity 以及整个国际社会交往的全貌。相比之下，互惠的对等性并没有非常严格，在此意义上更符合 reciprocity 的区间性特征。因此，本书倾向于将 reciprocity 翻译为互惠，而将具体的互惠这种特定类型翻译为对等。互惠包含了对等，也包含了不符合严格对等的更为宽泛的互惠关系。但需要注意的是，互惠（reciprocity）不能等同于互利（mutual benefit），因为互利更强调相互获益的结果，而 reciprocity 并非仅仅关注于共同受益的结果，而是更注重相互给予的行为进程，且互惠关系中的行为体双方并不必然能通过互惠（reciprocity）的过程实现互利（mutual benefit）的结果。

因此，reciprocity 一词究竟应译为互惠还是对等不能一概而论，应视情况而定。互惠比对等一词更能体现个人或国家间的交往关系，而对等比互惠更能强调行为或利益交换价值的等同。正如古尔德（Alvin W. Gouldner）所称，"互惠并非一个存在与否的概念，而是存在着数量上或程度上的差异"[1]。在利益交换的区间范围内，一个极端是交换利益或价值完全对等，而在另一个极端中，某行为体可能没有为他所得到的利益提供任何回报。但是这两个极端在社会关系中均较为少见，更为常见的情况则体现在利益交换区间的中间范围，即某一行为体或多或少会为其接受的利益提供大致相等的回报。

虽然对等策略在促进行为体间的合作问题上能够发挥重要作用，但是现实中，许多行为体增强社会凝聚力或主动提供公共产品的行为并不能仅仅依靠对等获得解释。同样地，在国际社会中，对等或具体的互惠事实上只调整着国家行为的一部分而非全部。具体的互惠容易导致内部管理的混乱和谈判的僵持[2]。从这个意义上讲，具体的互惠势必需要扩散的互惠作为补充。扩散的互惠多出现在具有共同利益和观念的同质性社会群体中，

---

① GOULDNER A W. The norm of reciprocity [J]. American Sociological Review, 1960, 25 (2): 165 - 167.

② 因此在国际关系中，仅依靠具体的互惠也不利于实现国家间互利的合作。因为如果政府之间只依赖具体的互惠进行交往，它们就无须对彼此承担义务，而只需要按照"一报还一报"的策略进行即时或短时间内的等价交换，这种完全依赖具体的互惠的社会是难以产生信任感和凝聚力的。KEOHANE R. Reciprocity in international relations [J]. International Organization, 1986, 40 (1): 1 - 27.

但其单独使用可能会产生"搭便车"的问题①。由于单独依靠具体的互惠和扩散的互惠都无法为促进合作提供有效的解决方案，各国为扩大彼此间合作的范围，有必要在进行国际制度设计时综合利用两种互惠类型。

综合以上讨论，互惠是一个多义词，具有相互、互惠、对等几种常见含义，包含了权变性与对等性两个重要的维度，经常被区分为具体的互惠（对等）与扩散的互惠两种典型的类别。互惠是由权变性与对等性成分支撑起来的一个谱系，而对等只是这个谱系中非常重要的一点。互惠包含了对等，也包含了不符合严格对等的更为宽泛的互惠关系。

二、多学科背景下的互惠含义解读

互惠并非国际法和国际关系中的专有词语，事实上不同学科都对这一概念作了大量研究。互惠在经济学、社会学、法哲学等不同学科领域的含义具有差异性。只有综合分析、阐释互惠在不同学科背景下的基本含义，才能对互惠这一概念作出更加全面、深刻与系统的理解。

（一）经济学意义上的互惠

经济学和博弈论视角下的互惠大多体现为"一报还一报"的策略，也即对等的策略。经济学的相关辞典中大都将对等作为解释 reciprocity 的关键元素②。国际贸易中的互惠通常也是指国家以对等减让的方式来保持贸易平衡，谋求贸易自由化的实现③。

博弈论对于这种对等策略促进合作的作用作出了科学和理性的分析论证。对等策略对利己主义的理性行为体之间的合作促进作用可以追溯到阿克塞尔罗德（Robert Axelrod）设计的"重复囚徒困境"的计算机竞赛。在其预先设定的"重复囚徒困境"模型中，每个参赛者被要求提供一个计算机程序以体现其博弈策略。经过不同参赛程序的对局和博弈，在先

---

① 特别是当社会中缺乏足够的规范认知和义务感的时候，扩散的互惠不能创造提供公共产品的动力。

② 例如认为对等性和双边性是互惠待遇的特点，而由于其他国家无法享受这种优惠待遇，互惠是一种差别待遇。梁小民，睢国余，刘伟，等. 经济学大辞典 [M]. 北京：团结出版社，1994：83.

③ 剧锦文，阎坤. 新经济辞典 [M]. 沈阳：沈阳出版社，2003：274-275.

后两轮比赛中得分最高的策略均为最简单的"一报还一报"策略，从而揭示了对等策略在建立、促进合作过程中的重要作用①。虽然现实中并非所有的博弈都符合"重复囚徒困境"模型，但在双边博弈中，只要相互合作比相互背叛更能产生令人满意的结果，且存在背叛的诱惑与动机，对等策略就会成为一个有助于促进合作的具有吸引力的策略。

　　"一报还一报"所体现的对等策略以理性的利己主义假设为前提条件，使其具有重要的应用价值，阿克塞尔罗德"重复囚徒困境"的计算机竞赛模型结论也为国际关系新自由制度主义者论证国家间合作的可能性提供了颇具说服力的理论基础②。然而，"一报还一报"的对等策略在现实中仍具有显著的局限性。首先，由于自身认知以及利用信息能力的有限性，完美的理性决策者在现实中并不存在。行为体的有限理性导致其无法对每一个问题的所有选择方案都进行成本收益计算，相反，为高效开展合作，他们需要简化自身决策程序③。其次，理性选择模型下"一报还一报"的互惠并没有对权力的不平等性给予充分的讨论④。在不平衡的权力作用下决策者的行动并非完全自愿且不受限制的，导致最终的合作结果可能会牺牲一方的利益而使另一方获利。最后，"重复囚徒困境"模型假设博弈双方都是纯粹的利己主义者，但没有为道德规范以及观念的作用留下充分的空间。不考虑行为体的价值观念将导致理性选择的逻辑在经验上缺乏力量⑤。经济学与博弈论视角下的对等策略的局限性需要通过其他学科对互惠概念的界定加以适当的弥补。

_____

　　① "一报还一报"的互惠策略之所以能获得成功，原因在于它综合了一定程度的"善良性、报复性、宽容性和清晰性"，它不主动背叛，也会惩罚对方的背叛行为，在一次惩罚之后会保持宽容，且容易被对方所理解。这些特征决定了"一报还一报"的互惠策略有助于在长期的重复博弈中产生合作的结果。阿克塞尔罗德. 合作的进化：修订版［M］. 吴坚忠，译. 上海：上海人民出版社，2007：36.

　　② 阿克塞尔罗德. 合作的进化：修订版［M］. 吴坚忠，译. 上海：上海人民出版社，2007：36.

　　③ 基欧汉. 霸权之后：世界政治经济中的合作与纷争［M］. 苏长和，信强，何曜，译. 上海：上海人民出版社，2006：111-115.

　　④ 基欧汉. 霸权之后：世界政治经济中的合作与纷争［M］. 苏长和，信强，何曜，译. 上海：上海人民出版社，2006：71-73.

　　⑤ 基欧汉. 霸权之后：世界政治经济中的合作与纷争［M］. 苏长和，信强，何曜，译. 上海：上海人民出版社，2006：73-75.

（二）社会学意义上的互惠

人类学与社会学更看重互惠的社会规范内涵。互惠是一般的社会交换所应遵循的最基本的规范①。正如古尔德所说，互惠规范具有两种最基本要求：人们应当帮助那些帮助过他们的人，以及人们不能伤害那些帮助过他们的人②。因此，互惠规范的内化会产生一种义务，在道德上促使行为体回报那些曾给予他们利益的人③。互惠的动机既可以来自从互惠中实际获得的好处，还可以来自互惠规范的内化。此时行为体所共有的被内化的互惠规范将发挥重要的作用，使社会体系中的各个行为体凝聚在一起；并且比起互惠义务的"完成时"，互惠义务的存续状态更能够促进整个社会体系的稳定。

在社会学家看来，互惠不仅仅是物品的流动，更是物品流动与社会关系之间的联系。社会关系影响着物品流动的方式，而物品流动受到社会关系的规制。在互惠模式中，互惠双方地位不一定平等，互惠交换不一定等价，互惠行为的目的不一定是获利，还可能涉及情感和道德等社会性因素。互惠涉及给予、接受和回报的义务，是维系整个社会的基本作用力④。在这个意义上，社会学意义上的互惠并不要求严格的对等，因为严格的对等不足以维持社会的情感、规范和凝聚力。这也是社会学意义上的互惠对对等的要求较为宽松的重要原因。

然而，互惠在不同的群体中可能表现为不同的种类。因而在不同的社会关系中，互惠所表现出的社会纽带的强度不同。有学者曾描述过两种极

---

① 许多学者认为互惠规范是在所有社会和所有文化中普遍适用的。WESTERMARCK E. The origin and development of the moral ideas: vol. 2 [M]. London: Macmillan and Co. Limited，1908: 154.

② GOULDNER A W. The norm of reciprocity [J]. American Sociological Review，1960，25（2）：165-167.

③ 互惠规范中义务的履行要取决于行为体所接受的交换利益的价值，而这种价值的衡量要受多种因素的影响，具有很大的不确定性。例如行为体对其所接受的利益的需求程度，利益供应方的供应能力和动机，利益的提供是否出于自由意志，等等。因此，互惠规范所施加的义务会随着行为主体所处的社会地位、状况以及文化背景而改变。

④ GOULDNER A W. The norm of reciprocity [J]. American Sociological Review，1960，25（2）：165-167.

端的互惠形式，一种是慷慨互惠，另一种是消极互惠①。慷慨互惠是一种利他的交换过程，"回赠之不及，不会导致物品赠予者停止馈赠"。慷慨互惠经常发生于亲属之间，慷慨互惠淡化了互惠的义务，对于回馈的期望不受时间、数量或质量的限制。而消极互惠则代表一种"只进不出"的企图，双方的目的都是从对方的出价中获取自身的最大利益②。在两极之间则存在着物品交换平衡的递增或递减，同时也伴随着社会距离的变化。整个互惠体系的中点则是等价互惠。等价互惠是指在有限与狭窄的时段里的直接等值交换，比慷慨互惠更具有"经济色彩"③。等价互惠无法接受物品的单向流动，如若在有限时间内行为主体未能实现等价互惠，他们之间的关系便随之瓦解。

上述互惠类型代表着互惠体系中不同的节点或区间，每一种类型都表现出不同程度的亲近性、团结度和慷慨度。这些特征的强度呈现出同心圆的结构。家庭关系处在同心圆中心，而邻近区域、国家、国际社会则依次向同心圆的外围延展④。每个区域都由某种特定的互惠模式占据主导，慷慨互惠仅在同心圆中心控制着很小的领域，等价互惠更符合中间区域的特征，而建立在纯粹利己主义之上的消极互惠更容易出现在外层区域。社会群体特征与互惠类型的关联说明，随着社会关系紧密程度的发展，互惠中的对等程度会发生变化。国际社会的同质性越强、共同体特征越明显，则互惠越容易体现为扩散的互惠或慷慨互惠。

---

① 慷慨互惠、等价互惠与消极互惠是人类学家萨林斯（Marshall Sahlins）在《石器时代经济学》一书中对互惠作出的分类。萨林斯. 石器时代经济学［M］. 张经纬，郑少雄，张帆，译. 北京：生活·读书·新知三联书店，2009：226.

② 由于消极互惠集中了对报偿和利益的贪求，甚至可能以"投机""欺骗"等方式来表现. 萨林斯. 石器时代经济学［M］. 张经纬，郑少雄，张帆，译. 北京：生活·读书·新知三联书店，2009：226.

③ 这种互惠"精确等值"，并追求毫不延迟的对等回馈，大多存在于非亲属之间。且互惠群体间具有明确的经济和社会目的，表现为物质交换的过程. 萨林斯. 石器时代经济学［M］. 张经纬，郑少雄，张帆，译. 北京：生活·读书·新知三联书店，2009：226.

④ 萨林斯. 石器时代经济学［M］. 张经纬，郑少雄，张帆，译. 北京：生活·读书·新知三联书店，2009：226.

(三) 法哲学意义上的互惠

Reciprocity 无论从词源还是词义上看都是具有典型西方色彩与渊源的术语。想要澄清互惠的内涵及其对国际法、国际经贸关系产生的影响，还有必要探索互惠一词在西方法哲学中的含义。早在古希腊时期，亚里士多德就在《尼各马可伦理学》中专门论述了互惠的正义。他将正义区分为普遍的正义与具体的正义。其中具体的正义又包括分配的正义、矫正的正义和互惠的正义。亚里士多德认为，分配的正义是"依照比例关系对公物的分配"，强调因人而异的分配，即给相同的人以相同的待遇，给不同的人以不同的待遇，最终实现成比例的平等。"合比例的才是适度的，而公正就是合比例的"①。在互惠的正义中，亚里士多德强调回报的作用。"回报是共同交往的纽带，没有回报就不能相通"。又由于"不相同的、不相等的东西之间才有相通"，互惠的正义应当符合比例原则，而非平均原则，即行为体按照特定的比例进行交换②。在经济交往中，人们发明了货币作为中间物来衡量交换的物品是否等值；而在社会交往中，法律就是起到标准作用的中间物。可见，在亚里士多德关于正义的论述中，无论是分配中的互惠还是交往中的互惠都是由比例关系构成的。在亚里士多德看来，平等地对待差异者与不平等地对待无差异者一样是不正义的。

美国著名的新自然法学家富勒（Lon L. Fuller）将互惠这一概念引入了合同法领域的学术探讨③。富勒通过互惠原则将法律和道德紧密地联系起来。因为不论是道德上的义务还是法律上的义务都可能从一项交换中产生，而互惠则确立了义务同交换之间的亲缘关系。"社会是由一条无所不在的互惠关系纽带绑在一起的"，"每当一项义务诉求需要为自己寻找正当化理据之时，它总会求助于类似于互惠原则的东西"④。不同的互惠关系

---

① 亚里士多德. 尼各马可伦理学［注释导读本］［M］. 邓安庆，译. 北京：人民出版社，2010：85.

② 亚里士多德. 尼各马可伦理学［注释导读本］［M］. 邓安庆，译. 北京：人民出版社，2010：87.

③ SCHANZE E. On the meaning of reciprocity：comment［J］. Journal of Institutional and Theoretical Economics，2003，159（1）：99.

④ 富勒. 法律的道德性［M］. 郑戈，译. 北京：商务印书馆，2005：21.

可能会具有不同的可见度（有时是显而易见的，有时更加微妙和隐秘），并构成了衡量义务的不同标准①。由此可见，富勒对于互惠的理解是十分宽泛的，互惠是一个社会概念，贯穿了整个法律和道德的体系。

互惠也是新自然法学家罗尔斯关于正义理论中差别原则的核心概念②。"差别原则要求较有利者的较高期望有助于最不利者的生活前景"。换言之，需要通过较有利者实现最不利者的最大利益。这个过程不是对最不利者的排他性恩惠，也不是对较有利者的剥夺，而是一个互惠的过程③。互惠在差别原则中的核心作用可以从不同群体利益分配曲线中得以阐释。如图 1-1 所示，原点 O 代表所有社会基本善都被平等分配的假定状况。曲线 OP 总在与水平轴夹角为 45 度的直角平分线下。OP 曲线之所以朝着右上方上升是因为假定由社会基本结构确定的社会合作是相互有利的。差别原则只有当曲线 OP 正切于它接触的无差异曲线时才被完全满足，在图中就是 A 点④。（而从 A 点到 B 点过程中，x 轴的利益逐渐增加，y 轴的利益逐渐减少，虽然最终双方均获益，但这种"此消彼长"的情形仍然违背了差别原则对于互惠的要求。）

可见，相比于同质性较强的社会学意义上的互惠，法哲学家所理解的互惠的确更加重视对等性。但这种对等或是成比例的，或是兼顾弱势群体的权益，因而也不是严格的对等或绝对意义上的平均。相比于经济学意义

---

① "只要存在义务，就需要某种标准来确定人们所期待的贡献的种类和程度，不论它是多么粗糙和不精确。""等值"这一因素可以使互惠关系更容易辨识，也使得法律或道德义务更容易理解和接受。这源于富勒提出的义务最佳辨识度的三项条件：（1）当事人自愿创造了互惠关系；（2）当事人的互惠式履行在某种意义上是等值的；（3）社会关系具备充分的流动性，导致义务关系在理论和实践中都是可逆的。这三个条件在一个由经贸人士组成的社会中更容易满足。富勒. 法律的道德性［M］. 郑戈，译. 北京：商务印书馆，2005：23-24.

② 罗尔斯. 作为公平的正义：正义新论［M］. 姚大志，译. 上海：上海三联书店，2002.

③ 罗尔斯. 作为公平的正义：正义新论［M］. 姚大志，译. 上海：上海三联书店，2002：103-104.

④ 需注意本书中所界定的互惠不等同于结果的互利，也包含了过程变化中的互惠。也有学者提出，作为罗尔斯差别原则的基础的 reciprocity 应译为对等而非互惠。张国清. 罗尔斯难题：正义原则的误读与批评［J］. 中国社会科学，2013（10）：22-40，204-205. 然而本书与该学者实际上是从不同角度定义了互惠与对等，看似得出不同的结论，但要表达的意思实质上是相同的。

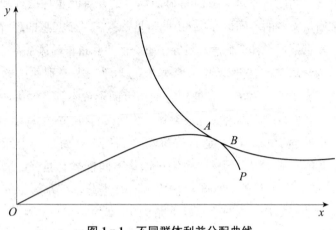

图 1-1 不同群体利益分配曲线

上的互惠，法哲学家所界定的互惠还具有道德规范属性①，它不是建立于严格利己主义基础上的"一报还一报"，而是或多或少具有利他性质，尊重他者的权益。正如罗尔斯所提出的，两个正义原则是为了促进整个社会实现相互尊重，"将其他行为体视为目的，而不仅仅是手段"②。

（四）国际关系与国际法中的互惠

鉴于对等与无政府状态下的国家间合作之间的密切关系，对等概念是国际关系新自由制度主义者的重要研究对象③。作为新自由制度主义者中研究互惠问题的代表人物，基欧汉通过与阿克塞尔罗德的合作，以"重复囚徒困境"下的计算机竞赛模型为基础，强调了国际机制在为国家间战略性互动提供背景过程中的关键性作用④。他们提出，虽然对等并不是完美

① 正如亚里士多德所称，"公正是一种关心别人的善"。它是做不公正的事情与受不公正的待遇的"中道"，而不公正则是两个极端，一方面是所得的太多，另一方面是所得的太少。亚里士多德. 尼各马可伦理学［注释导读本］［M］. 邓安庆，译. 北京：人民出版社，2010：89.

② RAWLS J. A theory of justice ［M］. Cambridge：Belknap Press，1999：179.

③ 互惠并非国际关系现实主义者关注的焦点，他们大都从形式意义上的主权平等的角度来理解互惠（对等）。KINGSBURY B. Sovereignty and inequality ［M］// HURRELL A，WOODS N. Inequality，globalization，and world politics. New York：Oxford University Press，2002：70.

④ 基欧汉. 霸权之后：世界政治经济中的合作与纷争 ［M］. 苏长和，信强，何曜，译. 上海：上海人民出版社，2006：76-79.

的战略，但是在没有集权性强制力量的合作性协定中，对等仍然具有重要的价值。对等策略的成功实施依赖于国际制度①。国际制度虽然不能代替对等，但可以强化对等并使互惠制度化。然而，新自由制度主义者对于对等的关注更多是聚焦于其对于国家间合作的促进功能，以及国际机制的形成在实现对等策略方面的作用。他们忽视了对等本身可以成为国家权力运用的途径和媒介，因而成为维持甚至扩大不均衡的国家间治理模式的国际机制根源。自由主义国际关系学者将对等视为自由主义国际秩序的典型成分，将对等与权力和等级制相对立的研究偏好决定了其研究视角的片面性。

　　对等被普遍视为一项国际法上的重要原则。国际法上对等原则的基本含义是"如果一个国家凭借某个国际法规范向对方国家主张权利，那么这个国家自己也应该受该规范的约束"②。《法学大辞典》将对等原则解释为"国家之间相互给予对方国家或其自然人以某种对等的待遇或权利的原则"。对等原则也是国际条约法的核心。通过国家同意而达成的国际条约为各国间的法律交往提供了以对等为基础的法律框架，从而决定了缔约方的权利义务，以及不履行相应条约义务的法律后果③。因此对等也是使缔约双方公平获益的合作安排和道德要求，是一项理论上附着在每一个国际法律规范上的条件④。对等原则还在国际习惯法的形成过程中发挥了重要

---

　　①　阿克塞尔罗德，基欧汉．无政府状态下的战略和制度合作［M］//鲍德温．新现实主义和新自由主义．肖欢容，译．杭州：浙江人民出版社，2001：106，110．

　　②　杜涛．互惠原则与外国法院判决的承认与执行［J］．环球法律评论，2007（1）：110-119．

　　③　各国知道如果它们引起了他国的损失，它们自身也将承受同样的损失。另外，尽管条约的存在本身并不能确保公平，也不能确保利益的对等交换，但倘若将国家视为理性的行为体，国家同意的前提预设了一定程度的相互性和互惠性，条约至少是相互促进国家利益的反映。CRAVEN M. Legal differentiation and the concept of the human rights treaty in international law［J］. European Journal of International Law，2000，11（3）：502-503．

　　④　根据《维也纳条约法公约》，条约缔约国的"同意"是国家受条约约束的基础。这种"同意"是需要相互，而非单方作出的。虽然一国单方作出的宣言也可以构成具有法律约束力的义务，但是这样的宣言并非公约所称"协定"的本意，否则"第三方"的概念便难以解释了。CRAVEN M. Legal differentiation and the concept of the human rights treaty in international law［J］. European Journal of International Law，2000，11（3）：500；ZOOLLER E. Peacetime unilateral remedies［M］. Dobbs Ferry，N. Y.：Transnational Publishers，1984：15．

作用。国际习惯法的形成需要满足国际惯例和法律确信两个要件。法律确信意味着国家相信某一项国家实践具有法律约束力，是国家同意的间接表现形式。受到对等原则的深度影响，在国际习惯法的形成过程中，每个国家都知道自己的行为会被其他国家复制，从而其他国家也会获得同等的利益。但如果其他国家认为某一国家的实践违背了自身的权利和利益，它们将对该国家的实践表示反对，国际习惯法也就难以形成①。因此，在国际习惯法的形成过程中，对等原则为国家追求自身利益提供了约束框架。有学者认为对等原则源于国家间的主权平等原则。国家主权平等原则是现代国际法基本原则体系的核心，也是国际法各项原则之首②。因为在国际法中，每个国家不论其大小、强弱和政治经济制度如何，都应当相互尊重主权、平等交往。

概言之，国际公法学者倾向于在对等的含义下讨论 reciprocity，也因此将 reciprocity 译为对等，故也有学者将对等原则理解为一般国际法原则。例如著名国际法学家布朗利（Ian Brownlie）将对等原则界定为国际法一般原则③，并认为其属于《国际法院规约》第 38 条第 1 款中第 3 项提到的一般法律原则④，因而属于国际法渊源。国际关系新自由制度主义者也认为对等原则通过创造国家间权利的平衡，并惩罚不合作行为，对国际合作起到了促进作用⑤。自卫、反措施、报复等国际机制均有助于确保

① FARD S N. Reciprocity in international law：its impact and function［M］. London：Routledge，2015：35.

② 国家主权是国家的根本属性，在国际法上是指国家有独立自主地处理其内外事务的权力。梁西，王献枢，曾令良. 国际法［M］. 3 版. 武汉：武汉大学出版社，2011：55.

③ 布朗利. 国际公法原理［M］. 曾令良，余敏友，等译. 北京：法律出版社，2007：12.

④ 《国际法院规约》第 38 条第 1 款规定了国际法的渊源，包括"不论普通或特别国际协约，确立诉讼当事国明白承认之规条者；国际习惯，作为通例之证明而经接受为法律者；一般法律原则为文明各国所承认者；以及在第五十九条规定之下，司法判例及各国权威最高之公法学家学说，作为确定法律原则之补助资料者"。

⑤ 科斯定理强调，达成合作需要满足"确立行动责任的法律框架"、"完全信息状态"与"零交易成本"这三个条件，作为沟通工具的国际法在这三个条件的满足过程中起到了关键性作用。国际制度和国际组织降低了国家合作中的交易成本，在"制约""规范""惩罚""示范"等方面也发挥了重要作用。基欧汉. 霸权之后：世界政治经济中的合作与纷争［M］. 苏长和，信强，何曜，译. 上海：上海人民出版社，2006：88.

对等策略的实现。

然而需要注意的是，将对等原则确立为国际法一般原则时，必须明确其指涉的范围。国际法的对等原则中对于对等的要求可以区分为两种情况：第一种要求行为体双方承担的义务或作出的行为完全一致；第二种并不要求双方受同样的义务的约束，而是要求在给予的利益数量或价值方面的对等①。而作为一般国际法原则的对等原则主要强调国家地位的对等，以及国家行为的相互性；对等原则并不强调国家间在互动交往过程中必须遵从绝对平等的利益互换或收益分配②。换言之，对等原则仅在指涉国家地位和基本权利义务时具有较为普遍的适用性③。

随着各国间技术和经济等多方面相互依赖程度的增强，通过更为宽松的互惠关系巩固国际社会的重要性越发凸显④。在国际私法领域，对等原则多适用于外国法院判决的承认和执行方面。但晚近以来一些国家的立法和实践开始放弃对对等的要求，越来越多国家的学者也开始反对在承认与执行外国法院判决时严格适用对等原则。我国学者同样主张从宽或软化对等原则在这一领域的适用。因为对等承认与执行外国法院判决受到传统主权观念的影响，但这一做法越来越不适应国际经济一体化和全球化的发展趋势。特别是当较多涉及私人权益保障，而较少涉及国家主权利益和社会公共利益时，对等原则的严格适用可能会产生相反的效果⑤。在国际经贸

---

① United Nations. Yearbook of the International Law Commission 1991 [M]. Geneva: United Nations Publication，1994：12.

② 传统国际法主要从政治主权来定义平等，而二战后包括中国在内的发展中国家在建立国际经济新秩序的过程中，逐渐对平等赋予了经济方面的含义，这可以体现为和平共处五项原则中的"平等互利原则"。和平共处五项原则提出的初级阶段，经济合作的意义并不明显，但随着时代的主旋律发生变化，追求平等互利的经济合作变成了主流。苏长和. 和平共处五项原则与中国国际法理论体系的思索 [J]. 世界经济与政治，2014（6）：4-22，156.

③ 例如我国《对外贸易法》第 6 条规定，"中华人民共和国在对外贸易方面根据所缔结或者参加的国际条约、协定，给予其他缔约方、参加方最惠国待遇、国民待遇等待遇，或者根据互惠、对等原则给予对方最惠国待遇、国民待遇等待遇"。

④ United Nations. Yearbook of the International Law Commission 1991 [M]. Geneva: United Nations Publication，1994：2.

⑤ 例如在人身关系领域采取绝对的对等原则会产生不公正的结果，特别是在婚姻领域，可能导致"跛脚婚姻"的出现。杜涛. 互惠原则与外国法院判决的承认与执行 [J]. 环球法律评论，2007（1）：110-119.

领域，有必要以更加包容和宽泛的视角来理解关税减让和市场开放的对等性。经贸谈判的当事人承诺作出的市场开放幅度是否对等很难进行精准判断，且 WTO 也没有事先规定任何衡量对等的具体标准和方法。经贸谈判的当事人双方所采取的针对同一产品的相同的开放措施可能会产生截然不同的效果。即便是相同幅度的市场开放，对于比较优势不同的缔约方而言，意义也是不同的①。仅仅是国家地位的平等并不能确保各国间通过合作达到公平的效果，国家间实力差距以及日益增长的国际合作需要为放宽对等原则提出了新的诉求②。

三、non-reciprocity 的概念厘定

厘清 reciprocity 的含义后，non-reciprocity 的内涵也需要被进一步澄清。学界大多直接援引非互惠原则来解释给予发展中成员的特殊与差别待遇，却几乎没有给予这一概念一个准确的定义和分析。彼得斯曼（Ernst-Ulrich Petersmann）曾经从积极和消极两个方向相对具体地界定了非互惠原则：积极方向的非互惠是指发达成员作出有利于发展中成员的积极的额外承诺；而消极方向的非互惠是指赋予发展中成员在执行多边贸易规则时以更多灵活性和额外自由③。这一定义看似涵盖了非互惠的所有适用情形，但事实上尚不足以全面、准确地概括非互惠的内涵。考虑到 reciprocity 概念的多层次性和复杂性，对于多边贸易体制中 non-reciprocity 的内涵也应当进行进一步的区分。

根据上文的澄清与梳理，reciprocity 一词具有三个常用含义：（1）相互性，表示相互的关系、行为；（2）互惠性，表示相互给予利益或优惠；（3）对等性，表示相互给予的利益或优惠的对等。作为 reciprocity 的相反概念，non-reciprocity 可以从以下三个层面理解：

---

① 崔凡，洪朝伟. 论对等开放原则 [J]. 国际贸易问题，2018（5）：1 - 11.

② 车丕照认为，WTO 对国际法提出的一项挑战就是让多边国际法律兼顾互惠原则与公平原则。车丕照. WTO 对国际法的贡献与挑战 [J]. 暨南学报（哲学社会科学版），2014，36（3）：1 - 10.

③ PETERSMANN E-U. Constitutional functions and constitutional problems of international economic law [M]. New York：Routledge，2018：241.

（1）非相互。即一行为体对另一行为体实施的单方行为，或建立的单向关系。

（2）非互惠。是指一行为体单方面给予另一行为体的利益或优惠。

（3）非对等。既指一行为体单方面给予另一行为体的利益或优惠，也指双方或多方相互给予的不对等的利益或优惠。

其中，第一层面的非相互是第二层面的非互惠的内在组成元素。而非对等既包含扩散的互惠下的非对等，也包含互惠之外的非对等——非互惠，因而严格来讲，非对等的范围大于非互惠。但考虑到学界对非互惠这一概念的惯常用法，本书仍将 non-reciprocity 一词的多层含义统称为非互惠，但在很多时候它意味着非对等。考虑到对等在标准确定上的模糊性和程度判断方面的困难，绝对的、精确的对等仅存在于理想层面，非对等在事实层面上是更加普遍的存在。特别是在国际经贸关系领域，对等受到权力的干扰，可能更加需要非对等或非互惠来实现效果上的公平，对于国家间经贸关系的研究应当给予 non-reciprocity 充分的重视。

第二节　多边贸易体制中的互惠与非互惠

经济学、社会学意义上的互惠与非互惠早于国际贸易规则体系中的互惠与非互惠。在多边贸易体制的形成发展过程中，互惠与非互惠同多边贸易体制产生交集，成为以规则为基础的全球治理体系的重要组成部分，在全球经贸治理过程中扮演了重要角色。本书所称多边贸易体制是指二战后由美国主导建立起来的包含世界主要贸易成员的贸易合作体制，始于布雷顿森林会议，经历了 ITO—GATT—WTO 的不同历史发展进程，其中，以机制化、制度化为代表的 WTO 体制是多边贸易体制在当下发展的最高阶段。本书试图在多边贸易体制建立发展的历史进程中分析非互惠的产生根源、存在症结及改革方案，不仅需要对一般意义上的互惠与非互惠进行系统化的梳理，还需要澄清多边贸易体制中互惠与非互惠的内涵、来源、表现形式等基本问题。

一、多边贸易体制中的多层次互惠及其来源

多边贸易体制中的互惠既是原则理念，也包含具体的规则与规范。多

边贸易体制中互惠的直接来源是美国互惠贸易政策。与美国贸易政策相类似，多边贸易体制中的互惠是不同层次、不同内涵的结合体。对等与扩散的互惠的创新性组合是多边贸易体制成功运行的关键元素，奠定了互惠在多边贸易体制中的基石地位。

（一）GATT/WTO 互惠的美国贸易政策渊源

美国的互惠和公平理念来源于美国资本主义传统。资本主义关注私人产权的保护，以自由为核心价值理念，并认为自由市场是最有效、最公平的分配机制。美式公平和互惠理念强调公平竞争、市场开放，反对过分的政府干预和"搭便车"的行为[①]。即使美国利用保障措施、贸易调整援助项目等实现资源的再度分配，这种分配正义也仅局限于国内，而全球化背景下发达国家与发展中国家间收益分配不均的问题几乎从未正式进入美国贸易政策的讨论范畴。因此，植根于美国经济和政治传统中的互惠理念主要基于理性和利己主义，不过多关注福利与道德因素。虽然资本主义和民主政治国家原则上更容易支持自由贸易，但其推崇的自由贸易主要是在国家主权领土范围内，这种对内的自由主义与重商主义的贸易保护并不矛盾。事实上，美国从未支持过单边的自由贸易，互惠始终是美国实行市场开放所秉持的重要路径。

美国建国至《1934 年互惠贸易协定法案》（RTAA）出台前，是美国贸易政策与保护主义结合得最为紧密的时期。这一时期美国的互惠贸易政策以民族主义和贸易保护主义为基础，因此是内向型的。虽冠以互惠之名，但这一时期的贸易政策几乎没有真正开放美国市场，而更多是要求甚至威胁其他贸易伙伴对美国作出让步[②]。美国内向型的互惠贸易政策主要

---

① 美国倡导的公平和互惠需要与实质公平和分配正义相区分。后者在美国互惠贸易政策中几乎没有相应的理念和文化根源。相反，有限程度的结果不公平被认为是个体差异和禀赋的体现，能够与美式公平和互惠相兼容。ZAMPETTI A B. Fairness in the world economy: US perspectives on international trade relations [M]. Cheltenham: Edward Elgar, 2006: 48.

② GILLIGAN M J. Empowering exporters: reciprocity, delegation and collective action in American trade policy [M]. Ann Arbor, Michigan: The University of Michigan Press, 1997: 67.

反映在三类贸易政策工具上：不可谈判的高水平关税①、有条件最惠国待遇②以及限制外国竞争的贸易救济条款。美国自建国至 1934 年期间所实施的内向型互惠贸易政策具有严重局限性，展现出强烈的贸易保护主义色彩③。可见，将一项贸易政策称为互惠，并不使得它当然满足实质意义上的互惠条件。

1934 年后，美国开始在自由主义理念背景下采取互惠策略，包括开展国际合作、贸易扩张和有限的进口自由化。《1934 年互惠贸易协定法案》（RTAA）成为美国实施更加开放的贸易政策的转折点，对二战后多边贸易体制的建立产生了深刻影响。RTAA 的重要转折主要体现在两个方面：第一，总统实质性地享有了关税谈判权④。使得关税设置从一项纯粹的国内事项转变为可供谈判的国际事项，也推动美国将国家间公平纳入本国公平贸易政策的考量范畴。第二，RTAA 恢复并促进了无条件最惠国待遇的实施⑤。这一相互给予无条件最惠国待遇的做法表明美国开始

---

①　这一阶段，美国认为关税水平属于一国主权范围内部的事项，因此这一时期的关税几乎是不可谈判的。RHODES C. Reciprocity, U. S. trade policy, and the GATT regime [M]. Ithaca：Cornell University Press，1993：45.

②　受拒绝"搭便车"理念的影响，美国历史上一直实行有条件最惠国待遇，以此对抗欧洲国家的贸易封锁，打击外国的歧视性贸易行为。直到 1923 年，美国才在贸易伙伴的压力下将有条件最惠国待遇转为无条件最惠国待遇。

③　例如在 1890 年的《麦金利关税法案》（McKinley Tariff Act）中，国会授权总统对国外不对等不合理的关税施加报复性关税，总统没有权力在谈判中降低关税。1897 年的《丁利关税法》（Dingley Tariff Act）仅授权总统就有限的产品在互惠的前提下降低关税。IRWIN D A. Clashing over commerce：a history of US trade policy [M]. Chicago：The University of Chicago Press，1992：304 - 305；GILLIGAN M J. Empowering exporters：reciprocity, delegation and collective action in american trade policy [M]. Ann Arbor, Michigan：The University of Michigan Press，1997：67.

④　美国府会贸易政策决策权在该法案中第一次得到突破，此前贸易政策决策权完全由国会享有，并依据《美国联邦宪法》第 1 条第 8 款第 3 项，垄断对外贸易政策的制定权，此法案以后，历经修正完善，总统可以定期向国会申请并获得授权，最终促成了美国总统对外贸易政策决策话语权的地位提升，府会决策机制最终通过《1974 年贸易法》得以固化，并以"贸易谈判促进授权"（TPA）整体纳入其国内法治范畴。徐泉. 美国外贸政策决策机制的变革：美国《1934 年互惠贸易协定法》述评 [J]. 法学家，2008（1）：154 - 160.

⑤　当时的美国与 48 个国家签署了最惠国待遇条款，这使得任何新的双边谈判的结果更为显著。RHODES C. Reciprocity, U. S. trade policy, and the GATT regime [M]. Ithaca：Cornell University Press，1993：62.

将扩散的互惠引入贸易政策之中，从而促进了美国互惠贸易政策从双边对等转化为多边互惠①。

1934 年美国贸易政策的改革并不能称之为革命性的。因为绝对的自由贸易并没有成为 RTAA 的根本宗旨，相反 RTAA 保留了互惠原则和对美国产业的保护。正如戴斯勒（I. M. Destler）所指出的，美国所倡导的"自由贸易"政策并非完全自由，而是有条件的，即在最惠国待遇的基础上强调对等②。美国通过相互给予无条件最惠国待遇这一扩散的互惠政策以实现平等待遇和市场开放，通过选择性贸易自由化以及主要供应方等具体的互惠规则防止"搭便车"行为，通过反倾销、反补贴等贸易措施维护公平的市场竞争条件，并通过运用保障措施减少对国内生产者的损害。RTAA 将具体的互惠与扩散的互惠相结合，成为二战后美国建立多边贸易体制的重要范本，为 GATT 规则的制定创建了模板。

（二）多边贸易体制中的对等

多边贸易体制中的互惠也体现为具体的互惠与扩散的互惠的结合体。其中，具体的互惠表现为对等。对等既涉及规则的谈判，也涉及规则的执行。多边贸易体制中的对等体现了各成员方在贸易谈判过程中的博弈，避免了"搭便车"现象，也维护了权利义务的平衡，为成员间合作创造了基础。多边贸易体制中的对等可以体现为以下几种形式。

1. 双边谈判中的对等

多边贸易体制中，货物贸易的双边互惠谈判主要体现在 GATT1994 第 28 条关于关税谈判的附加规定中。根据第 28 条附加条款，"各缔约方

---

① 只有当其他国家愿意给予美国无条件最惠国待遇时，美国才能与其进行贸易协定谈判。这一层面的互惠与扩散的互惠的含义较为接近。RHODES C. Reciprocity, U. S. trade policy, and the GATT regime [M]. Ithaca: Cornell University Press, 1993: 61.

② 戴斯勒. 美国贸易政治 [M]. 王恩冕, 于少蔚, 译. 北京: 中国市场出版社, 2006: 3-4. 但这一时期，由于关税的可谈判性质，具体的互惠无论在美国贸易政策还是在多边贸易体制的规则层面，都体现为一阶差分的互惠。在多边贸易体制的规范或原则层面上，互惠的含义则更为宽泛，应被理解为扩散的互惠或多边的互惠。且 GATT 缔约方之间在关税减让水平、关税收益损失、关税减让范围等方面均没有达成绝对的或严格的互惠。ZAMPETTI A B. Fairness in the world economy: US perspectives on international trade relations [M]. Cheltenham: Edward Elgar, 2006: 128.

认为，关税时常构成贸易的严重障碍；因此，在互惠和互利的基础上进行谈判，以大幅度降低关税和进出口其他费用的一般水平，特别是降低那些使少量进口都受到阻碍的高关税，并在谈判中适当注意本协定的目的与各缔约方的不同需要，这对国际贸易的发展是至关重要的"。

WTO 规则对于 GATT1994 第 28 条附加条款中互惠的含义和标准都没有明确的解释，因而只能从 GATT 和 WTO 的其他相关文件中加以推断。根据秘书处提供的关于狄龙回合和肯尼迪回合规则和程序的文件，此条款中的互惠意味着，"没有缔约方应当被要求提供单边关税减让，却不获得适当的回报"①。然而什么是"适当的"仍然具有不确定性，这一文件同样没有提供衡量互惠的明确方式。而根据审查会议工作组报告，"参加谈判的政府应当保留完全的自由，以采取它们认为最恰当的方式来衡量关税减让的价值……因此缔约方全体不需要对此事项提出任何建议"②。一些经济学家将该条款的互惠理解为关税减让的平衡③，即关税减让谈判的结果将会为一国的进口与出口数量带来同等幅度的增加④。尽管第 28 条附加条款第 3 款规定，"谈判应当提供恰当的机会考虑某些缔约方和某些产业的需要，考虑发展中成员更灵活地运用关税保护来促进其经济发展的需求，以及发展中成员维持关税收益的特殊需求"，但对于发展中成员特殊需求的"考量"并没有被明确视为互惠标准的内在组成部分。

多边贸易体制多轮回合谈判的实践表明，第 28 条附加条款中的互惠实际上是一种具体的互惠，也可以理解为缔约方自我衡量的对等⑤。

① Rules and Procedures for the Dillon and Kennedy Rounds, Factual Note by the Secretariat, MIN/W/8, 25 February 1975, p. 3.

② Review Working Party II on Tariffs, Schedules and Customs Administration, Contracting Parties Ninth Session, GATT Document L/329, 24 February 1955, para. 40.

③ DAM K W. The GATT: law and international economic organization [M]. Chicago: University of Chicago Press, 1970: 58 - 61, 87 - 91; PREEG E. Traders and diplomats [M]. Washington, D. C. : Brookings Institution, 1970: 130 - 134.

④ BAGWELL K, STAIGER R W. Reciprocity, non-discrimination and preferential agreements in the multilateral trading system [J]. European Journal of Political Economy, 2001, 17 (2): 18.

⑤ 坚持对等减让是美国一贯持有的立场。对等策略能够产生强大的政治效果，也是美国逼迫他国让步的外交手段和杠杆。

但是这里的对等是形容双边谈判中应秉承的标准，尤指"主要供应方"谈判，而不能用来形容任意两个缔约方之间的贸易关系①。尽管对等这一标准在具体的互惠中显得至关重要，然而在现实中确立"对等"的标准几乎是不可能实现的。特别是考虑到削减贸易壁垒对未来的贸易流向、国内生产、就业等问题造成的复杂影响，各缔约方在关税减让过程中的实际客观收益难以被全面地计算②。因此，在多边贸易谈判实践中，互惠在很多情况下是以贸易机会的增量而非绝对贸易额或市场准入条件来衡量的③，这一标准也被称为一阶差分的互惠④。

GATT 时期用以保证具体互惠的关税谈判方法主要有以下几种：主要供应方的谈判方式、谈判末期的平衡减让法、公式减让法。主要供应方的谈判方式是美国自 20 世纪 30 年代起在互惠谈判中长期运用的方式，以产品对产品的减让作为谈判基础。在这种谈判中，某一产品的主要供应方先就该产品的关税减让或约束关税率提出"申请"，随后该产品的进口方就其所愿意作出的减让提交"出价单"⑤。如果主要供应方谈判在双边进行，则意味着参与谈判的双方均既是主要供应方又是产品进口方，此时作为产品进口方提供的关税减让应当与作为主要供应方所接受的关税减让相平衡⑥。同时，主要供应方的谈判方式并不一定仅适用于两个国家之

---

① 考虑到无条件最惠国待遇，以及适用于发展中国家的非互惠原则，多边贸易谈判从来没有实现过对等。

② 因为不同国家历史上的关税水平不同，作出关税减让所导致的成本不同，收益也不同。CHRISTENSEN J. Fair trade, formal equality, and preferential treatment [J]. Social Theory and Practice，2015，41（3）：505-526.

③ 在多边贸易体制缔约方之间进行的互惠谈判中，交易的对象是市场准入权利，市场准入权利的交易并不等同于真实的货物贸易或服务贸易交易。

④ HOEKMAN B M, KOSTECKI M M. The political economy of the world trade system: the WTO and beyond [M]. Oxford：Oxford University Press，2009：169.

⑤ Rules and Procedures for the Dillon and Kennedy Rounds, Factual Note by the Secretariat，MTN/W/8，25 February 1975, pp. 3-4.

⑥ 例如，产品进口方 B 给予主要供应方 A 出口葡萄酒的关税收益应当等于产品进口方 A 给予主要供应方 B 出口小麦的关税收益。关税减让是否达成平衡以谈判双方在谈判中获得的关税收益为基准。关税收益通常按照某一产品的进口总价乘以关税削减幅度的方式计算。HOEKMAN B M, KOSTECKI M M. The political economy of the world trade system: the WTO and beyond [M]. Oxford：Oxford University Press，2009：163-165.

间，产品对产品的谈判有时需要多方参与才更容易达成平衡①。另外，主要供应方的谈判方式不代表非主要供应方就无须作出减让。在主要供应方谈判进行后期，各谈判方为达到整体减让效果的平衡，有时会调整之前的要价与出价。如果一方发现另一方从它作出的减让中获益但拒绝提供对等的减让，则提供减让的一方甚至会撤回之前的减让。因此，主要供应方的谈判方式通常伴随着谈判末期的平衡减让法一起解决"搭便车"的问题。

主要供应方的谈判方式在实际运作中可能存在一些弊端，因而需要配合公式减让法。首先，由于必须按照产品对产品的方式进行，主要供应方的谈判方式相对比较耗费资源；其次，在某一产品不存在主要供应方的时候，谈判达成的减让效果不佳；最后，在确定主要供应方时，产品类型可能会被过于细致地划分以规避最惠国待遇义务。鉴于上述问题，主要供应方的谈判方式需要公式减让法作为补充。GATT 时期的肯尼迪回合谈判采用了线性关税削减法，即所有的部门使用同样的百分比全面削减关税②。线性关税削减公式能够扩大被纳入谈判的关税税目，因而比产品对产品的方法带来更大范围的减让。另外，东京回合与多哈回合谈判采用了瑞士公式的非线性关税削减法，目的是按比例削减关税高峰，进而改善互惠的确定标准③。整体而言，WTO 规则并未对如何实现互惠作出具体的规定，缔约方（成员方）双边谈判实践更多反映了关税减让的对等标准。

GATS 中的《关于第 2 条豁免的附件》也体现了对等。GATS 第 2 条第 1 款是关于最惠国待遇的规定："关于本协定涵盖的任何措施，每一成员对于任何其他成员的服务和服务提供者，应立即和无条件地给予不低于其给予任何其他国家同类服务和服务提供者的待遇。"但是第 2 条第 2 款随即提出，"一成员可以维持与第 1 款不一致的措施，只要该措施已列入

①　BHAGWATI J N. Departures from multilateralism：regionalism and aggressive unilateralism [J]．The Economic Journal，1990，100（403）：165.

②　BHAGWATI J N. Departures from multilateralism：regionalism and aggressive unilateralism [J]．The Economic Journal，1990，100（403）：164.

③　对于弱小的发展中成员而言，多边层面上以公式为基础的减让模式比"要价—出价"的谈判模式更能保障它们对谈判的参与度，然而在某些领域发展中成员也会主动选择双边的谈判，因为公式减让虽然更能反映多边主义，但也存在着灵活性不足的弊端。ROLLAND S E. Development at the WTO [M]．New York：Oxford University Press，2012：223.

《关于第 2 条豁免的附件》，并符合该附件中的条件"。第 2 条第 2 款允许的例外为最惠国待遇留下了很大的缺口。据统计，发达成员列入这一清单的项目和措施比发展中成员还要多。美国尤其以将特定服务项目列入清单作为迫使其他成员方开放市场的砝码①。

《关于第 2 条豁免的附件》事实上可以体现为 WTO 成员对于 reciprocity 理解的差异，以及不同主张间达成的妥协。美国认为，不愿意在主要服务门类上对等提供市场准入的成员，就无权享受美国开放的服务贸易市场，因而坚持在 GATS 中纳入对最惠国待遇具有巨大削弱作用的"合法例外"②。甚至有学者认为 GATS 实行的是"有条件最惠国待遇"，还有学者提出，"在日益注重对等的情形下，无条件最惠国待遇在服务贸易领域的适用空间似乎很狭小"③。但与此同时，许多国家担心，过于强调对等开放市场会使 GATS 演化为双边交易构成的"一团乱麻般的蜘蛛网"，并与多边贸易自由化的原则相互抵触。也有学者认为，GATS 第 19 条第 2 款明确要求"尊重各成员的国家政策目标及其总体和各部门的发展水平"④，而这一要求无法依靠严格的对等而实现。因此 GATS 中达成的市场开放也应当理解为互惠而非对等，GATS 最惠国待遇的例外事实上是美国要求对等开放服务贸易部门的施压手段。

2. 再谈判

GATT1994 第 28 条是关于再谈判的条款。因出于政治现实等因素的考量，缔约方有时需要对贸易协定中的谈判结果作出调整。根据第 28 条第 1 款的规定，"一缔约方经与原议定减让的另一缔约方，以及缔约方全体认为具有主要供应利益的其他缔约方谈判取得协议，并与缔约方全体认为在减让中具有实质利害关系的其他缔约方进行协商的情况下，可以修改或撤销本协定有关减让表内所列的某项减让"。第 28 条第 2 款规定，"在

---

① 赵维田. 世贸组织（WTO）的法律制度［M］. 长春：吉林人民出版社，2000：360.

② 赵维田. 世贸组织（WTO）的法律制度［M］. 长春：吉林人民出版社，2000：360.

③ GRIMWADE N. International trade policy：a contemporary analysis［M］. London：Routledge，1996：292.

④ 该条款还规定："个别发展中成员应当享有适当的灵活性，以开放较少的部门，开放较少类型的交易，以符合其发展状况的方式逐步扩大市场准入。"

上述谈判的协议中，有关缔约方应当力求维持互惠及互利减让的一般水平，使其对贸易的优待不低于谈判前本协定所规定的水平"。许多再谈判都来自关税同盟以及自由贸易区的产生，目的是对区域贸易产生的歧视效果进行补偿①。第 28 条的第 3、4 款则规定，如果某进口方想要在原来的水平上提高关税，但并没有与供应方达成恰当的补偿协议，则出口方或具有实质利益的缔约方有权采取措施取消同等程度的关税减让。再谈判规则的实质是允许对成员间权利义务进行调整的同时，仍然通过设置对等的调整幅度维持贸易关系的"平衡"。有学者认为，WTO 关于再谈判的规则体现了 WTO 义务的双边特征，只要缔约方不影响第三方的权益，就可以对契约进行重新谈判，表明多边贸易体制在一定程度上容忍了"有效违约"②。

3. 争端解决和报复

对等不仅仅是一种谈判方式，一旦条约谈判成功，对等就转化为一种条约义务，以及自助执行条约的方式。特别是在没有超国家机构的无政府状态下，对等在裁判、执行国际规则的过程中都发挥了重要作用③。一旦基于谈判所建立起的平衡被打破，权益失衡将构成利益受损害方提起争端解决的基础。根据 GATT1994 第 23 条第 1 款的规定，"如一缔约方认为，由于另一缔约方未能实施其对本协定所承担的义务，或另一缔约方实施某种措施（不论这一措施是否与本协定的规定有抵触）……它根据本协定直接或间接可享受的利益正在丧失或受到损害，或者使本协定规定的目标的实现受到阻碍，则这一缔约方为了使问题能得到满意的调整，可以向其认

①　FRINGER J M, WINTERS L A. Reciprocity in the WTO [M] //HOEKMAN B M, ENGLISH P, MATTOO A. Development, trade, and the WTO: a handbook. Washington, D. C.: World Band Publications, 2020: 52.

②　PAUWELYN J. A typology of multilateral treaty obligations: are WTO obligations bilateral or collective in nature? [J]. European Journal of International Law, 2003, 14 (5): 907-952. 例如特拉赫特曼 (Joel P. Trachtman) 认为，WTO 再谈判的规则表明多边贸易体制兼具责任体制与财产体制的特征。TRACHTMAN J P. The WTO cathedral [J]. Stanford Journal of International Law, 2007, 43 (1): 127-167.

③　STOLL P-T, SCHORKOPF F. WTO: world economic order, world trade law [M]. Leiden: Nijhoff, 2006: 46.

为有关的缔约方提出书面请求或建议"。只有利益受损的一方才具有在多边贸易体制中启动争端解决程序的资格。

具体的互惠被作为多边贸易规则的执行基础，此时体现为消极对等。当参与方认为存在贸易不平衡或者规则违反的时候，可以申请授权报复来维持平衡。根据 GATT1994 第 23 条第 2 款的规定，"如有关缔约方在合理期间内尚不能达成满意的调整办法……这一问题可以提交缔约方全体处理……如缔约方全体认为情况足够严重，它们可以在其认为恰当的情形下批准某缔约方对其他缔约方停止实施本协定规定的减让或其他义务"。此外，WTO《关于争端解决规则和程序的谅解》（DSU）第 22条第 4 款规定，"由 DSB 授权的减让或其他义务的中止范围，应和利益丧失或损害的范围相同"。DSU 第 22 条第 3 款则规定了实施报复措施时应当考虑的因素。作为 WTO 规则执行的途径，报复措施的实施以对等为基础，构成了互惠的另一面①。报复作为消极对等的表现形式，同样是一种促进国家间合作的激励策略。

4. 保障措施

多边贸易体制中关于保障措施的一般规定主要体现在 GATT1994第 19 条以及与之相对应的《保障措施协定》中。保障措施起源于美国所签订的"逃逸条款"，以"不损害国内产业"原则为依据。"不损害国内产业"是 RTAA 以来美国逐渐确立的一项谈判原则，也是行政部门对美国国内产业的承诺。美国国会要求总统在所有的贸易协定中加入保障措施条款，目的是确保关税减让不会对国内产业造成严重的伤害②。与反倾销和反补贴措施不同，保障措施所针对的进口数量的增加并不一定是在不公平贸易条件下产生的结果。但由于进口激增会引起进口国市场的过度竞争，也可能会给进口国内同类产业带来损害性后果，因而需

---

① 考虑到报复措施的实施本身是有成本的，集体报复通常缺乏动机和可信度，因而对违反国际贸易协定的报复大都在双边关系中进行。BARRETT S. Creating incentives for cooperation: strategic choices［M］// KAUL I. Providing global public goods. Oxford: Oxford University Press, 2003: 315 - 316.

② 杰克逊. 世界贸易体制：国际经济关系的法律与政策［M］. 张乃根，译. 上海：复旦大学出版社，2001：201.

要保障措施进行结构性调整。这一条款的正当性和有效性取决于社会调节和市场竞争之间充分的成本收益分析，主要目的是为了促进国内不同群体之间的公平，其本质是嵌入式自由主义理念下保护和平衡进口国经济的安全阀和杠杆①。

　　GATT1994 第 19 条的标题为"对某些产品的进口紧急措施"。该条下设三款条文，主要内容是保障措施适用的实体条件、实施手段、实施程序、协商、补偿和报复等等。第 19 条第 1 款 a 项是保障措施的核心条款，它设置了保障措施的实施条件和方式："如因意外情况的发展或因一缔约方承担本协定义务而产生的影响，使某一产品输入到这一缔约方领土的数量大为增加，对这一领土内相同产品或与它直接竞争产品的国内生产者造成严重损害或产生严重威胁时，这一缔约方在防止或纠正这种损害所必需的程度和时间内，可以对上述产品全部或部分地暂停实施其所承担的义务，或者撤销或修改减让。"第 19 条第 2 款为程序性规定，主要包括了通知或磋商义务。第 19 条第 3 款为报复措施的规定："如在有利害关系的缔约方之间不能就这项行动达成协议，则提议采取或维持这项行动的缔约方仍然有权采取行动。但是在此之后，受到影响的缔约方可以在采取这项行动的 90 天内，在缔约方全体收到有关中止义务的通知起 30 天期满后，对实施方的贸易中止实施本协定下大体对等的减让或其他义务。"

　　此外，《保障措施协定》以 GATT1994 第 19 条为基础，对具体适用保障措施的条件、方式和程序作了明确规定。《保障措施协定》的目的宗旨主要是为了澄清和加强 GATT1994 第 19 条的纪律，重建对保障措施的多边控制②。例如《保障措施协定》第 2 条要求保障措施的实施不应考虑产品的来源，明文确定了保障措施的非歧视原则。第 8 条明确要求在保障措施的实施方与受影响方之间维持 GATT1994 下存在的水平相当的减让和其他义务水平。由于保障措施并非针对出口方的不公平贸易行为，进口

---

　　①　嵌入式自由主义的核心思想是将自由市场嵌入到广泛的政治和社会背景之下，通过适当的政府干预补偿在自由贸易中受到损害的群体。TRACHTMAN J. Legal aspects of a poverty agenda at the WTO: trade law and global apartheid [J]. Journal of International Economic Law，2003，6（1）：3-22.

　　②　陈立虎，黄涧秋. 保障措施法比较研究 [M]. 北京：北京大学出版社，2006：64.

方应当向受到影响的出口方提供相应的贸易补偿，否则利益受损的出口方有权进行贸易报复。保障措施的实施以及补偿与报复机制的设置，在本质上体现了成员方之间贸易关系的对等，促进维持了出口利益方与进口利益方的贸易平衡。

除保障措施外，反倾销和反补贴措施，以及已经被《保障措施协定》所禁止的"灰色区域"措施等均体现了对多边贸易体制中对等贸易关系的维系，且这些措施中所体现的对等更偏向于结果的对等或实质的对等，甚至表现为对贸易的管理。但鉴于相关的贸易规则中缺乏对于reciprocity更为直观的表述，本书不再对此类贸易措施及相关规则进行详细阐述。

（三）对等与无条件最惠国待遇的结合

对等与无条件最惠国待遇之间相互补充、相互配合，共同构成了多边贸易体制的重要支点。无条件最惠国待遇是多边贸易体制的柱石，也是推动贸易自由化的有力杠杆。它反映为一种扩散的互惠，因为无条件最惠国待遇中内在地包含着"相互给予"这一元素。GATT1994 第 1 条第 1 款规定，"任何缔约方给予原产于或运往任何其他国家的产品的任何好处、优惠、特权或豁免，应当立即无条件地给予原产于或运往所有其他缔约方境内的相同产品"。无条件最惠国待遇中，缔约各方兼具给惠和受惠的双重身份，但待遇的相互给予是立即无条件的，"相互"不再意味着对等，否则就与有条件最惠国待遇中的"等量补偿"相距不远了①。因此有学者认为，有条件最惠国待遇并非真正的最惠国待遇，而只是为对方提供了获得最惠国待遇的一个谈判机会而已②。而最惠国待遇中的无条件性或自动性，首先维护的是平等待遇和非歧视的原则理念，因而可能导致缔约方之间无法实现对等，甚至在权利义务相距较大时产生"搭便车"的争议。

---

① 赵维田. 世贸组织（WTO）的法律制度［M］. 长春：吉林人民出版社，2000：57.
相互性是指在一个法律框架内，各方所享有的权利和义务是相互依赖的，且一方权利和义务的创造、实现和终止都依赖于他方承担之义务和享有之权利。PROVOST R. Reciprocity in human rights and humanitarian law ［J］. British Yearbook of International Law，1994，65（1）：383 - 454.

② 赵维田. 世贸组织（WTO）的法律制度［M］. 长春：吉林人民出版社，2000：63.

对等和无条件最惠国待遇之间既有区别也有联系。无条件最惠国待遇是一种无差别待遇，而对等减让可能产生有差别待遇。通过二者的结合，缔约方相互给予的待遇，因最惠国待遇条款而被所有缔约方享有。进而对等由差别待遇转化为无差别待遇，由双边对等转化为多边互惠。

然而在国际贸易体制中，对等和无条件最惠国待遇都无法单独提供令人满意的行为规范①。正如当扩散的互惠中缺乏足够的规范认知和义务感时容易产生"搭便车"的现象，仅凭 WTO 成员相互提供无条件最惠国待遇并不能为削减贸易壁垒提供动力。而对等的实质内容才是多边贸易体制的动力源泉②。换言之，对等需要规定具体内容，而最惠国待遇通常不规定具体内容，这就意味着最惠国待遇的适用范围会受到对等的制约，对等在此意义上成了无条件最惠国待遇的基础③。虽然在一些经济学家看来，对等地削减贸易壁垒是重商主义贸易政策核心的残留，但是它在解决集体行动问题上发挥着重要的作用。

与此同时，仅凭对等也无法成功促成多边贸易合作，对等这种具体的互惠可能产生的负面效应需要无条件最惠国待遇予以调和。第一，最惠国待遇有利于避免对等谈判所产生的贸易转移效应。第二，全面坚持对等将使得谈判极度复杂化因而导致高昂的成本，而最惠国待遇有利于降低对等减让所产生的谈判成本。第三，由于国家间资源禀赋、经济发展水平等方面的差异，严格坚持对等可能会限制可能达成的合作，无条件最惠国待遇的运用有利于拓展合作范围。第四，通过确保所有成员方境内的出口商都会被某一成员方采取的贸易保护主义政策所影响，最惠国待遇能够增加国

---

① KEOHANE R. Reciprocity in international relations [J]. International Organization, 1986，40（1）：1-27.

② 相比于互惠地削减贸易壁垒，单边贸易自由化的稳定性较低。由于缺乏有约束力的承诺机制，实行单边贸易自由化的国家所提供的市场准入权利难以保证稳定性，出口方也不愿冒险在某一出口领域进行投资。将贸易自由化置于互惠的条件之下不但通过创造相互制裁的可能从而提高了稳定性，还有利于扩大贸易自由化的范围和总体收益，使贸易自由化在政治上更可行。HERRMANN-PILLATH C. Reciprocity and the hidden constitution of world trade [J]. Constitutional Political Economy，2006，17（3）：149；HOEKMAN B M, KOSTECKI M M. The political economy of the world trade system：the WTO and beyond [M]. Oxford：Oxford University Press，2009：36.

③ 梁小民，雎国余，刘伟，等 . 经济学大辞典 [M]. 北京：团结出版社，1994：83.

内利益集团游说保护主义政策的成本，因而有助于巩固和促进多边贸易规则的遵守与执行①。第五，由于对等的标准难以建立，各成员方在解释上的分歧可能会导致双边关系的紧张和对立②，而扩散的互惠能缓解标准确定问题上的分歧，从而避免不必要的冲突。

对等与无条件最惠国待遇之间内在地存在着张力，二者只有经过妥协与调和方能在多边贸易体制中共存。特别是当对等与无条件最惠国待遇共同被作为体制目标时，它们与多边主义之间可能缺乏足够的兼容性③。只有当多边贸易合作的收益超出贸易伙伴"搭便车"的成本以及多边谈判的交易成本时，在多边层面实施无条件最惠国待遇才拥有可行性。主要供应方的谈判方式正是通过强调具体的互惠来降低"搭便车"的成本。若对等的作用力不足，无条件最惠国待遇可能导致多边贸易体制缺乏关税减让的动力和稳定性。而当缔约方过于强调贸易关系的对等，则不可避免地会影响无条件最惠国待遇的适用，导致主要成员偏离多边主义，走向区域、双边甚至单边主义。依据协商一致原则所达成的多边贸易协定正体现了对等与无条件最惠国待遇的妥协与配合，在坚持多边主义的前提下实现二者间的平衡。

（四）作为多边贸易体制原则的互惠

互惠原则是 WTO 赖以存在和发展的基础，堪称 WTO 的引擎。正如对等原则通过维护国家主权平等，为国际规则的制定和遵守提供了原动力，互惠原则也为 WTO 规则的建立、适用和执行提供了基础。互惠是多边贸易体制的一项重要的原则，它指导着一系列具体的制度规范，体现了WTO 作为一个契约型国际组织的特征。

互惠在多边贸易体制内的原则性地位和基础性作用在学界获得了普遍认可。基欧汉认为，互惠是 GATT 以及大国间政治关系中的核心规

---

① HOEKMAN B M, KOSTECKI M M. The political economy of the world trade system: the WTO and beyond [M]. Oxford: Oxford University Press, 2009: 42.

② KEOHANE R. Reciprocity in international relations [J]. International Organization, 1986, 40 (1): 1-27.

③ CURZON G, CURZON V. Non-discrimination and the rise of "material" reciprocity [J]. World Economy, 1989, 12 (4): 497.

范①。斯特兰奇（Susan Strange）提出，互惠原则是多边贸易体制的重要支柱之一②。经济学家琼斯（Kent Jones）提出，互惠原则是适用于多边贸易体制规则和谈判的一项重要原则。该原则要求所有成员方参与谈判并为其他成员提供关税减让机会，因此是抵抗国内贸易自由化阻力的重要手段③。沃尔夫（Robert Wolfe）认为，互惠和非歧视是 WTO 基本的规范和原则④。贝格威尔和思泰格尔认为，互惠原则是缔约方贸易政策共同变化的一种"理想"目标，因此与非歧视原则一起构成多边贸易体制的支柱⑤。何梦笔从宪法经济学的角度分析 WTO 体制中的互惠，他认为互惠是世界贸易宪法中的主要组织原则⑥。作为基础性原则的互惠是一般性的互惠，它塑造着市场准入权利（MARs）交易市场中的具体制度。这些具体制度包含最惠国待遇，也包含具体的互惠⑦。由此可见，多边贸易体制中的互惠不仅存在于规则层面，也存在于规范和原则层面⑧，在促进、协调各缔约方的合作交往过程中发挥着重要作用。

---

①　KEOHANE R. Reciprocity in international relations［J］. International Organization，1986，40（1）：1-2.

②　斯特兰奇. 国家与市场：第二版［M］. 杨宇光，等译. 上海：上海人民出版社，2006：193.

③　JONES K. Who's afraid of the WTO?［M］. New York：Oxford University Press，2004：75.

④　WOLFE R. Can the trading system be governed? institutional implications of the WTO's suspended animation［M］// ALEXANDROFF A S. Can the world be governed? possibilities for effective multilateralism. Waterloo：Wilfrid Laurier University Press，2008：316.

⑤　贝格威尔，思泰格尔. 世界贸易体系经济学［M］. 雷达，詹宏毅，等译. 北京：中国人民大学出版社，2005：58.

⑥　HERRMANN-PILLATH C. Reciprocity and the hidden constitution of world trade［J］. Constitutional Political Economy，2006，17（3）：136.

⑦　HERRMANN-PILLATH C. Reciprocity and the hidden constitution of world trade［J］. Constitutional Political Economy，2006，17（3）：143. 何梦笔提出，国民待遇是比最惠国待遇及具体的互惠更低一个层级的义务。因为前者针对的是货物和服务，而后者针对的是市场准入权利。

⑧　原则与规范均为国际制度的内在组成部分。根据克莱斯勒（Stephen D. Krasner）的归纳，国际制度是指"在一定国际关系领域组织和协调国际关系的默示或明示的原则、规范、规则和决策程序"，其中原则指"关于事实、原因和公正的信念"，规范指"以权利、义务界定的行为标准"。规范具有模糊性，在原则和规则之间起到了承上启下的作用。徐崇利.《巴黎协定》制度变迁的性质与中国的推动作用［J］. 法制与社会发展，2018，24（6）：198-209.

互惠原则必然兼有扩散的或宽松的互惠特征①。因为具体的互惠更能反映双边关系的特征，而扩散的互惠更能反映多边的贸易安排②。正如基欧汉所描述的，多边贸易体制中的互惠是整体上建立在扩散的互惠基础上的混合的"发明"③。作为多边贸易体制原则的互惠必须能够容纳不同经济体之间的实力差距，且对发展中成员的发展需求足够敏感。而对等减让实质上限制了部分发展中成员对多边贸易谈判的有效参与④，因而成员间关税减让的对等难以成为公平的国际贸易体制的基础⑤。而互惠的作用不仅在于通过双边—多边的方式加速并拓展谈判进程，鼓励成员实质性参与，还在于协调不同缔约方之间的实力差距，创造团队精神和信任感，以更好解决共同面对的挑战。

多边贸易体制谈判的历史实践也进一步证实，作为 WTO 原则的互惠应当是宽泛的。许多 ITO 和 GATT 谈判的参与者都想要共同建立一个贸易体制，让所有国家都可以从中获得经济和非经济利益。这种互惠理念不等同于重商主义下的议价模式，因为各缔约方参与这一贸易体制所获得的收益要比它们获得的市场准入权益更加广泛，且它们对促进国际经济合作

---

① 有学者认为，多边贸易体制是一个具有弹性的体制，是因为该体制内非歧视和互惠两项主导原则都具有一定的弹性。各缔约方设置了许多非歧视原则的例外，并且确保互惠原则在自由主义的背景下被适用，以避免 20 世纪早期美国运用的具有报复和贸易限制特征的互惠（对等）。RHODES C. Reciprocity, U. S. trade policy, and the GATT regime [M]. Ithaca：Cornell University Press，1993：79.

② WILKINSON R. Multilateralism and the World Trade Organization：the architecture and extension of international trade regulation [M]. London：Routledge，2000：41.

③ 在多边贸易体制中，对于有条件最惠国待遇的要求更接近于具体的互惠或对等，而无条件最惠国待遇则更接近扩散的互惠，因为无条件最惠国待遇意味着每一个双边关系并不必然是对等和平衡的。KEOHANE R. Reciprocity in international relations [J]. International Organization，1986，40（1）：1-27.

④ GATT 体制的发展历程和谈判实践表明，因为发展中成员难以提供充分的市场准入份额，难以吸引到发达成员缔约方的注意，因此它们难以在多边贸易谈判中享有足够的话语权，也难以在自身具有比较优势的领域赢得来自发达成员缔约方的关税减让。KAPSTHIN E B. Economic justice in an unfair world：toward a level playing field [M]. Princeton：Princeton University Press，2006：59.

⑤ KAPSTHIN E B. Economic justice in an unfair world：toward a level playing field [M]. Princeton：Princeton University Press，2006：60.

所作出的贡献，与它们在体制中所获利益之间的联系是模糊的①。此外，尽管 GATT1994 第 28 条附加条款和贸易回合谈判的实践强调贸易谈判中的对等减让或平衡减让，但是对等或平衡只是谈判过程中的关税减让目标，并非 GATT/WTO 规则或谈判结果的实质要求②。以乌拉圭回合谈判结果为例，相关统计数据表明，各缔约方在此期间作出的关税减让幅度差距普遍不平衡且相差很大③。因而对等只是推动各缔约方或成员方削减贸易壁垒的途径和方式，多边贸易体制规则从未要求谈判结果或达成的协定必须实现关税减让的完全对等或平衡。

综上所述，互惠是多边贸易体制中的一项重要原则，作为原则的互惠应为宽泛的、扩散的互惠。互惠原则下，有对等和无条件最惠国待遇两个关键性的规则支点，前者体现为具体的互惠，后者体现为扩散的互惠。在互惠原则下，对等与无条件最惠国待遇相互融合，共同构成了多边贸易体制中的互惠基础。

二、多边贸易体制中的非互惠及其表现形式

非互惠是绝对的，而互惠是相对的。多边贸易体制中的非互惠相对于互惠而言，复杂性程度有所降低。但学界仍然缺乏对多边贸易体制中非互惠的含义及其表现形式的系统性分析。厘清多边贸易体制中非互惠的内涵及其表现形式，不仅是研究多边贸易体制中非互惠问题的关键，更是分析非互惠正当性与治理困境的前提基础。

（一）多边贸易体制中的广义非互惠与狭义非互惠

澄清多边贸易体制中的非互惠需要对其广义和狭义的含义进行区分。

---

① FRINGER J M, WINTERS L A. Reciprocity in the WTO [M] // HOEKMAN B M, ENGLISH P, MATTOO A. Development, trade, and the WTO: a handbook. Washington, D. C.: World Band Publications, 2002: 55.

② BAGWELL K, STAIGER R W. Reciprocity, non-discrimination and preferential agreements in the multilateral trading system [J]. European Journal of Political Economy, 2001, 17 (2): 17.

③ FRINGER J M, WINTERS L A. Reciprocity in the WTO [M] // HOEKMAN B M, ENGLISH P, MATTOO A. Development, trade, and the WTO: a handbook. Washington, D. C.: World Band Publications, 2002: 56.

广义的非互惠通常是指 non-reciprocity 的一般含义，也即非互惠的理念；而狭义的非互惠，通常被认为专指 GATT1994 第四部分，特别是第 36 条和第 37 条的规定。学界普遍认为第 36 条和第 37 条为多边贸易体制中的非互惠提供了法律依据①。因此，狭义的非互惠具有两项特征：第一，只适用于发展中成员。第二，只关乎贸易壁垒的削减，而不包括与削减贸易壁垒间接相关的其他权益②。狭义的非互惠是给予发展中成员在削减贸易壁垒过程中免于作出与发达成员对等的关税减让的权利，或赋予发展中成员在执行多边贸易规则时以更多灵活性和过渡期。考虑到非互惠本身的局限性，本书希望拓展多边贸易体制中非互惠的内涵，因而在广义的基础上讨论非互惠。

广义的非互惠是从 non-reciprocity 这一词的本义出发，对非互惠作出的广义解释。它是指多边贸易体制内一成员方（或缔约方）单方面给予另一成员方的利益或优惠，抑或成员双方或多方相互给予的不对等的利益或优惠。多边贸易体制中有许多反映了非互惠理念的规则和条款。

多边贸易体制中广义的非互惠具有几项重要特征：第一，单从非互惠的字面含义来讲，非互惠法律关系的主体并不局限于发展中成员，而可能是所有成员方或缔约方。第二，多边贸易体制中非互惠法律关系的客体是利益或优惠的载体③，多体现为市场准入的机会或份额，或与市场准入权相关的其他权益，通常并非实际的贸易收益。第三，当非互惠意味着非对等时，并不一定是单方给予的优惠，而可能表示双方或多方共同给予的非

① 例如乔宾（Maria Luiza Kurban Jobim）认为，GATT 第四部分，特别是第 36 条和第 37 条的规定反映了 WTO 的非互惠原则，但是这项原则的模糊性导致发展中成员难以在实际谈判中取得以非互惠为基础的实质性减让成果。JOBIM M L K. Drawing on the legal and economic arguments in favour and against "reciprocity" and "special and differential treatment" for developing countries within the WTO system [J]. Journal of Politics and Law，2013，6（3）：55-66.

② BARTELS L. The WTO Enabling Clause and positive conditionality in the European [J]. Journal of International Economic Law，2003，6（2）：526-529.

③ 法律关系的客体，是指法律关系主体的权利和义务所指向的对象，通常是指法律关系确认、获取、保护、分配、转移的利益之载体。周旺生. 法理学 [M]. 西安：西安交通大学出版社，2006：306.

对等的利益或优惠①。

（二）多边贸易体制中非互惠的表现形式

学界缺乏对多边贸易体制中非互惠的系统阐释与剖析，大都将其与特殊与差别待遇混同使用。而非互惠在多边贸易体制中意味着差异性的权利义务配置，因而其表现形式比特殊与差别待遇条款更为宽泛。多边贸易体制中广义的非互惠有以下几种表现形式。

1. 特殊与差别待遇条款

WTO 秘书处将特殊与差别待遇条款根据其主要功能分为了六项：（1）旨在通过市场准入来提高发展中成员贸易机会的条款；（2）要求 WTO 成员确保发展中成员利益的条款；（3）承诺、行动以及政策工具应用的灵活性；（4）过渡期条款；（5）技术援助条款；（6）专门适用于最不发达成员的条款。有学者将上述条款区分为两大类：第一类为要求 WTO 成员采取某种行动以维护发展中成员利益的条款，包括上述（1）、（2）、（5）项；第二类为允许发展中成员在履行义务方面享有灵活性的规定，包括上述（3）、（4）项。整体而言，第一类特殊与差别待遇条款的目的是通过为发达成员设定义务，促进发展中成员的市场准入，第二类条款的目的则是通过赋予发展中成员永久或暂时偏离多边规则的权限，以实现市场保护。下文将介绍各类特殊与差别待遇条款。由于第（6）项专门适用于最不发达成员的条款的实质内容兼具前 5 项条款的各类属性，不拟单独论述。

第一，旨在通过市场准入来提高发展中成员贸易机会的条款。在 WTO 的各个多边贸易协定中，此类型的条款数量最少，按照 WTO 秘书处的统计，共 12 款。主要包括 GATT1994 第四部分、GATS、《农业协定》序言以及《技术性贸易壁垒协定》中的相关条款。例如在《农业协定》序言中，发达成员承诺充分考虑发展中成员的特殊需求，增加发展中

---

① 假如互惠是由权变性与对等性这两个关键成分所支撑起来的一个谱系，而对等是这个谱系中的关键点，则非对等的外延要大于非互惠。非对等可以形容行为体双方交换物价值不相等，或双方贡献度不一致的情形；而非对等的范围则包含整个互惠谱系的两个极端，因此主要包含了纯粹的馈赠与剥削的行为。考虑到多边贸易体制中的非互惠经过发展中成员的斗争和努力在体制内逐步获得了合法性，剥削的行为显然不在此范围内。故可以将多边贸易体制中的非互惠总结为两类：一是各缔约方或成员方间交换价值或贡献程度的非对等；二是部分成员向其他成员提供的不要求回报的赠予。

成员有特殊利益的农产品的市场准入机会和条件。而有关非互惠地削减贸易壁垒的规定主要体现在 GATT1994 第四部分。这一部分包括第 36 条、37 条和 38 条三个条款，强调为来自发展中成员的产品提供优惠的市场准入，并呼吁在发展中成员具有比较优势的领域实行更低的关税壁垒①。然而上述条款中除了 GATS 第 4 条第 1 款和第 2 款规定了较为具体的义务外，其余条款几乎没有法律效果。此类条款的一个典型特点是将义务施加到发达成员身上，要求发达成员采取特定的措施以促进发展中成员的贸易②。发展中成员作为受益者却不能主动启动相关措施以增加自身的贸易机会。

除上述条款外，授权条款的相关规定也可以归为此类。根据授权条款的规定，缔约方可以违背最惠国待遇的规定，单独给予发展中成员有差别且更优惠的待遇，以促进发展中成员的贸易③。"给予发展中成员的普惠制待遇应当被设计和修改以积极回应发展中成员的发展、金融和贸易需求"④。且发达成员给予发展中成员的优惠关税待遇应当满足"普遍的、非互惠和非歧视的"条件⑤。以授权条款为法律基础的普惠制是多边贸易体制非互惠制度安排的重要组成部分。

第二，要求 WTO 成员确保发展中成员利益的条款。在 WTO 所有特殊与差别待遇条款中，此类条款的数目是最多的。特征是要求各成员考虑发展中成员特别是最不发达成员的特殊需要。例如《实施卫生与植物卫生措施协定》（以下简称《SPS 协定》）第 10 条第 1 款规定，"在制定和实施

---

① UCHÉ E. Special and differential treatment in international trade law: a concept in search of content [J]. North Dakota Law Review, 2003, 79 (4): 831 – 878.

② 这类条款缺乏实用性的特点难以被改变和逆转，发展中成员若要增强这类条款的法律可执行性将会面临很高的机会成本。ROLLAND S E. Development at the WTO [M]. New York: Oxford University Press, 2012: 112.

③ Section 1 of the Differential and More Favorable Treatment Reciprocity and Fuller Participation of Developing Countries, contracting parties Decision, L/4903, 28 November 1979. (后称 "Enabling Clause")

④ Section 3 (c) of the Enabling Clause, contracting parties Decision, L/4903, 28 November 1979.

⑤ Generalized System of Preferences (GSP Decision), Decision of 25 June 1971, L/3545, 28 June 1971.

卫生与植物卫生措施时，各成员应考虑发展中成员特别是最不发达成员的特殊需要"。由于信息的不对称，发展中成员难以确定是否采取 SPS 措施的成员真正考虑了发展中成员的需求，且这种"考虑"的义务并不会直接要求 WTO 成员采取积极的措施。与旨在通过市场准入来提高发展中成员贸易机会的条款相似，此种类型的条款也具有政治宣誓色彩，没有为发达成员设定清晰、明确的法律义务。

第三，承诺、行动以及政策工具应用的灵活性。允许发展中成员在作出承诺、采取行动及运用政策工具上可具有一定灵活性的规定，在本质上是给予发展中成员履行特定义务的豁免权，从而保证发展中成员享有足够的政策空间①。此种灵活性或豁免是一种义务承担的差异化，反映了充分的非互惠理念。"承诺、行为及政策工具使用的灵活性"在特殊与差别待遇条款中的应用非常广泛，体现在 GATT1994 第 18 条、《补贴与反补贴措施协定》第 27 条、GATS 第 19 条等多个多边贸易协定的条款之中。考虑到 WTO 关于补贴、知识产权、投资措施等方面的规则事实上压缩了发展中成员的政策空间，使它们更难培养起自身的比较优势，给予发展中成员充分的承担义务的灵活性能够保证发展中成员有效地管理国内经济政策，在参与全球化进程、开放市场的过程中兼顾国家发展和公共政策目标②。

有学者认为给予发展中成员承诺、行动以及政策工具应用的灵活性可以进一步区分为两类："政策宣示型"和"权利义务型"③。前一类型主要通过意向性语言加以阐释，体现了成员给予发展中成员某种承担义务灵活性的意愿。对于发展中成员享有灵活性的方式和程度却语焉不详。例如 GATS 第 19 条第 2 款规定，"自由化的过程应当充分尊重各成员国内政策

---

① MICHALOPOULOS C. Special and differential treatment：the need for a different approach in developing countries and the WTO [M] // SAMPSON G P，CHAMBERS B. Developing countries and the WTO. Tokyo：United Nations University Press，2008：115 - 116.

② PANITCHPAKDI S. The WTO, global governance and development [M] //SAMPSON G P，CHAMBERS W B. Developing countries and the WTO. New York：United Nations University Press，2008：193.

③ 朱晓勤. 发展中国家与 WTO 法律制度研究 [M]. 北京：北京大学出版社，2006：398.

目标，及其整体与各个部门发展水平，应给予各个发展中成员适当的灵活性，准许开放较少部门，放宽较少类型的交易，并依据发展中成员的发展情况逐步开放市场"。由于未明确发展中成员享有灵活性的程度，该条款的具体实施事实上仍然取决于发达成员和发展中成员的实际谈判。而"权利义务型"条款通常对发展中成员在哪些方面、以何种程度和何种方式享有灵活性作出了具体的规定。考虑到发展中成员与发达成员之间经济发展水平和实力的差距，明确赋予灵活性对于发展中成员确保经济发展的自主性而言至关重要。

第四，过渡期条款。过渡期主要是给予发展中成员延期履行多边贸易协定中特定义务的待遇，几乎在 WTO 所有的协定中存在①。不同于承担义务的层级化或差异性，过渡期是在规则履行时间方面设置的差别待遇，因此属于有限的非互惠类型②。通常情况下，多边贸易规则给予最不发达成员比其余成员更长的过渡期，有些贸易协定也会给予发达成员短暂的过渡期。例如《与贸易有关的投资措施协定》为发达成员设置了 2 年的过渡期，为发展中成员和最不发达成员分别设置了 5 年和 7 年的执行期限③。过渡期条款并不意味着享有该权益的 WTO 成员在期限届满之前完全排除于义务的遵守，而是意味着享受过渡期的 WTO 成员有权在过渡期期限内自主决定是否完全遵守相关的纪律，也能够自主决定从哪一部分义务开始履行④。相比于其他特殊与差别待遇条款，大部分过渡期条款可被执行，且具有法律约束力。但目前乌拉圭回合谈判期间制定的过渡期条款均已期满，只有部分条款以个案为基础进行延期。

多边贸易体制中的过渡期具有不同的形式。除了明确规定 WTO 成员无须全面执行承诺的期限外，部分过渡期条款是附条件的。例如

---

① MICHALOPOULOS C. Special and differential treatment：the need for a different approach in developing countries and the WTO [M] // SAMPSON G P, CHAMBERS B. Developing countries and the WTO. Tokyo：United Nations University Press，2008：115 - 116.

② GARCIA F J. Trade，inequality，and justice：toward a liberal theory of just trade [M]. Ardsley，N. Y.：Transnational Publishers，2003：169.

③ 参见《与贸易有关的投资措施协定》第 5 条。

④ ROLLAND S E. Development at the WTO [M]. New York：Oxford University Press，2012：113.

《SPS协定》第10条第3款规定，"为确保发展中成员能够遵守本协定的条款，委员会在成员提出申请，且考虑它们的金融、贸易及发展需求的情况下，可以给予这些成员具体的、有时间限制的例外来全面或部分履行本协定的义务"。再如《技术性贸易壁垒协定》第12条第8款规定，"技术性贸易壁垒委员会能够在收到申请的情况下，给予具体的、有时间限制的全面或部分免除本协定义务的例外"。此外，还有部分过渡期的给予具有软法性质。例如《SPS协定》第10条第2款规定，"当适当的卫生或植物卫生保护为逐步制定新的卫生或植物卫生措施留有余地时，应当给事关发展中成员利益的产品提供较长的执行期限，以保持其产品出口的机会"。尽管该条款使用了"应当"一词，但因缺乏明确的期限设定，且发达成员具有给予过渡期的自由裁量权，该条款仍缺乏充分的法律约束力。

第五，技术援助条款。技术援助在本质上是一种知识的转移和分享，对于发展中成员执行多边贸易规则、融入多边贸易体制发挥着重要的作用[1]。狭义的技术援助仅包括为促进发展中成员乃至最不发达成员适应多边贸易规则、执行多边义务、在多边贸易体制中取得相应的收益而实施的援助。而广义的技术援助则涉及对发展中成员结构性改革和基础设施投资的促进和推动，例如对于发展中成员经济治理、基础设施建设、制度能力建设等方面的援助。WTO体制中的技术援助条款体现在《SPS协定》、《技术性贸易壁垒协定》、《海关估价协定》、GATS、《TRIPS协定》等多个贸易协定中，因为在这些协定的理解、执行以及相关国内制度安排、人才储备等方面，发展中成员都面临着较大困难。WTO体制中技术援助的模式有三种：一是由WTO提供的技术援助；二是由其他国际组织协助提供的技术援助；三是由发达成员向发展中成员提供的技术援助[2]。绝大部分的技术援助条款都属于第三类，需要由发达成员自行决定何时、以何种方式、向哪些成员提供技术援助。

---

① GARCIA F J. Trade, inequality, and justice: toward a liberal theory of just trade [M]. Ardsley, N. Y.: Transnational Publishers, 2003: 88.

② ROLLAND S E. Development at the WTO [M]. New York: Oxford University Press, 2012: 115.

2. 新成员加入 WTO 议定书

WTO 时期新加入成员必须通过《WTO 协定》第 12 条加入 WTO①。申请加入方需先后在双边与多边层面就具体的加入条件与 WTO 已有成员进行谈判。双边谈判是加入谈判过程中最具实质性的阶段，在该阶段，每一个 WTO 成员都可以就自身的利益关注与申请方进行谈判，已有成员对申请加入方提出的要求可能会超越 WTO 成员承担的义务范围。一旦双边谈判结束，工作组将会向部长级会议提交报告，谈判进入多边程序性谈判阶段。如果议定书草案被部长级会议通过，加入 WTO 议定书就会在申请方接受后三十天生效②。新成员加入 WTO 议定书（后称"入世议定书"）通常要求新加入成员遵守入世以前已生效的法律文件更正、修订或修改过的《WTO 协定》。入世议定书和工作组报告的特定段落中包含新加入成员需要承担的超 WTO 义务③，且入世议定书和工作组报告中规定的权利义务因成员而异，也深受加入谈判过程的影响④。入世议定书和工作组报告改变了乌拉圭回合一揽子协定所确立的规则统一适用的方式，每当一个新成员加入 WTO，WTO 规则就会受到该成员承担的加入承诺的影响⑤。

---

① 《WTO 协定》第 12 条规定："1. 任何国家或在处理其对外贸易关系及本协定和多边贸易协定规定的其他事项方面拥有完全自主权的单独关税区，可按它与世界贸易组织议定的条件加入本协定。2. 有关加入的决定应由部长级会议作出。部长级会议应以世界贸易组织成员的三分之二多数批准关于加入条件的协议。"

② MITCHELL A D, WALLIS J E. Pacific pause：the rhetoric of special & differential treatment，the reality of WTO accession [J]. Wisconsin International Law Journal，2010，27 (4)：663 - 706.

③ 依据《WTO 协定》第 12 条加入 WTO 的成员通常需要作出 WTO-plus 义务和 WTO-minus 承诺。WTO-plus 义务是比标准的 WTO 规则更加严格的义务。WTO-minus 承诺是新加入成员承诺不享受 WTO 创始成员所享有的包括过渡期在内的特定利益的承诺。也有学者认为，WTO-minus 承诺是削弱现有的 WTO 纪律，允许其他成员违背标准的 WTO 规则的承诺。QIN J Y. The challenge of interpreting "WTO-plus" provision [J]. Journal of World Trade，2010，44 (1)：127 - 172；CHARNOVITZ S. Mapping the law of WTO accession [M] //The path of world trade law in the 21st century. Hackensack，NJ：World Scientific Publishing，2015：279 - 267.

④ 例如发展中成员并非有权享有全部发展中成员待遇，许多发展中成员享受的发展中成员待遇在很大程度上取决于加入 WTO 谈判。换言之，每个新加入成员能够享受的特殊与差别待遇是通过谈判获得的。

⑤ TYAGI M. Flesh on a legal fiction：early practice in the WTO on accession protocols [J]. Journal of International Economic Law，2012，15 (2)：391 - 441.

这种影响不但存在于新加入成员与创始成员之间，也存在于前加入成员与后加入成员之间①，不同新加入成员在作出加入承诺的范围和程度上也存在着广泛的差异②。

3. 关税减让表及服务贸易具体承诺表

WTO 成员所作出的关税承诺被称为"约束"或"减让"，存在于每一个成员的关税减让表中③。根据 GATT1994 第 2 条第 7 款的规定，关税减让表是 GATT1994 的内在组成部分，因而构成了各成员方必须遵守的条约义务，具有法律约束力。成员的关税减让表中包含对产品描述的清单，以及以特定税或从价税规定的关税水平。由于每个成员作出关税承诺的产品种类和减让程度存在差异，且发展中成员的减让表相对比较简短，关税约束的水平相对较高，WTO 成员的关税减让表整体上体现了非互惠的理念。

在 GATS 的法律结构中，成员方的市场准入承诺均要经过谈判，逐项列入该成员的具体承诺表中④。服务贸易的具体承诺表与货物贸易的关税减让表的性质相似，是 GATS 的重要组成部分。服务贸易谈判通过具体承诺表实现了义务承担的差异性，因而是非对等地实现服务贸易自由化的一种手段，也是尊重各成员方政策目标和发展水平的体现⑤。WTO 成员作出的服务贸易具体承诺表通常包含对市场准入的限制、国民待遇的限制以及其他承诺。

---

① 韩秀丽. 论入世议定书的法律效力：以《中国入世议定书》为中心 [J]. 环球法律评论，2014（2）：20-32.

② 例如，在出口税方面，成员方在承诺的范围和性质上各不相同。以俄罗斯、越南、乌克兰为代表的成员未取消出口税，但是在若干种产品上限定了出口税税率；蒙古国和沙特阿拉伯分别取消了山羊绒和废钢铁的出口税，中国取消了除 84 种产品外所有产品的出口税，黑山取消了所有产品的出口税。秦娅. 论 WTO 出口税制度的改革：自然资源主权、经济发展与环境保护 [J]. 清华法学，2013，7（2）：123-149.

③ 杰克逊. 世界贸易体制：国际经济关系的法律与政策 [M]. 张乃根，译. 上海：复旦大学出版社，2001：160.

④ 在 GATS 第三部分具体承诺中，第 16 条第 1 款规定，"对于通过第 1 条确认的服务提供方式实现的市场准入，每一成员对任何其他成员的服务和服务提供者给予的待遇，不得低于其在具体承诺表中同意和列明的条款、限制和条件"。

⑤ 赵维田. 世贸组织（WTO）的法律制度 [M]. 长春：吉林人民出版社，2000：366-369.

4. 开放式诸边协定

多边贸易体制中开放式诸边协定在缔约方与非缔约方之间构成了特殊形式的非互惠。但开放式诸边协定需要与狭义的诸边协定相区分。前者是以《信息技术协定》（ITA）为代表的诸边协定①。此类诸边协定是多边贸易体制中的非互惠的具体表现。因为 ITA 式开放的诸边协定尽管不对非参与成员产生义务，协定产生的收益却能根据最惠国待遇原则由全体 WTO 成员享有。后者是指《WTO 协定》第 2 条第 3 款提到的列于《WTO 协定》附件 4 的"诸边贸易协定"。在 WTO 体系中增加《WTO 协定》附件 4 的诸边贸易协定需满足《WTO 协定》第 10 条第 9 款规定的严格条件②。由于这类诸边协定只对接受的成员具有约束力，对未接受的成员既不产生权利也不产生义务，此类诸边协定非但没有体现非互惠，反而更能体现对等。相比之下，开放式诸边协定所反映的非互惠理念恰好是对规则统一适用的灵活变通，在客观上有助于缓解多边贸易体制规则供给困难的问题。

虽然开放式诸边协定在未来可能会成为 WTO 贸易规则制定的重要补充形式，但此类诸边协定的谈判仍被视为一种尝试，WTO 成员尚在观察其具体的运行效果。加之开放式诸边协定在多边贸易体制中仍可能面临一系列合法性问题，依然有成员对开放式诸边协定持保留意见③。开放式诸边协定的合法性问题首先关系到其能否获得谈判授权。虽然 ITA 谈判在事后获得了 WTO 成员的授权④，但这不代表其他议题也能够以同样的方

---

① 在1996 年 12 月的新加坡部长级会议上，29 个 WTO 成员达成了《关于信息技术产品贸易的部长宣言》，即为 ITA 文本。在 2015 年 12 月的内罗毕部长级会议上，54 个 WTO 成员完成了对 ITA 的扩围谈判，达成了新版的 ITA，即《关于扩大信息技术产品贸易的部长宣言》。Information Technology Agreement. An Explanation，http：//www. wto. org/english/tratop_e/inftec_e/itaintro_e. htm.

② 《WTO 协定》第 10 条第 9 款规定，"应一贸易协定参加方成员的请求，部长级会议可以决定将该贸易协定加入附件 4，但此种决定只能经协商一致作出。应一诸边贸易协定成员方的请求，部长级会议可以决定将该协定从附件 4 中删除"。

③ 钟英通. WTO 体制中诸边协定问题研究［D］. 重庆：西南政法大学，2017：157.

④ 1996 年《新加坡部长级会议宣言》第 18 段提出，"我们注意到一部分成员已经就一份信息技术产品宣言达成一致，我们欢迎一部分 WTO 成员和其他已经申请加入 WTO 的成员或单独关税区采取的这项动议，它们同意在最惠国待遇的基础上削减信息技术产品的关税"。Singapore Ministerial Declaration，Singapore WTO Ministerial 1996：WT/MIN（96）/DEC，18 December 1996，para. 18.

式被纳入多边贸易体制。有成员担心开放式诸边协定可能会成为劳工、环保等争议议题被纳入 WTO 体制的"渠道"①。其次，开放式诸边协定在 WTO 争端解决机制的执行也具有不确定性。ITA 在 WTO 争端解决机制的执行依据是参与成员对其关税减让表进行的修改②，而关税减让表构成 GATT1994 的组成部分，自然属于 DSU 附录 1 所列的涵盖协定（covered agreements）的范畴。以 ITA 为代表的开放式诸边协定的议题局限于工业制成品，而其他领域的开放式诸边协定能否纳入关税减让表，进而在 WTO 争端解决机制获得执行仍具有不确定性。最后，开放式诸边协定可能加剧部分成员提前垄断游戏规则制定权的情形。鉴于诸边规则往往涉及多边谈判尚未触及的领域，诸边协定中的一些内容可能会成为多边谈判的重要参考甚至规则蓝本。具有相似观点的 WTO 成员构成的小集团还有可能利用诸边协定，将其作为排除某些特定成员的工具。因而开放式诸边协定在未来的实践中还需与协商一致原则进行恰当的衔接。

三、多边贸易体制中非互惠的法律属性辨析

（一）多边贸易体制中非互惠的法律原则地位争议

非互惠是一种理念，其在多边贸易体制中具有相应的规则条款以及一些简略的机制支撑。然而非互惠在多边贸易体制中的地位却并不十分清晰，原因在于非互惠能否作为一项 WTO 的法律原则仍然具有争议。迄今为止，非互惠的法律原则地位得到了部分学者的承认。例如米查洛普洛斯提出，在多哈回合谈判中，发展中成员在许多谈判中都援引了非互惠原则以减少自身的减让幅度，并且对这一原则的援引未遭发达成员的反对③。乔宾认为，GATT 第四部分，特别是第 36 条和第 37 条的规定反映了

---

① HOEKMAN B，MAVROIDIS P. WTO "à la carte" or "menu du jour"? assessing the case for plurilateral agreements [J]．The European Journal of International Law，2015，26（2）：319 – 343.

② ITA 附录第 1 段规定每个参与成员应将宣言第 2 段中描述的措施纳入到 GATT1994 关税减让表中。

③ MICHALOPOULOS C. Special and differential treatment：the need for a different approach in developing countries and the WTO [M] // SAMPSON G P，CHAMBERS B. Developing countries and the WTO. Tokyo：United Nations University Press，2008：114.

WTO 的非互惠原则，但是这项原则的模糊性导致发展中成员难以在实际谈判中取得以非互惠为基础的实质性成果①。彼得斯曼则提出，给予发展中成员的非互惠的和优惠的待遇是一项 GATT 原则②。这些原则已经被从积极和消极两个方向纳入到 GATT 法律规则中：积极方向是指发达成员为发展中成员作出积极的额外承诺，而消极方向是指发展中成员在执行多边贸易规则时享有更多灵活性和自由。

然而多边贸易体制中非互惠的法律原则地位尚未获得广泛性的认可。换言之，非互惠作为一项法律原则仍然存有争议。因为法律原则是指可以作为规则的基础或本源的综合性、稳定性原理和准则。它指导和协调着全部社会关系或某一领域社会关系的法律调整机制。而实然状态下的非互惠尚不足以满足这一标准。多边贸易体制中的非互惠仍处于演进过程之中，其在实践中被边缘化的情况，以及作为例外规则、附属规则的法律性质，影响了其法律原则的地位。另外，很多学者质疑非互惠作为一项法律原则的可行性。其中一个重要原因就是非互惠本身只代表了一个目标，然而多边贸易体制中没有明确规定实现这一目标的具体途径，也未能确定非互惠需要实现的程度。

多边贸易体制中的非互惠原则至多是一种导向性原则。导向性原则事实上是一种授权性的法律原则，并不指向义务和责任，因而公权力不能强制介入③。多边贸易体制中的非互惠恰好符合这一特征。根据 GATT1994 第 36 条第 8 款的规定，"发达缔约方对于它们在谈判中向欠发达缔约方作出的削减关税和其他贸易壁垒的承诺，不期待互惠（对等）"，因而非互惠原则可以被理解为，发达成员放弃要求让发展中成员提供对等的关税减

① JOBIM M L K. Drawing on the legal and economic arguments in favour and against "reciprocity" and "special and differential treatment" for developing countries within the WTO system [J]. Journal of Politics and Law, 2013, 6 (3): 55 - 66.

② PETERSMANN E-U. Constitutional functions and constitutional problems of international economic law [M]. New York: Routledge, 2018: 241.

③ 从法律原则的运作方式区分，可将其分为导向性原则和强制性原则。前者是指在法律中给人们指出行为的方向，而并不必须经常地借助强制力量就可以实现的法律原则；而后者是指其实现要更多地借助强制力量的介入和推进的法律原则。张文显. 规则·原则·概念：论法的模式 [J]. 现代法学，1989 (3)：27 - 30；周旺生. 法理学 [M]. 西安：西安交通大学出版社，2006：260.

让，或发展中成员被赋予了提供非对等关税减让的权利，从而将"搭便车"合法化①。GATT/WTO 规则文本中并没有哪一条款创设了具有强制性的非互惠原则，也没有以设定义务的方式规定，发达成员与发展中成员之间就削减贸易壁垒所建立的法律关系应当是非互惠的。而就当前多边贸易体制中的非互惠原则而言，其适用范围有局限性，且作为一项导向性原则，缺乏充分的法律约束力，因而属于次一级的法律原则。因此也有学者认为，非歧视原则与互惠原则是 WTO 的支柱，而非互惠仅仅是一项"补充性的原则"②，二者之间存在明显的位阶差异。

（二）多边贸易体制中非互惠和特殊与差别待遇的区别

多边贸易体制中的非互惠和特殊与差别待遇这两个概念一直处于边界不清的状态，甚至被混同使用。但事实上，这两个概念在诸多方面存在着差异，澄清这一差异对未来发展中成员争取发展权益具有至关重要的作用。

首先，多边贸易体制中的非互惠和特殊与差别待遇之间存在内涵上的差异。特殊与差别待遇既是一个学理概念，也是贸易谈判实践中发展中成员要求的优惠待遇的统称。然而在 WTO 规则文本中，却没有特殊与差别待遇这一法律术语。因此，当谈及发展中成员已经享有的特殊与差别待遇，事实上专指 WTO 规则中的特殊与差别待遇条款。换言之，特殊与差别待遇是现行特殊与差别待遇条款中为发展中成员提供的优惠待遇的统称。至于未来谈判中，发展中成员能否继续享有，以及享有何种形式的特殊与差别待遇，仍具有不确定性。因为《WTO 协定》文本中并没有明确提出发展中成员应当享有特殊与差别待遇，所以特殊与差别待遇的法律依据和理论依据无法从特殊与差别待遇这一概念本身获得。

而广义上多边贸易体制中的非互惠是由理念、原则、机制、规则等不

①　KESSIE E. The legal status of special and differential treatment provisions under the WTO Agreements [M] // BERMAN G，MAVROIDIS P C. WTO law and developing countries. New York：Cambridge University Press，2007：18.

②　BERNAL R L. Special and differential treatment for small developing economies [M] // GRYNBERG R. WTO at the margins：small states and the multilateral trading system. New York：Cambridge University Press，2006：313.

同层面含义所构成的系统性概念，且在 WTO 规则中有相应的文本支撑。也有学者认为非互惠原则是特殊与差别待遇的前身和理论基础①。广义上的非互惠既可以形容发展中成员享有额外的优惠，也包含 WTO 成员之间义务承担差异化的状态。因此，多边贸易体制中的非互惠的内涵要比特殊与差别待遇更为丰富。它不但囊括了现有的特殊与差别待遇条款，也以新成员加入 WTO 议定书、关税减让表、服务贸易具体承诺表、开放式诸边协定等体现权利义务差异的文本为具体表现形式。

对 WTO 发展问题的讨论总是围绕着增加特殊与差别待遇的效力而展开，然而这样的讨论有使发展问题被边缘化的风险。因为特殊与差别待遇不足以解决全部的发展问题，发展目标的实现必须被置于更宽泛的框架之中。伊斯梅尔提出，多边贸易体制的发展维度应当包含四个元素：公平贸易、能力建设、平衡的规则以及良善的治理②。而特殊与差别待遇是实现上述更宽泛的发展维度的具体手段。相比之下，非互惠更有潜力为明确多边贸易体制的发展导向发挥更大的作用。在多边贸易体制未来的谈判中，非互惠作为一种具有正当性的理念和原则，将继续指导不同发展水平成员间的谈判。依据非互惠理念和原则所建立的非互惠制度也将作为谈判机制的组成部分，在成员权利义务的承担方面发挥重要的分配和协调作用。

其次，多边贸易体制中的非互惠与特殊与差别待遇之间存在主体差异。除少数过渡期条款规定了发达成员的适用权限外，特殊与差别待遇的适用主体只局限于发展中成员。多边贸易体制中狭义的非互惠原则也只适用于发展中成员；但广义的非互惠作为一种理念，是对不同成员间客观差异的调整，因而并没有适用主体上的局限性。

再次，多边贸易体制中的非互惠和特殊与差别待遇之间存在地位的差异。顾名思义，特殊与差别待遇是一种"特殊"而非"主流"的待

---

① 有学者认为，NIEO 运动最大的成功之处在于在多边贸易体制中确立了非互惠原则，并将其作为发展中国家参与多边贸易体制的基础。ROLLAND S E. Development at the WTO [M]. New York：Oxford University Press，2012：45.

② ISMAIL F. Mainstreaming development in the World Trade Organization [J]. Journal of World Trade，2005，39（1）：11 - 21.

遇，在多边贸易体制中通常作为例外、附属规则或不具有充分约束力的软法而存在。但非互惠是对差异性的处理，而差异是在 WTO 成员之间广泛、客观存在的。因此多边贸易体制中的非互惠有成为多边贸易体制主流规范的正当性基础，更有力量推动多边贸易规则朝着发展导向的方向转变。

最后，多边贸易体制中的非互惠相比特殊与差别待遇更切中矛盾焦点。因为对特殊与差别待遇的研究，不能不分析其与互惠原则的冲突与关联。事实上，深刻嵌入到多哈回合之中的发展理念，也正是由于必须和作为多边贸易体制基石的互惠原则相互竞争，未能成功促进以发展为导向的规则的形成。而多边贸易体制中的非互惠则直接暴露出其与互惠原则间的张力，对这一对矛盾的梳理有助于扫清非互惠制度完善的理论障碍，更是解决特殊与差别待遇困境的重要前提。

（三）多边贸易体制中非互惠与 WTO 例外的区别

WTO 例外也称"免责条款"，允许各成员方在条约的正常实施中，当条约规定的特定情形出现时暂时停止施行其根据 WTO 协议所承担的条约义务①。多边贸易体制中的非互惠与 WTO 例外都在事实上导致了多边贸易规则适用的差异化，但二者之间仍在诸多方面存在显著区别。

在适用对象上，WTO 例外适用于所有 WTO 成员；多边贸易体制中的非互惠虽然也适用于所有 WTO 成员，但仍旨在维护发展中成员的发展权益，因而以发展中成员为主要适用对象。

在法律特征方面，WTO 例外具有暂时性。具言之，在 WTO 例外适用期间，WTO 规则处于"冬眠状态"，一旦适用例外的特定情形消失，或暂停施行期间届满，WTO 规则将自动恢复实施。而多边贸易体制中的非互惠既包含多边规则适用的例外（如 GATT1994 第 18 条），也包含平行规则（如过渡期条款）和附属规则（如 GATT1994 第四部分），因而非互惠所导致的规则的差异性适用既可能是暂时的，也可能

---

① WTO 例外条款具有广义和狭义之分，本书探讨狭义的例外条款，通常认为包含国际收支例外、保障措施条款、一般例外条款和安全例外条款。陈卫东.WTO 例外条款解读［M］. 北京：对外经济贸易大学出版社，2002：1-3.

是永久的。

在举证责任方面，对 WTO 例外而言，须由违反 WTO 规则、要求援引例外的成员承担较为严格的举证责任。而由于多边贸易体制中的非互惠所涵盖的规则属性并不局限于例外，因而并不必然是由主张适用非互惠的成员承担举证责任。

在价值取向方面，多边贸易体制中的非互惠以解决发展问题为主，并力图兼顾多边经贸治理的效率与公平。而 WTO 例外所服务的价值理念更为广泛，包含公共道德、生命健康、劳工保护、环境保护、国家安全等多重价值目标。

综合上述讨论，非互惠是受发展中成员推动从而被纳入到多边贸易体制中的一项理念，同时现行多边贸易体制中的非互惠也是一项具有争议的导向性原则。因缺乏确定的非互惠主体和标准，现有多边贸易体制中的非互惠理念之下仅有一些不成熟的机制，主要以特殊与差别待遇条款、新成员加入 WTO 议定书、关税减让表、服务贸易具体承诺表、开放式诸边协定中的具体规则条款为具体表现形式。多边贸易体制中的非互惠不仅意味着特殊与差别待遇条款，而且是非互惠理念原则、运行机制、规则条款"三位一体"的系统性理论和规则体系。

四、多边贸易体制中互惠与非互惠的关系

在原则层面，互惠与非互惠之间具有位阶差异，非互惠是比互惠次一级的法律原则。与此同时，多边贸易体制中的互惠与非互惠原则之间也存在着交叉关系。多边贸易体制中的非互惠可以被归为两种类型：WTO 互惠原则下的非互惠（非对等），以及 WTO 互惠原则外的非互惠①。其中，承诺、行动以及政策工具应用的灵活性，过渡期条款，以及入世议定书等

① 多边贸易体制发展出的两类非互惠，可以追溯到哈伯勒报告后贸易部长们为处理发展中成员问题所建立起的行动计划（Action Program）。该行动计划从两个方面推动建立多边贸易体制发达成员与发展中成员间的非互惠关系：其一是劝说发达成员不要在传统的贸易谈判中要求发展中成员作出对等的减让。其二是直接呼吁发达成员在没有谈判的情况下作出单边的贸易自由化。HUDEC R E, FINGER J M. Developing countries in the GATT legal system [M]. Cambridge：Cambridge University Press，2010：53.

需要发展中成员参与的非互惠，同样也属于互惠原则的范畴，因而这一类的非互惠实质上是互惠原则下的非对等。在多边贸易体制未来明确发展导向、填补发展赤字的工作中，互惠原则下的非对等可以成为重点改革与强化对象。

此外，还有部分多边贸易体制中的非互惠脱离了互惠原则的范畴。普惠制、GATT 第四部分等旨在通过市场准入来提高发展中成员贸易机会的条款，以及开放式诸边协定均属于 WTO 互惠原则外的非互惠。因为这些条款或协定所建立的法律关系是单边的而非相互的，所以不符合互惠基本含义中的相互性这一要件。其中，普惠制的优惠不仅难以被互惠原则所涵盖，也构成了无条件最惠国待遇的例外。互惠原则外的非互惠虽然也致力于实现实质公平的目标，但由于发展中成员几乎不需要从中承担义务，因而不属于扩散的互惠范畴[①]，发展中成员在这些条款的执行中缺乏参与。

综上所述，可以对多边贸易体制中互惠与非互惠的关系做如下总结。多边贸易体制中的互惠原则包含三个方面的内容：无条件最惠国原则下对等的权利义务；无条件最惠国原则下非对等的权利义务；无条件最惠国原则之外对等的权利义务。多边贸易体制中的非互惠原则也包含三个方面的内容：无条件最惠国原则下非互惠的权利义务；无条件最惠国原则下非对等的权利义务；无条件最惠国原则之外非互惠的权利义务。其中，无条件最惠国原则下非对等的权利义务既是非互惠原则的体现，也是宽泛的互惠原则的内在组成部分。

第三节　区域贸易协定中的互惠与非互惠

互惠与非互惠不仅在多边贸易体制的运作和发展过程中发挥了基础性作用，在区域贸易协定中，互惠与非互惠也是各国进行竞争与合作所不可或缺的元素。特别是考虑到区域贸易协定中缔约方经济发展水平的差异，非互惠在增加凝聚力、弥合缔约方利益分歧的过程中发挥了不可

---

① KAPSTHIN E B. Economic justice in an unfair world：toward a level playing field [M]. Princeton：Princeton University Press，2006：48.

替代的作用。《美墨加协定》（USMCA）、《全面与进步跨太平洋伙伴关系协定》（CPTPP）与《区域全面经济伙伴关系协定》（RCEP）是当前最重要的几个区域贸易协定，这几个协定的规则可能会对未来多边贸易规则的更新产生深刻影响。因此，分析互惠与非互惠在上述协定中的表现形式与程度差异，有利于对互惠与非互惠的基本问题形成更加系统化的理解，也有利于探索多边贸易体制中互惠与非互惠的发展趋势与动力。

一、USMCA 中的互惠与非互惠

由美国、墨西哥、加拿大三国于 2018 年签署的《美墨加协定》（USMCA）是目前覆盖面最广的贸易协定。它不仅覆盖了传统贸易投资议题，还吸收并更新了 TPP（CPTPP）中关于电子商务、金融服务、国有企业、知识产权、竞争、环境保护和劳工标准等方面的内容。总体而言，USMCA 试图最大限度地以对等取代非互惠，强调市场经济规则的一体化，重视环境和劳工的保护，注重保护数字贸易和知识产权，将对等原则作为基本谈判原则，且重视公平竞争，特别强调对国有企业和汇率操纵等不公平做法严加限制。而 WTO 框架下发展中成员特殊与差别待遇被相对弱化和边缘化。

（一）USMCA 中的互惠

相比于 GATT/WTO 体制中的多边贸易规则，USMCA 更加重视互惠中的对等成分。在序言中，USMCA 没有提到考虑缔约方发展水平的差异性和经济的多样性；在正文中，USMCA 没有像 WTO 或 CPTPP 那样将发展议题作为单章列出。除了体现对等的第 10 条第 2 款的贸易救济措施、第 31 条第 19 款关于报复的规定外，USMCA 对公平贸易和对等的侧重还体现在以下几个方面：

第一，USMCA 充分体现了国家优先的原则。USMCA 被命名为《美墨加协定》而非"新北美自由贸易协定"。"自由贸易"的字样被删除，反映了美国政府对待国际贸易的基本态度相对偏离自由而更强调对等。USMCA 的国际法地位被弱化为国家间协定，而非区域贸易协定，且在确立协定目标的序言中，USMCA 没有提及区域一体化①。各缔约方主要是将国家利益作为出发点谈判此协定，而几乎没有把北美作为一个整体来考虑。此外，美国试图避开重要的经济体，寻求"志同道合"的盟国在区域层面推动符合美国利益的规则②。美国不再以区域贸易自由化为原则构建新的国际经贸规则，而是致力于推动美国单边主导的"区域主义"。

第二，USMCA 采用对等的谈判方式。在 USMCA 谈判过程中，美国更多以对等开放作为谈判标准，不再将贸易与发展援助以法定方式联系起来③。虽然 USMCA 是一个三方协定，但美国选择分别与墨西哥和加拿大进行一对一的双边谈判，以更好地向对方施压，最后达成的协定也呈现出一对一的双边特点。换言之，USMCA 满足于多处"存异"，而似乎无意于"求同"④。这导致 USMCA 更像双边协定的集合，而非严格意义上的三方协定，体现为对等的集合。美国政府为了实现对等性不惜违背最惠国待遇原则，有意回避以一对多的形式削减贸易壁垒的局面。

第三，USMCA 规则重视公平竞争。USMCA 对公平竞争的强调致使其呈现的包容性程度较低。在多边贸易体制中，成员基于不同经济发展水平选择制度的自主性获得了一定程度的认可，《WTO 协定》允许成员方"以符合不同经济发展水平下各自需要的方式，加强采取各种相应的措施"。然而 USMCA 的序言部分明确提出建立"更自由、更公平市场"的目标，要求提升"区域的公平竞争条件"，且在第 14 章和第 32 章明确提

---

① 有学者提出，经济一体化可以分为功能主义一体化与政府间主义一体化。前者认为存在超越具体成员利益的集体利益，认为一体化是集体利益最大化的理性选择，WTO 可以被视为功能主义一体化；后者是自由政府间主义一体化，不承认存在超越具体缔约方利益的集体利益，一体化只是缔约方实现自身利益最大化的工具。USMCA 属于自由政府间主义一体化。MORAVCSIK A，VACHUDOVA M A. National interests，state power，and EU enlargement [J]. East European Politics and Societies，2003，17（1）：42 - 57.

② 翁国民，宋丽.《美墨加协定》对国际经贸规则的影响及中国之因应：以 NAFTA 与 CPTPP 为比较视角 [J]. 浙江社会科学，2020（8）：20 - 29，44，155 - 156.

③ 在 USMCA 的谈判过程中，美国采用威胁式的谈判方式成功迫使墨西哥和加拿大作出让步。美国通过"分而治之"的策略，先与议价能力较弱的墨西哥达成一致，然后迫使加拿大在最后关头作出妥协。廖凡. 从《美墨加协定》看美式单边主义及其应对 [J]. 拉丁美洲研究，2019，41（1）：43 - 59，156.

④ 廖凡. 从《美墨加协定》看美式单边主义及其应对 [J]. 拉丁美洲研究，2019，41（1）：43 - 59，156.

出对非市场经济国家的贸易与投资进行限制。与 WTO 体制不同的是，USMCA 将非市场经济国家认定的权利完全赋予缔约方。USMCA 第 32 条第 10 款第 1 项规定，"非市场经济国家是指在本协定签署前被至少一个缔约方在贸易救济法中确定为非市场经济的国家，且该国未与任何缔约方达成自由贸易协定"。对公平竞争的关注使得 USMCA 更重视规则的普遍适用，且对于不同经济体制的国家采取了明显的排斥态度。

（二）USMCA 中的非互惠

USMCA 未能完全实现规则的一体化，而是在有限的范围内反映了非互惠的理念。USMCA 中的非互惠主要体现为各缔约方以附件的形式列举的服务贸易、投资、金融、国企等议题的不符措施。在 USMCA 的缔约方中，墨西哥的经济发展水平要显著低于美国和加拿大。体现了非互惠理念的差异化不符措施是促进美墨加之间达成高标准经贸协定的必要元素。

然而，USMCA 中的非互惠相对于多边贸易体制而言受到了明显的削弱。自 2001 年多哈回合后，发展议题成为 WTO 最核心的议题。WTO 部长级会议多次指出，发展中成员是 WTO 的主体，必须把发展中成员的利益和需求置于 WTO 的中心位置。美国对此一直心存不满，但囿于 WTO 框架无法作出有效变革，只能在体系外采取措施[1]。虽然 USMCA 序言赋予了各缔约方一定程度的立法与监管灵活性，该协定却没有明确认可为实现发展目标而援引非互惠的做法。USMCA 的实质是重对等而轻非互惠，目的是建立以美国为主导的国际双边贸易体系的开端，它将中国等西方社会认定的非市场经济体排除在这一体系外。

二、CPTPP 中的互惠与非互惠

于 2018 年 12 月 30 日正式生效的《全面与进步跨太平洋伙伴关系协定》（CPTPP）是跨太平洋地区的第一个大型自由贸易协定。CPTPP 是在对美国主导的 TPP 进行必要修改后得来的，与 TPP 相比内容有所减

---

① 欧阳俊，邱琼.《美墨加协定》的目标、原则和治理机制分析 [J]. 拉丁美洲研究，2019，41（1）：23-42，155-156.

少，门槛有所降低，但仍坚持"全面且进步"的标准①。考虑到 CPTPP 的高标准、先进性规则契合了国际生产、分工和贸易在全球价值链时代的发展趋势，CPTPP 将为促进区域一体化、经济全球化进程树立新的标杆，也对 CPTPP 非成员国推动国内改革，适应新一轮经贸规则变革施加了压力②。

（一）CPTPP 中的互惠

CPTPP 文本中未见 reciprocal 或 reciprocity 的相关表述，除保障措施、报复等致力于实现再平衡的条款之外，并没有着重体现互惠或对等。但 CPTPP 仍然代表高标准的新一代贸易协定，可引领 21 世纪国际经贸规则。CPTPP 明显体现出由边境措施向边境后规则的转换趋势，要求缔约方国内政策更多地关注竞争政策、知识产权保护、劳工政策、国有企业等问题。CPTPP 虽然未在文本中规定对等或互惠，其边境后规则已在缔约方统一适用的范围内，实质上体现了权利义务的对等。

（二）CPTPP 中的非互惠

相比于 USMCA 中的美、墨、加三国，CPTPP 成员国之间的利益分化程度更大，经济发展的非均衡性更加明显。CPTPP 成员国不仅包括日本、加拿大等发达经济体，也包括了墨西哥、马来西亚等发展程度较高的发展中经济体，与此同时，还容纳了文莱等小经济体量国家。这些经济体之间具有不同的发展诉求和发展条件，致使 CPTPP 在兼顾所有国家的共同利益方面存在着巨大的压力③。面对缔约方经济发展水平的差异和利益诉求的分化，CPTPP 的谈判和最终文本虽未将发展议题作为重点，但也在一定程度上体现了非互惠理念。

首先，CPTPP 序言提出"致力于维护开放市场，增加世界贸易，为不同收入水平和经济背景的人民创造新的经济机会"，并重申了一系列出于公共利益进行监管的权利的重要性。这些公共利益目标中包含了"文化认同和多样性"、"包容性贸易"以及"可持续发展"。

---

① 樊莹. CPTPP 的特点、影响及中国的应对之策［J］. 当代世界，2018（9）：8-12.

② 曹广伟. 亚太经济一体化视域下 CPTPP 的生成机理及其后续影响［J］. 商业研究，2018（12）：90-96.

③ 张宇. CPTPP 的成效、前景与中国的对策［J］. 国际贸易，2020（5）：52-60.

其次，CPTPP 包含了合作与能力建设章以及发展章。第 21 章强调了"合作与能力建设活动的重要性"，特别是此类活动在"加快经济增长和经济发展"方面的作用。其中第 21 条第 4 款提出建立由每一缔约方政府代表组成的合作与能力建设委员会，并规定了委员会的相关职能。第 21 条第 5 款强调了"缔约方不同的发展水平"，并提倡缔约方努力为开展该章下的合作与能力建设活动"提供适当财政或实物资源"，同时还要考虑不同缔约方为实现该章目标所拥有的"资源可获得性和比较能力"。

第 23 章专章规定发展问题。其中总则部分强调了发展在促进经济增长、促进区域经济一体化和可持续发展等目标方面的重要性。该章还提到了"包容性经济增长"及收益分配。第 23 条第 1 款第 2 项提出"缔约方承认发展在促进包容性经济增长方面的重要性，以及贸易和投资在促进经济发展和繁荣方面可以发挥的推动作用。包容性经济增长包括通过商业和产业的扩大、创造就业和缓解贫困，对经济增长利益进行基础更广泛的分配"。第 23 条第 2 款承认"每一缔约方在执行发展政策方面发挥领导作用的重要性"，并要求"考虑缔约方经济发展水平的差异"。第 23 条第 3 款强调了基础广泛的经济增长的作用，并提出"改善薄弱地区或弱势人群及中小企业的贸易条件和融资渠道"。第 23 条第 6 款倡导缔约方之间为实现发展利益的最大化而进行联合发展活动，第 7 款要求设立由每一缔约方的政府代表组成的发展委员会。

最后，CPTPP 四个附件中以国家为单位设置了不符措施的负面清单。其中，附件 1 和附件 2 是关于投资和跨境服务贸易的不符措施；附件 3 是关于金融服务的不符措施；附件 4 是关于国有企业和指定垄断的不符措施。以各缔约方负面清单的形式规定的不符措施是对于非互惠理念的直接反映，也体现了 CPTPP 对"缔约方经济发展水平的差异"的考虑。

CPTPP 对于发展议题的关注度，以及给予发展中国家的特殊与差别待遇条款的数量整体上要低于 WTO。但是鉴于缔约方经济发展水平和利益诉求的差异性，非互惠是 CPTPP 不可或缺的重要组成部分。CPTPP 在理念上对非互惠给予了充分认同，且不同缔约方差异化的义务承担方式也反映了对缔约方经济发展水平差异的考量。然而发展问题并非 CPTPP 的重点关注领域，CPTPP 在整体上仍维持了 TPP 贸易规则的高标准，协定中体现的非互惠理念也并没有被充分制度化。

三、RCEP 中的互惠与非互惠

《区域全面经济伙伴关系协定》（RCEP）是现有区域贸易协定中体现非互惠理念程度最高的协定。RCEP 于 2020 年 11 月由 15 个亚太国家联合签署，该条约由东盟牵头和平衡、地区大国合力推动，探索了具有东亚特色的新规则和新发展模式。新发展模式以发展为导向，致力于找寻成员间利益的最大公约数、平衡国家治理与国际治理，增强治理弹性，兼顾开放与限容①。RCEP 坚决反对贸易壁垒，但是在市场开放方面仍然保持了一定的弱约束和灵活性，以避免规则的僵化，同时又照顾不同发展水平的发展中国家的现实国情、打消其加入的顾虑。RCEP 强调顾及缔约方间不同的发展水平、适当形式的灵活性以及给予部分发展中国家的特殊与差别待遇。要求考虑最不发达国家缔约方的利益，提高最不发达国家缔约方对该协定的参与程度，扩大最不发达国家缔约方的贸易和投资机会，以及扩大其对区域和全球供应链的参与程度。

（一）RCEP 中的互惠

RCEP 比 CPTPP 和 USMCA 更能体现扩散的互惠，对等的义务在 RCEP 中被全面淡化。相比于《WTO 协定》序言，RCEP 删掉了包含"对等"之意的 reciprocal 的表述，而只保留了有"互惠互利"之意的 mutually advantageous 的措辞②。这一改动传递出 RCEP 偏离美国倡导的对等削减贸易壁垒而偏向非对等的关键信号③。相比于 GATT1994，协定中仍保留对等这一说法的条款是关于关税减让表修改的条款。关税减让表的修改与进一步深化经济一体化合作有着本质上的不同。前者涉及矫正正义，因而可以遵循对等规范，以维持原有权利义务的平衡；而后者涉及分

---

① 杨娜. 全球经济治理机制的革新与探索：以 RCEP 的构建为例 [J]. 国际经贸探索，2020（12）：67-81.

② "寻求建立清晰且互利的规则，以便利贸易和投资，包括参与区域和全球供应链"。参见 The Preamble of the Regional Comprehensive Economic Partnership Agreement（RCEP）。

③ 李向阳. 跨太平洋伙伴关系协定与"一带一路"之比较 [J]. 世界经济与政治，2016（9）：29-43，155-156.

配正义，为兼顾经济发展水平较低的发展中国家缔约方，特别是最不发达国家缔约方的利益，必须以非互惠作为补充。相比于 USMCA 中以对等为原则、规则为导向、高门槛和排他性的特征，RCEP 则以发展为导向，更能体现非互惠、开放性和多元化的特征，体现了东方的哲学理念。

（二）RCEP 中的非互惠

RCEP 中的非互惠具有以下两个方面的特征：

第一，反复强调"经济伙伴关系"。伙伴关系这一表述不仅仅出现在协定标题中，也反复出现在协定序言和正文部分。例如 RCEP 序言提出"增强缔约方的经济伙伴关系，以创造新的就业机会，提高生活水平，改善各国人民的普遍福利"，强调"经济伙伴关系能够在促进可持续发展方面发挥重要作用"。RCEP 第 1 章第 3 条提出"建立一个现代、全面、高质量和互利的经济伙伴关系框架"。

"经济伙伴关系"的表述与中国倡导的"一带一路"建设中的"关系治理"的理念相契合。关系治理对应灵活的规则形成及执行机制，没有固定的僵化模式，以利益共识和信任为基础，且一般在目标上具有长期导向性，着眼于宏观、战略和全局性的目标，体现多元价值的共存和不同文化的交融，主张通过沟通、对话和协商解决问题，容纳成员间差异，并使包容性和灵活性成为关系治理的常态。关系治理注重过程治理，并借由过程建构对行为体的身份、权力、责任进行分配，通过关系的流动规范权力、建构行为体身份。从过程与结果的关系来看，规则强化关系，关系推进规则。关系治理并非对规则治理的否定，而是一种建立在规则治理基础上的包容性理念。不强调对等式的权利义务交换，而更突出协定的公共产品属性。

第二，非互惠机制化程度相对较高。在 RCEP 正文中，有相当多体现非互惠理念的条款，使得非互惠在 RCEP 中已经初步被机制化。与其他国际贸易协定类似，RCEP 允许各缔约方通过关税减让表或具体承诺表，以正面清单和负面清单的方式体现义务承担的差异化。例如在服务贸易章节中，第 7 条和第 8 条分别规定了具体承诺表和不符措施承诺表，由各缔约方在附件中列出，进而以正面清单与负面清单相结合的方式体现了非互惠理念。在投资章节中，第 8 条规定的"保留和不符措施"则完全采用了负面清单的方式。

RCEP 的非互惠制度安排中，过渡期条款是最具鲜明特色的部分。相比于 WTO 体制中多边贸易协定的过渡期条款，RCEP 的过渡期设置更加具体、科学，更能反映发展中国家缔约方的需求。例如 RCEP 在海关程序和贸易便利化章节的附件中，详细地列举了各缔约方履行承诺的过渡期。采用的形式是以缔约方为单位，分别列举了每个国家履行特定义务所需要的过渡期期限，最终体现为"国家＋具体条款＋过渡期"模式。类似地，竞争章节的附件中，也规定了特定缔约方履行特定条款义务的过渡期。在知识产权章中，RCEP 允许特定缔约方享有履行特定义务的过渡期，但必须履行通知义务，即通知其履行义务的计划和进展。各缔约方的履行知识产权义务的过渡期规定在第十一章附件一中，其中个别缔约方享有的过渡期期限可以延长。第十一章的附件二是技术援助请求清单。两个附件相并列，从而将过渡期与技术援助相结合，也使得技术援助更具有针对性，更能满足受援助方的需求。

在有关卫生与植物卫生措施、知识产权以及电子商务等章节中，RCEP 都详细规定了缔约方之间合作和能力建设的条款。第十五章还专章规定了缔约方的经济技术合作。其中第 2 条规定了"缩小缔约方之间发展差距，并从本协定的实施和利用中实现互惠的最大化"的目标。第 5 条的工作计划中，要求缔约方优先考虑"向发展中国家缔约方和最不发达国家缔约方提供能力建设和技术援助"。第 6 条要求向东盟成员国中最不发达国家缔约方提供各方同意的恰当的能力建设和技术援助，以协助这些国家履行义务，并从本协定中获益。此外，在贸易救济等章节中，RCEP 还对最不发达国家适用贸易救济措施作出特别规定。例如第 6 条提出，不得对来自最不发达国家缔约方的原产货物实施过渡性 RCEP 保障措施；第 7 条规定，最不发达国家实施过渡性保障措施，不需要作出补偿。由此可见，非互惠是促进亚洲区域合作新发展模式的关键性特质，在推动各缔约方建立伙伴关系、达成共识方面发挥了重要作用。

第二章　多边贸易体制中非互惠的演进

　　本章详细分析了多边贸易体制中非互惠从产生到发展的演进脉络。分析这一演进脉络对于分析多边贸易体制中的非互惠问题具有关键性意义。一方面，从历史发展的时间线索对互惠与非互惠的演进作出纵向梳理，与前一章对互惠和非互惠多学科的横向分析相结合，有助于形成对多边贸易体制中的互惠与非互惠的全面深刻理解。另一方面，只有厘清多边贸易体制中非互惠的演进脉络，才能更好地判断非互惠的未来发展趋势，以及非互惠在当下存在的问题和成因。

　　本章主要沿三条线索详细梳理了多边贸易体制中非互惠从产生到发展的演进脉络。第一条线索澄清了发展经济学的理论流派与发展进程，为多边贸易体制中的非互惠演进提供了相应的理论渊源和解释。第二条线索梳理了非互惠在多边贸易体制中产生和发展的历史实践，这一实践发展进程是发展中成员努力参与多边贸易体制的真实写照。多边贸易体制中的非互惠自产生后，经历了从承担义务的非互惠到履行义务的非互惠再到多哈发展回合的非充分互惠的转变过程，在后多哈时期发达成员和发展中成员就非互惠的适用主体、方式和范围等问题展开了激烈的博弈。第三条线索则相对应地探究了互惠的反向演进路径。在以美国为首的发达成员的影响下，多边贸易体制中的互惠也经历了由扩散的互惠到具体的互惠、由以规则为基础的互惠到以结果为基础的互惠、由一阶差分的互惠到现状的互惠的发展趋势，自由贸易显示出向公平贸易和管理贸易的转向，与之相伴的是单边主义的盛行，与多边贸易体制中非互惠的演进相互作用。本章的创新点在于，通过梳理多边贸易体制中非互惠的演进脉络，以三个关键性阶段为标志，归纳并预测了非互惠演进的三种范式，即从隔绝的非互惠到例外的非互惠再到核心的非互惠的发展过程。这一过程是发展中成员总结参与多边贸易体制经验教训的结果，更是多边贸易体制沿着发展与进步的方向演进的体现。

第一节　非互惠产生与演变的理论背景

二战以后，经济学家从未停止对发展中国家实现现代化路径的思考。多边贸易体制创立之初仅以互惠为基础，而非互惠理念在多边贸易体制中的形成与发展深受发展经济学中发展理论演变的影响。因此，对发展经济学理论的发展脉络和关键节点进行梳理，可以为多边贸易体制中非互惠的形成与演进奠定理论基础。发展理论的大幅调整通常也会引起多边贸易体制中非互惠目标与形态的变化。

一、初期阶段——结构主义对现代化理论的反思

发展作为一门学科，其前身可以追溯到托管制[①]。二战后，各理论学家分析了西方资本主义国家由传统社会转变为现代工业社会的历史经验，逐步形成了以现代化理论为主的早期发展理论。其中对于发展中国家发展的研究主要集中于"经济成长阶段"的概念上。最为典型的是罗斯托（Walt W. Rostow）的经济成长阶段论，即每个发达经济体所经历的经济

---

① 永久托管委员会通过诉诸经济理性而具有了中立特征的外表，能够为所谓"落后的"国家制定最佳政策。托管制逐渐发展出"普适性"的发展科学，通过将经济与政治影响相互分离，成为后殖民主义统治的工具。换言之，发展理念必须变成一种"恰当"的科学，以表面中立的方式解释"欠发达"国家如何实现经济发展。ALESSANDRINI D. Developing countries and the multilateral trade regime: the failure and promise of the WTO's development mission [M]. Oxford, Portland: Hart Publishing, 2010: 41.

增长的五个阶段①。这一理论存在一个基本假设，即发展模式是普遍的、线性的，它将欠发达国家放在与那些经济成熟国家相同的经济发展轨迹上，只是欠发达国家处于落后的阶段②。因此以罗斯托为代表的学者提出的经济成长阶段论也可以被理解为追赶理论。他们认为发展是与现代化的过程相吻合的，由落后、传统的社会向先进、现代的社会发展的过程是一个自然的、线性的、不可避免的历史进程。追赶理论以西方资本主义经济体为标准，在各个社会中创设了等级制③。发展制度和法律的作用是推动国家经济从原始的社会经济结构，逐渐转变为与工业化国家类似的现代社会经济结构。这些理论将工业化国家作为发展的模板，试图将发达国家的经济历史抽象为一种单一的发展模式，并要求发展中国家运用这一模板来达到类似的成功。

线性经济增长论存在着明显的缺陷。到了 20 世纪 60 年代末期，经典现代化理论遭受了一系列来自结构主义者的批评。结构主义者认

---

① 第一个阶段是传统社会阶段，人类生活在农业经济的社会中，生产和技术处于静止状态。第二个阶段是起飞前阶段，以现代科技、殖民主义等关键性历史事件的出现为标志，这些变化拓宽了市场，使得贸易开始产生，生产不断专业化，且国家和区域之间的依赖性逐渐增强。第三个阶段是起飞阶段，包含着领先部门的快速增长，现代工业技术开始运用，经济结构快速变化。第四个阶段则是成熟阶段，在此阶段，技术水平开始提高，社会可以有效地运用现代技术，且工业化过程开始出现差异。第五个阶段则是高消费阶段，以结构性的社会福利为典型特征。罗斯托认为起飞阶段是促进发展最重要的阶段，因而同样强调外来资本和技术的注入。ROSTOW W W. The process of economic growth [M]. New York：W. W. Norton & Company，1962：80 - 108.

② 在以罗斯托为代表的学者从经济学的角度提出经济成长阶段论的同时，帕森斯、阿尔蒙德等学者也分别从社会学和政治学的角度构建现代化理论。这些发展理论的共同之处就是追求一个普遍的模式，也就是西方国家曾经走过的模式。换言之，发展中国家想要发展就必须仿效西方发达国家，走发达国家曾经走过的道路。弗里德曼在发展理论的核心问题上与刘易斯和罗斯托持同样态度。他们都认为，发展中国家必须追赶发达国家的经济发展阶段。这意味着发展中国家需要通过以资本部门替代农业部门，实现经济重组。不同的是，刘易斯和罗斯托坚持以信用为基础的发展理论，强调中央计划在实现经济发展过程中的重要作用。而弗里德曼批评了这样的发展理念，他提出废除经济援助并建立全球自由市场。弗里德曼严厉指责了美国贸易壁垒，认为这些政策阻止了国内和国外有效的资源配置。在刘易斯和罗斯托以及弗里德曼的理论指引下，出现了两类政策建议：其一是鼓励中央计划下的外商投资，其二是市场开放和保护私权。在二战后初期，刘易斯和罗斯托的理论略占上风。

③ ALESSANDRINI D. Developing countries and the multilateral trade regime：the failure and promise of the WTO's development mission [M]. Oxford，Portland：Hart Publishing，2010：48.

为线性经济增长论将发达经济体的现代化模式自动适用于发展中国家，却忽视了国家和社会的差异性。发展中国家不仅面临资本约束，还面临管理能力、技术以及发展规划执行等多方面的挑战。更重要的是，发展中国家是国际体系的一个重要组成部分，这个体系中存在着许多难以控制的影响发展中国家发展的要素，而线性经济增长论严重低估了这些要素。

以结构主义为核心的发展范式成为发展经济学第一阶段的主流。结构主义经济发展理论并非一个单一的理论体系，而是有关论点的集合①。结构主义认为，发展中国家国内市场体系不完善，价格运作机制严重扭曲，社会经济结构缺乏弹性，不能指望市场价格机制进行自动调节，而需要依赖于国家干预进行结构上的改革和调整。结构主义方法直接影响着国家的对内和对外发展政策，并集中于找出各种结构上的不均衡后果：对内考察剩余劳动对资源配置的影响；对外分析国际收支结构不均衡及其对贸易政策和援助政策的影响。因而结构主义的基本特征是"唯资本论、唯工业化论和唯计划化论"②，也即强调资本积累、工业化和进口替代，突出计划和政府对经济发展的重要性。整体而言，结构主义者试图使发展中国家摆脱对国际贸易的依赖，反对将对发达国家有效的经济理论和政策直接移植到发展中国家的做法，建议在发展中国家内部实行结构性改革，以实现更公正的社会经济发展。

二、异军突起——依附论与世界体系理论的勃兴

在结构主义范式占据主导的时期，以依附论为代表的激进主义发展理论形成了一股引人注目的力量，使发展的现代化理论在 20 世纪 60 年代中期后遭受了强烈的现实挑战。在世界范围内，反对霸权、帝国主义和新殖

---

① 代表性理论包括：罗森斯坦-罗丹提出的大推动理论，纳克斯提出的平衡增长论，赫希曼提出的不平衡增长论，莱本斯坦提出的关键性最低努力论，刘易斯提出的二元经济结构模式，钱纳里提出的结构变动模型，等等。例如刘易斯提出，欠发达国家想要追赶上先进的经济体，需要扩大外商投资的比例，以实现快速的资本积累，并从传统部门吸引剩余劳动力。

② 高波. 经济发展理论范式的演变 [J]. 南京大学学报（哲学·人文科学·社会科学），2010, 47 (1)：43-54, 159.

民主义的运动风起云涌，冷战格局强化，南北差距加大。第三世界国家的去殖民化运动掀起了挑战主流"普世性"发展理论的新思潮。现代化理论面临的挑战为依附论的兴起提供了现实条件和理论氛围①。虽然激进主义与结构主义在具体的理论观点上存在差异，但是二者具有相似的研究范式。他们均根据发达国家与发展中国家内外部条件，从历史与现状去认识发达国家与发展中国家的"支配—依附"关系，注重对国际剥削与不平等交换问题的思考。

在国际贸易领域，依附论质疑了国际贸易关系体系的基础，并将发展中国家的欠发达归因于贸易体系的结构性问题。依附论最基本的理论假设就是中心—外围结构②。其内容可以概括为三个具体的假定。第一个假定是单一的资本主义世界市场。只存在一个资本主义世界市场，发达国家和发展中国家都生活在这个世界市场中，且资本主义生产方式在不断扩张的过程中形成了专业化的国际分工。第二个假定是发达的中心区域与不发达的边缘区域之间的不平等的交换关系，或剥削与被剥削的关系③。贸易体系的中心由专注于工业品生产的发达资本主义经济体构成，而体系的外围由主要生产初级产品的欠发达国家组成。这种不平等反映为中心和外围之间贸易条件的恶化，既是发达国家之所以发达的根源，也是发展中国家不发达的根源。第三个假定是发达和不发达的二元社会结构。发达与不发达的共存并不是一种暂时的现象，而是同一资本主义世界体系普遍进程中的两面。

---

① 依附论最初兴起于拉丁美洲，依附论和世界体系理论继承了古典马克思主义政治经济学的传统，对发展中国家在国际体系中的发展以及世界体系本身进行了系统的分析，因而被认为是古典马克思主义在当代的翻版。

② 依附论的代表学者是普雷维什。他关注于贸易体系中心与外围之间的长期不平等趋势，并提出国际贸易体制中的结构性力量限制了主要从事初级产品生产和出口的国家的经济增长。PREBISCH R. Commercial policy in the underdeveloped countries [J]. The American Economic Review, 1959, 49 (2): 251-273.

③ 中心国家可以通过输出资本在外围国家组织越来越多的剩余劳动力，从而出现了中心与外围之间在生产率相同情况下的工资差异。王正毅，张岩贵. 国际政治经济学：理论范式与现实经验研究 [M]. 北京：商务印书馆，2003：261.

依附论为世界体系理论的产生提供了理论渊源①。世界体系理论者在依附论的中心—外围结构中又加入了"半边缘"的概念，从而形成了"核心—半边缘—边缘"的结构。世界体系理论将全球经济视为一个体系来研究，认为单个国家的命运无法脱离整个世界体系，并提出资本主义世界体系从产生时起，就一直在广度和深度方面不断地扩展。伴随着体系扩展的过程，体系中核心与边缘区域相互依存的程度不断加深，同时社会发展和社会结构方面的差距也越来越大。在世界体系理论中，核心国家具有集中性、高收入、高技术、专业化的生产分工，而边缘国家则恰恰相反。这种核心与边缘的差异体现出了古典资本主义模式的内在缺陷。世界经济的核心和边缘并不是两种受不同法律规制的截然不同的经济体，而是同一个资本主义经济体系的不同组成部分，且发挥着不同的功能。欠发达国家所处状况并非仅受自身条件所限制，而更多是殖民主义的结果。

结构主义的发展理论更关注发展中国家国内的二元结构，而依附论和世界体系理论则更关注国际贸易体制的结构性失衡。它们之间的相同点在于，均支持国家在经济贸易政策中的核心地位，认为有节制、有选择的进口替代政策有助于发展中国家实现工业化目标②。但与结构主义有所不同，左翼发展经济学家没有把欠发达视为可以用时间和具体政策来弥补的社会经济差异，而是将发展中国家视为发达国家财富积累的途径，以及其工业化进程中非常重要的组成部分，发达国家和发展中国家各自在统一的

---

① 世界体系理论与依附论在学术观点上比较接近，均起源于对现代化理论的批判。但是依附论主要关注的是拉丁美洲的发展，而世界体系理论更多关注的是资本主义世界体系本身，以及处于其中的所有国家和地区的发展。世界体系理论的主要代表学者是沃勒斯坦。他认为新的世界经济体现了"核心—半边缘—边缘"的国际劳动分工。他提出，第三世界国家并不是欠发达国家，而是边缘的资本主义国家。王正毅，张岩贵. 国际政治经济学：理论范式与现实经验研究 [M]. 北京：商务印书馆，2003：273.

② 殖民主义下产生的劳动分工造成了贸易体系的结构性失衡。因关注国际贸易体制的结构性失衡，以普雷维什为代表的学者支持在贸易体制外围的国家内部进行广泛的改革，同时也对外围和中心的关系进行彻底的改革。弗塔多也支持对国际贸易体系进行广泛的改革，要求发达国家对来自发展中国家的工业品进口提供非互惠的优惠基础。ALESSANDRINI D. Developing countries and the multilateral trade regime: the failure and promise of the WTO's development mission [M]. Oxford, Portland：Hart Publishing, 2010：70. 依附论学者阿明也提出，"对于外围国家而言，若要摆脱依附性发展，就必须选择自主中心发展"。想要克服第三世界国家在国际贸易体系中的从属地位，就应当运用进口替代政策。

社会经济体系中扮演了不同角色。因此发展只能通过整个全球经济体制的转变而实现，而在中心与外围之间实行对等的贸易关系会损害外围国家的经济增长。这一观点直接引发了 20 世纪 70 年代建立国际经济新秩序的呼声。

三、市场的胜利——新古典主义发展理论的复兴

因结构主义发展理论未能取得预期经济成效，新古典主义发展理论复兴①。新古典主义范式认为，经济不发达的结果来自错误的价格政策以及过多的国家干预，因而坚持对政府、市场在经济发展中的作用进行重新评价，强调利用市场力量解决发展问题②。于是自 20 世纪 80 年代起，对再分配问题的讨论逐渐从世界政治经济的议程中消失了，取而代之的是新自由主义的理念。发展中国家进口替代的贸易政策也逐渐转变为出口导向的贸易政策③。到了 20 世纪 90 年代，国际和国内政治议程中仅存的处理不平等相关的问题就是减贫。而缩小资源和收入差距、矫正结构性失衡的努力均被减贫的目标替代了，国家被要求取消全面的补贴，而将福利措施指向最贫困的人口④。发展中国家的发展困境被归咎于自身政策的失败，并被要求为自己的选择和行为负责。

----

① 虽然这些强调政府干预的政策在短期内对促进发展中国家的经济发展取得了一定成效，但自 70 年代以来这些政策的实践结果未达到预期的经济目标，并在经济运行中遭遇了种种困难。相比之下，实行出口导向政策的发展中国家却取得了持续快速发展。张建华，杨少瑞. 发展经济学起源、脉络与现实因应 [J]. 改革，2016（12）：134 - 143.

② 新古典主义发展经济学家继承了亚当·斯密的衣钵，偏爱自由放任的经济政策和最低限度的政府干预。他们认为，这样的政策将会允许自利的个体追求自身利益，从而促进经济发展和繁荣。新古典主义范式的政策主张可以概括为三个方面：一是强调保护私权的重要性；二是反对国家干预，主张自由竞争；三是主张贸易自由化和金融自由化。高波. 经济发展理论范式的演变 [J]. 南京大学学报（哲学·人文科学·社会科学），2010，47（1）：43 - 54，159.

③ 战后发展中国家实施的进口替代战略未收到预期效果，与此同时许多采取出口导向型政策的发展中国家却实现了经济腾飞。国际货币基金组织等国际组织提供贷款时的要求进一步促成了这一转变。朱晓勤. 发展中国家与 WTO 法律制度研究 [M]. 北京：北京大学出版社，2006：104.

④ WOODS N. Order, globalization, and inequality in world politics [M] // HURRELL A, WOODS N. Inequality, globalization, and world politics. New York：Oxford University Press, 1999：16.

在新古典主义发展理论模式下，处理发展问题的制度场域从以国家主权为基础的联合国逐渐转移到以经济权重为基础的世界银行、国际货币基金组织以及 GATT 当中。场域的转移伴随着建立国际经济新秩序的失败以及对发展问题理解的变化①。新古典主义发展理论迅速赢得了世界银行与国际货币基金组织的支持，给予发展中国家的援助被附加了取得华盛顿共识的条件。新古典主义发展理论以所谓"中立"的新古典经济学为理论基础，强调不受干扰、自由运行的市场，自由流动的资本、货物和服务，更加开放的国际贸易，并要求减少政府再分配的作用。这些元素在这一时期被冠以"善治"之名②。如果新古典主义发展理论所蕴含的政策得以实现，国家的作用将被严格限制在仅提供必要服务的范围内。

新古典主义发展理论与二战后早期发展理论具有内在联系。相同点在于二者均认为第三世界国家处于落后的欠发达状态，以及需要追赶发达国家的经济发展阶段。与早期发展理论不同的是，新古典主义发展理论重新考虑了国家和市场在追求恰当的经济发展水平过程中应当扮演的角色，并认为不需要为发展中国家开出不同的政策处方。

四、崭新阶段——后华盛顿共识下发展理论的多元化

20 世纪 80 年代中后期以来，发展经济学进入一个崭新的阶段，发展经济学理论研究呈现多元化的趋势。华盛顿共识指导下的发展经济学在 20 世纪 80 年代初期开始遭遇挫败。发展中国家市场体制不健全的问题并没有因新古典主义政策的实施而自动消除，反而因为对经济自由化的过度推崇引发了长期存在的结构性问题③。20 世纪 80 年代后，人们提出了经济、社会、生态协调发展的可持续发展理论，更加注重人的主体价值。20 世纪 90 年代后，世界范围内兴起了一股新发展主义浪潮，倡导尊重多元

---

① ROLLAND S E. Development at the WTO［M］. New York：Oxford University Press，2012：35.

② BEVIR M. Encyclopedia of governance［M］. Thousand Oaks：SAGE Publications，2007：223.

③ 张建华，杨少瑞. 发展经济学起源、脉络与现实因应［J］. 改革，2016（12）：134 - 143.

文化的发展模式和人的生存权利①。近年来，新制度经济学的观点被引入发展经济学，该观点将制度作为经济活动中重要的内生变量，逐渐形成了发展经济学的新制度主义理论，即新制度经济学。"当结构主义者认为制度是外生障碍时，新古典经济学家假设制度问题不存在，而新制度经济学则宣称制度是重要的。"② 不同的社会历史环境、文化传统和意识形态可能导致完全不同的制度变迁路径。

发展经济学的最新趋势不再是寻求普遍适用的理论，而是越来越展现出异质经济学的特征③。异质经济学的发展理论立足于不同经济体特殊的发展环境与条件，旨在系统性地解释不同经济体的差异，注重形成自下而上的经济社会发展动力。尽管发展理论的古典主义者、马克思主义者以及结构主义者均寻求建立一个普遍适用的发展模式，但是这项尝试都以失败告终，普遍适用的（one-size-fits-all）发展理论持续展现出不足之处。在各国实现工业化和经济发展的过程中，各国间的差异性可能比共同点更能解释各国最适合的经济发展路径。发展经济学的多元化趋势为理论创新和制度创新留下了空间，但与此同时也导致了各国间发展理念冲突的加剧。

第二节　多边贸易体制中互惠与非互惠的正反演进路径

发展理论的变化对多边贸易体制中互惠与非互惠的演进产生了深刻的影响。多边贸易体制中的非互惠并非固定的条款，而是包含理念、制度、规则，在多边贸易体制中形成、发展并不断演变的一个系统的有机整体。多边贸易体制中非互惠的形成和演进主要是在发展中成员的作用下进行的，这一过程既是非互惠不断与多边贸易体制产生交集的过程，也是非互惠不断与互惠交互作用的过程。因而多边贸易体制中非互惠的正向演进，必然会导致由发达成员作用的互惠的反向演进。只有在多边贸易体制

---

① 粟丽玉，郭馨．当代国外发展理论的历史演进及其启示 [J]．理论界，2020 (1)：16-22.

② 高波．经济发展理论范式的演变 [J]．南京大学学报（哲学·人文科学·社会科学），2010，47 (1)：43-54，159.

③ SHIN J S. The future of development economics：a methodological agenda [J]．Cambridge Journal of Economics，2005，29 (6)：1111-1128.

历史发展的背景下完整地看待互惠与非互惠的演进脉络，才能更加完整全面地理解非互惠的形成原因、发展动力与存在的症结。

一、多边贸易体制中非互惠的演进路径

多边贸易体制中的非互惠自 20 世纪 50 年代起逐渐形成，后受到依附论的影响，在东京回合期间全面建立并达到高峰。在乌拉圭回合期间，在新古典主义发展理论复兴的影响下，多边贸易体制中的非互惠模式开始发生较大的转变，由承担义务的非互惠转向履行义务的非互惠，此后的多哈回合期间，又在非充分互惠概念的影响下，从贸易体制的边缘和例外向核心和主流发展。总体而言，多边贸易体制中非互惠的演进路径可分为以下几个阶段。

（一）ITO 的失败与 GATT 的临时适用

美国在二战后致力于通过建立国际贸易组织（ITO）来推动贸易和就业领域的国际合作①。多边贸易体制是在美国的主导下按照美国的价值标准和制度模式，以互惠为基础建立起来的②。在互惠原则指引下，一国应当通过提供本国的市场准入机会而为其收到的来自他国的关税减让"付费"，这种关税减让方式符合对国际贸易关系的重商主义理解。而发展中国家从最初就持有不同的目标和观念③。它们想要确保获得贸易优惠、非

---

① 建立国际贸易组织计划以美国 1934 年《互惠贸易协定法》为国内法基础，并以《大西洋宪章》及《英美互助协定》第 7 条确立的原则作为最初谈判依据。谈谭. 国际贸易组织（ITO）的失败：国家与市场 [M]. 上海：上海社会科学出版社，2010：33 - 69. 多边层面的自由贸易有利于美国维持战后经济繁荣、保障充分就业，同时有利于巩固美国在全球层面的贸易领导地位。舒建中. 多边贸易体系与美国霸权：关贸总协定制度研究 [M]. 南京：南京大学出版社，2009：13.

② 1934—1942 年，美国与 27 个国家谈判了互惠贸易协定，其中包括了 16 个发展中国家。每个协定都包含了互惠关税减让的条款以及其他与 GATT 规则非常相似的义务。美国在 1942 年与墨西哥签订的双边协定被普遍认为对 GATT 最初草案的形成产生了深刻影响。HUDEC R E，FINGER J M. Developing countries in the GATT legal system [M]. Cambridge：Cambridge University Press，2010：26.

③ 在筹备建立 ITO 的过程中，发展中国家极力反对过于广泛地使用最惠国待遇和互惠的概念，认为它们"错误地假设发展中国家与发达工业化世界在经济上是对等的，也没有充分考虑到发展中国家的不同发展水平和特殊需求"。伊斯梅尔. 改革世界贸易组织：多哈回合中的发展中成员 [M]. 贺平，凌云志，邓峥晖，译. 上海：上海人民出版社，2011：3.

互惠以及执行贸易规则的例外，以保护本国的幼稚产业，还想要获得更多的政策空间以实施它们认为适合的发展政策。

各国在 ITO 筹备过程中的分歧为日后美国拒绝批准该组织的建立埋下了隐患①。有学者提出，ITO 谈判事实上在其开始的时候就结束了，各国没有在适用于发展中国家的贸易政策问题上达成最基本的共识，最终达成的谈判文本只是发展中国家和以美国为代表的少数发达国家立场妥协的结果②。1947 年 10 月，23 个国家签署了 GATT，从而建立起相互削减关税壁垒的法律框架。GATT 的规则节选于《ITO 宪章》草案，但是GATT 缔约方不愿意将《ITO 宪章》中的经济发展例外充分纳入 GATT。由于美国拒绝批准《ITO 宪章》，发展中国家在该宪章中争取的部分法律特权失效了，最终生效的 GATT 文本则更接近美国最初的谈判立场。但对于发展中国家而言，它们在 ITO 谈判中成功争取到的对发展中国家差别待遇合法性的认可，为其日后在多边贸易体制中要求非互惠奠定了基础。

乌拉圭回合谈判达成的对发展中成员不公平的结果并非仅仅是乌拉圭回合协定本身造成的，问题的根源甚至在乌拉圭回合谈判之前就存在于贸易与发展的结构性矛盾之中，贯穿于多边贸易体制的发展③。缺乏对于贸易自由化进程的制度化监管，不协调的农产品和纺织品的贸易自由化，以及针对热带产品的贸易壁垒从 GATT 产生之初就成为存续在多边贸易体制中的难题。ITO 的失败以及 GATT1947 的规范性局限解释了为何贸易与发展的关系一直没有在多边贸易体制中得到解决。

（二）多边贸易体制中非互惠法律关系的建立

发展中成员加入多边贸易体制的全过程伴随着非互惠法律关系的建

---

① 在二战后特殊的政治经济形势下，宪章承载了太多内容，"几乎所有条款都是分歧中的妥协"。美国为了说服其他国家签署《ITO 宪章》而从最初立场上退让，但同时却背离了自己主张的多边贸易自由化原则，在国内引起了广泛的不满。谈谭．国际贸易组织（ITO）的失败：国家与市场 [M]．上海：上海社会科学出版社，2010：239 - 240.

② HUDEC R E，FINGER J M. Developing countries in the GATT legal system [M]. Cambridge：Cambridge University Press，2010：31.

③ HUDEC R E，FINGER J M. Developing countries in the GATT legal system [M]. Cambridge：Cambridge University Press，2010：62.

立和变更。在 GATT 早期谈判阶段，发展中成员不得不屈从于互惠的要求，与实力相差悬殊的发达成员在同等条件下进行谈判。囿于主要供应方规则，发展中成员对于"要价—出价"谈判进程的参与度很低。GATT初期关于发展问题的主要条款主要是指 GATT1947 第 18 条的幼稚产业保护条款，该条款承认了政府为支持发展项目、保护敏感产业而干预经济发展的必要性。但由于审查程序相当严格，诉诸 GATT1947 第 18 条幼稚产业例外的发展中成员非常有限，该条款甚至被称为"事实上死亡的条款"①。随着越来越多的发展中成员加入多边贸易体制，发展中成员开始在一系列国际国内背景下寻求以非互惠为基础的谈判和非互惠优惠②，依附论为发展中成员在多边贸易体制中寻求非互惠提供了重要的理论基础，而冷战则为非互惠的产生提供了重要的现实背景③。多边贸易体制中非互惠按照下述脉络逐步确立和发展。

1. 审查会议与 GATT1947 第 18 条的拓展

20 世纪 50 年代，初级产品出口价格波动导致发展中成员的贸易条件恶化。GATT 缔约方在 1954—1955 年发起了审查会议（review session）以建立贸易合作的组织，监管 GATT 活动。审查会议为发展中成员提供了重新谈判发展中成员法律政策的机会。审查会议之后，GATT 缔约方修正并拓展了 GATT1947 第 18 条，明确了该条款授权的贸易壁垒是与GATT 政策相协调的合法措施，对为保护幼稚产业和国际收支平衡的贸易壁垒采取了更加积极的支持态度，且发展中成员运用幼稚产业和收支平

---

① 张向晨．发展中国家与 WTO 的政治经济关系［M］．北京：法律出版社，2000：36．

② 发展中成员能成功引入非互惠原则的因素还包括：主要经济体对于凯恩斯主义的认可，20 世纪 50—60 年代国家干预政策引起的高经济增长率，新独立的国家在联合国特别是 UNCTAD 的斗争，以及冷战期间地缘政治的平衡。更重要的是，考虑到发展中成员的经济体量和综合实力，给予发展中成员以非互惠的优惠并不会威胁到战后主要经济体的政治经济权益。ALESSANDRINI D. Developing countries and the multilateral trade regime：the failure and promise of the WTO's development mission［M］．Oxford，Portland：Hart Publishing，2010：73．

③ 尽管美国明确地想要建立起一个透明且非歧视的贸易体制，它同样想要建立一个拥有广泛成员支持的国际组织。因此在与发展中成员的贸易政策目标产生分歧时，美国面临着两难的选择：要么在自身的贸易政策立场上作出妥协，要么丧失发展中成员的参与。

衡例外的条件被放宽①。另外，全体缔约方还在 GATT1947 第 28 条的基础上增加了附加条款，要求考虑欠发达缔约方灵活运用关税保护措施的需要，进而削弱了互惠原则对发展中成员的适用。

2. 哈伯勒报告与贸易与发展委员会的建立

1954 年审查会议后，发展中成员意识到单纯采取进口替代政策不足以解决自身的发展问题，扩大出口是提高经济发展水平的关键环节。故发展中成员主动采取措施，促使发达成员为实现发展中成员的发展需求而积极行动。GATT 缔约方也委任一组贸易专家发布了一项贸易谈判的报告（哈伯勒报告），该报告总结称，现行商业政策和规章对出口初级产品的成员不利，且发达成员对来自发展中成员的产品进口的贸易壁垒显著地加剧了发展中成员的经济问题②。GATT 因而建立了三个委员会，其中第三个委员会是贸易与发展委员会，负责审查影响发展中成员经济发展的贸易措施，其中热带产品高关税、关税升级、配额等贸易措施被认为损害了发展中成员的权益。尽管哈伯勒报告未能促进发展中成员出口产品贸易壁垒的降低，但该报告和委员会的工作是 GATT 缔约方第一次正式对贸易自由化和发展关注作出制度性考量。

3. UNCTAD 与 GATT 第四部分的增加

20 世纪 60 年代，为回应 GATT 在农业问题和其他发展中成员具有比较优势领域的关税谈判问题，发展中成员开始转向对其发展关注更加友好的 UNCTAD。1964 年 6 月在日内瓦召开的首届 UNCTAD 上，77 个发展中国家和地区联合发表 77 国联合宣言，要求建立新的、公正的国际经济秩序。同时，77 国集团提出"非互惠的普惠待遇"，要求发达成员单方

---

① 1954—1955 年间修订总协定时增写了第 18 条 B 节，当发展中成员缔约方的外汇储备低于经济发展需要时，允许该缔约方为国际收支平衡使用"数量限制措施"。对比起来，这是较第 12 条同类条款更为宽松的条件，于是在实践中对国际收支平衡条款形成如下分工：第 12 条专门适用于发达成员，而第 18 条只适用于发展中成员。朱晓勤. 发展中国家与 WTO 法律制度研究［M］. 北京：北京大学出版社，2006：20.

② Trends in International Trade-Note by the Executive Secretary，GATT Document，MGT/80/58，August 1958，p. 11.

面给予发展中成员优惠待遇①。UNCTAD 提供了讨论 GATT 政策的通道，并为 GATT 谈判施加了政治压力②。与此同时，GATT 内部发展中成员数量迅速增长③，加上借助于 UNCTAD 对 GATT 发展问题的施压，发展中成员在 GATT 的谈判中取得了一定程度的胜利。GATT 缔约方在1964 年同意增加"贸易与发展"作为 GATT 的第四部分（于 1966 年生效），发达成员愿意将与发展中成员之间的非互惠作为肯尼迪回合的谈判原则，并体现在 GATT 第四部分中④。全体缔约方还同意建立一个永久的贸易与发展委员会以实现第四部分的目标。

　　然而 GATT 第四部分并没有包含有约束力的法律义务，也没有在原有基础上增加发展中成员与发达成员之间的法律关系。第 36 条作为GATT 第四部分的序言条款，设置了增进贸易与发展关系的一般需求。具体的操作条款体现在第 37 条中，但是这些条款都是"最佳努力条款"（best effort clauses）。第四部分正式在第 36 条第 8 款中纳入了非互惠原则，规定"发达成员对于它们在谈判中向欠发达缔约方作出的削减关税和其他贸易壁垒的承诺，不期待互惠"。第 36 条的附加条款进一步阐释了"不期待互惠"的含义，即"在贸易谈判过程中，发展中缔约方不应当被期待作出与它们的发展、金融和贸易需求不相符的减让"。由此，一个本身欠缺法律约束力的条款被其附加条款进一步削弱了法律效力。非互惠仅仅成了一项具有指导性的谈判原则⑤，却并不能保证发展中成员能够"免

① 李双双 . WTO "特殊和差别待遇"透视：改革争议、对华现实意义及政策建议［J］.国际贸易，2019（8）：4 - 11，78.

② 20 世纪 60 年代早期，GATT 与 UNCTAD 展开了竞争。在冷战背景下，发达成员担心发展中成员会集体加入苏联阵营，从而将对西方政治利益造成严重打击。

③ 有 64 个后殖民地国家是通过 GATT 第 26 条第 5 款（c）项加入的。该条款允许后殖民地国家以一种最简单的方式迅速加入 GATT。后殖民地国家只需要同意将其原宗主国的关税减让承诺适用于自身，便可以称为实质上的 GATT 成员。

④ SRINIVASAN T N. Developing countries and the multilateral trading system：from the GATT to the uruguay round and the future［M］. Boulder，Colo.：Westview Press，1998：24.

⑤ 发达成员的代表意识到 GATT 第四部分缺乏实质意义，因此认为在多边贸易体制中纳入非互惠原则不会带来任何损失。但它们低估了非互惠原则的作用，发展中成员在后续的谈判中频频援引这项原则，来影响议程设置和规则谈判。HUDEC R E，FINGER J M. Developing countries in the GATT legal system［M］. Cambridge：Cambridge University Press，2010：66.

费"获得任何利益。加之缺乏相关标准衡量 GATT 缔约方关于第四部分义务的履行情况，第四部分事实上既没有给予发展中成员违背 GATT 义务以实现发展目标的机会，也没有为发达成员施加额外削减贸易壁垒的义务。

4. 普惠制与授权条款

GATT 第四部分为普惠制的创设作出了铺垫。普惠制最早起源于 1964 年 UNCTAD 第一次会议。会议提出国际贸易应当以最惠国待遇为基础进行，但是除此以外，发达国家应当将所有发展中国家作为一个整体作出额外的减让，且不能要求发展中国家提供互惠的减让①。此后，发达国家和发展中国家一直在 UNCTAD 就普惠制实质内容进行磋商，1968 年 UNCTAD 第二次会议成功制定了普惠制，其中发达国家可以对来自发展中国家的产品给予非互惠的市场准入，发展中国家之间也可以彼此给予更加优惠的关税。根据 UNCTAD 第二次会议第 21 号决议，给予发展中国家的普遍的、非互惠和非歧视的优惠体制的目标应当包括：增加发展中国家的出口收入；促进发展中国家的工业化；加速发展中国家的经济增长速率。普惠制单独给予发展中国家的优惠待遇与 GATT 中的最惠国待遇义务相互冲突。为了保证普惠制的运行，1971 年 GATT 总理事会在"普惠制决定"(1971 GSP Decision) 中授予了普惠制安排以最惠国待遇的豁免，豁免期限为 10 年②。

由于发达成员和发展中成员之间的经济发展水平差距持续扩大，GATT 缔约方决定在 GATT 体制内建立一项永久的安排以允许普惠制的长期存在。这项永久安排的基础是缔约方全体正式通过的总理事会决定，该决定被命名为"有差别且更优惠的待遇、互惠与发展中成员充分参与"的决定，又称"授权条款"。自此，授权条款成为多边贸易体制内促进贸

---

① Final Act of the First United Nations Conference on Trade and Development，Geneva：UNCTAD，Doc E/CONF. 46/141，1964，Vol 1，general principle 8 of recommendation Artical. I. 1.

② Generalized System of Preferences （"GSP Decision"），Decision of 25 June 1971，L/3545，28 June 1971.

易和发展的框架性文件，为普惠制的运行创造了永久的法律基础①。

　　在整个东京回合谈判过程中，发展中成员要求在有差别且更优惠的待遇基础上进行贸易协定谈判，这一努力获得了一定程度的胜利②。谈判结果显示，发达成员的确比发展中成员作出了更大幅度的关税减让。然而随着发展中成员不断争取非互惠优惠待遇的努力，发展中成员与发达成员间法律关系的裂痕始终没有得到弥补，甚至有学者称"贸易自由化的积极参与者与'搭便车'者之间有一条互惠的鸿沟"③。发展中成员争取非互惠和差别待遇的代价是 GATT 体制中实用主义的蔓延和法律特征的削弱。违反 GATT 规则的现象频生，且发达成员对来自发展中成员的进口产品施加了许多具有歧视性的数量限制措施。在 20 世纪 70 年代，针对发展中成员出口的灰色区域措施盛行，违反了最惠国待遇和普遍取消数量限制等原则，使多边纪律和规则趋于涣散④。换言之，尽管发达成员的整体市场保护水平降低了，但是对于一些发展中成员具有比较优势的领域的贸易限制却提高了。

　　正是在这样的背景下，美国发起了东京回合法律改革运动。因此东京回合见证了 GATT 法律政策的急剧转型。法律改革运动的一项重要内容就是通过引入"毕业机制"限制发展中成员享受普惠制优惠的范围。授权条款中关于"毕业"的规定引发了发达成员与发展中成员之间的激烈争议。根据授权条款第 7 条的规定，"发展中成员可以期望，它们作出贡献、

---

　　①　ONYEJEKWE K. International law of trade preferences: emanations from the Europe-an Union and the United States [J]. St. Mary's Law Journal, 1995, 26（2）: 425 - 502.

　　②　发展中成员成功将差别待遇的理念引入东京回合部长级会议宣言，该宣言承认了"以向发展中成员提供特殊和更优惠待遇的方式适用差别措施的重要性"。Ministerial Meeting Tokyo, 12 - 14 September 1973 Declaration, GATT/1134, 14 September 1973, para. 6, 10 (a).

　　③　CURZON G, CURZON V. Non-discrimination and the rise of "material" reciprocity [J]. World Economy, 1989, 12（4）: 485.

　　④　王世春. 论公平贸易 [M]. 北京：商务印书馆，2006：165. 灰色区域措施是选择性保障措施的替代物，其典型的表现形式就是自愿出口限制（VERs）。自愿出口限制是通过与出口方协商，要求其采取出口关税和出口配额，以限制特定产品从特定成员的进口。与自愿出口限制相对应的一项管理贸易措施是自愿进口扩张（VIEs），自愿进口扩张要求进口方尽可能地从特定成员进口特定的产品。BHAGWATI J N, IRWIN D A. The return of the reciproci-tarians-US trade policy today [J]. The World Economy, 1987, 10（2）: 126.

或谈判关税减让、或采取总协定条款和程序下相互同意的行为的能力，会随着其经济发展和贸易状况的改善而提升，相应地，它们也应当期望更加充分地参与到总协定权利义务的框架之中"。授权条款中关于"毕业"的规定意味着，发展中成员被期待随着其经济的发展最终停止享受优惠待遇，并承担互惠的义务。而发达成员可以任意判定何时发展中成员达到"毕业"的标准①。授权条款下"毕业"这一概念是发展中成员对发达成员的妥协，它似乎表明 GATT 体制所接纳的非互惠并非不加区别的非互惠②，而只针对未"毕业"的发展中成员。

法律改革运动的另一项重要内容就是创建新的东京回合守则。以便在各缔约方难以达成共识的情况下，绕过发展中成员的否决权，以确保新旧规则同时运作③。发达成员要求东京回合守则只约束那些实际加入协定的缔约方，并且给予发展中成员自愿加入的灵活性。起初，东京回合守则是在发达成员间谈判的，谈判的最后阶段，美国及少数发达成员将协定交由发展中成员接受，并向发展中成员施压④。东京回合法律改革运动释放出

---

① 普惠制的管理规则会给予国内进口竞争集团以施加影响力的特权，当发展中成员具有比较优势的产品在发达成员国内市场占据了一定比例的份额，进口竞争利益集团就会试图将发展中成员的产品阻挡在外。ÖZDEN Ç, REINHARDT E. Unilateral preference programs: the evidence [M] // EVENETT S J, HOEKMAN B M. Economic development and multilateral trade cooperation. Washington, D. C.: The World Bank, 2006: 190. 普惠制中的"产品毕业"和"成员毕业"机制相当于以数量限制代替了关税，在本质上是一种被管理的贸易。FRANCOIS J, MARTIN W, MANOLE V. Formula approaches to liberalizing trade in goods: efficiency and market access considerations [M] // EVENETT S J, HOEKMAN B M. Economic development and multilateral trade cooperation. Washington, D. C.: The World Bank, 2006: 90 - 91.

② PETERSMANN E-U. Constitutional functions and constitutional problems of international economic law [M]. New York: Routledge, 2018: 244.

③ 东京回合守则反映出 GATT 体制中发达成员与发展中成员的紧张关系。发达成员希望通过建立新法典的方式建立起一个新的法律共同体。但是这个共同体仅限于愿意遵守规则的成员。如果发展中成员想要加入这个新的共同体，它们就必须接受同等的义务，如果发展中成员继续坚持非互惠的待遇，它们就会被排除在实质谈判与合作范畴之外，而只保留一个日益空洞的 GATT 成员资格。HUDEC R E, FINGER J M. Developing countries in the GATT legal system [M]. Cambridge: Cambridge University Press, 2010: 84; ROLLAND S E. Development at the WTO [M]. New York: Oxford University Press, 2012: 75.

④ 参与这些守则的发展中成员则坚持让发达成员在非互惠的基础上作出更多让步，并成功在大部分协定中增加了特殊与差别待遇条款。这是特殊与差别待遇条款正式出现的时间。但整体而言，发展中成员对于东京回合的参与度仍然很低。

一种信号，意味着以美国为代表的发达成员试图在多边贸易体制中收紧发展中成员在非互惠原则下享受的灵活性与优惠待遇。

（三）承担义务向履行义务的非互惠的转变

乌拉圭回合时期，新古典主义发展理论开始成为促进发展中成员经济发展的理论基础。GATT 各缔约方对于非互惠的态度出现了大幅度的转变①。虽然非互惠原则再次出现在埃斯特角城宣言中，并且沿用了 GATT 第四部分的表述，但宣言附加了"毕业"的要求以对非互惠的适用进行限制。WTO 的理论基础整体上反对政府干预，因此塑造了贸易与发展的新的关系，即发展本身是通过贸易来界定的，对贸易自由化过程的参与被视为发展的引擎②。因此，乌拉圭回合谈判结束后，发展中成员作出了高水平的关税减让承诺。乌拉圭回合协定反映出一种认知，即发展不再被视为一种结构性或体系性问题。相反，发展中成员被认为仅仅需要一种暂时性的调整策略，以尽快融入多边贸易体制，实现贸易自由化的目标③。发展中成员待遇也从以发展为目的的工具转变为以调整为目的的工具。

乌拉圭回合期间，发展中成员积极参与互惠谈判进程④。多边贸易体制中的非互惠被稀释，发展中成员的谈判策略也从承担义务的非互惠转向履行义务的非互惠。发展中成员接受了一揽子承诺的谈判模式，总体上需要遵守与发达成员一致的多边规则和义务，仅在享有更长的规则履行的过渡期方面具有额外的权限。乌拉圭回合谈判开始后，发展中成员希望借此次谈判废除《多种纤维协定》，修订保障措施条款，加强非歧视性的多边

---

① 发展理论向新古典主义的转型以及非互惠重要性的削弱是以 20 世纪 70—80 年代国际政治经济体制的一系列变革为背景的。20 世纪 70 年代世界经济衰退对工业化国家的打击，凯恩斯主义的衰落，OPEC 石油价格的增长以及 20 世纪 80 年代的债务危机共同促成了国际社会对新自由主义理念的接纳。ALESSANDRINI D. Developing countries and the multilateral trade regime: the failure and promise of the WTO's development mission [M]. Oxford, Portland: Hart Publishing, 2010: 72.

② ROLLAND S E. Development at the WTO [M]. New York: Oxford University Press, 2012: 77.

③ ROLLAND S E. Development at the WTO [M]. New York: Oxford University Press, 2012: 105.

④ 据统计，在乌拉圭回合谈判的一百多个参加方中有 78 个发展中成员，巴西、印度、韩国等成员参加了所有谈判组的谈判。朱彤. 发展中国家在 WTO 的地位和利益 [M]. 北京：经济科学出版社，2001: 33.

规则。为此它们愿意进行互惠的谈判，并在服务贸易、知识产权等领域作出相应妥协。发展中成员在此次谈判中获得了一些收益，自愿出口限制措施被禁止了，保障措施的实施被规范化。然而由于美国的反对，乌拉圭回合在反倾销措施的改革问题上留了缺口，导致发达成员行业利益集团仍可以为保护主义目的而滥用反倾销立法，因而减损了其他领域歧视性措施的改革成果①。农产品领域虽然实现了边境措施的关税化，但该领域整体贸易自由化进展依旧十分缓慢。《纺织品与服装协议》（ATC）虽然规定分四个阶段逐步取消配额制度，发达成员直到最后一个阶段才予以实施。同时，服务贸易、投资、知识产权等议题被成功纳入多边贸易体制，并有强有力的争端解决机制保障其执行，这些协定中给予发展中成员的短暂的过渡期根本不足以消化沉重的执行成本。乌拉圭回合的选择性对等谈判加剧了成员权力对规则生成的非对称性影响，造成明显缺乏公正性的谈判结果。

（四）多哈回合非充分互惠概念的提出

乌拉圭回合结束后，世界开始共同关注发展中成员的发展问题，也逐渐认识到全球共同合作的重要性。WTO 将发展问题纳入新一回合谈判，展现了其联合各成员方力量共同解决发展问题的行动。多哈回合的主旨就是要扭转功利主义，以合作理念替代过度竞争。在多哈回合中，发展中成员的谈判重点重新转到了非互惠及发展问题，并要求全面审查和改革特殊与差别待遇条款②。这一重心的调整同样依赖于对前两个阶段谈判策略的反思。发展中成员第一阶段对非互惠和分配正义的追求并没有产生期待的结果，乌拉圭回合转而支持平等参与及互惠的思路也没有为其带来收益③。发展中成员很快意识到，它们过于仓促地接受了互惠规范，却没有

---

① WILKINSON R. Multilateralism and the World Trade Organization: the architecture and extension of international trade regulation [M]. London: Routledge, 2000: 92 - 93.

② 《多哈宣言》第 44 段提出 "特殊与差别待遇条款是 WTO 各项协定的组成部分"，并同意 "审议所有特殊与差别待遇条款，以期加强这些条款，并使之更精确、更有效和更利于运用"。

③ NARLIKAR A. Fairness in international trade negotiations: developing countries in the GATT and WTO [J]. The World Economy, 2006, 29 (8): 1005 - 1030.

获得平等参与的谈判能力与履行一揽子协定义务的执行能力①。因此，发展中成员在新一回合谈判中作出了进步性的理念调整，这种调整并不意味着对依附论等学说以及进口替代战略的回归，而是依据发展中成员参与多边贸易成功与失败的经验，将程序公平和结果公平有机结合，以重新调整互惠与非互惠谈判之间的关系。

《多哈宣言》第 16 条首次提出"非充分互惠"（less than full reciprocity）的概念。事实上这一概念背后具有丰富的理论内涵尚未被挖掘和揭示出来②。一方面，非充分互惠是对发展的关注和对互惠的矫正。多哈回合是发展中成员首次试图塑造谈判进程和制定贸易规则的谈判回合。多哈回合被命名为发展回合，这表明发展中成员意识到"自由主义"的发展理论的局限性。发展中成员认为，多边贸易体制应当从根本上考虑发展在 WTO 体制中的地位和作用，并希望将发展作为多边贸易规则的规范性核心元素，以增加 WTO 体制的发展导向性。另一方面，互惠的原则和规范得以保留。相比于 GATT 早期阶段的谈判，发展中成员在多哈回合所支持的非互惠没有对互惠原则和规范构成较大的冲击。WTO 成立后，虽然发展中成员坚持非互惠原则，要求改革特殊与差别待遇，呼吁关注发展中成员的发展需求，但是它们并未全面拒绝多边主义及互惠谈判。发展中成员在非互惠问题上所呈现出的微妙立场，是在参与多边贸易体制的过程中总结经验教训的结果，反映了发展中成员自身发展理念的不断进步和完善。

尽管打着发展的口号，承认非充分互惠的理念，发达成员仍然拒绝在发展问题上承担实质性的义务③。发展回合及非充分互惠似乎在理论上意

---

① NARLIKAR A. Fairness in international trade negotiations: developing countries in the GATT and WTO [J]. The World Economy，2006，29（8）：1005 - 1030.

② 学界多认为"非充分互惠"是从非互惠立场上的回退，因为"非充分互惠"仅仅意味着对互惠原则的暂时背离，当发展中成员进入更高的发展阶段，它们最终将接受与发达成员同样的义务，因此多哈回合期间，非互惠作为一种提供发展灵活性的工具价值已经被削弱了。LAMP N. How some countries became special [J]. Journal of International Economic Law, 2015, 18（4）：765；李双双. WTO "特殊和差别待遇"透视：改革争议、对华现实意义及政策建议 [J]. 国际贸易，2019（8）：4 - 11，78.

③ ALESSANDRINI D. Developing countries and the multilateral trade regime: the failure and promise of the WTO's development mission [M]. Oxford, Portland: Hart Publishing, 2010：203.

味着重新考虑多边贸易体制的互惠原则，但是实践中 WTO 成员依然依据新自由主义的发展框架进行谈判。特别是一揽子承诺谈判模式的运用并没有充分配合非互惠机制，意味着发展中成员欲消除发达成员对自身的贸易歧视，必须在新议题领域作出新的让步。发达成员继续挑选互惠谈判的议题并实行选择性贸易自由化。发展中成员最关切的农产品问题没有得到解决，发达成员却试图转向新加坡议题等无法体现发展中成员利益的领域。而在非互惠领域，却没有任何制度创新和机制保障以真正落实发展回合的理念。WTO 成员在特殊与差别待遇改革问题上的谈判也没有取得进展，成员间利益分歧难以弥合①。多哈回合谈判在很大程度上是乌拉圭回合的延续，且 WTO 成员无论在互惠还是非互惠问题上均没有取得共识，南北矛盾越发凸显。

二、多边贸易体制中互惠的反向演进路径

多边贸易体制中的非互惠展现了由边缘逐渐向中心演变的趋势。这一演进趋势势必对多边贸易体制中的互惠造成冲击，并引发后者的反向演进。多边贸易体制中的互惠体现出与非互惠的排他性演进趋势。特别是美国在互惠规范上的利己主义，以及对于非互惠制度的排斥态度，极大压缩了发展中成员特别是新兴经济体的发展空间，使发展中成员再次面临成为"规则接受者"的被动局面。多边贸易体制中互惠的反向演进路径体现为以下几个方面的特征。

（一）由扩散的互惠到具体的互惠

多边贸易体制中的互惠在扩散的互惠与具体的互惠之间摇摆，并伴随着非互惠从外围向核心规范的演进，越来越体现出具体的互惠的特征。这是因为具体的互惠与多边主义之间存在显著的张力。双边主义是以具体的

---

① 例如发展中成员认为，使特殊与差别待遇条款"更精确、更有效又具有可操作性"的一个重要途径是改变"最大努力"条款，使其具有强制力，并认为这一修改是多哈授权的一部分；而发达成员则认为对现有协定的修改会打破权利义务的平衡，因而不在授权范围之内，发展中成员必须为此提供新的减让。Report to the General Council, TN/CTD/7, 10 February 2003, para. 20, 22；斯蒂格利茨，查尔顿. 国际间的权衡交易：贸易如何促进发展 [M]. 沈小寅，译. 北京：中国人民大学出版社，2008：46-49.

互惠为前提的，一方与其他方特定行动的收益一直处在即时的平衡过程中。而多边主义是一种要求极高的制度形式，它在历史上的出现频率不大可能比其他的制度形式更高①。在"重复囚徒困境"中，具体的互惠战略对维持成员间合作具有战略性价值。而由于缺乏对背叛的直接报复，扩散的互惠难以有效地维持合作。即便在扩散的互惠中，成员依靠普遍的义务规范来促进合作，但倘若成员不会因背叛而受到惩罚，它们仍然会屈从于短期的利益激励。因此，正式组织会对不可分割和扩散的互惠规范作出种种妥协的反应，以允许在协作博弈中使利益私有化，并且制裁"搭便车"的成员②。在以协作博弈为特征的问题领域，虽然会产生强有力的多边组织，但多边主义的制度规范会显得比较软弱。

多边贸易体制对对等的偏重既体现在成员间同等程度的贸易减让，也体现为对多边主义的偏离。虽然 WTO 取代 GATT 成为更偏重规则导向的全球公共产品，但大国主导的区域主义与双边主义持续与 WTO 体制共存。区域主义处于双边主义与多边主义之间，也处于对等与互惠的诉求之间。因此 WTO 是缔约方在寻求互惠、降低交易成本以及避免"搭便车"问题之间找到的有效解决方案。在区域层面，美国自 20 世纪 80 年代就采取了多边主义与区域主义的"双管齐下"的贸易政策。布什总统完成了 NAFTA 谈判，克林顿总统则推动 NAFTA 在国会获得通过。NAFTA 不仅成为 GATT 多边主义的替代方案，也是"促进各国就乌拉圭回合协议达成一致的巨大推动力量"，使得乌拉圭回合协议这项广泛、综合性的贸易协定完全符合美国的利益诉求③。

大国贸易政策从多边主义到区域主义再到双边主义的过程是一个歧视性递增的过程，也是愈加强调公平贸易和对等的过程。在双边层面，大国和贸易强国更容易凭借权力优势促成偏向自身利益甚至带有歧视性的协定。美国发现相比于复杂的多边谈判，制裁威胁下的双边谈判更能有效

① 鲁杰. 多边主义 [M]. 苏长和，等译. 杭州：浙江人民出版社，2003：12-13.

② 马丁，西蒙斯. 国际制度 [M]. 黄仁伟，蔡鹏鸿，等译. 上海：上海人民出版社，2006：41-42.

③ 张建新. 权力与经济增长：美国贸易政策的国际政治经济学 [M]. 上海：上海人民出版社，2006：188.

地按照其喜好塑造世界①，在双边协定中获取的利益可能是从多边贸易体制中难以取得的。

多边贸易体制自建立以来，展示出从扩散的互惠向具体的互惠的演进趋势，这种趋势在特朗普政府时期体现得尤为明显。如果二战后美国互惠贸易政策对无条件最惠国待遇的拥抱促进了贸易自由化的制度性飞跃，那么特朗普政府为实现所谓"对等"而削弱非歧视原则的做法则是"开历史的倒车"。特朗普政府认为美国先前签署的不公平的贸易协定纵容了贸易伙伴对美国的歧视性政策，阻碍了美国经济的发展。必须改变之前失败的贸易政策，在新达成的协定中贯彻"美国优先"的战略，使美国不再受"坏协定"的约束②。特朗普政府认为，要想变得再度强大，美国需要卸下负担，让其他国家承担更多的责任③。因此，无论是发起与中国的贸易摩擦，还是 NAFTA 的重新谈判，对等均是美国借以提高其针对贸易伙伴的相对收益的途径。

（二）由规则的互惠到结果的互惠

多边贸易体制中的互惠在设计之初是以规则为基础的，因为所有的规则都是成员谈判的结果。以规则为基础的互惠通常表现为事前的互惠（ex ante reciprocity），且大多是形式意义上的互惠。而结果意义上的互惠则很难被当作谈判的基础，理由有两方面。其一，贸易谈判过程中缺乏可以被准确衡量的互惠标准。互惠的要求通常是成员方自我定义的，多边贸易体制中也缺乏独立的第三方机构来衡量最终达成的贸易协定是否满足了互惠的标准。当缔约方需要在不同部门、不同领域之间达成协议，互惠标准的确定便更加困难。其二，即便缔约方最终确定了可衡量的关税减让幅

---

① CURZON G, CURZON V. Non-discrimination and the rise of "material" reciprocity [J]. World Economy, 1989, 12（4）：492.

② 特朗普政府认为，美国可以利用其他国家对美国的贸易依存度来迫使他国作出更多让步，从而为本国赢得更多利益。BIMANTARA A. Donald Trump's protectionist trade policy from the perspective of economic nationalism [J]. Journal Hubungan International，2018，7（2）：189 - 204.

③ KOH H H. Trump change：unilateralism and the disruption myth in international trade [J/OL].（2018 - 11 - 25）[2024 - 03 - 07]. https：//bpb - us-e1. wpmucdn. com/campuspress-test. yale. edu/dist/8/1581/files/2019/02/11_Koh_YJIL-Symposium_Epilogue_Trump-Change_02. 05. 19 - 2kfkph2. pdf.

度作为互惠标准，这一标准通常也难以转化为可衡量的贸易结果。因为"贸易机会不等于贸易份额，市场开放也不等于市场占有"①。GATT/WTO 只建立规则，却不在成员间区分输家和赢家，贸易竞争的结果是由市场依据比较优势而决定的②，是市场而非谈判直接决定了一国参与国际经贸合作的结果。

虽然互惠体现在贸易规则中，缔约方也必须考虑贸易规则被执行后是否能实现事后的互惠（ex post reciprocity）③。事后的互惠一般是结果的互惠，涉及对实质公平的考量，可以增加缔约方对贸易规则的信任感④。随着越来越多的发展中成员加入多边贸易体制，互惠的标准越发难以衡量，规则的互惠越来越难保障结果的互惠⑤。各缔约方逐渐在多边贸易体制中强化了事后的互惠，以增加贸易规则的灵活性。

然而发达成员推行结果的互惠，往往针对特定的成员或集中于特定的部门。这种以结果为导向的互惠事实上是种被管理的贸易，与自由贸易理念背道而驰。20 世纪 60 年代后期，随着日本和欧洲经济的复苏，美国竞争力相对衰落，美国对外贸易政策从内嵌的自由主义转向公平贸易，也称

---

① 廖凡．构建更加公平的国际贸易体制：对 WTO 互惠原则的再思考 [J]．国际贸易，2007（6）：62 - 65.

② 一般情况下，发达成员与发展中成员在利用机会、占有市场方面的能力存在明显差距。对等开放市场后，发达成员的产品往往会迅速进入和占领发展中成员市场，而发展中成员由于资源、产业结构等方面的限制，缺乏足够的竞争力去占领市场。GERHART P M. Slow transformations：the WTO as a distributive organization [J]．American University International Law Review，2002，17（5）：1045 - 1096.

③ 多边贸易体制内的互惠以机会的互惠为主，结果的互惠为辅。GERHART P M. Slow transformations：the WTO as a distributive organization [J]．American University International Law Review，2002，17（5）：1045 - 1096.

④ 只有当贸易规则整体上能增加成员收益的情况下，成员才愿意遵守规则。GERHART P. Slow transformations：the WTO as a distributive organization [J]．American University International Law Review，2002，17（5）：1045 - 1096.

⑤ 相比于发达成员之间的关税减让，发展中成员与发达成员之间的互惠更难以确定，因为两类成员的比较优势集中在不同领域，同一部门内关税减让的成本收益差距较大，因而可比较性更低。BROWN A G，STERN R M. Concepts of fairness in the global trading system [M] // STERN R M. Globalization and international trade policies. Hackensack，NJ：World Scientific Publishing Company，2009：141.

新互惠主义①。新互惠主义主张在产品、部门或行业内部实现平衡，并通过自愿出口限制等措施实现管理的贸易。申言之，美国对以规则为导向的贸易体制的支持相对减弱，而开始关注以结果为导向的贸易规制。以结果为导向的互惠既可以针对某一成员②，也可以集中于某一特定的部门内部。针对某一成员提出的结果的互惠最明显地体现于美日贸易关系当中③。在日本经济快速崛起而美国经济相对衰落的时期，美国曾认为美日之间的经贸关系是不互惠、不公平的。原因是美国向日本开放了市场，而日本却没有互惠地向美国开放市场，导致美国未能公平地展开市场竞争④。美国这一时期的贸易规制也影响到了多边层面贸易规则的制定，工业化成员集体采取了歧视性方式应对发展中成员的纺织品和服装产业。纺织品和服装的短期安排和长期安排以及《多种纤维协定》纷纷被发达成员运用来对抗来自发展中成员的出口增长⑤。被管理的贸易否定各个成员经济发展阶段与水平的差异性，阻碍了一国比较优势的发挥，削弱了互惠作

---

① 刘振环. 美国贸易政策研究 [M]. 北京：法律出版社，2010：114 - 115.

② 例如美国国会经常认为美国与外国之间的关税差距是不公平的，阻碍了平等的市场准入。贸易赤字也被用作两国之间非互惠的证据，以限制外国产品的进口。ABBOTT K W. Defensive unfairness：the normative structure of section 301 [M] // BHAGWATI J N，HUDEC R E. Fair trade and harmonization：prerequisites for free trade? Vol. 2：Legal Analysis. Cambridge：The MIT Press，1997：429 - 430.

③ 例如美国在 20 世纪七八十年代开始推行以产品为基础的互惠。1986 年美国和日本谈判半导体贸易协定，以保证美国国内制造的产品进入日本市场的数量。CURZON G，CURZON V. Non-discrimination and the rise of "material" reciprocity [J]. World Economy，1989，12（4）：489.

④ 为回应国内钢铁产业的保护主义情绪，美国曾与日本达成自愿出口限制协定，限制日本钢铁产品进口。20 世纪 80 年代美日谈判半导体芯片协定时曾要求日本保证美国产品达到20％以上的市场占有率。美国还向日本施压要求其专门提高来自美国牛肉的进口配额，而非全面开放市场。BROWN A G. Reluctant partners：a history of multilateral trade cooperation 1850 - 2000 [M]. Ann Arbor：The University of Michigan Press，2003：129.

⑤ 《国际棉纺织品短期安排》在引进多边贸易体制之初只覆盖了有限的产品范围，但当工业化成员习惯将其作为满足国内贸易保护主义需求的工具时，国际棉纺织品短期安排演变为长期安排，覆盖了更广泛的产品类别，并牵涉到更多的发展中成员。随后《国际棉纺织品长期安排》又转变为《多种纤维协定》，由发达成员以更具歧视性的方式对抗发展中成员的纺织品和服装出口。WILKINSON R. Multilateralism and the World Trade Organization：the architecture and extension of international trade regulation [M]. London：Routledge，2000：61.

为贸易自由化引擎的作用①。管理的贸易非但没有维护反而更加偏离了实质公平，严重损害了多边贸易体制非歧视原则。

（三）由一阶差分的互惠到现状的互惠

一阶差分的互惠，通常形容根据原有水平作出相对对等程度减让的情况，而非最终减让水平的统一②。而现状的互惠要求所有的缔约方达成同样的减让水平，适用同样的标准或同样的规则③。它以公平贸易为掩饰，却并不意味着平等参与下的谈判，而是包含了"协调"（harmonization）的诉求。现状的互惠起源于19世纪末20世纪初的美国，且与有条件最惠国待遇相关。因为要求有条件最惠国待遇的国家事实上具有确定承诺水平的"先发优势"，它可以决定第三方应当提供的互惠价值。同样地，现状的互惠意味着单边确定市场准入权利的交换水平，或将单边确定的贸易政策施加在他国身上④。而在此过程中，发展中国家由于无法承受放弃协定的成本，通常只能选择接受他国确定的互惠水平。

美国在推行单边确定的互惠水平的过程中发挥着主导性的作用。特别

---

① CURZON G，CURZON V. Non-discrimination and the rise of "material" reciprocity [J]. World Economy，1989，12（4）：489；SNAPE R H. Reciprocity in trade agreements [M] // LAL D，SNAPE R H. Trade，development and political economy. New York：Palgrave，2001：147 - 155.

② 这一称谓来自经济学家巴格瓦蒂，主要是以贸易增量来衡量互惠，而不考虑不同成员先前的市场开放水平。BHAGWATI J，PATRICK H T. Aggressive unilateralism：American's 301 trade policy and the world trading system [M]. Ann Arbor：University of Michigan Press，48 - 57.

③ 统一的标准或规则也体现为平等生产条件的互惠。一国可能认为外国宽松的管制或过度的援助导致了较低的生产运行成本，使得外国企业享有不公平的竞争优势，从而提出对等生产条件的要求。然而统一的标准或规则的适用可能导致贸易自由化的成本收益变得模糊不清，这恰恰是发展中成员在乌拉圭回合谈判时所面临的问题。ABBOTT K W. Defensive unfairness：the normative structure of section 301 [M] // BHAGWATI J N，HUDEC R E. Fair trade and harmonization：prerequisites for free trade? Vol. 2：Legal Analysis. Cambridge：The MIT Press，1997：430. 正如巴格瓦蒂所指出的，"美国的决策者们对不公平贸易已不只是从开放程度的不对称来定义。他们已用各国国内政策和制度的不对称来定义不公平贸易"。巴格瓦蒂. 现代自由贸易 [M]. 雷薇，译. 北京：中信出版社，2003：8.

④ 发展中成员普遍缺乏"最佳可替代谈判协定"（BATNA），BATNA让有经济实力的主要WTO成员能够不依赖多边协定的达成，不顾多边场所的反对声音而在其他论坛中推动与其利益更加适配的经贸规则（"go it alone" power）。

是美国贸易政策"301 条款"①，自生效时起就被其贸易伙伴批判为推进"进攻型单边主义"和追求狭隘国家利益的工具。伴随着霸权的相对衰落，美国便开始以国内法作为判断"公平"之标准，对单方面认定的贸易伙伴的"不公平"贸易行为施加制裁措施。《1974 年贸易改革法》和《1979 年贸易协定法》的出台标志着美国新贸易保护主义的出现和向公平贸易的转向。1988 年《综合贸易和竞争力法》进一步扩充了总统的权力以对抗其他成员的不公平贸易行为。自 20 世纪 70 年代起美国历任总统均将公平贸易作为一以贯之的贸易政策理念，只是在公平贸易与自由贸易的结合程度上略有差异②。20 世纪 80 年代以来，美国逐渐从多边主义中回退，转而采取越来越具有攻击性的单边主义贸易政策。

乌拉圭回合谈判阶段以来，现状的互惠已经贯穿于各个政策领域。全球一体化变成了发展战略的替代物。乌拉圭回合一揽子协定给发展中成员带来的执行成本可能已经超过了它们从这些协定中可获得的收益。特别是《TRIPS 协定》，虽然该协定规定的各方的权利义务在表面上是平衡的，但事实上整个协定偏向于专利拥有方，而很多发展中成员都是专利的净消费者③。在传统的互惠规范下，各缔约方尚可自主决定国内立法和实践的调整幅度，以获得贸易伙伴相对等的贸易减让，而在现状的互惠下，所有成员方的贸易自由化水平和条件必须趋于统一。发展中成员的发展空间被统一的贸易自由化和私有化进程所压制。

---

① 美国 1974 年贸易法案中的"301 条款"经过修订，现应指 1988 年《综合贸易与竞争法》第 1301～1310 节内容，是授权美国贸易代表采取措施对抗外国违反国际贸易协定的行为或以一种不公正、不合理或歧视性的方式限制美国商业的行为。19 U. S. C. A. § 2411（c）(1)."301 条款"的实施动机主要有两方面：第一是打开外国市场，第二是取消外国采取的"不公平"贸易做法。杨国华.美国贸易法"301 条款"研究［M］.北京：法律出版社，1998：81.

② 欧文.贸易的冲突：美国贸易政策 200 年［M］.余江，刁琳琳，陆殷莉，译.北京：中信出版社，2019：671－683.

③ 发达成员虽然需要承担技术转移的义务，但是这样的义务并不具有可执行性。WADE R H. What strategies are viable for developing countries today? the World Trade Organization and the shrinking of "development space"［J］. Review of International Political Economy，2003，10（4）：622－624.

现状的互惠会导致规则和标准的统一适用而更接近规则导向,但这一规则导向与真正意义上的国际法治相距甚远①。一方面,统一规则适用下的世界并非一个统一的整体,自上而下的统一规则适用存在效率低、可行性弱等问题。另一方面,权力的不同形态决定了权力导向并非只能在制度缺乏的情况下存在;相反,权力经常作用于规则的形成过程中,最终以规则为表现形式②。而治理的实质往往奉行"单边逻辑"和"西方标准",将统一适用的规则演变为约束现有秩序的挑战者、迫使发展中成员妥协的利器。

现状的互惠在特朗普总统任职期间的美国贸易政策中变得尤为突出。国际贸易不仅要"自由",还要"公平",更要以"美国定义的公平"为基准③。特朗普政府实施的互惠贸易政策并非之前公平贸易战略的简单翻版④。特朗普政府所宣称的绝对且全面的互惠是一种镜面的互惠,相比于美国早期向多边贸易体制中植入的互惠理念已发生了深刻的变化⑤。这种互惠意味着最终的贸易额而非市场准入机会的完全对等⑥,还意味着贸易条件的一致和对等⑦。贸易条件是否一致是以美国国内监管标准为依据

---

① WTO成员既可以在规则形成过程中直接采取强制性措施或补偿性措施,"以便在最终形成的规则中充分体现自身的利益诉求",还可以利用现有制度间接行使权力,以一种"更隐秘的方式塑造着规则的形成"。STEINBERG R H. In the shadow of law or power? consensus-based bargaining and outcomes in the GATT/WTO [J]. International Organization,2002,56 (2):339 – 374.

② MEDINA DE SOUZA I A. The power of law or the law of power? a critique of the liberal approach to the dispute settlement understanding [J]. Meridiano 47-Boletim de Análise de conjuntura em Relações Internacionais,2015,16 (150):34 – 41.

③ GUILLÉN A. USA's trade policy in the context of global crisis and the decline of North American hegemony [J]. Brazilian Journal of Political Economy,2019,39 (3):387 – 407.

④ 20世纪70年代提倡的新互惠主义大多只是针对具体的贸易伙伴在具体的情形下适用,并没有形成全面的贸易政策。而特朗普政府对绝对互惠、全面互惠、贸易量及贸易条件对等要求的重视和强调预示着美国对外贸易政策的重大转型和调整。

⑤ CHOW D C K,SHELDON I. Is strict reciprocity required for fair trade? [J]. Vanderbilt Journal of Transnational Law,2019,52 (1):1 – 42.

⑥ 例如特朗普政府要求广大发展中成员都实施和美国相同的关税水平,否则就是不公平。何伟文. 世贸组织改革须以加强多边为方向 [N]. 环球时报,2018 – 09 – 25 (14).

⑦ CHOW D C K,SHELDON I. Is strict reciprocity required for fair trade? [J]. Vanderbilt Journal of Transnational Law,2019,52 (1):10.

的，也因此为启动单边主义措施留足了政策空间。美国一边欲使 WTO 争端解决机制陷入瘫痪，一边将 USMCA 打造为未来谈判的模板①，意图先在小圈子内就核心议题达成一致，再逐步扩容，以达到重塑多边贸易规则的效果②。现状的互惠通常反映着不同成员间不平衡的权力和实力分配③。它不仅使发展中成员的发展空间缩水，还锁定了主要发达成员在世界经济中的核心统治地位。

三、后多哈时期非互惠南北争议的产生

多边贸易体制中的互惠与非互惠制度虽然共存，相互间却存在着冲突。特别是随着发展中成员推动非互惠从多边贸易体制的边缘朝着核心发展，二者间的矛盾显得越发尖锐。多哈回合谈判没有在发展问题上取得多少实质性成果，WTO 成员在发展中成员待遇上的分歧延续至今，且有愈演愈烈之势。根据美国的政治经济背景和历史文化传统，形式公平与机会平等的重要性要胜过实质公平与分配正义，且后者只在美国国内背景下被考虑。这就解释了为何美国始终未能充分支持国际贸易体系中的非互惠制度安排。

特朗普时期美国的新互惠主义进一步挤压了非互惠制度安排的建构空间。在 WTO 面临改革的关键时期，以美国为首的发达成员再次将"发展中成员地位认定"的问题推到风口浪尖。美国甚至不惜采取强硬立场否定部分成员享受发展中成员待遇的资格，试图借机调整 WTO 内部权力结构和利益分配格局，并通过质疑非互惠的适用主体削弱非互惠理念的重要

---

① Agreement between the United States of America, the United Mexican States, and Canada 7/1/20Text [EB/OL]. [2019 - 09 - 12]. https：//ustr. gov/trade-agreements/free-trade-agreements/united-states-mexico-canada-agreement/agreement-between.

② 陈凤英，孙立鹏. WTO 改革：美国的角色 [J]. 国际问题研究，2019 (2)：61 - 81，138.

③ 制度性权力是指一行为体通过制度设计获得长期收益从而实现对另一行为体的间接控制。因权力通过制度而行使更易使其获得隐秘性与合法性，故制度性权力是 WTO 中频繁被运用的权力类型。转移论坛、威胁退出、影响日程设置、行使否决权均可成为主要成员塑造影响 WTO 规则以满足自身需求的策略。GRUBER L. power politics and the institutionalization of international relations [M] // BARNETT M, DUVALL R. Power in global governance. Cambridge：Cambridge University Press，2005：104 - 106.

性，缩小其适用范围。在 WTO 成员间引发非互惠适用主体分歧的矛盾焦点，就是发展中成员身份的"自定义"。WTO 虽然认可了给予发展中成员的差别待遇，但对于"发展中成员"这一概念缺乏明确界定。WTO 除了遵从联合国对于最不发达国家的分类名单之外①，其余发展中成员身份都是 WTO 成员"自定义"的②。但发展中成员身份的自定义遭到一些发达成员的严厉指责。

许多发达成员拒绝给予所有发展中成员以无差别的特殊与差别待遇，并要求对发展中成员进行进一步分类。美国认为正是特殊与差别待遇条款的僵化在很大程度上导致了 WTO 的谈判举步维艰，因而反对发展中成员自动获得特殊与差别待遇。2019 年 7 月 26 日，特朗普总统发布了《关于改革世界贸易组织发展中国家地位的备忘录》，反对以中国为代表的一些新兴经济体自称为发展中国家，享受特殊与差别待遇。该备忘录还提出，如果 90 天内 USTR 在防止"自我宣称的"发展中国家不适当地利用 WTO 规则和谈判中的灵活性问题上未取得实质性进展，美国可以单边拒绝承认特定国家为发展中国家③。虽然与美国相比，欧盟和加拿大等 WTO 成员在发展中成员地位问题上的态度更为温和，但它们同样要求对特殊与差别待遇条款作出适当的变革，以积极鼓励成员"毕业"，并建议

---

① 《WTO 协定》第 11 条第 2 款规定，"联合国承认的最不发达成员只需承担与其各自发展、财政和贸易需要或其管理和机构能力相符的承诺和减让"。

② WTO 没有关于发展中成员与发达成员的定义，WTO 成员可以自我认定为发展中成员，并要求享受发展中成员待遇。但是其他的 WTO 成员可以对某一成员援引发展中成员待遇条款的做法提出质疑。Who are the developing countries in the WTO？[EB/OL]．[2024 - 03 - 07]．https：//www. wto. org/english/tratop_e/devel_e/d1who_e. htm.

③ Executive Office of the President. Reforming developing-country status in the World Trade Organization：memorandum for the United States trade representative [EB/OL]．(2019 - 07 - 31) [2024 - 03 - 07]．https：//www. federalregister. gov/documents/2019/07/31/2019 - 16497/re-forming-developing-country-status-in-the-world-trade-organization. 此前，美国还曾向 WTO 总理事会提交了名为《一个无差别的世贸组织：自我认定的发展地位威胁体制相关性》的文件，提出发达成员和发展中成员的划分方法已经过时，并指责部分 WTO 成员自称为发展中成员的做法对 WTO 谈判造成了负面影响。An Undifferentiated WTO：Self-declared Development Status Risks Institutional Irrelevance，WTO Document，WT/GC/W/757，16 January 2019.

取消开放式整体豁免的模式，根据证据事实确定特殊与差别待遇①。主要发达成员在未来发展中成员待遇问题上的立场趋于一致，即不承认部分新兴经济体的发展中成员身份，或要求对发展中成员作出进一步分类。面对发达成员对非互惠适用主体范围的强力施压，发展中成员阵营内部开始分化，以巴西和韩国为代表的发展中成员相继宣布放弃特殊与差别待遇②，增加了未来 WTO 发展中成员待遇问题上的变数。

后多哈时期非互惠南北争议是多哈回合期间两类成员矛盾的延续酝酿与爆发，也是多边贸易体制中互惠与非互惠之间冲突的集中体现。这一矛盾冲突与发展中成员逐渐参与多边贸易体制的治理过程相伴。表 2-1 梳理了自多边贸易体制建立以来，发展理论的变迁、标志性事件的出现、非互惠以及互惠在多边贸易体制中的演进、发展中成员对多边谈判的参与水平等不同因素间的发展、变化与关联。

表 2-1　发展中成员通过推动非互惠参与多边贸易治理的示意表

时期	1947—1954	1954 年至东京回合	乌拉圭回合	多哈回合	后多哈回合
理论基础	线性经济增长论	依附论	新古典主义发展理论	多元化趋势的发展经济学	
标志性事件	ITO 的失败/GATT 的临时适用	冷战	冷战结束	中国加入 WTO	WTO 危机、中美贸易摩擦

---

① WTO Modernization Introduction to Future EU Proposals [EB/OL]. [2024-03-07]. http：//trade. ec. europa. eu/doclib/docs/2018/september/tradoc＿157331. pdf；Strengthening and Modernizing the WTO：Discussion Paper-Communication from Canada, WTO General Council, JOB. GC. 201, September 24, 2018.

② 以巴西为例，巴西为获得加入 OECD 的支持，同意在未来谈判中放弃特殊与差别待遇，并拒绝联合签署金砖国家关于 WTO 改革的声明。Office of the Press Secretary. Joint Statement from President Donald J. Trump and President Jair Bolsonaro [EB/OL]. (2019-03-19) [2024-03-07]. https：//br. usembassy. gov/joint-statement-from-president-donald-j-trump-and-president-jair-bolsonaro/；NAM H W. Korea gives up WTO developing country status [EB/OL]. (2019-10-25) [2024-03-07]. http：//www. koreatimes. co. kr/www/nation/2019/10/694_277692. html.

续表

时期	1947—1954	1954 年至东京回合	乌拉圭回合	多哈回合	后多哈回合
非互惠的特征	未获正式认可	承担义务的非互惠、未经发展中成员参与的非互惠	履行义务的非互惠	"非充分互惠"（less than full reciprocity）	发展中成员要求以发展为导向的非互惠
					发达成员要求发展中成员"毕业"和"分类"
互惠的特征	具体的互惠＋扩散的互惠	具体的互惠增加，部门内的互惠和结果的互惠出现	具体的互惠增加，现状的互惠出现（规则的统一适用）	具体的互惠增加（区域贸易协定数量激增）	具体的互惠增加，现状的互惠加剧（单边主义和全面对等）
发展中成员的谈判参与水平	数量少、水平低	数量增加、水平低	数量多、水平提高	数量多、水平提高	

第三节　多边贸易体制中非互惠演进的范式归纳

梳理多边贸易体制中互惠与非互惠的演进过程可以发现，多边贸易体制中的非互惠并非以固定的形态呈现，而是在不同阶段展现出不同特征。而学界尚未归纳出恰当的范式来描述多边贸易体制中非互惠的演进脉络和未来发展方向①。

学界对与非互惠相关的演进范式的研究大多集中于发展理论和 WTO 发展维度。其中罗兰（Sonia E. Rolland）对发展问题的两种不同范式的

---

① 范式也称研究框架和研究纲领。不同范式的差异表现在构成它的六大元素：概念和话语体系；假设；方法和方法论；解释；制度和政策设计；预测。王今朝，萨米. 西方发展经济学的三大范式比较（上）[J]. 当代经济研究，2019（11）：34-46，113，2.

讨论能够为非互惠的范式归纳提供启示。这两种范式是纯粹的理论建构，而非描述性或预测性的模型，目的是为了解释什么是发展，发展在 WTO 体制中应当处于什么位置，以及 WTO 法律体系应该如何解决发展问题。第一种范式的主要关注点仍在于贸易自由化，同时以个案为基础处理发展问题。在这种范式中，发展没有构成规范性原则，而仅仅是作为贸易自由化的例外或临时解决方案来呈现。通过例外解决发展问题的方法虽然从表面上看是中立的，但由于缺乏对贸易与发展目标关系的规范性讨论，对发展关注的处理很多时候是随意的，且难以摆脱权力的作用①。在第二种范式中，发展具有规范性基础，因而成为原则而非例外。以发展为导向的义务构成了法律体制的核心和主流，且发展目标与贸易自由化的目标并重②。以发展为导向的范式依据能力和发展需求确定关税减让水平，因而在根本上取代了重商主义的贸易自由化路径。

在罗兰看来，WTO 体制事实上采用了第一种范式解决发展问题，即将发展视为以非歧视和互惠原则为基础的贸易自由化的例外。但罗兰对这两种范式的区分是静止的，并未能以动态演进的视角看待多边贸易体制的发展问题。相比于罗兰的两种发展范式，本书认为，多边贸易体制中非互惠范式可以在此基础上进行改进，以概括出多边贸易体制非互惠的演进趋势，并对未来发展中成员的非互惠立场形成预测效果。对此，需要对多边贸易体制中不同时期非互惠及互惠演变的阶段性特点进行总结和归纳。

一、第一阶段——隔绝的非互惠

第一阶段的非互惠范式可以被概括为隔绝的非互惠，主要出现在 1954 年至东京回合谈判期间。这一阶段发展中成员成功在多边贸易体制

---

① 这一范式中，发展并未构成 WTO 框架的核心成分，因而无法确保发展中成员能够获得实质性的发展收益。ROLLAND S E. Development at the WTO [M]. New York：Oxford University Press，2012：6.

② 将发展和贸易自由化共同作为原则的范式可能采取两种不同的具体实施方法：其一是允许每一成员"点菜式"加入或不加入特定的贸易协定；其二是将所有成员纳入贸易协定中，但是区分每一成员在各个协定下的义务，以符合各成员的发展目标。ROLLAND S E. Development at the WTO [M]. New York：Oxford University Press，2012：6.

中引入了非互惠原则。对于发展中成员而言，GATT法律规则的刚性大大降低了。多边贸易体制中非互惠原则的从无到有，反映出发展中成员积极争取发展权利的努力。它们试图引入以发展为目的的非互惠待遇，以转变GATT的互惠规范，实现更注重结果公平而非形式公平的贸易自由化。但尽管成功在GATT体制内引入非互惠原则以及特殊与差别待遇，发展中成员从中获得的收效甚微。

此阶段发展中成员对关税减让谈判的参与度最低，发展中成员不仅对非互惠内容的谈判缺乏参与，对作为多边关税减让核心的互惠谈判也缺乏参与。因此，即便这一时期的非互惠体现为缔约方之间义务承担的差异，发展中成员对非互惠的内容也缺乏主导权，且发达成员对发展中成员出口产品的歧视明显增加。发展中成员无法在其具有关键性出口利益的领域要求发达成员取消贸易壁垒，无法获得对其出口有价值的关税减让，沦为"二等参与方"①，多边贸易体制的非互惠原则很快展现出局限性。另外，发展中成员与发达成员在义务承担方面的交集也较少，发展中成员虽然在政治意义上进入了GATT体制，却没有充分融入到资本主义分工体系中。正如修德克所形容，"两类成员被置于法律真空之中，他们对彼此无话可说"②。发展中成员执行多边贸易规则的法律自由构成了发达成员对发展中成员的"援助"③，而两类成员的关系始于此也止于此，发展中成员和发达成员之间缺乏共同的规则基础。

二、第二阶段——例外的非互惠

第二阶段的非互惠范式可以被概括为作为例外的非互惠，主要出现在乌拉圭回合阶段。这一阶段发展中成员积极参与互惠谈判，多边贸易体制不再对发展中成员适用不同的贸易规则，贸易体制的双轨制开始并轨。作

---

① 尽管在1979年，全体缔约方作出的决定确认了无条件最惠国待遇对东京回合守则的适用，但仍然很难判断发达成员会如何对待其他未签署协定的发展中成员。

② HUDEC R E, FINGER J M. Developing countries in the GATT legal system [M]. Cambridge：Cambridge University Press，2010：46.

③ 由于向发展中成员授予违反法律的自由是相对而言最容易实现的"援助"，它的"给予"不需要发达成员为发展中成员的发展作出任何贡献。

为一种永久的非互惠形式，给予发展中成员承诺、行动以及政策工具应用的灵活性受到限制，这一时期采用的非互惠主要体现为过渡期等有限制的非互惠。此时期互惠与非互惠之间的张力是最低的，这也是促成发展中成员和发达成员完成复杂的乌拉圭回合谈判的原因之一。

但融入只是边缘化的第一步，当体系外成员进入资本主义世界体系后，边缘化过程开始加深，发展中成员不断进入整个世界经济的商品链中，且自动降到价值链低端，进一步加剧了世界经济的两极化①。与经济两极化过程相对应的还有政治的两极化②，发达经济体在多边层面强化了其排他性的贸易规则制定主导权。在乌拉圭回合阶段，多边贸易体制中的非互惠逐渐被边缘化。虽然乌拉圭回合达成的多边贸易规则为发展中成员规定了大量的特殊与差别待遇条款，但这些条款整体而言缺乏法律约束力，大多以例外条款、附加条款、有限制的非互惠条款等形式存在，多边贸易体制中的非互惠沦为以互惠为基础的贸易自由化的例外。

发展中成员谈判策略从义务承担的非互惠向执行的非互惠的转移，不仅可归因于发展理念的转变③，也囿于权力政治的作用以及发展中成员自身谈判资源的限制④。发展中成员意识到只有通过多边主义才能抑制发达成员的灰色区域措施等非关税壁垒，对抗侵略性单边主义行为。但在乌拉圭回合谈判期间，发展中成员的谈判资源只能让它们优先推动一项策略，

---

① 技术的进步和发展可能会导致垄断，这一过程将很难产生令贸易全球化的各个参与方普遍获益的结果，加之各国对于技术的创新能力和运用能力的不同，即使是自由的贸易也会导致国际不平等问题的加剧。BEITZ C. Political theory and international relations [M]. Princeton：Princeton University Press，1979：145 - 146.

② 王正毅，张岩贵. 国际政治经济学：理论范式与现实经验研究 [M]. 北京：商务印书馆，2003：312.

③ 例如霍克曼及考斯泰基认为，发展中成员对互惠态度的转变受到了下列事件的影响：债务危机，东亚经济体出口导向型战略的成功，中央计划经济的失败以及发展中成员支持自由贸易的出口利益集团的产生。NARLIKAR A. Fairness in international trade negotiations：developing countries in the GATT and WTO [J]. The World Economy，2006，29（8）：1018.

④ 特别是第一阶段非互惠谈判策略只取得了极为有限的成功，因此发展中成员需要在多边贸易体制内对其谈判策略进行调整。加之 20 世纪 80 年代经济下行，发展中成员回到谈判桌几乎是一个必然趋势而非自愿选择。

即加入到贸易自由化谈判进程中，却不再有更多的资源进行非互惠谈判。这也导致了一系列不具备充分法律效力的特殊与差别待遇条款散落在各个乌拉圭回合协定当中①。不仅如此，乌拉圭回合谈判整体而言是一次失衡的南北谈判，谈判的结果产生了不均衡的贸易协定。乌拉圭回合协定所产生的福利绝大部分被发达成员占有，而流入部分发展中成员的利益微乎其微。而随着乌拉圭回合过渡期的逐渐终止，发展中成员意识到自身的执行能力不足以负担繁重的执行成本。乌拉圭回合不均衡的谈判结果也预示着发展中成员在下一谈判阶段在发展理念及谈判策略方面的调整。

三、第三阶段——核心的非互惠

非互惠范式的第三阶段可以概括为向核心的非互惠迈进的阶段。第三阶段包括多哈回合至今，并可以进一步分为多哈回合期间和后多哈回合期间。前者是矛盾积累期，而后者是矛盾爆发期。多哈回合期间，发展中成员重新要求非互惠原则和特殊与差别待遇，但又没有彻底摒弃以互惠为基础的谈判，WTO成员微妙地达成非充分互惠的共识。在一些学者的描述下，发展中成员对于非互惠的态度似乎是摇摆的，在互惠与非互惠之间徘徊，但这样的认知并没有深入到发展中成员在非互惠立场上的本质②。在多哈回合期间，发展中成员已经充分融入了资本主义分工体系，并致力于从贸易体制的边缘向核心区域靠拢，参与多边贸易谈判的水平持续提高。在成员驱动层面，发展中成员努力争取话语权，推动所有成员共同治理；在价值取向层面，发展中成员则希望促成以发展为导向的多边贸易规则。因此，这一时期发展中成员想要推动的非互惠是自我参与制定的、作为WTO主流价值的非互惠。多哈回合发展中成员主动推动的非互惠理念与多边贸易体制已有的互惠原则之间的兼容度更低，引发了贸

---

① ROLLAND S E. Development at the WTO [M]. New York：Oxford University Press，2012：271.

② 世界体系论将融入与边缘化作为论述世界体系运作机制时的两个重要范畴。融入是指世界体系之外的国家和地区不断进入世界体系的过程。资本主义世界经济首先产生于16世纪的欧洲，随后向全球扩展，直到19世纪才成为真正的全球性的世界体系。

易规则主导权的博弈，进一步加剧了 WTO 两类成员间难以弥合的利益冲突。

后多哈回合时期，发展中成员在非互惠问题上并没有明显的立场调整，而发达成员的互惠贸易政策却发生了深刻的变化。美国以绝对的对等替代了互惠，严重挤压了非互惠的制度空间，其余发达成员也要求进一步缩减并严格限制发展中成员待遇。这既是对全球治理格局发生体系性变革的反馈，也是前一阶段中 WTO 两类成员矛盾累积与爆发的结果。WTO 结构性失衡在此阶段全面凸显。

如图 2-1 所示，第一阶段的互惠与非互惠之间多表现为相互隔离状态，发展中成员与发达成员之间缺乏统一适用的规则基础；第二阶段发展中成员更加积极地参与多边贸易谈判，充分融入资本主义国际分工，因而这一时期的互惠与非互惠之间不再相互隔离，但显示出融合—边缘化的动态过程；第三阶段发展中成员希望进一步增强在全球经贸治理中的话语权，塑造以发展为导向的发展回合，因而试图推动多边贸易体制中的非互惠由边缘向核心区域演进。

第一阶段：　　　　第二阶段：　　　　第三阶段：
隔绝的非互惠　　　例外的非互惠　　　核心的非互惠

●互惠／发达成员　　○非互惠／发展中成员

图 2-1　多边贸易体制中的非互惠范式转化示意图

通过梳理多边贸易体制中互惠与非互惠的正反向演进，本章得出下述结论：

结论 1：可以将多边贸易体制非互惠的演进范式概括为，从隔绝的非互惠到例外的非互惠，再到核心的非互惠。这一描述与发展中成员推动承担义务的非互惠—履行义务的非互惠—非充分互惠的发展过程相匹配。

结论 2：发展中成员从承担义务的非互惠到履行义务的非互惠再到非充分互惠的过程，是总结参与多边贸易体制经验教训的结果，更是多边贸易体制沿着发展与进步的方向演进的体现①。

结论3：发展中成员在推动例外的非互惠向核心的非互惠的演进过程中，势必会遭遇来自发达成员的抵抗，从而在互惠与非互惠之间形成张力。这一张力体现为以美国为首的发达成员通过形塑多边贸易体制中的互惠，而与发展中成员进行的权力博弈。

---

① 发展中成员试图充分融入到多边贸易体制中，并寻求以发展为导向的贸易收入分配模式，这样的思路在整体上而言是发展中成员参与国际经济事务的进步而非倒退。但这并不排除部分发展中成员的确经历了一些错误的实践以及认知的迷途。例如一些发展中成员先是走向了过度强化政府干预乃至计划经济的封闭僵化的发展道路，又由于严重的债务危机转向了畸形的私有化、市场化和自由化的新自由主义发展道路。王彦志．国际经济新秩序的必要反思与中国的战略定位 ［J］．国际经济法学刊，2009，16（3）：112－136．

第三章　多边贸易体制中非互惠的法理分析

　　法理是关于"法律的普遍本质的思考"，它关心的并非"法律的知识"，而是"法律的思想"[①]。对于法理的探讨可以容纳"法的道德性""法律原则""法律与正义""法律与逻辑"等广泛内容。学界已有诸多学者从法的道德与正义性层面对多边贸易体制中非互惠的法理进行了分析，但迄今为止，学界仍缺乏以法学视角和方法论对多边贸易体制中非互惠法理的系统性分析。由于"法理学研究的对象主要是法和法学的一般原理（哲理）、基本的法律原则、基本概念和制度以及这些法律制度运行的机制"[②]，对多边贸易体制中非互惠的法理分析离不开国际经济法的基本原则。国际经济法基本原则构成国际经贸规则的基础，能够确保国际经贸规则的形成和适用"不偏离良法和善治轨道"[③]。然而以国家主权原则为核心的国际经济法基本原则并非静止的。考虑到现代国际法日益展现出的人本化的发展趋势，以尊重和保护基本人权理念来补充国际法基本原则体系是适时之需，二者相互统一、相互促进。而发展权既是集体人权与个体人权的统一，也是一项重要的全球治理原则。完善和发展国家主权，促进世界各国尤其是发展中国家协调平衡地发展是发展权的当代价值目标。因此，从法学的视角讨论非互惠背后的法理，有必要将传统国际经济法基本

[①]　张文显. 法理：法理学的中心主题和法学的共同关注［J］. 清华法学，2017，11（4）：5-40.

[②]　舒国滢. 法理学导论［M］. 3版. 北京：北京大学出版社，2006：12.

[③]　何志鹏. 国际法基本原则的迷失：动因与出路［J］. 当代法学，2017，31（2）：32-45.

原则和发展权相结合作为分析的核心要素。

国际经济法基本原则与发展权虽然构成指导国际经贸规则形成与适用的基础，二者的结合却并不构成对非互惠法理充分周延的论证。对于法理的讨论无法回避法的正当性问题，因为法理本身就是"证成法实践的正当性理由"①，正当性解释了法律义务的来源。考虑到已有研究成果对非互惠的道德哲学分析，以及对国际经济法基本原则、发展权理念的探讨，已经触及了非互惠正当性在规范层面的实质内容，想要进一步夯实与补足非互惠的法理依据，还需从经验层面和实证角度分析非互惠在多边贸易体制内部治理过程中所彰显的正当性，揭示非互惠广泛的成员支持基础，论证其在规则治理过程中能够发挥的重要意义。

故本章共从三个方面论证了多边贸易体制中非互惠背后的法理，目的是解决多边贸易体制中非互惠的法理模糊不清的问题。对非互惠的法理分析是讨论多边贸易体制中非互惠治理困境和改革的前提，也是对要求弱化甚至取消多边贸易体制中非互惠的相关观点的驳斥。第一节从国际经济法的基本原则入手，分别讨论多边贸易体制中的非互惠与国家经济主权原则、公平互利原则以及全球合作原则的关系，以便从传统国际法的视角对多边贸易体制中非互惠背后的法理进行论证。考虑到贸易与发展问题之间的实质性关联，第二节从发展权的角度，阐释在多边贸易体制中推动非互惠制度建设的必要性，论证非互惠将如何促进发展权理念在多边贸易体制中的贯彻落实。第三节则从输入正当性与输出正当性两个视角，对多边贸易体制中非互惠的正当性进行阐释和证成，并分析了多边贸易体制中的非互惠对规则治理正当性的提升作用，为推动非互惠从边缘向核心发展、增进多边贸易规则的发展导向性提供了理论铺垫。

第一节 契合国际经济法基本原则

国际经济法的基本原则是指被国际社会普遍接受的、指导国际经济活动的基本原则，因而应具有普遍意义，适用于国际经济法的一切领域，并构成国际经济法的基础。国际法学者在列举国际经济法的基本原则时，常

———————

① 郭晔. 法理：法实践的正当性理由［J］. 中国法学，2020（2）：129-148.

见的有"三原则说"与"四原则说"。"三原则说"一般认为，国际经济法基本原则包括国家经济主权原则、公平互利原则、全球合作原则三项原则（也有学者称为国际合作以谋发展原则）。有学者还加列有约必守原则，构成"四原则说"①。考虑到学界对国际经济法基本原则的构成认知表现出较大差异，本节对其采用严格的界定方式，主要分析非互惠与国家经济主权原则、公平互利原则、全球合作原则②三项广泛认同的基本原则之间的关系。

一、非互惠与国家经济主权原则

国家经济主权指的是"国家在本国内部和本国对外的一切经济事务上都享有独立自主之权"③。具体而言，是指国家在国际经济活动中，有选择国家经济制度和参与、协调国际经济秩序等重大经济问题的最高独立决策权④。国家主权原则是国际法中最基本的原则。由于"主权的政治性与经济性是无法分割的"⑤，国家经济主权原则又被确立为国际经济法中"最基本的行为规范和行动准则"。1974 年联合国大会通过的《各国经济权利和义务宪章》第 1 条、第 2 条和第 10 条对国家经济主权原则作了高度的概括和浓缩，体现了国家经济主权原则最本质的内容⑥。学界通常认为，国家经济主权原则包含国家对本国经济事务的自主权、国家对境内自然资源的永久主权、国家对境内外资实行国有化或征收的权力、国家对外资的管辖权、贸易政策规制权、国际经济事务的平等参与权与民主决策权

---

① 左海聪. 国际经济法 [M]. 武汉：武汉大学出版社，2010：26；陈安. 国际经济法学新论 [M]. 5 版. 北京：高等教育出版社，2020：107－212.

② 本节采用全球合作原则的表述，因为本节在该原则下更加侧重于对国家间合作的分析；而多边贸易体制中的非互惠与发展问题的关系则在后文中予以详细阐释。

③ 陈安. 国际经济法学新论 [M]. 4 版. 北京：高等教育出版社，2017：111.

④ 徐泉. 国家经济主权论 [M]. 北京：人民出版社，2006：6.

⑤ 张乃根. 国际法原理 [M]. 北京：中国政法大学出版社，2002：52.

⑥ 其中，第 1 条突出强调了各国在经济制度上总体性的独立自主权；第 2 条概括了国家经济主权在本国境内的主要体现，即对本国境内一切财富、自然资源和一切经济活动享有完整的永久主权；第 10 条强调了一国在世界性经济事务中享有完全平等的决策权。陈安. 国际经济法学新论 [M]. 4 版. 北京：高等教育出版社，2017：113.

等基本内容①。

多边贸易体制中的非互惠有助于促进国际经济事务的平等参与权、民主决策权以及国内贸易政策的规制权，完全契合国家经济主权原则②。在经济全球化背景下，国家选择开放市场，融入国际合作，则全球经济机构的运行势必会对国内政策造成影响。多边贸易体制中的非互惠有利于保障发展中国家平等参与国际经贸事务的谈判，有效应对国际经济机构和国际规则对国家经济主权和国内贸易政策的冲击。

(一) 保障成员的平等参与权与民主决策权

国家在国际经济事务中的平等参与权与民主决策权既是国家主权的重要组成部分，也是国家经济的重要保障③。早在 1974 年联合国大会第六届特别会议上，邓小平就曾对建立国际经济新秩序提出中国主张："发展中国家人民有权自行选择和决定他们自己的社会、经济制度"，"国际经济事务应当由世界各国共同来管，而不应当由一、两个超级大国来垄断"④。多边贸易体制的决策程序采取协商一致的基本原则，要求决策的达成必须没有一个在场的成员正式表示反对。相比于加权投票制，协商一致更能反映国家主权平等的国际法基本理念，主权国家在确定国际贸易权利义务方面保留了最终决定权⑤，使得 WTO 决策结果具有了表面上的合法性⑥。协商一致的决策方式构成了维护国家主权的制度屏障，保证了国

---

①　徐泉. 国家经济主权论 [M]. 北京：人民出版社，2006：15-75.

②　由于国家主权具有对内的最高属性与对外的独立性，国家经济主权内在地包含了国际经济事务的平等参与权与民主决策权，也包含了贸易政策规制权。徐泉. 国家经济主权论 [M]. 北京：人民出版社，2006：47，59.

③　徐泉. 国家经济主权论 [M]. 北京：人民出版社，2006：74.

④　中华人民共和国代表团团长邓小平在联大特别会议上的发言 [N]. 人民日报，1974-04-11 (1).

⑤　HAINSWORTH S M. Sovereignty, economic integration, and the World Trade Organization [J]. Osgoode Hall Law Journal, 1995, 33 (3)：583-622；BROUDE T. International governance in the WTO：judicial boundaries and political capitulation [M]. London：Cameron, 2004：289.

⑥　从规则导向的视角出发，协商一致的决策机制允许弱国阻止对其不利的谈判结果产生，因而将会促进达成所有成员都接受的帕累托改进的协定。STEINBERG R H. In the shadow of law or power？ consensus-based bargaining and outcomes in the GATT/WTO [J]. International Organization, 2002, 56 (2)：342-345.

际义务与国家主权之间的审慎平衡。

然而协商一致原则为成员权力的不对称运用预留了运行空间，该原则背后实际掩盖着"隐形的加权制"并反映潜在的权力关系①。成员驱动力量的非对称性以及少数成员主导会导致 WTO 内部治理的结构性失衡，引发多边贸易体制的民主赤字，影响成员合作结果和多边贸易规则的公平公正。且发展中成员与发达成员之间存在着谈判能力的巨大鸿沟，体现在发展中成员缺乏谈判人才、政府机构间协调不畅、社会参与和支持度不足等多个层面。除了谈判能力不足外，发展中成员参与多边经济治理进程的能力还受到特定的历史背景、政治体制和社会结构等因素影响。概言之，在多边贸易体制谈判中，"法律上"平等的发展中成员与发达成员在"事实上"是不平等的②。

在这一背景下，多边贸易体制中的非互惠可以成为对发展中成员能力缺失的一种救济方式。促进全球善治的制度设计应当能协调成员资格方面形式上的平等和能力方面实质上的不平等③。如果没有发展中成员待遇和非互惠的谈判基础，所有 WTO 成员不论其科技、经济发展水平如何，都必须站在同一起跑线上，那就是不顾成员间事实上的不平等，结果只能产生更严重的不平等境况和更大的能力缺失。发展中成员与发达成员虽不存在法律人格差别，却存在法律能力的差别。通过平衡两类成员的谈判能力，非互惠原则体现了对契约弱者的保护，因而是完全正当的④。且契约法对于弱者的保护是考虑到了当事人在经济、社会地位等方面的明显差别，

---

① 美国之所以会同意在多边贸易体制中采用协商一致的决策机制，是因为美国在此过程中运用权力的能力使得正式的加权投票制变得不再必要。HOPEWELL K. Breaking the WTO：how emerging powers disrupted the neoliberal project [M]. Standford：Standford University Press，2016：59；STEINBERG R H. In the shadow of law or power? consensus-based bargaining and outcomes in the GATT/WTO [J]. International Organization，2002，56 (2)：342.

② 张向晨，徐清军，王金永 . WTO 改革应关注发展中成员的能力缺失问题 [J]. 国际经济评论，2019 (1)：9-33，4.

③ WOLFE R. Can the trading system be governed? institutional implications of the WTO's suspended animation [M] // ALEXANDROFF A S. Can the world be governed? possibilities for effective multilateralism. Waterloo：Wilfrid Laurier University Press，2008：297.

④ 蔡从燕 . 身份与契约：GATT/WTO 体制内"特殊与差别待遇"的契约法研究 [J]. 国际经济法学刊，2005，12 (2)：140-162.

因而是"确定的、法定的",无须缔约方通过对等交换其他利益而获取。

(二) 维护成员的贸易政策规制权

多边贸易体制中的非互惠扮演了包容差异性、维持政策空间的自主权、限制超级全球化的关键性角色①。非互惠考虑到各成员的经济发展水平和文化背景差异,保障成员发展目标与需求,通过缓解制度刚性,为各成员提供了政策空间和发展空间,维护成员的贸易政策规制权。在经济全球化的新时代背景下,国际和国内法律秩序逐渐呈现出一种融合的趋势,全球法律秩序已初见雏形。随着传统关税壁垒的大幅度削减,国际与国内边界逐渐模糊,各国境内措施对国际经济交易的影响越发凸显。然而这种融合趋势忽略了不同社会间的差异性与多元化②。一些全球经济治理机构具有明显的经济偏好甚至自由贸易偏好,这种偏好可能会扭曲国内贸易政策,忽略发展问题以及其他非贸易关注。随着越来越自由化的市场冲击了各国国内社会和政治稳定秩序,全球化利益受损者又未能得到补偿,二战后内嵌自由主义的妥协被打破③。新自由主义自发调节的市场运动与民粹主义自我保护的社会运动矛盾共生④。进一步的经济全球化必然进一步冲击各国国内社会与政治的深层基础,国际自由开放与国内社会稳定之间的妥协和平衡更加难以达成。

各国在参与多边贸易体制的过程中需要保有足够的空间来设计实施国内经济政策。因为贸易开放和全球经济一体化虽然能够带来机遇,但并

---

① 例如特殊与差别待遇中,承诺、行动以及政策工具应用的灵活性条款和过渡期条款有利于软化制度刚性,也有利于发展中成员结合本地经济发展水平与社会文化背景采取特定干预措施,对经济全球化进行恰当的管理。未来 WTO 成员非互惠地承担或履行义务的形式还可能得到进一步拓展。

② 新自由主义是自发调节的市场运动,而民粹主义是自我保护的社会运动,二者之间矛盾共生,FUKUNAGA Y. Global economic institutions and the autonomy of development policy: a pluralist approach [M] // LEWIS M K, FRANKEL S. International economic law and national autonomy. Cambridge: Cambridge University Press, 2010: 23.

③ 王彦志. 内嵌自由主义的衰落、复兴与再生:理解晚近国际经济法律秩序的变迁 [J]. 国际关系与国际法学刊, 2018 (8): 65 - 87.

④ 社会自我保护的反抗运动可能包含了对自由市场和自由贸易的合理限制,但是也可能受不合理的保护主义或民粹主义驱使。RUGGIE J G. At home abroad, abroad at home: international liberalisation and domestic stability in the new world economy [J]. Journal of International Studies, 1995, 24 (3): 507 - 526.

不自动帮助国家实现经济的快速可持续增长。虽然国际与国内法律秩序呈现出越来越紧密的联系，但考虑到各国国情、资源禀赋、政治经济体制和文化传统存在较大差异，仍有必要包容国家间差异性的存在。应当赋予各国政策规制的自主权，以决定如何适应和遵守国际法律规则①。另外，不同的社会具有不同的文化、宗教、资源等差异性元素，各国应当具有政策自主权去维护这些独特性与差异性。维护国内规制的政策空间并不意味着对抗国际法的普遍性，而是要求在接受规则普遍性的同时考虑每个社会的特定物质文化背景②。由此，在全球一体化过程中对差异性的包容不仅具有了现实意义，也具有了规范性价值。

面对发达经济体推崇的高标准国际经贸规则，发展中成员尤其需要在参与多边贸易体制的过程中拥有维持政策空间的自主权。因为在多边贸易体制中，不断扩展的经贸治理规则需要发展中成员大幅度地调整不一致的国内政策，贸易政策规制的自主空间不断受到压缩③。以 WTO 为代表的多边贸易体制应审慎权衡贸易自由化的领域、范围、程度、例外等，尊重各国基于正当公共政策目标而行使的贸易规制权，不过分限制各国国内民主、共同体偏好和政策空间。发展中成员在融入全球经济时更需要维持国内政策空间，以更好利用对外开放的积极效应、积极应对外部挑战。只有将国家主权与民主决策相互结合，才能确保全球化的合理平稳推进。

然而有学者将多边贸易体制中的非互惠视为"过时的"经济理念，认为保护性的贸易政策体现了重商主义的经济理念④，对于发展中成员自身而言是缺乏效率的工具，因而反对将非互惠原则视为实现发展中成员发展

---

① JACKSON J H. Status of treaties in domestic legal systems：a policy analysis [J]. American Journal of International Law，1992，86（2）：310-340.

② KOSKENNIEMI M. International law in Europe：between tradition and renewal [J]. European Journal of International Law，2005，16（1）：113-124.

③ RODRIK D. The globalization paradox：why global markets，states，and democracy can't coexist [M]. Oxford：Oxford University Press，2011：200-205.

④ HUDEC R E，FINGER J M. Developing countries in the GATT legal system [M]. Cambridge：Cambridge University Press，2010：126.

目标的正确途径，并把给予发展中成员的法律自由比作"毒品"①。还有学者对幼稚产业理论和政府干预提出了质疑，认为许多政府并没有能力作出有效率的干预，还可能会在发展中成员内部制造既得利益群体②。这部分学者认为非互惠在允许发展中成员运用发展政策追求贸易收益的同时，会扭曲比较优势，造成资源错配，也会给其他经济体带来负的外部性。

上述质疑有其合理性成分，非互惠在制度设计上的确还存在很大的完善空间。但是非互惠以及国家干预可能产生的负外部性恰恰是改革非互惠制度、提升政府治理效能的理由，却并不构成彻底否定非互惠的充分条件，更不能撼动非互惠原则的正当性③。首先，对于自由贸易是不是解决全球贫困问题的最有效的方式，在经济学特别是发展经济学上也仍存有争议。有理论和实践证明，政府干预能够有效修正市场失灵，提高市场运行效率。虽然全球化是经济增长的主要引擎，但是全球化的主要受益者并不必然是那些经济政策最开放的国家。例如东亚各国经济的腾飞，除了市场力量的推动外，也受益于政府出台的一系列干预性政策④。即使是贸易自由化这个最简单的政策建议，仍然要取决于对执行这一政策建议的政治经济背景的判断。包括应该实行何种程度的贸易自由化，如何处理市场失灵的情况，如何对贸易自由化产生的收入和资源

①　例如修德克提出，GATT 的法律规则之所以鼓励特定的行为，是因为这样的行为能产生经济利益。一项法律措施若要被判定为"有效的"，就必须兼具法律效果和经济效果。他虽然认可平等原则的实现需要在不同主体间实行差别待遇，也认可发达成员为发展中成员提供额外利益的义务，但同时又强调法学家的责任止步于确认此种义务。至于如何承担这一义务，以及以何种方式实现平等发展的目标，应当交由经济学家作出分析，经济分析将为法律分析增加一个非常重要的维度。HUDEC R E，FINGER J M. Developing countries in the GATT legal system [M]. Cambridge：Cambridge University Press，2010：125.

②　政府无法作出有效率的干预的原因可能在于，政府本身是一个不称职的判断者和投资者，政府与其投资企业间的权力寻租，以及进口竞争利益集团对政府施加的保护主义压力。HUDEC R E，FINGER J M. Developing countries in the GATT legal system [M]. Cambridge：Cambridge University Press，2010：129-131.

③　蔡从燕. 身份与契约：GATT/WTO 体制内"特殊与差别待遇"的契约法研究 [J]. 国际经济法学刊，2005，12（2）：140-162.

④　斯蒂格利茨，查尔顿. 国际间的权衡交易：贸易如何促进发展 [M]. 沈小寅，译. 北京：中国人民大学出版社，2008：69.

进行分配，能否保证贸易自由化在政治上具有可持续性等诸多考量因素①。政府干预失败的风险并不是剥夺发展中国家发展空间的理由。每个国家都有为实现其发展目标而犯错的权利。这一权利来自国家主权平等，相比于效率而言，这种平等本身就是一种价值，不需要经过经济学的验证。

其次，并非所有 WTO 规则都具有经济学意义②，最为典型的便是促进实现对等的 WTO 谈判与执行规则。对于发展中成员而言，对等在经济学意义上同样是一个困难的概念。各成员方遵循对等的谈判策略，说明多边贸易体制贸易自由化的回合谈判是在重商主义的条件下进行的③。虽然对等谈判的确具有政治经济学意义，但该意义也与效率无关，因而理论上所有用来反对非对等谈判的理由同样可以适用于对等。此外，大部分经济学家都同意额外的市场准入机会能够为发展中成员带来经济收益。因而非互惠只是为了确保自由化过程以公平的方式进行，并不与经济全球化、贸易自由化趋势相违背④。相比之下，反补贴、反倾销、保障措施等更能体现部分成员利益诉求的贸易措施，却在所谓"公平贸易"的理念下获得了正当性⑤。发达成员在自由贸易和对等减让之间的自相矛盾与双重标准更使得对非互惠的经济学批判显得失之偏颇。

最后，非互惠更多是应对外部风险的"盾牌"，并非维持贸易壁垒的

① 这些国家无论是采取主动开放市场的经济政策，还是审慎地规制、减缓市场开放都是以服务于国家战略目标为前提，对于外贸和外商投资的高依赖程度并没有降低这些国家的市场控制能力。GALLAGHER M E. "Reform and openness"：why China's economic reforms have delayed democracy [J]. World Politics，2002，54 (3)：338 – 372.

② MITCHELL A D，VOON T. Operationalizing special and differential treatment in the World Trade Organization：game over? [J]. Global Governance，2009，15 (3)：343 – 357.

③ SINGH A. Special and differential treatment：the multilateral trading system and economic development in the 21st century [R]. IDEAS Working Paper Series from RePEc，2003：28.

④ JOBIM M L K. Drawing on the legal and economic arguments in favour and against "reciprocity" and "special and differential treatment" for developing countries within the WTO system [J]. Journal of Politics and Law，2013，6 (3)：64.

⑤ MITCHELL A D，VOON T. Operationalizing special and differential treatment in the World Trade Organization：game over? [J]. Global Governance，2009，15 (3)：343 – 357.

借口①。国家干预与贸易保护主义、民粹主义不能画等号。经济全球化也不能简单等同于经济自由主义。经济全球化和规则一体化并非不可抵挡的外部力量，因而不代表主权的衰落或分割。国家依然能够在全球化的驱动力量下有效行使主权，且国家干预依然能够服务于全球价值和集体利益。只不过国家经济主权的行使和政策空间的享有并不是任意的，必须依赖于与其他国家和行为体之间的有效合作。非互惠为各国争取政策空间并不是反对全球化，而是促进国家借助全球市场推动公共政策目标，以实现对全球化的超越。

二、非互惠与公平互利原则

多边贸易体制中的非互惠与公平互利这项国际经济法的基本原则之间具有非常紧密的联系。公平的价值理念中既包含形式公平，也包含实质公平。多边贸易体制中的非互惠旨在调整贫富差距、促进分配正义，通过对形式公平的调整而推动实质公平，从而实现了与公平互利原则的充分契合。

（一）公平互利原则的基本内涵

公平互利原则来源于平等互利原则，是对后者的继承和发展。平等互利原则是平等原则和互利原则相结合而成的带有创新性的原则，是主权平等原则在国家经济关系方面的体现②。其中平等原则早已是国际法上的重要原则，指国家不论大小强弱、人口多寡、政治和社会制度如何、经济和社会发展程度如何，在国际关系中都具有平等的法律地位。而在国际交往实践中，仅仅从政治角度上强调主权平等原则，往往只能做到形式上的平等。因而发展中国家开始侧重从经济角度和实质角度重新审视传统意义上的主权平等原则，对其赋予新的时代内涵，明确提出了互利原则。互利原则要求各国在相互交往中达成对双方都有利的结果。不能以损害对方的利益来满足自己的需求，更不能以牺牲他国的利益为交往的出发点。中国是

① 王大为. 世贸组织改革中发展问题的政治经济学分析 [J]. 中国国际战略评论，2019 (1)：86 - 99.

② 俞正樑，陈志敏，苏长和，等. 全球化时代的国际关系 [M]. 2 版. 上海：复旦大学出版社，2009：39.

国际社会最早提出平等互利原则的国家之一。1954 年，中国与印度和缅甸一起，将平等互利原则与互相尊重主权和领土完整、互不侵犯、互不干涉内政以及和平共处等原则相结合，构成了和平共处五项原则。在中印、中缅两个联合声明中，"平等互利"原则原本表述为"平等互惠"①。虽然这两个表述都突出了相互关系，从而强调国家权利义务的统一。但相比于互惠而言，互利更能体现共赢的结果，因而更加鲜明地强调了双方的共同利益，有利于国家间的合作交往。

平等互利向公平互利原则的转变，表明各国越来越关注国家间经济交往过程中的实质公平。不同的历史时期，公平有着不同的概念。在自由资本主义时期，资本主义国家之间的公平基于平等原则。在帝国主义时期，歧视原则取代了平等原则。二战后建立的布雷顿森林体系确立了互惠和非歧视原则，在形式上恢复了平等原则。20 世纪 60 年代以来，随着建立国际经济新秩序运动的开展，公平被赋予了新的含义。公平更多地与政治平等和经济平等相关，特别是与发展中国家的发展权密切相关。虽然公平深深根植于平等之中，但平等不等于公平。如果在国际经济关系中仅仅保持形式上的平等本身并不能保障公平的实现。《建立国际经济新秩序宣言》将"国家待遇公平"作为新的国际经济秩序的基础②。《各国经济权利和义务宪章》的宗旨明确规定："促进建立以一切国家待遇公平、主权平等、共同受益和协力合作为基础的国际经济新秩序"，同时明确将公平互利作为国际经济关系的基本准则③。

公平互利原则是指所有国家在法律上一律平等，且以国际大家庭平等成员的资格，有权充分地和切实有效地参加决策过程；特别是有权通过参与特定的国际组织，并遵循这些组织的现行规章或逐步改善中的规章，公平分享由此而得的成果。公平互利原则不仅适用于发达国家之间的经济关

---

① 当代中国研究所. 中华人民共和国史编年：1954 年卷 [M]. 北京：当代中国出版社，2009：443.

② Declaration on the Establishment of a New International Economic Order，General Assembly，A/RES/S‑6/3201，1 May 1974，Article 2.

③ Charter of Economic Rights and Duties of States，General Assembly Resolution 3281 (XXIX)，12 December 1974，Preamble.

系，而且也适用于发达国家和发展中国家之间的经济关系，适用于不同社会、经济和法律制度国家之间的经济关系。对于经济发展水平基本相当的同类国家而言，公平互利原则是对原有平等关系的维持；而对于经济实力悬殊的不同类国家而言，公平互利则是对原有形式平等关系的纠正，以及对实质平等关系的创设。

（二）多边贸易体制中非互惠对分配正义的维护

多边贸易体制中的非互惠体现了国际经济法的公平互利原则。多边贸易体制中的非互惠能够通过促进分配正义而反映实质公平。鉴于不同国家间资源、能力、财富等方面的深刻不平等，分配正义是国际秩序正义性问题中最突出、最复杂的部分。国际分配正义有赖于国际社会利益与道德共识的形成发展，因而需要通过有效的国际合作来实现。多边贸易体制中的分配正义依赖于非互惠而实现。对等谈判体现为经济生活中的讨价还价，虽然彼此承认对方的权利义务，但当双方讨价还价的能力大体相同时，谈判的结果才有可能产生具有"算术"意义的对等①。而在实力差距较大的行为体之间，对等谈判可能会给弱者造成不平等的结果。

多边贸易体制中的非互惠对实质公平的维护可以从罗尔斯的差别原则中获得印证②。从罗尔斯国内背景下的公平正义理论推导而来的国际差别原则可以被表述如下："国际社会和经济的不平等只有在能为所有国家，特别是最不利国家，带来补偿收益的情况下才是正当的"③。一个正义的社会制度，不能以牺牲一部分人的利益来增加另一部分人的利益。公平合

---

① 李滨，陆健健. 论建立公平的国际经济秩序之正当性［J］. 世界经济与政治，2011（12）：59-79，157.

② 《正义论》的主题就是寻找一套符合制度正义的分配原则，以协调人们的合作、解决可能出现的目的冲突。在这一背景下，罗尔斯提出了两个正义原则。且在他看来，正义的两个原则不能等量齐观，而是按照"词典式"的先后顺序安排的——自由平等原则优于差别原则。自由平等原则意味着，"每个人对与所有人所拥有的最广泛平等的基本自由体系相容的类似自由体系都应有一种平等的权利"；差别原则的含义是，"社会和经济的不平等应这样安排，使它们被合理地期望适合于每一个人的利益，并且依系于职务和地位向所有人开放"。两个正义原则是理性的人在"原初状态"的"无知之幕"后面选择出来的。罗尔斯. 正义论：修订版［M］. 何怀宏，何包钢，廖申白，译. 北京：中国社会科学出版社，2009：47.

③ GARCIA F J. Trade, inequality, and justice: toward a liberal theory of just trade［M］. Ardsley, N. Y.：Transnational Publishers, 2003：134.

理分配的基点并非平均值或大多数，而是"对处于最不利地位的人最有利"。在自由市场的背景中，尤其需要一个能够确保经济利益分配正义的制度①。随着国际贸易治理体系在治理能力和范围上的扩展，国际社会经贸合作方面的收益也在持续增加。如果说利益分配在国内社会需要诉诸分配正义，那么没有理由认为分配正义理论在国际社会的利益分配中不适用②。国际贸易法及其所调整的国际经贸交往并不仅仅包含了利益的交换关系，更重要的是涉及在各个国家和其公民之间进行社会利益的分配，而成本和收益的分配则是正义理论所无法回避的问题。

　　各多边贸易体制成员方之间经济发展水平的巨大差异意味着适用差别原则以实现分配正义的必要性。差别原则在国际社会适用的一项重要前提条件是成员间自然禀赋和社会资源的差异③。由于自然禀赋以及由其产生的社会资源的分配差异在道德上具有随意性，并非各成员应得的结果，殖民主义所产生的资本原始积累则更不具有正当性④，建立在各成员原始差异基础上的收益分配必须作出适当调整，才能符合公平互利的原则。多边贸易体制中，随着谈判议题的扩大以及合作深度的增长，协调 WTO 成员间不同利益与发展水平的需求更加迫切，多边贸易体制几十年的结构性失衡进一步构成了非互惠原则最重要的适用基础。

　　因此，为实现公平互利的目的，在经济上落后的发展中成员有权享受非对等的或不要求直接互惠回报的优惠待遇，以纠正国际贫富悬殊的不合理现象，实现各成员经济发展的实质公平和共同繁荣。在此意义上，多边贸易体制中的非互惠是对于互惠原则的补充，也是公平互利原则初步实践的实例，迎合了国际法关注实质公平的新发展趋势。在国际经济交往实践中，多边贸易体制通过非歧视原则和互惠原则促进平等的方式在很大程度

---

　　① 罗尔斯认为自由市场与私有制并没有必然联系，且能够与社会主义相容。差别原则主要适用于经济领域的正义问题，为西方社会的制度改良指明了方向。

　　② 贝兹. 政治理论与国际关系 [M]. 丛占修，译. 上海：上海译文出版社，2012：129 - 137.

　　③ GARCIA F J. Trade, inequality, and justice: toward a liberal theory of just trade [M]. Ardsley, N. Y.: Transnational Publishers, 2003: 128 - 129.

　　④ 罗尔斯为差别原则提供了道德论证，认为自然天赋不是个人财产，而是共同财产，因而那些天资禀赋更高的人应当帮助其他人。

上仅保障了形式平等①。且发达成员凭借其经济实力上的绝对优势，要求"绝对的、无差别的平等待遇"，从而以"平等的假象掩盖不平等的实质"②，造成互利原则的贯彻往往受到破坏。在此基础上，多边贸易体制中的非互惠是推进公平公正实现的必要条件，它并非一种政治妥协，而是在经济实力不平等的成员之间实现互利共赢的重要途径。

三、非互惠与全球合作原则

全球合作原则，即发达国家与发展中国家之间，及其相互之间在经济、社会、文化、科学和技术等领域中进行合作，以促进整个世界特别是促进发展中国家的经济进步和社会进步。整个国际大家庭的繁荣取决于它的组成部分的繁荣。在发展方面的国际合作，是所有国家都应具有的目标和共同责任。根据这一原则，在国际经济法领域，各国互相提供合作属于国家应尽的国际义务③。

发达国家的利益同发展中国家的利益彼此不能截然分开，前者的兴旺发达同后者的成长进步息息相关。人类发展史证明，人类最早的生存经验是合作而不是竞争。全球合作原则要求各国在开展国际合作的过程中，充分尊重国家经济主权，不但要维护本国利益，也应当关注他国利益，特别应当避免对发展中国家的权益造成损害。该原则要求各国给予发展中国家符合其发展需要和发展目标的帮助，以加速其经济发展。且任何形式和领域的合作，必须获得主权国家的同意，并在平等互利的基础上对具体合作事宜进行协商。

多边贸易体制中的非互惠在不同经济发展水平的成员间合作过程中发挥了重要作用，特别是有力地促进了南北合作。发达成员与发展中成员之间存在着极其密切的相互依存和"补益关系"④；但与此同时，二者之间也长期存在着收入分配不公、贫富差距悬殊的问题。全球化进程进一步

---

①　无差别的待遇只有在相似的行为体之间才能确保真正的平等。MOON G. Trade and equality：a relationship to discover［J］．Journal of International Economic Law，2009，12（3）：617-642.

②　陈安．国际经济法学新论［M］．4版．北京：高等教育出版社，2017：154.

③　贺小勇．国际经济法［M］．北京：高等教育出版社，2010：22-23.

④　陈安．国际经济法学新论［M］．4版．北京：高等教育出版社，2017：161.

加剧了国家内部与国家间的不平等问题，更加深刻地挑战了原有国际秩序的基础。全球化产生的全球问题需要靠一套更复杂的国际秩序来处理，同时要求国家间更大程度的合作①。多边贸易体制中的非互惠可以被视为不同发展水平的成员之间所开展的发展合作，这样的合作能够防范对等减让可能招致的恶性竞争。

（一）非互惠有利于促进作为合作基础的共同体利益

多边贸易体制中的非互惠有利于增进共同体利益，从而夯实成员间合作的基础。"共同体描述的，不只是他们作为公民拥有什么，而且还有他们是什么。"② 构成型共同体强调"自我"与共同体之间的纽带，认为"自我"不能脱离于其赖以存在的共同体，共同体是身份和道德的"源泉"。一个正义的社会需要一种强烈的共同体感，需要教导公民为共同善作贡献，培养公民德性。这种共同善的政治需要更多公民的道德参与，也需要为市场设立道德界限③。同样，国际自由市场的正常运转也不能仅依靠原子式的个体间单纯的交换和契约，还需要国际合作规制，以及共同体所蕴含的道德和美德秩序。

维护共同体利益的必要性可以从社群主义的正义观念中寻找理论支撑④。社群主义关心分配正义并反对不平等，其主要考虑并非收入分配本

---

① WOODS N. Order, globalization, and inequality in world politics [M] // HURRELL A, WOODS N. Inequality, globalization, and world politics. New York: Oxford University Press, 1999: 25. 由于大国不愿对现有秩序作出任何体制性和结构性的改革，全球化的利益共识、规则构建共识和多边合作共识都因利益分配的失衡而动摇。在发达经济体内部，全球化利益分配出现了更加不均衡的现象。侯力. 国际经济秩序危机与中国的政策选择 [J]. 东北亚论坛, 2019 (5): 53-58.

② 桑德尔. 自由主义与正义的局限 [M]. 万俊人，等译. 南京：译林出版社，2011: 171.

③ 桑德尔的社群主义主张一种"积极自由"的观念，意味着共同体的每一个成员就共同善展开协商，共同塑造共同体的未来。姚大志. 社群主义的焦虑：评桑德尔的共同体观念 [J]. 学习与探索, 2014 (8): 1-6.

④ 20 世纪 80 年代，西方社会兴起了社群主义的政治思潮，并展开了"自由主义与社群主义（共同体主义）"的论战。自由主义的正义观注重权利，因而并不质疑或挑战个体带入公共生活中的偏好和欲望。但根据这一理论，目的的道德价值将会被排除在正义的领域之外。在社群主义者看来，正义不可能不作判断，且正义问题必定要与不同的荣誉观、德性观与认知观绑定在一起。基于这种正义观，桑德尔提出了"共同善的政治"。朱慧玲. 共同体主义还是共和主义？：桑德尔政治哲学立场评定与剖析 [J]. 世界哲学, 2011 (3): 150-159.

身，而是"如何重建、保护并强化共同体制度，抵御市场力量对它们的侵蚀"①。社群主义主张向富人征税以建设和完善各种公共设施和服务，给不同阶层的人创造共同活动的空间，因为贫富差距破坏了共同体所需要的团结。社群主义代表学者桑德尔反对"权利优先于善"的观点。因为这种静态、孤立的自我观念排除了任何依附的可能性，也排除了一种公共生活的可能性，在这种公共生活中，共同的追求和目的能或多或少地激发扩展性的自我理解。在桑德尔看来，罗尔斯为差别原则提供的论证与其自由主义前提存在矛盾性：如果个人禀赋如罗尔斯所说属于共同财产，其道义论必然以共同体观念为基础②。罗尔斯构想的原初状态下的契约并非真正的契约，只构成认知论意义上的契约。桑德尔认为"权利与善相关"，进而放弃了"权利政治学"而倡导"公益政治学"，主张以"交互性主体"的自我观念来替代罗尔斯理论中"无拘束的自我"的观念③，从而建构起一个有品格、有道德深度的社会秩序。

多边贸易体制中的非互惠通过调节治理能力及收入分配的不平衡，来促进共同体的团结和整体利益。各个发展水平的成员共同参与全球经贸治理，共同但有区别地承担提供国际公共产品的责任，共同分享国际经贸合作收益，能够进一步优化成员间交往条件、巩固全球合作基础。多边贸易体制中的非互惠反映了扩散的互惠理念，也内在地建构了温特（Alexander Wendt）所提出的基于朋友关系的康德文化④。"文化是自我实现的预

---

① SANDEL M. Democracy's discontent：America in search of a public philosophy [M]. Cambridge，Mass：The Belklnap Press of Harvard University Press，1998：333.

② SANDEL M. Liberalism and the limit of justice [M]. Cambridge：Cambridge University Press，1982：103. 桑德尔认为，原初状态下的公正并不是程序本身带来的，而只是特殊的情况下所保证的特殊的结果。无知之幕剥夺了每个人具体区别于他人的特征，因而罗尔斯的多元主义假设也难以成立。且原初状态的无知之幕使道德主体不具备在知识、权利或偏好上的差异，他们无法进行讨价还价，因而正义原则不可能是道德主体共同选择的结果，只可能是发现的结果。桑德尔. 自由主义与正义的局限 [M]. 万俊人，等译. 南京：译林出版社，2011：161.

③ 资琳. 制度何以为凭?：兼评桑德尔《自由主义与正义的局限》[J]. 法律科学，2006（4）：155－159.

④ 无政府状态在宏观层次上至少有三种结构，属于哪种结构取决于什么样的角色——敌人、竞争对手还是朋友——在体系中占主导地位。温特. 国际政治的社会理论 [M]. 秦亚青，译. 上海：上海人民出版社，2014：245－295.

言"①。如果这种文化得以内化，则国家间将产生相互认同②，国际社会作为一个团体的凝聚力将更加强大。

多边贸易体制中的非互惠创造集体归属感并促进全球合作，也契合了人类命运共同体思想的理念内涵。人类命运共同体是一个利益共同体。它基于各国在全球治理中的共同利益，倡导建立以《联合国宪章》宗旨和原则为核心的平等合理的新型国际政治秩序，推动建设相互尊重、公平正义、合作共赢的新型国际关系。人类命运共同体理念通过树立合作共赢的新理念在发达国家与发展中国家之间的对立中寻找利益平衡点，倡导在追求本国利益时兼顾他国利益，"在竞争中合作，在合作中共赢"③。人类命运共同体也是一个责任共同体，要求各交往主体在共享权利的同时，必须共同承担责任、共同履行义务。共同体话语并不忽视权力不对等的存在及其影响力，而是在承认各主体间权力不对等的现实状态下，重视各国能力和水平的差异，要求在同一目标下，使各国承担"共同但有区别的责任"。人类整体性是人类共同命运的基石④。人类命运共同体理念恪守"人类立场"，找到了意识形态争论的"最大公约数"，超越了狭隘国家利益的矛盾和冲突，有利于全球治理合作的达成⑤。多边贸易体制中的非互惠是人类命运共同体理念的制度体现，旨在捍卫人类共同利益、共同价值和承担共同责任，尊重不同文明和意识形态的差异，促进人们在实践运动中持续建构身份认同与集体归属感，为共同体提供免遭分崩离析的向心力。

（二）非互惠契合了合作法向共进法的演变历程

全球合作经历了不同阶段——从为促进本国利益的合作逐渐过渡到兼顾全球利益的合作；与之相对应，国际法经历了由共处法到合作法再到共进法

① 温特. 国际政治的社会理论［M］. 秦亚青，译. 上海：上海人民出版社，2014：182.

② 国家利益不仅仅是国家单独的自我利益，国际利益将成为国家利益的一部分。这种观念认同进而有助于产生助人或利他行为，此类行为是解释现实世界中集体行动成功的关键。

③ 李寿平. 人类命运共同体理念引领国际法治变革：逻辑证成与现实路径［J］. 法商研究，2020，37（1）：44-56.

④ 刘建飞. 人类命运共同体的形态、基本特征与核心要义［J］. 国际问题研究，2020（1）：31-39.

⑤ 赵义良，关孔文. 全球治理困境与"人类命运共同体"思想的时代价值［J］. 中国特色社会主义研究，2019（4）：101-106.

的演变历程①。国际法的"国家间法"属性表明，国际法演进的初级阶段是国际共处法。各国意识到彼此间的根本利益是在确保领土完整、自治和内政不受干涉的基础上实现和平共存，企图在相互尊重主权的基础上实现"消极共存"。而后随着国家间联系的不断加强，国家间共同利益逐渐凸显，国家相互依存程度的加深推动了国际合作法的发展②。在合作法时代，国际法不再只反映国家间的消极共存，还演变为国家间合作的工具。国际法相对主权论取代了绝对主权论，国际法新空间得以开辟③。国际合作法的发展表明，人类日益认识到，只有合作才能实现民主治理和全球资源的合理配置，才能消除贫困，最大限度地增进各国的共同利益。

　　然而国际法作为合作法逐渐展现出局限性。因为国际合作场域类似于政治市场，各国就政策承诺的交换进行讨价还价④。而全球公共产品供给的政治市场失灵使得合作国际法所支撑的体系陷入了种种困境。合作国际法建立在以互惠规范为核心的工具理性基础之上，国际规则虽然具有公共产品属性，但实际承载的是西方国家凭硬实力与软实力获得的制度霸权⑤。规则导向和自由主义理念背后隐藏的权力导向阴影和强权政治是全球治理结构体系中最大的不稳定因素。因此，以规则为基础的国际法治需要融入共同体理念以增进全球共同利益。正如霍夫曼（Stanley Hoffman）提出，在一个稳定的国际体系中可以区分出三种国际法：关于政治架构的国际法、关于互惠的国际法以及关于共同体的国际法。关于共同体的国际法不调整那些相互分离的、处于竞争状态的国家间利益关系，因此不以互

---

　　①　李春林，张章盛．国际法的代际演进与国际法律差别待遇的历史演变［J］．福建论坛（人文社会科学版），2010（3）：152-156.

　　②　弗里德曼在《正在变动的国际法结构》中提出，"国际法正处于这样的一个从共存转向合作的时代，但在国际法进入合作领域时，其普遍性将受到世界宗教、经济和意识形态多样性的考验"。FRIEDMANN W. The changing structure of international law［M］．New York：Columbia University Press，1962：118.

　　③　王秀梅．从"共进国际法"看国际法的发展趋势［J］．兰州大学学报（社会科学版），2010，38（4）：91-99.

　　④　全球公共产品的供给依循国际政治市场规律，即权力政治与市场交易。KAUL I. Global public goods：explaining their under-provision［J］．Journal of International Economic Law，2012，15（3）：729-750.

　　⑤　权力的社会维度与观念属性诠释了为何软实力开始获致与硬实力同等的重要性。奈．软实力［M］．马娟娟，译．北京：中信出版社，2013：8-11.

惠为基础，而是依据国际社会的共同利益和共同行动需要而形成，构成了当代国际法体系的"新生力量"①。

非互惠在国际法律体系中的相应演变呼应了这一趋势。国际法在1648年诞生后的约150年内始终未融入非互惠的理念。因为国际法最初仅在西欧社会适用。而西欧各国当时在政治、经济、文化和宗教上没有明显差异，不具备产生差别待遇的社会基础。随着国际法在19世纪初走向世界并服务于西方列强对广大亚非拉国家的征服，一种反向非互惠开始出现，强国在事实上和法律上都获得某种优待。二战后的去殖民化运动使得"国际法第一次在范围上具有了真正的普遍性"②，然而国际法规则的普遍适用却没有平等地反映不同实力国家的利益诉求。在合作国际法时代，发展中国家掀起创建国际经济新秩序的运动，力争差别待遇来抵消发达国家享有的事实优势，非互惠开始从有利于强国转变为有利于弱国。但是合作国际法时代的非互惠以及差别待遇通常是一种例外，很难构成与互惠原则平等的地位，且基于国家利益的互惠性，差别待遇的发展深受限制。因此，在共进法时代，非互惠亟须发生新的演变，关注国际社会的公共利益，并对互惠原则形成补充。

多边贸易体制中内在地充斥着"共同体的国际法"元素。各成员建立WTO的目的宗旨不仅反映着各成员的自身利益，也体现着国际社会共同体的共同利益和基本价值。例如多边贸易体制必须处理分配正义的问题，而这一问题的处理不仅涉及成员利益，也涉及集体利益③。多边贸易规则应当服务于新时代背景下的国际合作，在努力实现成员利益的同时，增加

---

① 刘志云．论国家利益与国际法的关系演变［J］．世界经济与政治，2014（5）：33-48，156-157．但是共同体并不意味着个体的一致性，换言之，共同体不仅有着共同性，也有着共生性。梁颖，黄立群．共生型国际秩序与命运共同体建设［J］．南洋问题研究，2017（1）：39-50．

② 李春林，张章盛．国际法的代际演进与国际法律差别待遇的历史演变［J］．福建论坛（人文社会科学版），2010（3）：152-156．

③ 卡莫迪（Chios Carmody）在论述分配正义与集体利益的关系时，引用了亚里士多德关于分配正义与矫正正义的分类。矫正正义适用于私人利益，且在交易过程中起着调节与矫正的作用。分配正义不同于矫正正义，要遵循比例原则。分配正义还解释了为什么WTO争端解决机制优先强调WTO规则的实际履行而非补偿和报复措施。CARMODY C. WTO obligations as collective［J］. European Journal of International Law，2006，17（2）：419-444．

国际社会的集体利益，并寻求二者的辩证统一。在共进法时代，"共同体的国际法"元素构成了非互惠制度完善的基础。多边贸易体制中的非互惠不仅能够顾及南北双方在经济技术上的巨大差距，合理矫正南北发展落差，还能通过对成员差异性权利义务的设置，推动权利、义务和责任更加公平地分配，为促进全球合作的深入开展提供新的价值理念与实施途径。

第二节　落实发展权的基本理念

发展权既是国家与个人的一项基本权利，又是全球治理的重要原则和理念。各国需要制定一系列有法律约束力的权利义务，保障发展权在国际经贸体制中的实现。多边贸易体制中的非互惠通过对发展权的推动增强了自身的法律正当性。它既重视了贸易与发展问题之间存在的紧密实体性联系，又促进了发展权理念在多边贸易体制中的贯彻落实，从而有助于以发展导向矫正权力阴影下的规则导向，推动多边贸易体制的包容性发展。

一、发展权的基本理论及实施困境阐释

发展权本质上是关于发展机会均等和发展利益共享的权利。它既是个体和集体参与、促进并享受其相互之间协调、均衡、可持续发展的一项基本人权[①]，又是一项全球治理原则，担负着推动国际经济秩序公平合理化的重要使命，是国际规则强大的正当性来源。国际社会正在推动发展权理念的进一步贯彻落实，以促进国际经贸体制发生结构性转型。

（一）发展权的基本特征

发展权是由发展中国家主导的权利话语体系，涵盖由所有国家、民族和个体构成的复合主体，以保护发展中国家和不发达者的发展权益为优先考虑事项。从其产生背景和发展脉络来看，发展权具有以下几个显著特征。

1. 发展权是国家权利义务的统一

发展权的实现需要各国之间的彼此合作，因而国家是发展权实现的主

---

① 汪习根. 发展权含义的法哲学分析 [J]. 现代法学，2004，26（6）：3-8.

要责任承担者①。国际合作以谋发展是所有国家贯彻落实发展权的一致目标②，也是各国义不容辞的共同责任。发展权的落实要求国际大家庭的成员通过单独和集体行动，为了全人类的共同利益和国际经济的可持续发展，在经济、贸易、财政及技术等方面相互合作，促进共同繁荣，确保人类在和平与正义中稳步加速经济和社会发展③。

2. 发展权是集体人权与个体人权的统一

狭义的发展权是一项集体人权④。缺乏公平公正的国际经济旧秩序是发展权得以提出的内在动因。二战后西方国家主导建立的布雷顿森林体系没有充分重视发展中国家与发达国家经济发展不平衡的现实，将无条件最惠国待遇和互惠作为调整国际贸易关系的一般性原则，因而该体系所关注的发展并非《联合国宪章》所追求的共同发展，而更多是发达国家的单方面发展⑤。发展权作为集体人权是对国际经贸秩序结构性失衡的调整。除此以外，发展权也是重要的个体人权，因为发展的宗旨是满足作为一个人内在权利的基本需求⑥。正如1966年《经济、社会及文化权利国际公约》所指出的，"所有民族均享有自决权，根据此种权利，自由决定其政治地位及自由从事其经济、社会与文化之发展"。若仅将发展权定义为发展中国家的一项特权，便与人权主体和个人价值的普遍性难以吻合。发

---

① 《发展权利宣言》为国家维护发展权的责任提出了更加具体的要求。各国有义务"制定适当的国家发展政策"，"采取一切必要措施实现发展权利"，"单独和集体地采取步骤，制定国际发展政策，以期促成充分实现发展权利"。Articles 2，4，8 of the Declaration on the Right to Development.

② BUNN I D. The right to development：implications for international economic law [J]. American University International Law Review，2000，15 (6)：1425-1467.

③ 王传丽. 国际经济法 [M]. 6版. 北京：中国政法大学出版社，2018：28.

④ 狭义的发展权是一项集体人权，广义的发展权是一项个体人权。集体人权与个体人权之间是不可分隔、相互兼容的。因为社会的进步和发展能促进个人的发展，而个人的发展反过来又能促进社会的发展。

⑤ 朱炎生. 发展权的演变与实现途径：略论发展中国家争取发展的人权 [J]. 厦门大学学报（哲学社会科学版），2001 (3)：111-118.

⑥ 学界不仅仅以GDP等经济指标来衡量发展，更将发展界定为"自由"或"能力"。有学者将发展定义为"摆脱不自由"，因而发展是一个扩展人类自由的过程。人类自由的实质内容包含避免剥削、平等的政治参与等基本能力，既是重要的发展目标，又是实现发展的关键途径。SEN A. Development as freedom [M]. New York：Anchor Books，1999：3.

展权是个体人权与集体人权的统一。没有个人的发展就没有集体的发展，只有将个人发展权与集体发展权统一起来，才能推动发展权最大限度地实现。

3. 发展权是被边缘化主体争取话语权的产物

发展权不属于西方现代性的权利话语体系，而是主要由发展中国家主导，为发展中国家抗拒边缘化赢得了话语权。20 世纪 60 年代以来，为摆脱国际经济旧秩序的束缚，发展中国家积极开展建立公正、合理的国际经济新秩序的斗争。20 世纪 80 年代中期，南北国家逐渐就全球发展问题展开合作与对话，发展权开始成为指导这一斗争与合作过程的重要法律概念。相对于发达国家而言，发展权对于发展中国家更具有紧迫性与必要性，保护发展中国家的发展权在当代国际发展格局中具有显要突出地位。

发展权是一种后现代人权的基本形式，它不同于传统人权观[①]。发展权注重将包容性作为发展的手段和目标[②]，是发展机会均等与发展利益共享的权利[③]。而建立在个体理性主义基础上的传统人权观可能会构成"法律形式主义的大叙事"，故意忽视、排挤边缘和下层社会的具体人权，在实质上构成虚伪和压制性的精英权利体系。法律形式主义可能会导致实质正义与形式正义的分裂，缺乏公平公正的制度核心[④]。而以发展权为代表的后现代人权是从"人与人、人与社会、人与法律"之间的社会关系来看待人权，注重具体的、部分的、区别性群体的独特人权需求，反对无区别的、整体性的人权压制，更注重公平公正的实质内核，并将形式正义与实质正义结合起来[⑤]。发展权是被边缘化的权利主体争取话语权的产物，其权利主体具有异质性、局部性和多元性特征。

---

① 汪习根，涂少彬. 发展权的后现代法学解读 [J]. 法制与社会发展，2005 (6)：55 - 66.

② "包容性"一词在联合国《变革我们的世界：2030 年可持续发展议程》中多次出现。

③ 汪习根. 发展权含义的法哲学分析 [J]. 现代法学，2004，26 (6)：3 - 8.

④ 法律形式主义的话语权被西方白人群体所垄断，形成了话语霸权。朱景文. 当代西方后现代法学 [M]. 北京：法律出版社，2001：10.

⑤ 汪习根，涂少彬. 发展权的后现代法学解读 [J]. 法制与社会发展，2005 (6)：55 - 66.

（二）发展权在国际法中的地位

发展权已在多个国际法律文件中被提及①。1986 年国际法协会在汉城通过的《有关新的国际经济秩序的国际公法原则的逐渐发展宣言》将发展权作为有关新的国际经济秩序的国际法原则之一，并提出发展权是国际法的一般原则，其基础是民族自决权。联合国《发展权利宣言》是全球首个全面关注个人和集体发展权的国际文书②。《发展权利宣言》第 1 条正式将发展权规定为"不可剥夺的人权"。2000 年联合国首脑会议上由 189个国家签署的《联合国千年宣言》一致通过了将在 2015 年前实施的"千年发展目标"，并明确宣示"将不遗余力促进民主和加强法治，并尊重一切国际公认的人权和基本自由，包括发展权"③。联合国《2005 年世界首脑会议成果》强调"和平与安全、发展与人权是联合国系统的支柱"，它们"彼此关联、相互加强"，重申了"所有人权的普遍性、不可分割性、互相依存性及相互关联性"。2015 年联合国大会通过的《变革我们的世界：2030 年可持续发展议程》提出了 17 个可持续发展目标④。实现发展权的措施可用于实现可持续发展目标，可持续发展目标的确立又有助于发展权的实现。

（三）发展权的争议和实施困境

考虑到发展是一个动态的过程，没有固定的模式与标准，发展权的概念从提出之日起就处于争议之中。虽然发展权是一个起源于发展中国家学者的概念，并在国际社会获得了认可，但对如何实现这一概念仍存在很大

---

① 例如 1992 年《里约环境与发展宣言》倡议在国家、社会重要部门与人民之间建立新水平的合作来促进发展；1993 年《维也纳宣言和行动纲领》重申发展权是普遍的、不可分割的权利；2007 年《土著人民权利宣言》呼吁国际社会关注极端贫困土著人的发展。黎尔平. "一带一路" 建设对世界发展权的贡献 [J]. 人权，2016（5）：8 - 17；ROLLAND S E. Development at the WTO [M]. New York：Oxford University Press，2012：27.

② Declaration on the Right to Development，The General Assembly，UN. Doc. A/RES/41/128，4 December 1986.

③ United Nations Millennium Declaration，UN General Assembly，UN Doc. A/RES/55/2，18 September 2000.

④ 可持续发展目标与发展权密切相关。South Centre. The right to development at 30：looking back and forwards [EB/OL]. （2016 - 08 - 16）[2024 - 03 - 07]. https：//www. southcentre. int/question/the-right-to-development-at-30-looking-back-and-forwards/.

争议①。例如如何定义发展的含义，以及如何确定相关权利义务的内容等，不同国家、不同学者对此提出不同的观点。这也导致发展权在实践中的贯彻落实面临诸多阻碍。

另外，发展权在国际贸易关系中的法律和政治影响力也具有很大的不确定性。由于发展权理论提出了与华盛顿共识不同的发展理论与发展途径，以权利为基础的发展模式与古典经济学的比较优势理论间存在一定的冲突。不同国家在发展问题上的观念和利益分歧为发展权的实施增加了障碍。加之人权问题本身的复杂性，以人权为基础的发展框架并没有真正在多边贸易体制中确立。

发展权只有落实于规则，以制度作为支撑，才能具有生命力。即使发展权的国际法地位在诸多场合被认可，发展权的宣告与发展权的法律化之间仍存在一定的距离。权利的宣告并不等同于权利法定，也不等同于权利的享有。发展中国家推动发展权理念在国际贸易体制的落实始终未能实现。"国际经济新秩序远未能对整个国际法和发展中国家产生一致影响"，"发展中国家未能成功运用发展权理念为国际经济新秩序提供法律基础"②。对此，各国仍需要规定一系列有法律约束力的权利义务，进一步推动发展权在国际经贸体制中的实现。

二、非互惠增强贸易规则的发展导向性

发展权法律体系的建立需要以发展权理念检视并完善现有的法律制度。只有以发展权作为权利基石来奠定法治社会的权利基础，国际法治才能朝着良法善治的方向发展。多边贸易体制中的非互惠能为推动发展权的实践作出贡献。通过将发展权纳入多边贸易体制中，非互惠制度安排将有利于推动发展权的贯彻落实，也有助于强化以人为本的精神，推进全球公平正义的实现③。多边贸易体制中的非互惠对发展权理念的贯彻可以体现

① 阿特斯，托莫. 国际法中的发展权：三十年后的新动力？[J]. 国际法研究，2017(1)：26-46.

② Declaration on the Establishment of a New International Economic Order, Report of the ad hoc Committee of the Six Special Session, 1974.

③ 王国锋. 论 WTO 中的发展权 [J]. 北方法学，2015，9 (3)：79-87.

在以下方面。

(一) 注重贸易与发展间的实体性联系

贸易与发展问题之间存在着紧密的实体性联系。实体性联系应当与策略性联系相区分。策略性联系意味着不同的问题之间并不必然存在十分紧密的实质联系,但出于策略性谈判需求,将这些问题放置在一起进行谈判;而实体性联系是指不同规范之间的联系,或某一体制内的规范对另一体制内的目标产生的影响,从而需要对一个体制规则作出调整以促进另一体制目标的实现①。在实体性联系存在的情况下,由于不同问题间可能存在规范的相似性或冲突,因此最好把这些问题捆绑谈判和治理,以延续它们之间的一致性或解决它们之间的冲突。

实体性联系如果达到一定的紧密程度,就可能转变为同一个问题领域②。一个问题领域是形容这个领域中的问题具有非常紧密的实体性联系,以至于它们必须在同一个规范背景下进行处理③。经济发展与贸易问题之间的关联是通过议题并入 (incorporation) 的方式而建立的,并最终实现了贸易问题领域本身的拓展④。换言之,比起其他的贸易关联议题 (trade and),贸易与发展问题之间的实质性关联更加紧密,以至于部分发展问题与贸易问题进入了同一问题领域,成为贸易的内在组成部分,而贸易也逐渐服务于发展的目标。

多边贸易体制中的非互惠通过补充完善现有治理体系,回应了贸易与发展问题之间的实体性联系。考虑到贸易与发展问题之间的实体性联系,发展中成员在多边贸易体制中要求非互惠绝非仅仅是谈判策略使然,而是

---

① 贸易与劳工问题可能属于这一范畴,因为不断加剧的进口竞争可能引发政府降低对劳工权益的保护水平,从而导致"向下竞争"。

② 不同问题间实体性联系的紧密度低于同一问题领域的不同元素间的联系。

③ 一个问题领域的范围是不断调整和变化的,且受到国家间协商一致的结果的影响。如果说国家间对某些问题是否构成同一问题领域没有形成共识,即使这两个问题之间存在紧密的实体性联系,它们通常还是被视为问题之间的关联 (linkage),而非同一问题领域。LEEBRON D W. Linkages [J]. The American Journal of International Law, 2002, 96 (1): 9.

④ LEEBRON D W. Linkages [J]. The American Journal of International Law, 2002, 96 (1): 5 - 27.

对不同价值目标间的内在紧密关系的尊重①。贸易本身就会带来发展问题②。当处理贸易问题的 WTO 在成员间制造了发展鸿沟和发展赤字，WTO 就有责任通过回应发展中成员的发展关注以矫正治理结构的失衡③。特别是由于发展中成员一直都是规则和标准的接受者，而发达成员在多数情况下只是输出了本国的规则，WTO 规则执行的成本在不同的协定之间与不同的成员之间均具有显著差异。对于大多数发展中成员而言，在不弥补时间、技术、资金等这些执行成本的情况下，WTO 规则的执行将会挤压其发展空间④。考虑到发展目标的重要性，WTO 应当通过贸易来促进发展，而不是阻碍发展⑤。换言之，WTO 不需要变成一个发展机构或者减贫机构，但是贸易自由化合作过程中伴随而来的发展差距表明，WTO 仍然需要运用非互惠来协调贸易收益和发展目标，在处理发展问题上有所作为。

（二）明确国家维护发展权的实质义务

非互惠理念是发展权在国际经贸合作领域中的体现，是对于维护弱势

① DUNOFF J L. The political geography of distributive justice ［M］//CARMODY C，GARCIA F J，LINARELLI J. Global justice and international economic law：opportunities and prospects. Cambridge：Cambridge University Press，2012：155 - 171. 虽然杜诺夫（Jeffrey L. Dunoff）对于国家出于策略性原因运用道德话语的疑虑不能被忽视，但不能仅仅因为存在影响国家关于贸易偏好立场的策略现实，就认定国家提出的道德诉求无效，或者忽略不同问题之间的实体性联系。CARMODY C，GARCIA F J，LINARELLI J. Conclusion：an agenda for research and action ［M］//CARMODY C，GARCIA F J，LINARELLI J. Global justice and international economic law：opportunities and prospects. Cambridge：Cambridge University Press，2012：291.

② 有学者认为，WTO 不是一个发展机构，因此应专注于推动自由贸易，同时交由其他专门的国际机构处理发展中国家的发展关注。这样的观点实际上将贸易自由化与发展目标相互割裂。

③ KLEEN P，PAGE S. Special and differential treatment of developing countries in the World Trade Organization ［R］. Global Development Studies，2005：45.

④ SUPPERAMANIAM M. Special and differential treatment for developing countries in the World Trade Organization ［M］// SAMPSON G P，CHAMBERS W B. Developing countries and the WTO. New York：United Nations University Press，2008：134.

⑤ 一些以发展为导向的非政府组织（例如天主教海外发展机构、基督教救助会、乐施会等）纷纷向国际政治和经济政策制度施压，要求解决发展中国家贫困、不平等以及经济增长不稳定等问题。它们提出，WTO 应当为 WTO 成员在追求发展目标方面的失败负责，且应当处理更多的发展挑战。

群体发展权益的更为具象化的表述。一整套完善的非互惠制度安排将明确国家维护发展权的实质义务，因而有利于促进发展权在多边贸易体制中的系统化和规则化。在缺少实现全球差别原则策略的情况下，国家间的权利义务调整间接保护了国家内部弱势群体的发展权①。

非互惠理念在多边贸易体制中的贯彻落实面临着与发展权同样的困境。有观点认为，非互惠只能构成软法义务，或者道德义务，并且认为这种"缺乏牙齿"的义务已是非互惠所能达到的最大效果②。尽管学界已经普遍认可了多边贸易体制中非互惠的重要性，但缺乏一般性的法律理论用来确定非互惠原则下的具体权利义务。申言之，非互惠原则本身不能说明，发展中成员究竟有权从发达成员处获得多少额外的收益，发达成员又有义务提供多少优惠待遇。还有观点认为，各国国内税法所体现的分配正义基础并没有增强多边贸易体制中非互惠的法律属性。因为国内税法是以公法的形式出现的③。高收入群体需要向主权国家缴税而非向低收入群体缴税，主权国家对低收入群体具有再分配义务，而再分配的法律关系难以在处于平等地位的主权国家之间建立。

然而，上述论证仍不能阻碍非互惠成为有约束力的国际法律义务。法律之所以能成为法律，必须具有道德基础，必须符合正义的原则④。法律与道德具有形式上的可分离性与实质上的统一性，在二者之间存在着一条

---

① 贝兹（Charles Beitz）认为国家是国家分配责任的基本主体，在全球分配策略无法实现的情况下，国家间再分配可以被视为一个次优方案。贝兹. 政治理论与国际关系［M］. 丛占修，译. 上海：上海译文出版社，2012：139.

② HUDEC R E，FINGER J M. Developing countries in the GATT legal system［M］. Cambridge：Cambridge University Press，2010：159.

③ 有学者认为，在不存在全球政治权威的情况下，全球基本制度和结构也不存在，罗尔斯的差别原则无法在全球层面适用。FREEMAN S. Justice and social contract：essays on Rawlsian political philosophy［M］. New York：Oxford University Press，2007：318. 有学者提出，以美国为代表的发达成员不愿被 WTO 非互惠制度所约束，因为通常情况下，被国际再分配制度影响的群体不愿意承担矫正成员间不平等的义务，除非它们是被强迫接受。BRENAN A M. The special and differential treatment mechanism and the WTO：cultivating trade inequality for developing countries［J］. Trinity College Law Review，2011，14（143）：143 - 160.

④ 法律义务与道德义务并不互斥，法律与道德具有天然的联系。GARCIA F J. Trade, inequality, and justice：toward a liberal theory of just trade［M］. Ardsley，N. Y.：Transnational Publishers，2003：98.

"看不见的指针"①。无政府状态亦不应成为国际合作的绊脚石。尽管非互惠原则尚不足以构成国际习惯法，且该原则本身难以独自获得可执行性，但是非互惠完全可以通过 WTO 成员间达成契约而成为具有约束力的法律义务，非互惠原则下的权利义务也完全可以通过成员合作，在具体的情况下予以确定。国际社会公权力机构的缺乏，只可能对非互惠制度完善与执行的可行性程度造成影响，而不能构成对其正当性的威胁。不论一个人在法律与道德的关系上持何种立场，都没有理由阻挠其对于法律的道德性的反思②。国际贸易法必须考虑公平正义的价值，因而内在地需要而非排斥道德义务。

（三）回应贸易规则发展的人本化趋势

随着经济全球化的推进，国际社会的利益形态又经历了一次扩增。人类共同利益、人本化等新内涵的发展更好地概括了当代国际法的基本图景。国际法的重心日益转向对于国际社会的发展和公民个人福利具有重要意义的共同关切事项上。人类共同关切事项必须以人类共同利益为基础，把全人类当作一个整体看待。实现人类共同发展、共同繁荣不仅是个体和集体所固有的权利，也是国家更高层次的需求。相应地，调整这一层次国家需求的国际法规则也构成了国际法的"高级阶段"③。

国际法人本化的发展趋势冲击了国际法原有权利义务的构建基础——对等原则。事实上，全球公共产品供给的政治市场失灵已使对等支撑的合作体系陷入了种种困境。全球治理体系亟须从"竞争对手"向"合作伙伴"、从"工具理性"向"多元价值"的文化转变与结构性转型。国际环境法中"共同但有区别的责任原则"率先推动了国际法律差别待遇发展的新阶段。"共同但有区别的责任原则"缓和了南北分歧与矛盾，"为各

---

① 富勒. 法律的道德性 [M]. 郑戈，译. 北京：商务印书馆，2005：29.

② 在全球层面适用差别原则并建立非互惠制度，并不需要服从一个全球政治权威或世界政府，而只需要认同一种道德世界主义。GARCIA F J. Trade, inequality, and justice: toward a liberal theory of just trade [M]. Ardsley, N. Y.: Transnational Publishers, 2003: 44.

③ 何志鹏，孙璐. 国际关系的现实主义维度：和平共处五项原则的立场探究 [J]. 吉林大学社会科学学报，2014，54（6）：123 - 130，175.

国从不同的物质平台进入同一个制度平台搭建了桥梁"①。非互惠和差别待遇之所以能在国际环境法体系中取得原则性的地位,是因为国际环境法是现代国际法"以人类为本"的标志性领域之一②。其他全球治理领域的发展也需更好地迎合这一趋势,如此方能减少国家间的信任赤字,进一步增加国际合作的深度。

多边贸易体制中的非互惠更加关注国际社会的公共利益,对互惠原则形成了补充,契合了国际法人本化的发展趋势。在传统的国际合作中,由于国家间视彼此为竞争对手,"合作是假象,竞争甚至对抗才是实质"③。多边贸易体制中的非互惠提倡在结合不同成员经济发展水平和需求的前提下,实行差异化的权利义务配置,以合作的方式共同解决发展问题,修正了成员间对等削减贸易壁垒过程中的过度竞争性思维。非互惠所容纳的成员间权利义务的调整间接保护了成员内部弱势群体的权益,有利于推动发展权的贯彻落实,也有助于强化以人为本的精神,以"人权的规尺"推进全球公平正义的实现④。

三、非互惠推动贸易体制的包容性发展

发展权既是国家不分大小、强弱、贫富,在谋求发展的过程中固有的权利,也是每个个体所普遍享有的基本权利。因而发展权理念指引下的发展并非少数国家或群体的发展,而是在各国共同治理的前提下所实现的具有包容性的共同发展。多边贸易体制中的非互惠改变了价值与规范的普遍、无差异适用,为塑造包容性发展理念、构建包容性的发展格局创造了空间,推动了发展权的基本理念在多边贸易体制中的落实与完善。

---

① 李春林,张章盛.国际法的代际演进与国际法律差别待遇的历史演变 [J].福建论坛(人文社会科学版),2010 (3):152-156.

② 客观上讲,环境问题是整个人类面临的挑战,关系到人类生存与发展。主观上讲,国际社会各行为体和公众舆论也普遍认识到环境问题的全球性质。正是由于上述主客观因素的作用,国际环境法从一开始就确立了为全人类谋福祉的最高价值取向。曾令良.现代国际法的人本化发展趋势 [J].中国社会科学,2007 (1):89-103,207.

③ 李春林.构建人类命运共同体与发展权的功能定位 [J].武大国际法评论,2018,2 (5):1-24.

④ 王国锋.论WTO中的发展权 [J].北方法学,2015,9 (3):79-87.

（一）非互惠有助于塑造包容性发展理念

世界文化和发展路径都是多元的。然而不同文明、不同国家之间难以实现并维持和平共处的秩序，一个重要的原因就是对于"普遍法则"或"绝对真理"的执着①。普遍主义与互不干涉内政的国际法基本原则之间具有很大的矛盾，因为没有任何国家有权强迫或威胁他国选择其认可的生活方式、发展路径以及价值观念。强行向他国推行普适性的价值理念和制度规范，可能会引发中小国家内部的治理动荡和混乱②。在一个日益明朗的多极世界中，如果主要大国对于普适性的理念和法则无法形成统一的认识，就会像历次大国交替崛起一样，走回冲突对抗的历史老路③。对普遍法则的争夺常常是零和式的，必然会导致不兼容和排他性，因此需要构建一种新的文明秩序或国际秩序观才能形成各国和谐共生的局面。非互惠制度可以为新的普遍主义提供一种有效路径，来探究国际关系和世界秩序的前景。

在确定多边贸易体制发展理念的过程中，成员有必要推动一种程序主义的转向。程序主义方向的转化特指一种哈贝马斯式的程序，即通过理想商谈来汇聚、整合各种意见并达成共识的程序④。对话主体需要具备真实性、真诚性、正确性、可理解性等资质；对话动机是追求共识和真理；对话过程自由且平等，不存在强制。程序的中立性在很大程度上也决定了程序的包容性。

非互惠原则不仅仅是发展中成员要求获得的优惠，更容纳了发展中成员对于什么是发展的理解，体现了 WTO 成员对于什么构成美好生活的不同观念。想要成为一个具有包容性而非排他性的国际组织，WTO 需要认

---

① 苏长和．世界秩序之争中的"一"与"和"［J］．世界经济与政治，2015（1）：26 - 39，155 - 156．

② 苏长和．世界秩序之争中的"一"与"和"［J］．世界经济与政治，2015（1）：26 - 39，155 - 156．

③ 无论是古代的东亚秩序，还是当前的美国秩序，都试图以一国之价值观念同化他国，从而形成一种各国共同遵守的秩序状态，实现国家间和平。

④ 程序主义的转向还需要满足同意理论。弗拉思曼（Richard Flathman）提出了同意的四项条件：第一，行为体必须对同意的对象有所认识；第二，行为体有同意的意愿；第三，行为体将自己同意的意愿向外作了表示；第四，同意的意思表示是真实自愿的。FLATHMAN R. Political obligation ［M］．New York：Atheneum，1972：220．

识到持续存在的发展中成员诉求，而非从一开始就假设它们是错误的。WTO 需要一些清晰的、有力的、经过充分论证的原则或理念来激励、动员并组织 WTO 成员朝着建设更加公平公正的全球经济体制而努力。这些理念既要反映政治理论，又要以更加谨慎且结合实际背景的方法反映具体的政治、资源和理念的差异，不能简单追求单一性、排他性或普适性①。寻求单一的价值理念是危险的，正如有些学者所说，这可能会导致我们设想出"一个不存在的世界，甚或是永远都不会存在的世界"②。

多边贸易体制中的非互惠所反映的民主价值可以在经验主义和后现代主义的正义理论中获得强有力的理论支撑③。交往伦理学不作虚拟的推论，也拒绝先验地或抽象地理解"正义""公平"等理念，而是尽可能地在现实的基础上，把人与人的交往关系作为规范的来源和基础。女权主义和后现代主义的代表学者也批评了普遍主义道德理论，以及"普遍的他者"的视角。他们强调以"具体的他者"的视角来处理主体间的差异，即将每个存在者视为"拥有具体历史、身份以及情感构成的个人"，而非从具体的背景和社会关系中抽象出来的人。本哈比（Seyla Benhabib）提出，"普遍性不是虚构的诸多自我的理想共识，而是政治和道德中自我争取自治的具体过程"④。扬（Iris M. Young）提出在存在结构化非正义的领域，主体间的交往关系事实上不具有互惠性。如果强者从自己的视角出发看待

① 李朝祥，韩璞庚. 国际话语权的三重维度和基本构成 [J]. 学习与探索，2019（5）：14-18.

② LIM C L. The conventional morality of trade [M] // CARMODY C, GARCIA F J, LINARELLI J. Global justice and international economic law：opportunities and prospects. Cambridge：Cambridge University Press，2012：132.

③ 哈贝马斯（Jürgen Habermas）的交往伦理学是法兰克福学派最有影响力的理论。哈贝马斯在其经典的"交往行为理论"中提出了"交往理性"的概念，并提出重建交往理性的重要前提便是实现"话语意志"的平等和自由。HABERMAS J. The theory of communicative action [M]. Boston：Beacon Press，1984：397. 理想的沟通交流模式应当是一种"纯粹的辩论"，通过主体间交换实证及规范性主张而实现交往的理性，进而达成共识。每一个有语言和行动能力的主体应当在自觉放弃使用权力和暴力的前提下，自由、平等地参与话语的论证。章国锋. 关于一个公正世界的"乌托邦"构想：解读哈贝马斯《交往行为理论》[M]. 济南：山东人民出版社，2001：152.

④ BENHABIB S. The generalized and the concrete other [M] //BENHABIB S, CORNELL D. Feminism as critique：essays on the politics of gender in late-capitalist societies. Cambridge：Polity Press，1987：87.

弱者，即使抱着正义的目的也会导致非正义的结果，进而压制弱者真实诉求的表达。因此她提出了非对称性互惠的概念①，在遵从平等和互惠的道德原则的同时，呼吁承认交往主体之间的非对称性，把他者视为目的而非工具，在具体的沟通行为中更加敞开地倾听他者的经验、利益和诉求。

对中国而言，多边贸易体制中的非互惠也能为其向全球治理机制注入价值理念提供有利契机。在资本逻辑主导的全球化的进程中，始终没有形成以人类的永续存在为终极关怀的价值共识②。虽然新自由主义一直试图成为全球化的主导意识，但由于其从属于资本逻辑的本性，使之既没有解决全球问题的动力，也没有解决全球问题的能力。全球化留下巨大思想真空，需要全新的人类意识和全球意识来填补③。而中国提出的人类命运共同体思想体现了中国外交话语的发展导向与多元包容特征，丰富了全球治理的价值理念。人类命运共同体思想是中国在国际格局发生深刻变化、全球治理失灵的背景下提出的全球治理新方案④，它内嵌于现行全球治理体系中，而非在全盘否定的基础上提出的替代性方案。人类命运共同体作为众多治理理念的一种，强调民主与共赢，而非冲突对抗，并不寻求建立一个制度"同质化"的世界。多边贸易体制中的非互惠有利于中国提升自身的国际话语权，构建以发展为导向的规则体系，为世界秩序的发展提供理念创新和制度创新思路。

（二）非互惠有助于构建包容性发展格局

当前经济全球化面临发展困境，逆全球化思潮泛起，贸易保护主义抬

----

①　后现代主义对于处理差异性的诉求显然比罗尔斯的差别原则更进一步。扬批判了这种"道德互惠性"，认为视角的可逆性本身包含着道德抽象主义意识。YOUNG I M. Intersecting voices: dilemmas of gender political philosophy, and policy [M]. Princeton: Princeton University Press, 1997: 49.

②　在人类文明进程中，共同意识的形成过程在历史上总是表现出地域性、民族性和国家性。资本为了开拓世界市场，追求利益的最大化，运用种种方式去突破民族国家的制度与政策屏障，全面消灭民族国家的独特性，形成物质文化、精神文化的同质化发展态势。甚至取消了个体的批判精神和否定意识，使之成为"单向度"的人。李包庚. 世界普遍交往中的人类命运共同体 [J]. 中国社会科学, 2020 (4): 4-26, 204.

③　王清涛. 人类命运共同体理念开启全球化新时代 [J]. 当代世界与社会主义, 2019 (4): 131-138.

④　傅东辉. 试论从 WTO 法上挫败特朗普的贸易战 [J]. 国际贸易, 2019 (1): 59-67.

头，全球化进程中经济增长与收益分配问题深刻影响着全球化的未来发展趋势。发达国家产业空心化发展、全球性不平等加剧、全球公共产品供应不足和全球治理赤字等问题严重冲击着全球经济发展格局①。与UNCTAD 等关注于发展问题的国际组织不同，多边贸易体制一直依据互惠来推动贸易谈判。以美国为首的发达成员在塑造国际规则上越来越多地考虑相对收益，它们通过绝对、全面的互惠来实现单边主义和制度输出，通过娴熟地操纵互惠标准和概念的界定，控制着多边贸易规则的走向，在国际贸易治理过程中拥有着巨大的规则主导优势和主动权，挤压了发展中成员特别是新兴经济体的发展空间。发展中成员在这一过程中持续地被边缘化。在权力阴影与经济外交胁迫下生成的规则不可能促进第三世界国家和整个世界的发展②。

全球治理以及 WTO 内部治理中暴露的许多问题追根溯源"都是发展不平衡不充分造成的"③。WTO 在增加包容性方面的努力还远远不足，WTO 谈判没有平等地反映不同成员观点的代表性。在全球化面临困境之际，各国亟须对未来全球化发展模式和结构进行深刻的反思、调整与修复④，面向全球共同利益，以更具包容性的发展机制推动新一轮全球化的深化与发展。

包容性发展意味着"开放性、普遍性、可持续性"⑤。要求拓宽发展主体，在发展进程中实现社会公平目标，不以一国的发展损害他国的发展，在世界各经济体之间建立更为合理的发展格局。包容性增长是包容性发展的应有之义，意味着公平合理地分享经济增长，寻求社会和经济协

---

① 权衡. 经济全球化发展：实践困境与理论反思 [J]. 复旦学报（社会科学版），2017，59（6）：155 - 164.

② CHIMNI B. The WTO, democracy and development: a view from the South [M] // BIRKBECK C D. Making global trade governance work for development: perspectives and priorities from developing countries. Cambridge: Cambridge University Press, 2011: 270.

③ 习近平. 携手努力共谱合作新篇章：在金砖国家领导人巴西利亚会晤公开会议上的讲话 [J]. 中华人民共和国国务院公报，2019（33）：6 - 8.

④ 在世界资本主义运行逻辑下，发达国家垄断资本的规则制定权和定价权，这是造成世界经济发展缺乏可持续性的深层原因。杨帆，苏伟. 习近平"包容增长"新思想将引领世界经济发展 [J]. 探索，2017（2）：5 - 12.

⑤ 张幼文. 包容性发展：世界共享繁荣之道 [J]. 求是，2011（11）：52 - 54.

调、可持续发展，强调让更多的人享受全球化的成果，特别是让弱势群体得到保护①。包容性经济增长能够促使世界各个国家、各个群体共享经济全球化的成果。

多边贸易体制中的非互惠将有助于促进一个更加公正、合理、有效的全球经济治理体系的形成。这一治理体系将协调各国国内发展战略和政策，推进国际经济合作机制的建立，并有助于推动经济全球化的包容、可持续发展。多边贸易体制中的非互惠通过维护机会平等与分配公平，能够推动包容性多边主义，促进全球治理新模式的产生。首先，多边贸易体制中的非互惠有利于矫正 WTO 成员间不平衡的实力差距，进而促进公平竞争。容许发展中成员有选择、分阶段地开放市场是为了给民族工商业提供必要的保护，从而将成员间竞争建立在更加公平合理的基础之上②。其次，多边贸易体制中的非互惠通过允许权利义务的差异化，事实上赋予发展中成员更多代表性，提升了最不发达成员的发言权，推动所有 WTO 成员成为多边贸易规则制定的参与者③。最后，多边贸易体制中的非互惠聚焦被边缘化的群体和个体利益，以弱势群体的权益为重点关注对象，有利于改善不平衡的收益分配产生的结构性危机④。多边贸易体制中的非互惠能够促进弥合全球化赢家与输家之间的政治断裂，进而有利于维护整个国际社会的平稳运行和全球经济的繁荣发展。

非互惠制度还有利于在现行国际体系内实现对潜在多极化力量的系统化、体系化和机制化整合，推动各国在权衡短期利益与长期利益时保持一定程度的自我克制。相比之下，美国倡导的以对等为基础的缔约模式往往贴附了谈判主导国的标签，一旦向主导国利益倾斜，所构建的便仅仅是

---

① 汝绪华. 包容性增长：内涵、结构及功能［J］. 学术界，2011（1）：13 - 20.

② 发展中成员面临着各种发展环境的限制，与发达成员间存在发展水平的显著差异。王正毅，张岩贵. 国际政治经济学：理论范式与现实经验研究［M］. 北京：商务印书馆，2003：572.

③ 非互惠通过促进包容性多边主义，能够让所有利益相关者平等地发表意见，防止大国对贸易政策制定的垄断，并推动大国合作发挥领导作用，探索达成折中方案、取得共赢结果的可能性。贺之杲. 重塑全球治理：包容性多边主义的路径［J］. 新视野，2020（6）：49 - 55.

④ 解决发展问题的关键不仅在于消除贫困，也在于缩小发展差距。贸易自由化有利于经济发展，但其导致收益分配不均已成为不争的事实。

"国际法之治",而不是"国际法治"①。而多边贸易体制中的非互惠提高了发展中成员的自主性和灵活性,为发展中成员提供了战略空间②,有助于激发、创造出让发展中成员分享长期利益,并以"扩散的互惠为基本特征的"国际经济合作模式③。

多边贸易体制中的非互惠也为中国参与全球经济治理体系改革提供了契机。现有的全球经济治理机制是发达成员主导的,经济全球化的失衡反映出全球经济治理机制的失衡和广大发展中成员参与度与影响力的不足。中国可以通过非互惠制度安排贯彻包容性理念,从而利用自身在多边贸易体制中的权重充分发挥行为体的"能动性",致力于缓解 WTO 结构性困境,实现与多边贸易体制的"共同进化"④。作为具有全球影响力的新型开放型经济大国,中国也需要借助多边贸易体制中的非互惠获得更多主动权,"以制度创新为核心,持续深化首创性、差别化改革探索"⑤,力争将国内建设经验复制推广,从而将主动与国际规则接轨和积极推动国际规则完善并重。

第三节 提升规则治理的正当性

法律的正当性是促进良法善治必不可少的要素。因而对正当性的论证是讨论多边贸易体制中非互惠的治理困境和改革的前提,也是对要求弱化甚至取消多边贸易体制中非互惠的相关观点的驳斥。法律义务不能仅依靠特定的规则本身来界定,需把法律义务与正当性相联系,方能解释义务的

---

① 陈伟光,王燕.共建"一带一路":基于关系治理与规则治理的分析框架 [J].世界经济与政治,2016(6):93-112,158-159.

② "一超多强"的格局的存续是美国通过精心构筑的等级制权力体系而实现的。李晓,李俊久."一带一路"与中国地缘政治经济战略的重构 [J].世界经济与政治,2015(10):30-59,156-157.

③ 孙伊然.亚投行、"一带一路"与中国的国际秩序观 [J].外交评论,2016,33(1):1-30.

④ 魏玲.改变自己 塑造世界:中国与国际体系的共同进化 [J].亚太安全与海洋研究,2020(2):23-37,2.

⑤ 积极参与国际经济规则重构和全球治理是未来加快发展和培育国际竞争新优势的内在要求。姜荣春.新时期构建开放型经济新体制的理论宗旨、逻辑主线与主要内容 [J].国际贸易,2015(3):10-16;韩文秀.建设更高水平开放型经济新体制 [J].宏观经济管理,2019(12):5-11.

来源。多边贸易体制中的非互惠能够提升多边贸易规则治理的正当性，增进规则形成的民主化程度与规则输出的有效性，进一步巩固多边贸易体制中非互惠的法理依据。

一、正当性的基本内涵与分析框架

（一）正当性的基本内涵

正当性（legitimacy）的内涵经历了一段时期的历史演变过程。它早期的含义是合法的（lawful），到了中世纪，更多地意味着合习俗、合惯例（consuetudo），发展到现代，其语义发生了更宽泛的演变，除了合法、合惯例外，还具有合自然、合逻辑、合理性、合程序等多重含义①。因此，正当性与合法性这两个概念不能混同，通常情况下合法性是一种狭义的正当性，指的是合乎制定法或合乎实证法。在法律实证主义的影响下，国际法理论没有对法律的正当性给予充分的重视，虽注重国际法义务的遵守，却对为何要遵守国际法分析不足②。因而合法性的条件通常情况下要比正当性更容易满足。

正当性的概念常常与危机捆绑在一起，危机的出现将会激发对国际行为体、国际规范、国际法律体制正当性的反思。以 WTO 体制为代表的自由主义国际经贸秩序正受困于结构性危机，在这一背景下，有必要对 WTO 现有制度规范的正当性进行反思。尤其是考虑到 WTO 成员在发展中成员待遇及其改革问题上的尖锐分歧，更需要对多边贸易体制中非互惠的正当性作出全面的分析和诠释，以便为多边贸易体制非互惠制度完善奠定坚实的理论基础。

（二）正当性的分析框架

正当性的分类较为复杂。有学者将正当性区分为形式正当性、程序正

---

① 赵心树. 选举的困境：民选制度及宪政改革批判 [M]. 2 版. 成都：四川人民出版社，2008：73-74.

② 特别是就国际规则而言，虽然其在形式意义上是国家同意的结果，但实际上，许多国际机构具有运行的自主性，并不必然按照国家授权行事，国际组织还有可能受到非对称的成员驱动力量的影响，出现合法却不正当的情形。然而在特殊情况下，符合了正当性的要件也并不必然意味着对合法性的满足，例如《戈德斯通报告》（Glodstone Report）宣称，"北约对于科索沃的军事干预虽然是非法的，但是是正当的"。

当性、体制正当性和结果正当性①。形式正当性是指合法性、合规性，通常要求国际法主体对国际规则给予尊重，因而能够为国际治理提供表面上的正当性基础。程序正当性意味着，特定的规则是由选民负责的立法机构按照规定的立法程序所制定的，因而需要满足民主参与、充分的代表性和透明度等条件。体制正当性依赖于权力的制衡，例如政策制定责任在不同制度机构之间的分配，以防范权力的滥用，促进公平和平衡，确保决策的有效性②。结果正当性是以结果为导向判断正当性的方式，要求特定的治理过程产生公平、合理、有效、良善的治理结果。

有学者将正当性区分为程序正当性与实体正当性③。程序正当性关系到法令、规则以及行为的来源。国际法和各种外交惯例象征着以不同程序为基础的正当性。程序正当性能够解释为什么行为体愿意支持特定的权力关系，即使这样的权力关系在特定的情形下并不能服务于行为体的实体利益。而实体正当性与正当性客体所服务的目标直接相关联。典型的实体正当性包括正义、实质公平、人权、发展、全球福利，甚至贸易自由化等实体性的价值。此外，还有学者区分了规范正当性与经验正当性④。规范正当性所主张的是一种证成性，试图用一种外在的形而上学规范标准来证成权力或制度的正当性；而经验正当性主要关注的是相信与接受本身，而非所接受对象的价值取向。

托马斯（Christopher A. Thomas）以学科为界限，将正当性分为法律

① MANOCHA D. Global administrative law and the World Trade Organization's legitimacy crisis [J]. Foreign Trade Review，2010，44（4）：13-43.

② 考虑到国际法至少在表面上是具备正当性的，需要相关的个体去遵守，因而单纯的"符合国际法"这一事实便具有了形式上的正当性。MANOCHA D. Global administrative law and the World Trade Organization's legitimacy crisis [J]. Foreign Trade Review，2010，44（4）：13-43. 除此以外，还有学者提出，正当性作为治理结构的评价标准，具有狭义和广义之分。狭义的正当性是指符合形式上的程序，而广义的正当性则关系到对于特定制度的社会接受程度。换言之，正当性既有规范性维度也有社会性维度。WEILER J H H. The transformation of Europe [J]. Yale Law Journal，1991，100（8）：2403-2483.

③ CLARK I. Legitimacy in international society [M]. Oxford：Oxford University Press，2008：18-19.

④ HURRELMANN A，SCHNEIDER S，STEFFEK J. Legitimacy in an age of global politics [M]. Basingstoke：Palgrave Macmillan，2007.

正当性、道德正当性和社会正当性三种。法律正当性在三种正当性类别中的外延最小。法律正当性与道德正当性的相似之处在于，它们都在特定的规范框架下对特定的目标进行评估，因此可以被划分为规范正当性。实证主义法学派和自然法学派对于法律正当性具有不同的理解。在实证主义法学者看来，在一个有效运行的法律体制中，法律正当性是可以获得自我辩护的。法律正当性只创造了法律义务，而没有创造道德义务，因此可以与道德正当性分割开来。而对于自然法学派而言，道德正当性构成了法律正当性中不可或缺的组成部分，因为"不符合自然法的人定法不是真的法律"①。在传统自然法与法律实证主义之间，还存在着以富勒法律思想为代表的法的内在道德正当性②。内在道德正当性给予法律以执行拉力，因而是法律能够成为义务的重要原因。

　　道德正当性是指遵守或支持某项行为、规则或体制的道德义务。道德正当性是一个包含有多重元素的概念，或一组概念群，容纳了民主、公正、效率等多种道德元素。道德正当性的多重元素特征使其在不同的背景下有不同的组合，也意味着道德正当性并不具备一个确定的表现形式③。道德正当性与法律之间有着密切关系，尤其能为国际法义务提供道德基础。社会正当性则形容特定的行为体相信某一行为、规则或体制在道德或法律上是正当的。因而社会正当性是一个经验性的概念，它将正当性视为

---

　　①　THOMAS C A. The uses and abuses of legitimacy in international law [J]. Oxford Journal of Legal Studies，2014，34（4）：734-737.

　　②　然而与外在道德所不同的是，内在道德依然具有形式化的特点，不具备任何实质性价值内容。富勒阐释了法律之所以成为法律的八条内在道德：法律的普遍性；法律的公开性；非溯及既往性；法律的明确性；避免法律中的矛盾；法律的可遵循性；法律的稳定性；官方行动和法律的一致性。FULLER L L. The morality of law [M]. New Haven：Yale University Press，1969：41. 芬尼莫尔（Martha Finnemore）和图普（Stephen J. Toope）提出合法性这一术语不能仅仅被局限于有限的形式特征，进而导致法律官僚化。尤其是法律义务不能仅依靠特定的法律本身来界定，需把法律义务与正当性相联系，方能解释义务的来源。FINNEMORE M，TOOPE S J. Alternatives to "legalization"：richer views of law and politics [J]. International Organization，2001，55（3）：744-749.

　　③　ROBERTS A. Legality vs. legitimacy：can uses of force be illegal but justified [M] // ALSTON P，MACDONALD E. Human rights，intervention，and the use of force. Oxford：Oxford University Press，2008：208.

一项社会事实,而非规范性目标。当人类逐渐进入到一个多元化的社会,绝对真理不再被承认,社会开始包容带有分歧的观点,意见表达的重要性日趋凸显①。法律正当性和道德正当性开始转向形式主义和程序主义的范式,以容纳各种不同的实质性价值。

不同的正当性类别之间可能具有重合,这也给正当性分析框架的确立造成了诸多困难。例如对于法律正当性、道德正当性与社会正当性的分类而言,虽然三类正当性各自具有不同的内涵,但三种类型相互影响,并非完全独立。在分析某一制度或规则正当性的时候,需要将几种类型综合考量,进而会增加分析与判断的难度。本书选择输入正当性与输出正当性的分类作为分析框架,探讨多边贸易体制中非互惠对规则治理正当性的提升作用。这种分类方式相对简约和周延。沙普夫(Fritz Scharpf)在民主赤字的背景下讨论输入正当性与输出正当性。输入正当性通常以身份为基础,强调平等参与和协商一致。输出正当性则来源于解决集体行动问题的能力,这一类问题仅依靠个体行为、市场交易或自愿合作无法解决。还有一些学者超越民主框架讨论输入正当性与输出正当性。例如基欧汉和奈认为,输入正当性是对决策过程中所有程序性和实体性事项的考虑,强调参与和共识。输出正当性是一种以结果或效果为基础的正当性,即以治理的效果、效率以及获得的反馈等因素来判断正当性②。判断正当性的结果既可能是实际可衡量的结果,也可能是潜在可达成的结果。考虑到本章前两节通过对多边贸易体制中的非互惠与国际经济法公平互利原则、发展权的关系的探讨,已经触及了部分非互惠的实体正当性问题,本节主要在民主背景下讨论多边贸易体制中非互惠的输入正当性与输出正当性,特别是多边贸易体制中的非互惠在解决集体行动问题方面发挥的作用,而不再对公平正义等规范性价值进行分析。

---

① 唐丰鹤. 法律正当性问题研究 [M]. 北京:北京大学出版社,2019:194.

② KEOHANE R, NYE J F. Between centralization and fragmentation:the club model of multilateral cooperation and problems of democratic legitimacy [R]. KSG Working Paper, 2001:104.

二、非互惠与规则治理的输入正当性

输入正当性被用来形容和政治平等与主权等价值相关联的规范①，特别注重对成员平等参与、代表性、透明度、日程设置程序公开等过程和结构问题的关注。多边贸易体制中的非互惠是所有 WTO 成员民主决策的产物，其本身具有充分的输入正当性；与此同时，多边贸易体制中的非互惠通过提高决策过程的包容性与中立性，平衡发展中成员的谈判实力，也增强了发展中成员的话语权，进而有助于提高整个多边贸易体制规则治理的输入正当性。

（一）非互惠具备多边贸易体制法律规则基础

多边贸易体制中的非互惠受到 WTO 规则的支撑，因而具备了充分的法律正当性。首先，多边贸易体制中的非互惠符合《WTO 协定》序言所凸显的价值理念。《WTO 协定》序言提出，"本协定缔约方在建立其在贸易及经济领域的关系时，应旨在提高生活水平，保证充分就业和大幅度稳步提高实际收入和有效需求，扩大货物贸易和服务贸易，同时允许为可持续发展的目标实现对世界资源的最优化利用，保护和维护环境，并以符合不同经济发展水平下各自需要的方式，加强采取各种相应的措施"。WTO 成员"进一步承认有必要作出积极的努力，以确保发展中成员，尤其是最不发达成员，在国际贸易增长中获得与其经济发展相对应的份额"。《WTO 协定》序言的相关表述确认了给予 WTO 成员差别待遇的必要性，承认了发展中成员的特殊地位；也表明 WTO 将促进贸易自由化与促进发展的目标并重。如果 WTO 成员能够正式确认贸易与发展之间的规范性连接，将会为在 WTO 体制中处理与贸易相关的问题提供重要的法律基础。

其次，多边贸易体制中的非互惠在 GATT 第四部分和授权条款中也有相应的法律支撑。除 GATT1994 第 36 条第 8 款"不期待互惠（对等）"

---

① BEKKERS V，EDWARDS A. Legitimacy and democracy：a conceptual framework for assessing governance practices ［M］// BEKKERS V，et al. Governance and the democratic deficit：assessing the democratic legitimacy of governance practices. London：Routledge，2007：57.

的规定外，1971 年 GATT 总理事会在"普惠制决定"（1971 GSP Decision）中提出建立相互接受的"给予发展中成员普遍的、非互惠和非歧视的优惠待遇，以增进发展中成员的出口收益、促进工业化水平、提升经济增长速率"。"授权条款"第 2 条（a）款脚注 3 再次确认了"普遍的、非互惠和非歧视的"义务。这些条款直接运用了非互惠或类似表述，表明发展中成员在融入多边贸易体制的过程中，已经成功将非互惠纳入其中，且WTO 成员已经在一定程度上认可了非互惠的原则性地位。非互惠原则在多边贸易体制中的确立，代表着发展中成员争取公平公正的国际经济秩序的重要成功，也表明多边贸易体制中的非互惠不再是"是否"应当存在的问题，而是应当"如何"实施的问题。

（二）非互惠拥有多边贸易体制成员支持基础

多边贸易体制中的互惠原则并没有被 WTO 发展中成员接受与内化为普遍适用的原则。事实上，虽然最惠国和互惠概念本身都是多边贸易体制的基本原则，但发展中成员极力反对有关成员过于宽泛地使用这些概念，因为它们错误地假设发展中成员与发达成员在经济上是对等的，也没有充分考虑到发展中成员的不同发展水平和特殊需求。特别是认识到自身缺乏讨价还价的能力，发展中成员认为它们无法在互惠的基础上从发达成员处获得有价值的关税减让。因而在建立多边贸易体制的过程中，发展中成员曾持续地反对互惠原则[①]。在多边贸易体制中，以对等减让为主要内涵的互惠原则存在着社会正当性基础的缺失。

相比于互惠原则，非互惠原则在发展中成员中具有更广泛的成员基础。发展中成员自 GATT 成立之前就持续地支持非互惠原则，且在乌拉圭回合之前几乎没有变化[②]。特别是考虑到发展中成员在数量上占据了

---

① 伊斯梅尔. 改革世界贸易组织：多哈回合中的发展中成员 [M]. 贺平，凌云志，邓峥晖，译. 上海：上海人民出版社，2011：18.

② LIM C L. The conventional morality of trade [M] // CARMODY C，GARCIA F J，LINARELLI J. Global justice and international economic law：opportunities and prospects. Cambridge：Cambridge University Press，2012：148－149.

WTO 成员的大多数，发展中成员群体赋予了非互惠原则充分的社会基础①。这种社会基础既源于对分配正义的维护，对弱势群体利益的保护，也源于其包容性。国际贸易体制中的不平等不仅是各国获取贸易收益起点与终点的差异，也是整个治理过程与治理结构的失衡②。而非互惠不仅是一项关于再分配的原则，也是共同治理的应有之义。作为一种差异性治理理念，非互惠本身包含了对于正义、公平、发展等价值的不同理解，不仅意味着弥补差异，更意味着尊重差异。多边贸易体制中的非互惠通过对包容性的维护，在一定程度上规避了价值非中性带来的风险。

（三）非互惠维护多边贸易体制决策的中立性

以规则为导向的多边治理机制应当包含一系列有效、准确、可执行并为所有成员方接受的标准，确保每一成员都有充足的话语权进行法律输出，平等地参与国际事务合作和全球治理。正如韦伯（Max Weber）所提出的，在社会现代化的背景下，理性正当的治理需要遵循以平等为核心的决策程序③。而互惠原则指导下制定的多边贸易规则难以获得充分的输入正当性。在不平衡的权力作用下，决策者的行动并非完全自愿且不受限制的，导致最终的合作结果可能会牺牲一方的利益而使另一方获利④。国际制度是国家之间用以维持或促进合作，以解决共同问题的手段，然而制度并不能当然地确保国家之间的合作。各国围绕国际制度中权力、利益以及

① GATT 创立之初，只有 23 个原始缔约方，其中有 10 个是发展中成员。之后发展中成员在 GATT/WTO 中的比例逐渐上升，到了 1970 年，GATT 成员增至 77 个，其中有 52 个发展中成员。1987 年乌拉圭回合期间，GATT 成员总数为 95 个，其中发展中成员有 65 个。1997 年 WTO 成员共 132 个，发展中成员 98 个。截至目前，WTO 一共有 164 个成员方，接近 80%的成员为发展中成员。MICHALOPOULOS C. The developing countries in the WTO [J]. World Economy，1999，22（1）：117-143.

② 国际贸易体制中的不平等关乎"自上而下"的规则制定主导权，也关乎普遍适用的国际经贸规则对于国家权益分配不平衡的反映。WOODS N. Order，globalization，and inequality in world politics [M] // HURRELL A，WOODS N. Inequality，globalization，and world politics. New York：Oxford University Press，1999：25.

③ 根据韦伯的观点，正当性由超验到经验的变化是由祛魅（disenchantment）的过程导致的，祛魅是指世界的去神秘化，不认为世界上有超越性的事物存在，也不认为有无法计算的力量在起作用。韦伯. 学术与政治：韦伯的两篇演说 [M]. 冯克利，译. 北京：生活·读书·新知三联书店，2005：29.

④ 正如哈贝马斯自己所意识到的交往行为理论过于理想化的缺陷，在现实生活中，各行为体之间的行动更多是策略行动而非交往行动。

责任分配产生的分歧，甚至会引发冲突①，这种冲突和紧张的局势恰好反映在多边贸易体制的内部治理过程中。

WTO 采用的协商一致的决策机制并不能保证 WTO 成员均在真实意思表示下取得共识，主要发达成员对决策结果施加了不均衡的影响力与支配力。加之多边贸易体制决策的实质内容大都是在非正式的谈判背景下作出的，少数成员掌控并主导了多边贸易规则的形成。"治理主体性、包容性不足反映了治理体系民主性、公正性欠缺，导致了治理结构的不均衡、不合理，也决定了治理结果的无效和不公。"② 发展中成员越发被排除在WTO 决策过程之外，决策过程缺乏民主特征，无法真正代表广大发展中成员的意愿。成员权力在 WTO 规则生成中的非对称性作用导致 WTO 因民主赤字而面临合法性危机③。

有观点认为，只有互惠谈判才能保障发展中成员对于谈判的充分参与，而对于非互惠的追求阻碍了发展中成员对多边贸易谈判的参与程度和参与效果④。这种观点有转移矛盾之嫌。一方面，恰恰是对等减让导致发展中成员难以获得平等的谈判资格。即使多边贸易体制中不存在非互惠原则，发达成员同样不会激励那些弱小的成员充分融入到世界贸易体系中来，因为这些成员往往不能提供充分的市场⑤。另一方面，即使发展中成员参与了对等的关税减让谈判，发达成员也不必然会在发展中成员具有比较优势的领域实施更自由的贸易政策。特别是在 GATT 时期，大部分发

---

① 陈琪，管传靖. 国际制度设计的领导权分析 [J]. 世界经济与政治，2015（8）：4-28，155-156.

② 李丹. 论全球治理改革的中国方案 [J]. 马克思主义研究，2018（4）：52-62，159-160.

③ ELSIG M, COTTIER T. Reforming the WTO: the decision-making triangle revisited [M] // COTTIER T, ELSIG M. Governing the World Trade Organization: past, present and beyond Doha world trade forum. New York: Cambridge University Press, 2009: 298.

④ 如果发展中成员不参与互惠的谈判，不向发达成员提供有意义的出价，发达成员不可能提供有意义的关税减让。多边贸易体制缔约方不可能通过立法的手段，规定非互惠与互惠具有同等的谈判筹码。MASWOOD S J. Developing countries and the G20 in the Doha round [M] // CRUMP L, MASWOOD S J. Developing countries and global trade negotiations. London: Routledge, 2007: 50.

⑤ 斯蒂格利茨，查尔顿. 国际间的权衡交易：贸易如何促进发展 [M]. 沈小寅，译. 北京：中国人民大学出版社，2008：32.

展中成员的市场是非常有限的，甚至不会对发达成员的出口商造成实质的威胁。正如有学者所说，"也许对于中国和少部分先进的发展中成员而言，互惠的意义将会很快凸显；但是对于大部分发展中成员而言，互惠并不会明显地增加出口机会"①。这也是发展中成员始终没有放弃非互惠原则的重要原因。

维护多边贸易体制决策的中立性离不开非互惠作为制度保障。多边贸易体制中的非互惠通过规则适用结果的差异化确保规则形成过程的民主性，因而能够提高发展中成员在 WTO 中的话语权表达，弥补 WTO 的民主赤字和治理赤字。还通过赋予发展中成员更多的发展空间与政策空间，抵抗规则的不加区分的适用，变相弥补了发展中成员制度性权力不足的缺陷。

三、非互惠与规则治理的输出正当性

输出正当性关系到正当性的评价对象是否有能力产生特定的结果，以解决集体行动问题。因而输出正当性强调的是政治体系或组织机制能够提供何种公共产品，并涉及此种公共产品能产生的效率和效果。多边贸易体制规则治理的输出正当性则涉及对各成员的经济增长贡献、有效的规则供给和争端解决、公平的收益分配等多重领域。其中，规则供给能力不足的危机是多边贸易体制面临的最严重的正当性危机之一，而多边贸易体制中的非互惠可通过以下途径，在化解 WTO 规则的生成危机方面发挥重要作用。

（一）非互惠弥合贸易协定缔约方的利益分歧

首先，多边贸易体制中的非互惠制度安排有利于化解 WTO 成员在发展中成员待遇等问题方面的分歧。WTO 成员在以发展中成员待遇为表征的非互惠问题上的矛盾已成为 WTO 改革和规则现代化的主要障碍之一。一方面，发达成员不愿意将非互惠优惠待遇适用于所有发展中成员，尤其

---

① HUDEC R E，FINGER J M. Developing countries in the GATT legal system [M]. Cambridge：Cambridge University Press，2010：165.

反对发展中成员资格的自我认定①；另一方面，发展中成员则反对围绕"发展中成员身份""毕业"等问题的讨论②，并呼吁对现有非互惠条款的效力不足、约束力不强、未回应发展中成员需求等弊端进行改革③。双方的立场呈现出极端化的倾向。WTO成员在非互惠问题上达成共识是解决多边贸易体制规则供给危机的重要前提条件。

其次，多边贸易体制中的非互惠能够通过回应发展中成员的发展需求，促进多边谈判进程。多边贸易体制一直采用以等量交换为基础的对等谈判模式，形成了美欧等主要发达成员之间贸易自由化进程的核心④，发展中成员在这一过程中持续地被边缘化，WTO规则未能充分反映发展中成员的发展关注和需求。而随着自身发展水平与综合实力的上升，WTO体系内部发展中成员对多边贸易谈判的影响与日俱增，越来越多的发展中成员能够遏制缺乏发展导向的多边贸易规则的生成⑤，WTO成员不可能绕过它们的同意而达成重要的协议⑥。"WTO内部权力结构已发生显著变化"⑦，"少数成员掌控规则形成的局面已经一去不复返"⑧。

WTO规则生成危机的化解离不开发展中成员的支持。发展中成员遏

① 例如，美国认为发展中成员地位的自我认定对WTO过去的谈判造成了不利的影响，且发达成员与发展中成员的二分法无法反映当前的现实。An Undifferentiated WTO：Self-declared Development Status Risks Institutional Irrelevance，WTO Document，WT/GC/W/757，16 January 2019；BABU R R. Cause and effect of "differentiation" between developing countries in the WTO [J]. International Journal of Private Law，2011，4（3）：342 - 353.

② RENA R. Impact of WTO policies on developing countries：issues and perspectives [J]. Transnational Corporations Review，2012，4（3）：81 - 82.

③ From development to differentiation：just how much has the world changed？[R]. UNCTAD Research Paper，No. 33，UNCTAD/SER. RP/2019/5，2019：31.

④ RHODES C. Reciprocity，U. S. trade policy，and the GATT regime [M]. Ithaca：Cornell University Press，1993：77.

⑤ 国际体制中权力的分配越均衡，制度安排的建立就越困难，但是均衡的国际制度一旦形成，就会在国际治理过程中变得更有效力。

⑥ 琼斯，帕斯夸尔，斯特德曼. 权力与责任：构建跨国威胁时代的国际秩序 [M]. 秦亚青，朱立群，王燕，等译. 北京：世界知识出版社，2009：8.

⑦ 成员数量变化影响WTO内部治理权力的结构性变化。MICHALOPOULOS C. The developing countries in the WTO [J]. World Economy，1999，22（1）：117 - 143.

⑧ ELSIG M，COTTIER T. Reforming the WTO：the decision-making triangle revisited [M] // COTTIER T，ELSIG M. Governing the World Trade Organization：past，present and beyond Doha world trade forum. New York：Cambridge University Press，2009：301 - 302.

制新规则生成的实力表明，多边贸易体制中的非互惠不能继续作为给予发展中成员的"安抚"或"恩惠"，而必须融入到互惠的谈判过程中，成为处理发展中成员与发展问题的基础性制度。WTO 是一个成员驱动的国际组织，许多发展中成员所面临的发展局限直接决定了成员的谈判立场和贸易谈判的进度。随着发展中成员的群体性崛起，WTO 的顺利运行以及谈判共识的形成都已无法脱离发展中成员的驱动力，而解决自身发展需求又是发展中成员参与国际经贸合作的主要关注。WTO 若不能在谈判中融合体现公平价值的利益分配机制，并从根本上调整内部治理的结构性失衡，必将加剧自身谈判陷入僵局的困境。

再次，多边贸易体制中的非互惠能够兼顾不同发展水平成员的利益诉求，从而缓解规则生成危机。WTO 是一个由诸多不同发展水平的成员构成的国际组织，不同成员间展现了显著的异质性。如果没有非互惠的制度安排，在以 WTO 为代表的多边贸易体制中达成全面共识、实现深度合作几乎是不可能实现的。非互惠是弥合成员利益分歧的黏合剂[1]。协调多边贸易体制中互惠与非互惠的关系，建立起系统且完善的 WTO 非互惠制度安排，不但有利于促进南北双方在发展中成员待遇及非互惠问题谈判上取得进展，更有助于有效开展其他规则领域的谈判。兼顾客观证据和各方利益诉求的非互惠标准可以成为 WTO 谈判机制的重要补充[2]，指导成员方规则谈判过程中权利义务的分配，降低谈判难度，增加协商达成一致的可能性。

（二）非互惠补充贸易自由化进程的驱动力量

多边贸易体制中的非互惠能够为贸易规则的谈判提供额外驱动力。具

---

① 根据鲁杰（John G. Ruggie）的说法，多边主义制度包含了不可分割性和扩散的互惠性。扩散的互惠是多边主义的重要组成部分，而扩散的互惠中又内在地包含着非互惠。不可分割性在多边贸易体制中体现为无条件最惠国原则，扩散的互惠则意味着整个群体内长期达成的平衡，并不依靠具体的对等交换。鲁杰. 多边主义 [M]. 苏长和，等译. 杭州：浙江人民出版社，2003：12 - 13.

② 非互惠制度有助于促进达成令所有 WTO 成员满意的公平的贸易利益分配结果。SUTRISNO N. Substantive justice formulated, implemented and enforced as formal and procedural justice：a lesson from WTO special and differential treatment provisions for developing countries [J]. Journal of Gender, Race and Justice, 2010, 13 (3)：671 - 703.

有重商主义特征的对等减让并不是促进贸易自由化的唯一方式。建立在讨价还价基础上的谈判进程和模式在很多时候导致多边层面的贸易自由化原地兜转。因此建立一套服务于发展目标的非互惠机制可能是解决当前WTO面临的挑战的更恰当的途径①。特别是当贸易自由化的重心转移到国内管制领域，在制定国际规则和标准时更难以顾及个性化的需求。这些复杂的问题会唤起WTO成员在不同层次上的利益诉求，包括在权利享有和责任承担问题上的差异，以及对不同贸易政策工具使用上的兴趣②。考虑到WTO成员的差异性需求，更有必要建立起不同于对等减让和讨价还价的WTO规则制定方式。

非互惠可以为多边贸易谈判提供不同于互惠的动力。该动力一方面来自道德驱动力。发达成员应当给予发展中成员优惠的义务在二战后反复被提起，因而非互惠的道德驱动力在WTO成员内部可凝聚的政治支持力量也是不可低估的。发达成员内部也有不少声音支持非互惠原则和理念，即便一些利益群体的支持可能并不出于利他主义的动机，但这些政治力量的存在仍然体现了非互惠道德驱动力的价值。

另一方面，非互惠也能提供来自发展中成员的内生动力。发展中成员是多边贸易体制中一股独特的力量，发展中成员参与多边贸易体制的过程并非完全被动的。相反，发展中成员创造了自己的动力③，发展中成员自身的动力源与多边贸易体制的动力相互作用。它们通过总结历史经验教训，积极谈判符合本国发展道路和发展模式的规则，不断增进国内经济体制改革，推动扩大对外开放，已经"成为推动自身经济腾起的根本动力"④。在20世纪80年代，许多发展中成员实行了单边的贸易自由化，而

---

① ROLLAND S E. Development at the WTO［M］. New York：Oxford University Press，2012：7.

② 科蒂尔. 一种WTO决策制定的双层次分析法［M］//斯蒂格. 世界贸易组织的制度再设计. 汤蓓，译. 上海：上海人民出版社，2011：52.

③ HUDEC R E，FINGER J M. Developing countries in the GATT legal system［M］. Cambridge：Cambridge University Press，2010：4.

④ 徐崇利. 二战之后国际经济秩序公正性之评判：基本逻辑、实力兴衰及收益变化［J］. 经贸法律评论，2019（3）：67-78.

并没有将市场开放立足于以重商主义为经济基础的互惠关税减让之上①。中国改革开放的成功经验也是协调运用了以改革促进开放、以开放倒逼改革的双向作用和双向动力②。发展中成员与多边贸易体制相互作用的历史经验充分证明，以需求为导向的非互惠制度安排并不意味着重回重商主义观念下"以邻为壑"的行动困境中，而是多边贸易体制下必不可少的制度配给，也是维护 WTO 成员发展权益的重要制度保障。

———————

　　①　FRINGER J M，WINTERS L A. Reciprocity in the WTO［M］// HOEKMAN B M，ENGLISH P，MATTOO A. Development，trade，and the WTO：a handbook. Washington，D. C.：World Band Publications，2002：56.
　　②　思力. 中国的改革和开放相互促进、相得益彰［EB/OL］.（2019 - 03 - 09）［2024 - 03 - 07］. http://www. qstheory. cn/wp/2019 - 03/09/c_1124212751. htm.

第四章　多边贸易体制中非互惠的治理困境

　　本章剖析了多边贸易体制中非互惠的治理困境及其结构性成因。目的是寻找到非互惠条款效力缺失、非互惠治理机制不成熟等治理困境的症结，为未来完善非互惠制度，增强多边贸易体制的发展导向性和包容性打下坚实基础。本章从两个不同层面分析了多边贸易体制中非互惠的治理困境。在具体的规则和条款层面，通过分析相关的 WTO 案例，揭示了特殊与差别待遇、过渡期、灵活性以及授权条款在适用过程中的效力缺失问题；在机制层面，指出了非互惠定位不清晰、标准不完善以及主体不明确的问题，表明了现有 WTO 内部治理与具有充分正当性的多边贸易体制的治理水平之间的差距。学界已有研究成果对多边贸易体制中非互惠的治理困境的成因分析不足。引发非互惠治理困境的根本原因是结构性的。多边贸易体制自生成发展，历经多个阶段，持续面临着互惠与非互惠之间的结构性张力。本章的创新点在于对多边贸易体制中非互惠的治理困境的体制结构根源进行了深入挖掘，揭露了互惠与非互惠的张力背后贸易规则主导权的博弈，表明了互惠与非互惠以及发达成员与发展中成员驱动间的双向互动关系，阐释了互惠与非互惠在 WTO 等级制治理结构中扮演的角色。如何明确非互惠定位，回应非互惠治理困境的结构性根源，是未来 WTO 改革与规则现代化能否迈向成功的关键所在。

第一节　多边贸易体制中非互惠条款效力缺失

　　虽然多边贸易体制中的非互惠已是《WTO 协定》不可分割的组成部

分，且客观上有助于发展中成员发展国际贸易、增加经济实力。但总体而言，多边贸易体制中以非互惠为基础的关税减让并没有实现预期目标，未能显著提升发展中成员的经济发展水平①。多边贸易体制中非互惠的治理困境最为直观的体现，就是非互惠条款效力的缺失。非互惠条款效力缺失的表现可重点归结为以下几个方面。

一、特殊与差别待遇条款缺乏法律约束力

多边贸易体制中的部分特殊与差别待遇条款要求 WTO 成员采取某种行动，以维护发展中成员的利益。主要包括旨在通过市场准入来增加发展中成员贸易机会的条款，要求 WTO 成员确保发展中成员利益的条款，以及要求 WTO 成员提供技术援助等条款。这些为发达成员设定义务的特殊与差别待遇条款严重缺乏法律约束力，原因是这些条款通常将给予优惠的主动权置于给惠方手中，发展中成员无法通过参与谈判的方式将非互惠优惠锁定在规则中。

就普惠制而言，它没有成为有约束力的法律义务，也没有受到多边贸易体制法律规则的充分保护。虽然 WTO 上诉机构肯定了给惠方应承担的"普遍的、非互惠和非歧视的"义务，但该义务仅约束优惠的提供方式而非优惠本身②。换言之，发达成员可以自主决定是否向发展中成员提供优惠，而只有提供了优惠的 WTO 成员才需要遵守特定的给惠义务。普惠制的单边主义属性加剧了发展中成员享受普惠制优惠的不确定性与不安全感③。给惠方可以随时放弃提供优惠，还可以通过变更普惠制条件对受惠对象和受惠产品作出调整。由于优惠产品范围以及普惠制条件和"毕业"规则处于持续变化过程中，普惠制并不能使受惠方建立起稳定可信赖的投

---

① CONCONI P，PERRONI C. Special and differential treatment of developing countries in the WTO [J]. World Trade Review，2015，14（1）：67-86.

② 授权条款第1条规定"缔约方'可以'向发展中成员提供特殊与更优惠的待遇"。"可以"一词充分表明提供普惠制优惠并非强制性的，发达成员可自主决定是否提供优惠，以及提供何种程度的优惠。

③ SANCHO L H. What kind of generalized systems of preferences [J]. European Journal of Law and Economics，2006，21（3）：267-283.

资基础①，与优惠产品相对应的国内产业时常面临着过度投资的风险。一旦普惠制优惠被撤销，建立于普惠制基础上的投资就会出现严重的资源错配②，进而给普惠制受惠方的利益造成损失。

授权条款作为例外的法律属性在一定程度上引发了普惠制法律约束力的缺失。在"欧共体关税优惠案"（DS246）中③，专家组将授权条款认定成 GATT1994 第 1 条的例外④。专家组提出，由于印度已经证明了欧共体的药品安排与 GATT1994 第 1 条不符，因此欧共体需承担举证责任证明药品安排符合授权条款第 2 条（a）款。对授权条款法律属性的这一解释随后又获得了上诉机构的支持⑤。授权条款作为例外的法律属性进一步印证了，普惠制非但没有为发达成员规定有约束力的法律义务，反而赋予了给惠方偏离最惠国待遇的灵活性与自主权。

GATT1994 第四部分的法律属性同样反映了该部分缺乏法律约束力的困境。在"智利诉欧共体甜苹果进口限制案"（L/6491）和"尼加拉瓜诉美国糖进口案"（L/5607）中，专家组对 GATT 第四部分的法律属性作出了解释。在前一案件中，专家组提出，"GATT 第四部分的承诺附属于

---

① 发达成员利用普惠制中的"毕业"条款要求较发达的发展中成员或新兴经济体更对等地开放市场，撤销普惠制优惠的行为既构成了威胁新兴经济体开放市场的筹码，也构成了发达成员进口利益集团要求贸易保护主义的正当性依据。OYEJUDE T A. Special and differential treatment [M] // HOEKMAN B, MATTOO A, ENGLISH P. Development, trade, and the WTO: a handbook. Washington, D. C.: World Band Publications, 2002: 506.

② GROSSMAN G M, SYKES A O. A preference for development: the law and economics of GSP [M] // BERMAN G A, MAVROIDIS P C. WTO law and developing countries. New York: Cambridge University Press, 2007: 276.

③ "欧共体关税优惠案"（DS246）涉及的争议主要针对欧共体 2002—2004 年期间特殊激励安排中的药品安排。印度是本案的申诉方。印度认为欧共体仅对 12 个成员提供的特别市场准入优惠违反了 GATT1994 第 1 条最惠国待遇，且未能满足授权条款第 2 条（a）款脚注 3 中的非歧视要求。欧共体则认为欧共体普惠制中的药品安排符合授权条款的规定，而授权条款排除了 GATT1994 第 1 条的适用，因此应由印度承担药品安排不符合授权条款的举证责任。

④ 专家组引用上诉机构在"美国羊毛上衣案"（DS33）中的分析，一项规定构成"例外"必须具备两项特征：第一，该规定本身没有设立法定义务；第二，该规定必须能够授权成员方偏离一个或多个具有法定义务的积极条款。European Communities-Conditions for the Granting of Tariff Preferences to Developing Countries（后称 EC-Tariff Preferences），Panel Report，WT/DS246/R，1 December 2003，para. 7. 35.

⑤ EC-Tariff Preferences, Report of the Appellate Body, WT/DS246/AB/R, 7 April 2004, para. 98 - 99.

前三部分，因而仅适用于前三部分所允许的措施"①。后一案件中的专家组似乎也确认了这种解释，认为配额的减少本身与美国在 GATT 第二部分的义务不符，因此没有必要再去分析美国的措施是否违反 GATT 第四部分的义务②。从前述两个案件专家组的分析中可以看出，GATT 第四部分并没有像授权条款一样被视为最惠国待遇的例外。发达成员缔约方并没有在给予发展中成员缔约方额外利益方面获得违背非歧视原则的授权，且不能越过最惠国待遇给予发展中成员非互惠的待遇。与此同时，GATT第四部分也没有被视为与前三部分平行适用的规则，而只是前三部分的附属规则或额外规则。这一法律属性的界定意味着，GATT 第四部分规定的非互惠的优惠待遇只可能在非常局限的范围内具有法律约束力③。

　　GATT1994 第四部分缺乏法律约束力的另一个关键性问题在于条约用语措辞上的模糊性。用语的模糊性也导致非互惠优惠的给予缺乏具体标准和实施依据。例如 GATT1994 第 36 条第 8 款规定，"发达缔约方在与发展中缔约方进行降低或免除关税的谈判时，不期望得到互惠"。第 37 条第 1 款第 2 项规定，"发达缔约各方，除因被迫原因（也可能包括法律的原因）不能实施外，应尽可能实施以下条款……对与发展中缔约方目前或潜在的出口利益特别相关的产品，不建立新的关税或非关税进口壁垒，或加强已有的这些壁垒"。第 37 条第 3 款第 2 项规定，"发达缔约方应当积极考虑采取其他措施，以扩大来自发展中缔约方的进口，并为实现此目的在有关国际活动中进行合作"。"不期望""尽可能""积极考虑"等具有模糊性的措辞将是否给予优惠的决定权给予了给惠方，发达成员没有向发展

---

　　①　专家组认为 GATT 缔约方必须在先满足前三部分义务的前提下，再满足第四部分的额外义务。由于欧共体违反了 GATT 第三部分的义务，因而没有必要再去分析第四部分。European Economic Community-Restrictions on Imports of Dessert Apples，Report of the Panel，L/6491-36S/93，22 June 1989，para. 12.31-12.32.

　　②　在该案中，尼加拉瓜认为美国的糖类进口配额违反了 GATT 第四部分的义务。United States-Imports of Sugar From Nicaragua，Report of the Panel，L/5607-31S/67，13 March 1984，para. 3.7-3.8.

　　③　在实际谈判过程中，发展中成员真正享受到非互惠待遇的主要方式就是"搭便车"。"搭便车"是发达成员间相互给予的关税减让通过最惠国待遇被扩散到发展中成员的结果，而非发达成员与发展中成员之间谈判的结果。由于 WTO 采取主要供应方的谈判方式，发展中成员难以获得谈判资格，其具有比较优势的产业一直被排除在贸易自由化范畴之外。

中成员提供非互惠关税减让的义务，严重降低了 GATT1994 第四部分规则的法律可执行性。例如在"欧共体限制智利苹果进口案"（L/5047）中①，专家组认为欧共体采取了包括与智利进行双边磋商等一系列措施，已努力避免对智利实施保护性的贸易措施，因而符合"尽可能"的程序性要求。专家组利用"尽可能"这一措辞平衡了欧共体实体上的义务违反和程序上的补救行为，最终裁决认为欧共体并没有违反 GATT 第四部分的义务。正因为上述原因，有学者将现行多边贸易体制下的非互惠义务评价为"有形式而无实质"②。

要求 WTO 成员维护发展中成员利益的条款同样未设定清晰的法律义务。虽然这类条款中普遍使用了"应当"（shall）一词，从而在修辞上产生了强制性义务的效果，但"应当"却经常修饰"考虑""探索"等难以被准确执行的义务。且此类条款对于"考虑"或"探索"的履行标准没有作出具体的界定，对应当达致的结果也未作出任何明确或具体的要求。发展中成员很难通过 WTO 争端解决机制追究其他成员未履行此类义务的责任，在举证责任的承担上也会遇到很大的困难。一个典型例子是 WTO《反倾销协定》第 15 条。该条款规定，"各方认识到，在考虑实施本协定项下的反倾销措施时，发达成员应对发展中成员的特殊情况给予特别关注，在施加会影响发展中成员根本利益的反倾销税之前，应探索本协定规定的建设性救济的可能性"。

在"欧共体棉织床上用品反倾销案"（DS141）中③，专家组首先分析了什么是第 15 条中的"本协定规定的建设性救济"。专家组认为，"建设

---

① 智利认为欧共体采取的措施违反了 GATT 第四部分的义务。而专家组则聚焦于第 37 条第 1 款第 2 项规定，"发达缔约各方，除因被迫原因（也可能包括法律的原因）不能实施外，应尽可能……对与发展中缔约方目前或潜在的出口利益特别相关的产品，不建立新的关税或非关税进口壁垒，或加强已有的这些壁垒"，并指出欧共体的措施确实影响了发展中缔约方向欧共体市场出口的能力，与该条款的实体义务相违背，但由于受到程序性义务的补救，不能因此认定欧共体违反了 GATT 第四部分的义务。EEC Restrictions on Imports of Apples from Chile，Report of the Panel，para. 4. 22 - 4. 23.

② HUDEC R E，FINGER J M. Developing countries in the GATT legal system [M]. Cambridge：Cambridge University Press，2010：99.

③ European Communities-Anti-Dumping Duties on Imports of Cotton-Type Bed Linen from India，Report of the Panel，WT/DS141/R，30 October 2000.

性救济"是能够抵消倾销的损害性后果的有益途径,并认为印度负有初步的举证责任证明欧共体对第 15 条义务的违反,也应当由印度澄清其关于建设性救济具体含义的理解①。其次,专家组分析了关于"探索……的可能性"这一措辞。"探索"意味着"调查",但是第 15 条的文本没有明确探索的范围,因此也没有指向任何特定的探索结果。更重要的是,第 15 条没有要求 WTO 成员在实施反倾销措施时探索建设性的救济,而只是探索建设性救济的"可能性",而探索的结果完全可能是"不具有可能性"。因此专家组认为第 15 条没有为 WTO 成员设定任何采取建设性救济的义务,只是设定了一项考虑的义务②。虽然纯粹的"不作为"不足以构成第 15 条的"探索"义务,此类模糊的措辞仍然大大降低了特殊与差别待遇条款的可执行性。

WTO 现有的技术援助条款也存在着法律约束力欠缺的问题。技术援助对于回应 WTO 成员的发展关切发挥着不可或缺的作用。因为许多发展中成员缺乏贸易能力和资源以在全球和区域市场中有效地展开竞争,这在很大程度上体现为供应侧的限制③。正如拉米所说,贸易问题本身可能仅仅是发展中成员面临挑战的一半,而另一半需要基础设施、技术、研发、金融和有竞争力的出口商④。WTO 成立后,虽然 WTO 秘书处和贸易与发展委员会为促进完善向发展中成员提供的技术援助开展了大量工作⑤,但 WTO 体制中给予发展中成员的技术援助仍然在提供数量和质量上存在显著不足。

技术援助条款法律约束力欠缺是导致技术援助条款未能有效回应发展中成员需求的重要原因。从措辞上看,技术援助条款中出现了"应按

---

① 专家组认为建设性救济可能包括施加较低的反补贴税或者价格担保,但不应当包括不实施反倾销税的决定,因为救济本身是为了抵消倾销的损害效果,而决定不实施反倾销税并没有起到救济的作用。由于印度未能就建设性救济的内涵作出更详细的解释或提出更具体的诉求,因而专家组不再对这一义务进行更确切的界定。

② European Communities-Anti-Dumping Duties on Imports of Cotton-Type Bed Linen from India,Report of the Panel,WT/DS141/R,30 October 2000,para. 6. 226 - 6. 238.

③ LEE H-H,PARK D,SHIN M. Do developing-country WTO members receive more aid for trade? [J]. World Economy,2015,38 (9):1462 - 1485.

④ Aid for trade can turn possibility into reality,Lamy tells Global Review [EB/OL]. (2007 - 11 - 20) [2024 - 03 - 07]. https://www.wto.org/english/news_e/sppl_e/sppl81_e.htm.

⑤ 曹俊金. 论贸易援助评价制度及对我启示 [J]. 国际展望,2014 (2):123 - 139,154.

双方同意的条件提供""应考虑提供""应请求并按双方同意的条件提供"等用语。这些用语在向发达成员施加义务的同时都留有余地，特别是承担义务的强度和标准均需通过协商加以确定和解决。例如《SPS 协定》第 9 条第 2 款规定，"当发展中出口成员为满足进口成员的卫生与植物卫生要求而需要大量投资时，后者应考虑提供可使发展中成员维持和扩大所涉及的产品市场准入机会的技术援助"。类似于该条款的表述在《TRIPS 协定》以及《技术性贸易壁垒协定》等诸多贸易协定中广泛存在，缺乏约束力的语言导致技术援助条款难以发挥应有的效果。

技术援助条款法律约束力的欠缺在一定程度上源于援助方驱动模式。首先，援助方驱动模式会导致援助资金不足。目前 WTO 的技术援助项目的资金来源是 WTO 的专项预算和成员的自愿捐助。资金的缺口导致WTO 难以筹划长期的、连续性的技术援助计划。其次，援助方驱动模式还会导致对受援方的实际情况关注不足①。实践中，多数技术援助基金都是由单个 WTO 成员临时赞助给 WTO 技术援助项目的，这些赞助方希望从其提供的资金中看到回报②，而受援方缺乏有效参与和主导权。在援助项目很分散的情况下，援助存在过于碎片化的问题。援助方只会关注项目本身的实施和收益情况，而不是受援方的整体经济发展，此外，援助项目也没有很好地适应受援方的具体情况和需求③。且各援助项目之间的竞争产生了"意大利面碗效应"④，受援方为满足不同的援助条件，需要调整

---

① NOTTAGE H. Trade and competition in the WTO: pondering the applicability of special and differential treatment [J]. Journal of International Economic Law，2003，6 (1)：23 – 48.

② 如果与贸易有关的技术援助不能产生赞助方认为理想的结果，那么以后可能就不会再有这样的援助。陈咏梅. 析 WTO 对发展中成员的技术援助和能力建设 [J]. 武大国际法评论，2010，12 (S1)：258 – 279.

③ 从受援方来看，由于对援助项目的整体规划缺乏控制，只能被动配合项目实施，缺少动力制定和实施长期规划。郑宇. 援助有效性与新型发展合作模式构想 [J]. 世界经济与政治，2017 (8)：135 – 155，160.

④ 援助方驱动的技术援助形式还可能会在不同的发展中成员间产生歧视的问题。例如在著名的"海龟海虾案"中，上诉机构报告曾指出，美国对海虾和海虾产品实施的进口禁令虽然符合第 20 条 (g) 款的规定，但构成了第 20 条序言中的"在条件相同各成员间的无端的歧视"。其中一个原因就是美国在进行与 TED 装备相关的技术转移时，给予了不同成员不同待遇。相比于其他出口方而言，美国对于 14 个加勒比/西太平洋成员作出了更大的技术援助努力。United States-Import Prohibition of Certain Shrimp and Shrimp Products，Report of the Appellate Body，WT/DS58/AB/R，12 October 1998，para. 175.

国内政策和机构，产生了很大的制度协调成本。

技术援助的援助方驱动模式既意味着法律约束力的欠缺，也意味着不对称的援助与受援关系。为促进援助和发展的有效性，需要推动国际发展援助从援助到合作的理念变化，协调援助和受援双方的努力①。将援助作为双方的共同事业和合作项目，不但有利于增强技术援助条款的法律效力，还有利于推进平等的援助项目、实现共赢的发展目标。

二、过渡期条款未提供充足的执行期限

过渡期条款相比于其他被视为例外的特殊与差别待遇条款，在法律属性方面显示出独特的优势。它与其他多边贸易规则平行适用，且无须援引过渡期条款的成员承担举证责任。这一法律属性在"巴西飞机补贴案"（DS46）中得以澄清②。在该案中，巴西援引了《补贴与反补贴措施协定》第 27 条有关过渡期的规定。第 27 条第 2 款提出，"第 3 条第 1 款（a）项关于禁止出口补贴的规定不得适用于：（a）附件 7 所指的发展中成员；（b）其他发展中成员自《WTO 协定》生效之日起 8 年内不适用，但需符合第 4 款的规定"③。

根据上述条款的规定，发展中成员必须满足第 27 条第 4 款的规定方能适用第 27 条关于差别待遇的规定。因而争论的焦点在于应由哪一当事

---

① 魏玲. 大变局下的中国与国际发展合作 [J]. 亚太安全与海洋研究，2021（1）：28 -44，2 - 3.

② 双方围绕着第 27 条下的举证责任，以及第 27 条与第 3 条的关系展开了争论。该案涉及的条款主要有《补贴与反补贴措施协定》第 27 条第 2 款和第 4 款的规定。其中第 27 条第 2 款（a）项和（b）项分别是给予部分发展中成员执行义务的灵活性与过渡期安排。

③ 第 27 条第 4 款规定："第 2 款（b）项所指的任何发展中成员应在 8 年期限内逐步取消其出口补贴，最好以渐进的方式进行。但是，一发展中成员不得提高其出口补贴的水平，且在此类出口补贴的使用与其发展需要不一致时，应在短于本款规定的期限内取消。如一发展中成员认为有必要在 8 年期满后继续实施此类补贴，则应在不迟于期满前 1 年与委员会进行磋商，委员会应在审查所涉发展中成员的所有有关经济、财政和发展需要后，确定延长该期限是否合理。如委员会认为延期合理，则有关发展中成员应与委员会进行年度磋商，以确定维持该补贴的必要性。如委员会未作出该确定，则该发展中成员应自最近一次授权期限结束后 2 年内逐步取消剩余的出口补贴。"

方承担关于第 27 条第 4 款的举证责任①。专家组认为，《补贴与反补贴措施协定》第 3 条与第 27 条之间具有平等的地位，并非一般适用与例外适用的关系。第 27 条第 2 款（b）项在特定情况下排除了第 3 条第 1 款（a）项的适用，因而巴西对于第 27 条的援引不属于抗辩，无须举证②。专家组提出，若主张某成员的行为不符合 WTO 某一条款的要求，前提是该条款适用于成员的该种行为③。而在证明一发展中成员违反了第 27 条第 4 款的条件之前，是无法证明其违反了第 3 条第 1 款（a）项的规定的。因此，专家组裁决本案应当由反对适用过渡期的发达成员承担未满足过渡期条件的举证责任。

过渡期条款与其他多边贸易规则平行适用的特点表明，此类条款可以在增进 WTO 规则发展导向的过程中发挥重要作用。然而过渡期条款却并非当然地能够解决 WTO 成员的发展关注，问题的关键在于 WTO 成员能否获得充分且适当的过渡期时限。特别是当乌拉圭回合一揽子承诺谈判模式将充分的非互惠义务承担转变为有限的非互惠义务执行，履行义务的过渡期时限变得越发重要。因为过渡期不仅仅是一个时间的问题，它决定着多边贸易协定能否满足差别原则，以实现公平正义④。换言之，仅仅在形式上认可多边贸易协定中的非互惠是不够的，还必须能够考虑到发展中成员的实际能力和需求，从而为发展中成员提供充分的发展空间与时间，避免使发展中成员不成熟地承担对等义务。

然而乌拉圭回合协定中的过渡期时限都是通过政治性的谈判而决定的⑤。由此产生的过渡期时限并未全面考虑和评估发展中成员的执行能

---

① Brazil-Export Financing Programme for Aircraft，Report of the Panel，WT/DS46/R，14 April 1999，para. 7. 45.

② 《补贴与反补贴措施协定》第 3 条第 1 款（a）项与第 27 条第 2 款（b）项的关系明显不同于 GATT1994 第 1 条、第 3 条以及第 20 条之间一般例外的关系。Brazil-Export Financing Programme for Aircraft，Report of the Panel，WT/DS46/R，14 April 1999，para. 7. 54.

③ 因此本案的核心问题是第 3 条第 1 款（a）项是否对于巴西这一发展中成员适用，而非已经确定适用并违反了第 3 条第 1 款（a）项的发展中成员援引第 27 条第 2 款（b）项以及与之相关的第 4 款来抗辩。

④ GARCIA F J. Trade，inequality，and justice：toward a liberal theory of just trade [M]. Ardsley，N. Y. : Transnational Publishers，2003：171.

⑤ GARCIA F J. Trade，inequality，and justice：toward a liberal theory of just trade [M]. Ardsley，N. Y. : Transnational Publishers，2003：176.

力、发展关注和客观需求，也并没有在系统分析的基础上确立经济上的标准作为参考依据①。加之缺乏配套的技术援助和能力建设支持，乌拉圭回合设定的过渡期条款仅仅简单拖延了发展中成员执行多边贸易规则的截止日期，不足以让发展中成员培养起履行多边贸易义务的能力，也不足以消化履行多边义务而产生的执行成本②。在过渡期结束后，很多发展中成员仍然没有足够的能力执行乌拉圭回合协定③，导致执行问题成为多哈回合谈判中的一项棘手难题。

三、灵活性条款未保障必要的政策空间

承诺、行动以及政策工具应用的灵活性对于促进 WTO 成员发展而言是必不可少的，可以在诸多具有刚性的多边贸易规则中为 WTO 成员提供自主发展的政策空间。尽管发达成员极力支持自由贸易理论，许多宏观经济学家长期以来认为一定程度的政府支持有助于发展中成员的经济起步，能够发展幼稚产业，协助发展中成员建立起比较优势④。特别是随着关税的逐步降低，WTO 贸易规制的重点由边境措施转向了边境后措施，解决发展问题的贸易政策就不能局限于关税、贸易优惠等形式，而应当更加具有针对性地考虑并处理边境后措施对发展问题产生的影响，此时政策工具灵活性的重要性进一步彰显。不同的成员因具有不同的发展状态、资源禀赋，并面临着不同的挑战，故需要不同的经济政策工具。统一的经济发展模式在全球无差别的适用可能会将发展问题简单化⑤。因此，给予适格的

---

① HOEKMAN B. Operationalizing the concept of policy space in the WTO: beyond special and differential treatment [J]. Journal of International Economic Law，2005，8（2）：405－424.

② SWITZER S. A contract theory approach to special and differential treatment and the WTO [J]. Journal of International Trade Law and Policy，2017，16（3）：126－140.

③ MICHALOPOULOS C. Special and differential treatment: the need for a different approach in developing countries and the WTO [M] // SAMPSON G P，CHAMBERS B. Developing countries and the WTO. Tokyo: United Nations University Press，2008：116.

④ CHANG H-J. Kicking away the ladder-development strategy in historical perspective [M]. London: Anthem Press，2002.

⑤ LEE Y-S. Facilitating development in the world trading system: a proposal for development facilitation tariff and development facilitating subsidy [J]. Journal of World Trade，2004，38（6）：935－954.

WTO 成员承担多边义务适当的灵活性，已不再是一个"应当与否"的问题，而更多是一个"如何"设置的问题。正如斯蒂格利茨所言，"不是要在不完美的政府和完美的市场之间作出选择，而是要在不完美的政府和不完美的市场之间进行权衡"①。

　　承诺、行动以及政策工具应用的灵活性条款主要存在两个问题。其一是灵活性空间较少，这一空间逐渐被过渡期所替代。有成员与学者认为发展中成员可以承担与发达成员相同的义务，仅仅需要更长的执行期。然而这种观点忽略了不同成员在执行能力和发展需求方面的差异。WTO 成员之间不同的竞争能力和发展需求差异在特定领域可能会十分显著，导致过渡期的设置不足以解决这种矛盾②。例如以《TRIPS 协定》为代表的特定义务的执行对发展中成员明显不利，发展中成员虽然也可能从该协定的执行中获得利益，但是其短期和中期的成本明显超出了可得利益，过渡期只能缓解而不能彻底解决问题③。因而如何在充分的非互惠和有限的非互惠之间作出选择并非一个可以完全在理论上解决的问题，很多时候要视贸易协定解决问题的性质而定，也要视 WTO 成员间执行能力的差异而定。依据差别原则的内在含义，如果充分的非互惠义务比有限的非互惠执行更能满足发展中成员的利益，则公平正义的理论要求优先为发展中成员提供灵活性而非过渡期，尽管后者在政治上更具有吸引力。

　　其二是部分条款作为例外的地位致使其被成功援引的难度较大。虽然部分灵活性条款与过渡期条款一样，可以与其他贸易规则平行适用④，但仍有部分灵活性条款的援引需满足严格的条件，最典型的例子就是 GATT1994 第 18 条 B 节下的收支平衡例外。"美国诉印度数量限制措施

---

　　① 斯蒂格利茨提出，在政府与市场两者之间，其中的一个必须充当对另一个进行控制的手段，有必要将它们视为互补的，且在二者之间寻求平衡。斯蒂格利茨. 对发展经济学的反思［J］. 经济社会体制比较，2013（4）：224-229.

　　② SUPPERAMANIAM M. Special and differential treatment for developing countries in the World Trade Organization ［M］// SAMPSON G P，CHAMBERS W B. Developing countries and the WTO. New York：United Nations University Press，2008：133.

　　③ LAMP N. How some countries became special ［J］. Journal of International Economic Law，2015，18（4）：767.

　　④ 例如，《补贴与反补贴措施协定》第 27 条第 2 款（a）项；《农业协定》第 6 条第 2 款、第 4 款，第 9 条第 2 款。这些条款的特点是排除了特定贸易规则的统一适用。

案"（DS90）是发展中成员援引收支平衡例外的实例。在该案中，美国认为，印度对其进口的 2700 多种农产品、纺织品和工业品实施数量限制的做法，违反了 GATT1994 第 18 条第 11 款的规定①，因为第 18 条第 11 款指向了该条第 9 款的限制条件②，而美国认为印度没有满足 GATT1994 第 18 条第 9 款中规定的发展中成员援引收支平衡例外应当具备的条件，故而也不满足第 18 条第 11 款的要求。印度则援引了第 18 条 B 节收支失衡例外进行抗辩。印度认为，作为一个发展中成员，为保持国际收支平衡而对部分进口产品实施数量限制完全符合 GATT1994 的目的宗旨。第 18 条 B 节已经预设了发展中成员将会面临收支平衡的困难，因此应当由美国承担举证责任，证明印度对于进口数量限制措施的维持并不会改善收支平衡状况。

专家组否认了印度的观点。专家组提出第 18 条第 2 款中的用语是发展中成员"可能有必要（may be necessary）采取影响进口的保护措施或其他措施"，这意味着贸易限制措施并不总是必要的，而只有在特定的情况下才能运用。第 18 条第 9 款和第 11 款都是对具体适用条件的限定，为维持收支平衡实施贸易限制的缔约方需证明其收支失衡的现状满足了相关的适用条件。专家组对印度当时的货币储备状况进行了调查，经与国际货币基金组织充分协商，得出结论认为印度当时的情况并不满足第 18 条第 9 款中规定的实施进口限制措施的必要性条件。此外，印度还援引了附件 9 对第 18 条第 11 款的附加规定进行抗辩③。专家组肯定了第 11 款的附加规定在第 9 款条件未被满足的情况下的适用，也即承认了发展中成

---

① GATT1994 第 18 条第 11 款规定，"有关缔约方在执行国内政策时，应适当注意使自己的国际收支在健全而持久的基础上恢复平衡的必要性以及保证生产资源的经济使用的好处。如情况改善，有关缔约方应逐步放宽按本节规定而实施的限制，它们所维持的限制应以本条第 9 款规定的条件使它们有必要实施为限。当情况改变已无必要维持这些限制时，应立即予以取消。但是，不得以它的发展政策的改变会使按本节实施的限制成为不必要为理由，而要求一缔约方撤销或修改这种限制"。

② GATT1994 第 18 条第 9 款提出了采取数量限制的两项条件：建立、维持或加强的进口限制不得超过为了预防货币储备严重下降的威胁或阻止货币储备下降所必需的程度；对于货币储备不足的缔约方而言，不得超过为使货币储备能够合理增长所必需的程度。

③ 根据该附加规定，如果放宽或取消限制会导致第 18 条第 9 款中实施限制的情况再度出现，则不应要求有关当事方立即放宽或取消限制。换言之，即便没有经历第 18 条第 9 款中的收支平衡困难，如果满足了第 18 条第 11 款的附加规定，当事方仍可以维持贸易限制措施。

员可以在第 18 条第 9 款的条件不再满足的情况下，仍有权继续维持其贸易限制措施，但前提是要满足第 18 条第 11 款的附加规定中的条件①。专家组严格解释了附加条款规定的条件，并认为印度取消涉案的贸易保护措施，并不会立即导致第 18 条第 9 款规定的有必要加强或设置限制措施的情形再度出现，因此印度继续维持限制措施也不符合第 18 条第 11 款的附加规定。专家组遂裁定印度未能成功援引第 18 条 B 节维持收支平衡的例外。

在"印度影响汽车部门措施案"（DS146）中，专家组再次明确了发展中成员援引 GATT 1994 第 18 条 B 节的举证责任，从而确认了 GATT 1994 第 18 条收支平衡条款作为例外的地位。虽然印度认为应由原告承担举证责任证明收支失衡的理由不成立，但专家组提出，应当由抗辩的一方证明抗辩条款中的相关条件已被满足。由于印度没有提供任何证据以证明其收支失衡状况，因而印度没有完成初步的举证责任②。上述案件证明，作为例外的灵活性条款加重了发展中成员的举证责任，从而增加了成功援引的难度，这也在一定程度上解释了为何在 GATT/WTO 争端解决程序中，发展中成员对 GATT 1994 第 18 条的援引率较低。

灵活性条款赋予 WTO 成员政策空间过少的问题表明，各成员方需要通过推进非互惠制度改革，对市场与政府的边界进行再定位③。多边贸易

---

① 第 18 条第 11 款的附加规定中的条件为：必须确有这种风险的存在，即会导致第 18 条第 9 款规定的有必要加强或设置限制措施的情形再度发生；放宽或取消限制措施与这些情形的发生之间有因果关系，即国际收支状况的恶化须是由限制措施的取消或放宽所引起的；这种恶化情形应该是在措施取消或放宽之后立刻出现的，即限制措施的放宽或取消会马上使情况恶化。India-Quantitative Restrictions on Imports of Agricultural, Textile and Industrial Products, Report of the Panel, WT/DS90/R, 6 April 1999, para. 5. 194.

② 印度在此案中将收支失衡抗辩与一般保障措施的抗辩进行对比，提出前者抗辩方需要承担举证责任而后者无须承担举证责任将会在体制上造成对发展中成员的不公平。专家组则否认了这一观点，认为保障措施、反倾销、反补贴等贸易救济措施可以由任何成员实施，且需要满足国内的调查程序的要求，国外的利益相关方可以在贸易救济措施的实施地寻求国内救济。而为收支平衡而实施的贸易限制措施则不需要满足国内程序的要求，因而二者不具有可比性。India-Measures Affecting the Automotive Sector, Report of the Panel, WT/DS146/R, 21 December 2001, para. 7. 282 - 7. 285.

③ 周宇. 探寻通往人类命运共同体的全球化之路：全球治理的政治经济学思考 [J]. 国际经济评论, 2018 (6): 117 - 128, 7.

体制规则在客观上缺乏灵活性和弹性，不仅导致发展中成员的利益难以获得保护，甚至也引发了以美国为首的发达成员的不满①。全球统一市场并不是在真空中运行的，而是需要政府为公平竞争创造一系列的制度保障，实现公平与效率的平衡。只有国际社会在寻找共同目标和方向感的同时，考虑各国不同的历史、现实和文化差异，才能促进解决全球化的世界经济与以民族国家为基础的治理体系之间的深刻矛盾。

四、授权条款未限制普惠制的附加条件

由于授权条款未限制普惠制的附加条件，普惠制优惠待遇未能显著提升发展中成员经济发展水平。普惠制的附加条件增加了发展中成员获得普惠制优惠的政治经济成本。发达成员单边给予发展中成员的优惠事实上具有殖民主义渊源。在第三世界国家纷纷取得独立之后，前殖民地与宗主国之间的贸易关系仍然通过特惠制得以延续②。但多数情况下发达成员给予的贸易优惠是以自身利益为基础的，优惠贸易协定的多边主义外壳背后，是给惠方塑造贸易优惠的单边权力，目的是服务于其政治和经济需求。尽管发展中成员在 UNCTAD 寻求普遍优惠制（"普惠制"GSP），并要求普惠制的提供满足"普遍的、非互惠和非歧视的"条件，但大部分发达成员提供的普惠制都通过附加条件及限制优惠范围③，以塑造发展中成员的经济发展路径，并在事实上抑制了发展中成员的全面工业化发展政策。

非互惠优惠待遇的给惠方对于不同的发展中成员以差别对待的自由裁量权在"欧共体关税优惠案"（DS246）中得以确认。该案中，上诉机构认为普惠制中的特别优惠并不需要平等地适用于所有发展中

---

① 权衡. 经济全球化发展：实践困境与理论反思［J］. 复旦学报（社会科学版），2017，59（6）：155-164.

② 帝国特惠制可以追溯到 1912 年，且通过 1932 年《渥太华协定》得以正式化。

③ ROLLAND S E. Development at the WTO［M］. New York：Oxford University Press，2012：40.

成员①。在解释"非歧视"要求时，上诉机构将授权条款第3条（c）款作为第2条（a）款的上下文，因而发达成员的普惠制需要满足第3条（c）款中"积极回应发展中成员的发展、金融和贸易需求"的义务。由于并非所有的发展中成员都具有相同的发展需求，满足这一义务势必要对发展中成员给予差别待遇②。上诉机构进一步指出，在给予差别待遇的时候，给惠方应当确保给所有相同处境的普惠制受惠方以同样的待遇③。"发展中成员的发展、金融和贸易需求"必须依据客观的标准来衡量④。因此，上诉机构间接认可了给惠方为普惠制优惠的提供设置条件的权限，确认了给惠方能够自主决定是否向发展中成员提供普惠制待遇，也有权对于不同处境的发展中成员提供差别待遇。

就保护环境和劳工权益方面附条件的激励措施而言，虽然不属于该案的争议范围，但上诉机构似乎对其持有支持的态度。因为这些安排中的具体条款规定了程序和实体性标准，发展中成员可以依此标准和条件向给惠方提出申请⑤。上诉机构似乎认为依据客观标准制定的普惠制条件因具有开放性特征，并不当然违反授权条款的非歧视要求。相比于专家组禁止在发展中成员间进行区分的立场，上诉机构的裁决思路遵从了政治上的妥协⑥。上诉机构对于授权条款的解释既为发达成员向不同发展中成员提供不同的待遇预留了充分的空间，又明确了给惠方一旦给予普惠制，就要受到WTO规则约束的事实，从而对发达成员给惠方的自由裁量权施加了一

---

① 在解释授权条款脚注3中的"非歧视"要求时，专家组主要利用了UNCTAD的起草历史以决定缔约方的真实意图。专家组认为从起草历史来看，任何在发展中成员间造成的歧视都是不被认可的，普惠制应当统一向所有发展中成员提供相同的优惠。据此专家组认为欧共体的药品安排由于只向少数发展中成员提供了优惠待遇，未能在授权条款下获得正当性。欧共体就专家组报告中相关法律问题提出了上诉，上诉机构基于与专家组不同的判决理由裁决药品安排违反了授权条款。

② EC-Tariff Preferences，Report of the Appellate Body，para. 163.

③ EC-Tariff Preferences，Report of the Appellate Body，para. 173.

④ 国际组织制定的多边协定中被广泛认可的特定需求可以被视为客观标准。另外，"积极"的回应一词还要求发展中成员特定的"发展、金融和贸易需求"能够通过关税优惠得以有效解决。EC-Tariff Preferences，Report of the Appellate Body，para. 164.

⑤ EC-Tariff Preferences，Report of the Appellate Body，para. 182.

⑥ 上诉机构之所以推翻专家组的裁决而采取折中的判决思路，可能是考虑到授权条款本身的援助属性，担心过于严格的解释会导致发达成员彻底放弃给予发展中成员普惠制优惠的结果。EC-Tariff Preferences，Report of the Appellate Body，para. 74.

定程度的限制。

上诉机构报告获得通过以后，欧盟 2006—2015 普惠制对 1995—2005 普惠制作出了一定程度的调整。2006—2015 普惠制用一个包含人权、劳工、环保、反腐和打击非法药物生产及交易的统一安排（GSP＋）取代了之前的三种特别激励安排，并取消了之前"药物安排"受惠方的封闭式清单模式，取而代之的是向所有满足特定标准的发展中成员开放的优惠安排①。虽然 GSP＋在表面上避开了对发展中成员的歧视，但是普惠制条件设置上的单边属性仍然给予欧盟很大的自由裁量权，让其拥有足够的空间对可享受普惠制优惠待遇的发展中成员进行挑选。

变相承认给惠方有权单方附加优惠提供条件会为普惠制的实施带来诸多弊端。其一，给予发达成员以自由裁量权导致普惠制优惠易被发达成员利用作为实现贸易政策目标的手段。美国和欧盟等 WTO 成员实施的普惠制条件成为给惠方对发展中成员进行治理的主要途径，而本国国内法或其他领域国际公约及标准成为发达成员主导全球治理的政策工具②。普惠制优惠的附加条件可能会对发展中成员主权造成负面影响，甚至有干涉发展中成员内政之嫌，与发展中成员独立自主地制定本国发展政策的诉求相矛盾③。诸如签署或批准条约等附加条件已经涉及一国的主权事项④，意味着发展中成员想得到发达成员额外的市场准入优惠，就要以牺牲部分经

---

① Section 2 of the Council Regulation（EC）No. 980/2005 of 27 June 2005 Applying A Scheme of Generalized Tariff Preferences（后称 GSP Regulation 2005）. GSP＋宣称以促进可持续发展为导向和目标，要求受惠方满足脆弱性标准（vulnerability），且批准并有效实施联合国、国际劳工组织等机构制定的关于人权、劳工权利、环境保护等问题的国际公约。想要获得 GSP＋优惠的成员必须向欧盟委员会提出申请，欧盟将利用相关国际组织的监督审核机制审查确定 GSP＋的获取资格。Article 9，Article 10 of the GSP Regulation 2005.

② IRISH M. GSP tariffs and conditionality：a comment on EC-preferences［J］. Journal of World Trade，2007，41（4）：683－698.

③ 欧盟曾出于政治原因取消了给予白俄罗斯和缅甸的优惠，因违反了《联合国反腐败公约》而取消了给予委内瑞拉的 GSP＋优惠，因人权问题而取消了给予斯里兰卡的 GSP＋优惠。BARTELS L，HÄBERLI C. Binding tariff preferences for developing countries under article II GATT［J］. Journal of International Economic Law，2010，13（4）：969－995.

④ 例如欧盟普惠制赋予欧盟委员会关于发展中成员执行国际公约和国际标准的监督职权，关于受惠国国内事务的监督权限有侵犯国家主权嫌疑。JAYASINGHE V. The legality of the European Union's special incentive arrangement［J］. Journal of International Economic Law，2015，18（3）：555－575.

济主权为代价。由于许多发展中成员对于发达成员的普惠制优惠具有非对称的依赖性①，发展中成员在面临普惠制条件时的自主选择范围受限，自身的谈判权力和谈判地位受到了削弱。因而普惠制的运行将多边贸易体制理想状态下的共同治理模式转变为给惠方与受惠方之间治理与被治理的关系。

其二，在附条件激励措施的影响下，普惠制已成为连接贸易与非贸易关注的突破口。国际贸易问题与国际劳工、环保以及人权法开始在全球层面结合②，而这种结合并未在 WTO 中获得正式的认可③。发达成员的普惠制通过向发展中成员强加非贸易领域的国际标准，明显带有服务于自身政策目标的特征④，甚至隐藏着贸易保护主义动机。普惠制要求发展中成员遵守环保、劳工等非贸易领域的国际标准，实则反映了发达成员进口竞争行业关于"公平贸易"的利益诉求，且"公平"的含义完全由发达成员国内利益集团依据自身利益界定。换言之，普惠制附加条件的真实意图可能并非在于促进发展中成员的可持续发展利益，而更多在于平衡并削弱发展中成员的比较优势，以迎合国内利益集团的保护主义倾向⑤。虽然人权、环保、劳工等方面的核心标准也是可持续发展理念的内在要求，也符合发展中成员广义上的合法需求，但这些标准与发展中成员"发展、金融和贸易需求"之间只具有间接的关联，并不必然代表发展中成员最迫切的

---

① 发展中成员对发达成员普惠制优惠的依赖类似于在条约谈判过程中"最佳可替代谈判协定"（BATNA）的缺乏，影响了发展中成员实际所处的谈判地位。FISHER R，URY W. Getting to yes：negotiating agreement without giving in [M]．Boston：Houghton Mifflin，1991：100.

② HARRISON J. Incentives for development：the EC's generalized system of preferences，India's WTO challenge and reform [J]．Common Market Law Review，2005，42（6）：1663 - 1690.

③ 例如在普惠制之外，一成员不能禁止进口实行较低劳工标准的成员生产的产品，这样的进口限制将违反 GATT1994 第 11 条关于禁止数量限制和第 2 条关税减让表的规定。STAMBERGER J L. The legality of conditional preferences to developing countries [J]．Chicago Journal of International Law，2003，4（2）：607 - 618.

④ STAMBERGER J L. The legality of conditional preferences to developing countries [J]．Chicago Journal of International Law，2003，4（2）：607 - 618.

⑤ KISHORE P. Conditionalities in the generalized system of preferences as instruments of global economic governance [J]．The International Lawyer，2011，45（3）：895 - 902.

发展关注①。普惠制作为一项贸易政策工具所产生的政治经济成本已超出了该机制能为发展中成员带来的贸易收益。

其三，单边实施的附条件的非互惠优惠待遇可能会对特定成员造成歧视。普惠制的设置初衷原本是为了消除歧视性的特殊优惠，即一些发达成员出于政治原因仅选择部分发展中成员给予特殊优惠的做法②。然而，实际运行的普惠制最后却在发展中成员间引入了更多的歧视。这种歧视和差别待遇在实践中时常依赖于给惠方的利益而非真实的受惠方需求，因而无法有效地服务于发展中成员的利益。此外，未能享受到优惠的发展中成员遭受了实际利益的损失③。不仅它们的贸易条件有恶化的风险，而且它们不得不与享受着普惠制优惠的发展中成员在给惠方市场展开竞争。此时，被排除在外的风险成为一种有力武器和威胁，左右着发展中成员选择自身政治经济政策的决策自由④。而一旦普惠制中的歧视性待遇业已形成，这种局面将难以被扭转。因为尽管发展中成员的整体利益将因歧视而遭受损失，从普惠制待遇中受益的成员和部门仍将努力维护既得利益，成为消除歧视待遇改革路程中的障碍⑤。在此意义上，普惠制差别待遇势必产生分

---

① 普惠制条件和标准的实施效果取决于一成员方特定的国内要素和产业要素，不同的发展现状会带来不同程度的执行成本，而过高的执行成本会给发展中成员带来沉重的经济负担。ZAMMAT A，SINGH A. Labour standards and the "race to the bottom"：rethinking globalization and workers' rights from the developmental and solidaristic perspective [J]. Oxford Review of Economic Policy，2004，20 (1)：85-104；HARRISON J. Incentives for development：the EC's generalized system of preferences，India's WTO challenge and reform [J]. Common Market Law Review，2005，42 (6)：1663-1690.

② 发达成员和发展中成员在 UNCTAD 上达成一致意见，给予有限发展中成员的特殊优惠待遇应当被一项向所有发展中成员提供的普遍优惠体制来代替。普惠制安排不会歧视任何发展中成员，而是将优惠待遇平等地给予所有发展中成员。E-C Tariff Preferences，Report of the Panel，WT/DS246/R，1 December 2003，para. 7. 134.

③ GROSSMAN G M，SYKES A O. A preference for development：the law and economics of GSP [M] // BERMAN G A，MAVROIDIS P C. WTO law and developing countries. New York：Cambridge University Press，2007：278.

④ HUDEC R E，FINGER J M. Developing countries in the GATT legal system [M]. Cambridge：Cambridge University Press，2010：178.

⑤ HUDEC R E，FINGER J M. Developing countries in the GATT legal system [M]. Cambridge：Cambridge University Press，2010：182-183；何易. 论普惠制实施中的差别待遇：兼论 WTO 发展中国家成员分类问题 [J]. 国际经济法学刊，2006，13 (2)：50-70.

化发展中成员的效果，享受到普惠制和未享受到普惠制的成员难以在解决非歧视的问题上团结一致。

其四，上诉机构在本案中的造法行为呈现出"司法积极主义"①，为普惠制日后的适用分歧留下了隐患。在变相承认给惠方有权单方附加优惠条件后，专家组和上诉机构将成为判断一项有争议的普惠制安排是否符合授权条款的最终决定主体②。上诉机构对于此类具备政治敏感性问题的裁决有越权的嫌疑。但与此同时，上诉机构的司法造法行为并没有彻底澄清普惠制的相关权利义务，反而导致了更多解释难题的产生③。例如，发展中成员的发展需求是否能依据非经济因素来界定；为何受到毒品、环境等问题困扰的发展中成员比受其他发展问题困扰的成员更有资格享受优惠待遇④；除国际组织制定的多边协定外，如何确定衡量"发展中成员的发展、金融和贸易需求"的客观标准；普惠制优惠与其致力于满足的"发展中成员的发展、金融和贸易需求"之间应当具备直接联系还是间接联系；等等⑤。所有这些棘手的难题都会对未来普惠制的实施造成很大的不确定性。

---

① 上诉机构在解释"非歧视"一词的时候，过于倚重第 3 条（c）款的上下文解释，有将"积极回应发展中成员的发展、金融和贸易需求"作为"非歧视"的直接释义之嫌，并忽略缔约方最初的缔约意图。UNCTAD 对于普惠制的谈判过程表明，发展中成员从未想赋予发达成员在受惠国之间进行"歧视"的权利。GROSSMAN G M，SYKES A O. A preference for development：the law and economics of GSP［M］// BERMAN G A，MAVROIDIS P C. WTO law and developing countries. New York：Cambridge University Press，2007：268.

② CHARNOVITZ S，BARTELS L. The appellate body's GSP decision［J］. World Trade Review，2004，3（2）：239-265.

③ GROSSMAN G M，SYKES A O. A preference for development：the law and economics of GSP［M］// BERMAN G A，MAVROIDIS P C. WTO law and developing countries. New York：Cambridge University Press，2007：269.

④ 有学者认为给惠方应当应对发展中成员的集体需要，而不是只针对单个或部分成员作出回应。"没有适当的理由来解释为何某些原因造成的发展问题应在普惠制安排中得以考虑，而其他原因造成的同样的发展问题就不应得到考虑"。刘勇. 普惠制的死亡?：论发达国家普惠制安排的附条件性［J］. 世界贸易组织动态与研究，2007（8）：1-7；TOMAIOS A. The GSP fallacy：a critique of the appellate body's ruling in the GSP case on legal，economic，and political/systemic grounds［M］// BERMAN G A，MAVROIDIS P C. WTO law and developing countries. New York：Cambridge University Press，2007：314-315.

⑤ 鉴于普惠制附加条件将导致沉重的执行成本，难以确定普惠制是否会直接回应发展中成员的客观需求。TURKSEN U. The WTO law and the EC's GSP+ arrangement［J］. Journal of World Trade，2009，43（5）：927-968.

第二节　多边贸易体制中非互惠治理机制不成熟

多边贸易体制中非互惠的治理困境更深层次的体现在于非互惠治理机制的不成熟。迄今为止，WTO 仅通过发展中成员身份的"自我认定"，确定了非互惠的适用主体和资格，体制中还没有可以反映 WTO 发展需求的系统性非互惠治理机制。治理机制建设的不成熟体现在非互惠定位不清晰、标准不完善与主体不明确等多个方面，不仅影响着已有的非互惠条款的效力，更阻碍了未来以发展为导向的多边贸易规则的形成。

一、多边贸易体制中非互惠定位不清晰

多边贸易体制中非互惠治理机制不成熟的首要表现是非互惠定位的不清晰。如第一章第二节所述，非互惠尚未在多边贸易体制中获得法律原则地位，通常游走于规则与例外之间，且在很多情况下被边缘化，进一步导致成熟完善的非互惠治理机制难以形成。明确非互惠的定位、处理好互惠与非互惠的关系，是多边贸易体制中非互惠治理机制建设的前提条件。

多边贸易体制中非互惠的边缘化体现在两个方面。其一是多边贸易体制中的互惠与非互惠的结构性脱嵌。"脱嵌"的结果是，游离于互惠原则之外的非互惠变成了发达成员对发展中成员附条件的"恩惠"与"施舍"。多边贸易体制中非互惠的这一结构性缺陷是导致其出现效力困境的重要根源。具有"施舍"性质的非互惠势必导致优惠的提供缺乏稳定性与法律约束力①。以普惠制为例，由于给惠方与受惠方之间缺少对权利义务的谈判，给予优惠待遇背后的理论基础只能是贸易援助或福利义务②。在这种福利或道德义务的理念支撑下，发达成员普遍认为具有援助性质的普惠制

---

① 以同情心为基础的非对等待遇或发展促进政策依赖于情感波动，因此在实践中会变得极其不稳定。COLLIER P. Facing the global problems of development [M] //ALEXAN-DROFF A S. Can the world be governed? possibilities for effective multilateralism. Waterloo: Wilfrid Laurier University Press, 2008: 247.

② HUDEC R E, FINGER J M. Developing countries in the GATT legal system [M]. Cambridge: Cambridge University Press, 2010: 155.

是发达成员给予发展中成员的"礼物",发达成员可以随时停止提供这种优惠,因而不应当受任何"硬"法约束①。单边附条件的普惠制的随意性必将给国际贸易活动的参与者带来不确定性和风险。多边贸易体制中互惠与非互惠的脱嵌还会导致发展中成员对非互惠优惠待遇的具体提供过程缺乏参与。若非互惠优惠待遇的提供完全受供应方驱动,给惠方自主决定给予优惠的领域、幅度以及给予的条件,则发展中成员只是此过程中被动的受益者,其发展需求将难以得到满足。

其二,多边贸易体制中非互惠的边缘化还体现在互惠与非互惠之间主体与例外的关系。互惠原则下的非对等权利义务虽然是在发展中成员的参与下形成,但多数以例外、附属规则的形式呈现,并形成多边贸易体制中的主体性规范。从乌拉圭回合谈判开始,发展中成员开始接受对等谈判,并试图在互惠原则下寻求非对等的义务履行,以保障自身对国际经济事务的平等参与权②。虽然以过渡期条款为代表的非对等义务是在互惠原则下经谈判形成,从而具有法律约束力,但事实上这些非对等权利义务仍然没有与对等谈判规则形成互补,进而也未能与互惠原则实现真正的融合。

互惠原则下的非对等权利义务未能融合于互惠体系的真正原因是,WTO成员没有在互惠的谈判下认真对待差异。非互惠被普遍性地视为促进发展中成员融入多边贸易体制的工具,但"融入多边贸易体制"却多被理解为接受发达成员主导制定的规则。发展问题多是以个案为基础而获得解决的,WTO互惠原则下的非对等的权利义务没有促进形成以发展为导向的平衡的权利义务,而仅仅推迟了多边贸易规则给发展中成员带来的执行困难,并被简单地当作缺乏公平公正的贸易规则的"安全港"③。且正

① GROSSMAN G M, SYKES A O. A preference for development: the law and economics of GSP [M] // BERMAN G A, MAVROIDIS P C. WTO law and developing countries. New York: Cambridge University Press, 2007: 269.

② LICHTENBAUM P. "Special treatment" vs. "equal participation": striking a balance in the Doha negotiations [J]. American University International Law Review, 2002, 17 (5): 1003-1044.

③ KISHORE P. Special and differential treatment in the multilateral trading system [J]. Chinese Journal of International Law, 2014, 13 (2): 363-394.

因为非互惠以及发展中成员待遇构成了"以规则为基础"的多边贸易体制的例外，发达成员多认为它们的作用是消极的，对多边体制构成了一种损害。多边贸易体制规则的发展赤字说明，发展中成员未能成功把非互惠理念运用到规则谈判的核心领域，非互惠也从未真正在多边贸易体制中获得基础性地位。

与多边贸易体制中非互惠的边缘化形成鲜明对比的是发达成员对"逃逸机制"的设计。在不少特殊与差别待遇条款被视为多边贸易体制例外的情况下，反倾销、反补贴和保障措施却被视为主流贸易规则的组成部分。同样是对贸易自由化理念的偏离和调整，多边贸易体制对发展中成员和发达成员的诉求运用了截然不同的立法手段。WTO体制中发达成员与发展中成员诉求所处地位的差异，并非来源于自由贸易与贸易保护的差异，而是来源于两类成员塑造多边贸易规则能力的差异[①]。由于每个成员都想在保护某些领域的同时开放其他领域，在运用某些贸易保护措施的同时限制运用其他保护措施，WTO成员之间矛盾的焦点往往并不是自由贸易与保护主义之间的简单对抗，而更多在于哪些贸易限制政策应受规制，以及政府在市场中应当起到何种作用。

多边贸易体制中非互惠的定位不清晰与其边缘化之间具有密切关系。WTO本应在规则制定过程中恰当回应发达成员与发展中成员之间的基本政策分歧，但将给予发展中成员的待遇定义为"特殊"的[②]，不能使发展问题成为嵌入到多边贸易体制中的规范性核心元素。换言之，WTO没能将成员间的政策分歧反映在多边贸易规则的具体设计上，而是在保留了互惠原则的主导地位的同时，将非互惠特殊化与边缘化了。多边贸易体制中非互惠定位不清晰将严重影响非互惠治理机制的建立与完善，只有推动非互惠从边缘向核心发展，才能确保多边贸易规则的发展导向性。表4-1列举了部分多边贸易体制中非互惠的表现形式、法律属性以及边缘化所导致的治理困境。

---

① LAMP N. How some countries became special [J]. Journal of International Economic Law，2015，18（4）：748-750.

② LAMP N. How some countries became special [J]. Journal of International Economic Law，2015，18（4）：748-750.

表 4－1　非互惠表现形式及其法律属性与治理困境一览表

表现形式	授权条款	GATT 第四部分	灵活性	过渡期	入世议定书
法律属性	例外	附属规则	平行规则＋例外	平行规则	平行规则（有争议）
治理困境	缺乏稳定性	缺乏约束力	政策空间不足＋举证困难	期限不足	反向非互惠

二、多边贸易体制中非互惠标准不完善

多边贸易体制需要完善非互惠机制来落实非互惠的理念。WTO 成员需要解决的一个关键性问题，就是非互惠需要实现到何种程度才能确保正义，且不会制造新的不正义。但这一问题必须在特定的合作体制内，结合 WTO 成员所面临的具体情况，才能获得解决①。WTO 成员必须经过谈判与合作，确定能实现差异化权利义务配置的非互惠标准。

非互惠标准的不完善不仅导致已有的非互惠条款缺乏效力，也体现在规则谈判结果的权利义务不平衡。这不仅影响已有的贸易规则谈判，也关系到未来新的贸易规则的形成。多边贸易体制中非互惠标准不完善的一个典型例证，即加入 WTO 谈判所导致的新成员权利义务失衡。新成员作出的加入 WTO 承诺显著地缺乏公平公正性，包括最不发达成员在内的全部新加入成员均承担了或多或少的 WTO-plus 义务，印证了缴纳 WTO "入门费" 已成为惯例。《WTO 协定》第 12 条加入成员作出的 WTO-plus 承诺的一个显著特征，就是加强 WTO 对新加入成员国内法律和政策措施的影响，强化 WTO 规则在全球经济治理中可以发挥的作用。相比于 WTO 创始成员承担的义务，新加入成员在入世议定书和工作组报告中所作出的 WTO-plus 承诺涉及主权的进一步让渡。其中一些新加入成员承担的 WTO-plus 义务对

①　联合国训练研究所（UNITAR）基于对 NIEO 的一系列研究，在 1984 年发布了一份相当保守的报告，分析非互惠原则是否有可能实现。Progressive Development of the Principles and Norms of International Law Relating to the New International Economic Order，United Nations Document A/39/504/Add. 1，23 October 1984，para. 134.

国内规制的影响之深，使国家主权面临着前所未有的挑战。

与此同时，以我国为代表的一些新加入成员还承担了明显具有歧视性的 WTO-minus 承诺，体现了新加入成员为加入 WTO 所付出的高昂成本和遭受的不公正待遇。新加入成员虽然都是发展中成员，却没能享有 WTO 规则赋予发展中成员履行义务的充分的政策空间，不适用过渡期条款的规定构成了对新加入成员的歧视性待遇。WTO-minus 承诺削弱了现有的 WTO 纪律，允许其他成员违背标准的 WTO 规则，相对应地减少或剥夺了新加入成员作为 WTO 成员的权利①。WTO-minus 条款不但与非歧视原则相违背，还导致贸易保护主义的回归，使带有歧视性的贸易保护主义措施卷土重来②。灰色区域措施等贸易保护主义政策的回归，不但颠覆了 WTO 的非歧视原则，还打压了新加入成员在贸易竞争中具有的比较优势，与经济全球化和贸易自由化的整体趋势严重背离。

新加入成员的入世议定书和工作组报告本应成为处理发展中成员贸易与发展关系问题的最佳机会③，却被加入 WTO 工作组成员利用以获取最大利益。已有成员掌握着权力和筹码，不需要承担任何新的义务，而市场规模越大、越能提供出口利益的申请加入方越可能会被迫作出更多的承诺④。WTO 加入谈判在加入条件的承担方面也显示出相当程度的随意性，成员的谈判能力、市场份额、地缘政治等多重因素均会对新加入成员作出承诺的数量和水平产生影响。对于发展中成员而言，加入 WTO 意味着国

---

① 有学者从承担义务的角度将新加入成员作出的加入承诺区分为新成员承担的 WTO-plus 义务、新成员承担的 WTO-minus 义务、已有成员承担的 WTO-plus 义务和已有成员承担的 WTO-minus 义务四类。虽然新成员与 WTO 达成的加入条件可以被分为四类，但是现实中存在的主要是新成员承担的 WTO-plus 义务和新成员承担的 WTO-minus 义务两类，而已有成员在加入谈判过程中几乎没有承担过更严格的义务。CHARNOVITZ S. Mapping the law of WTO accession [M] //CHARNOVITZ S. The path of world trade law in the 21st century. Hackensack，NJ：World Scientific Publishing，2015：21.

② HARPAZ M D. China and the WTO：new kid in the developing bloc？[R]．International Law Forum of the Hebrew University of Jerusalem Law Faculty Research Paper Series，2007.

③ ROLLAND S E. Development at the WTO [M]．New York：Oxford University Press，2012：88.

④ PELC K J. Why do some countries get better WTO accession terms than others [J]．International Organization，2011，65（4）：639 – 672.

内改革的严峻考验和入世义务执行的沉重成本①。但由于缺乏对加入条件数量及水平的限制，以及缺乏反映发展需求的非互惠标准，通过第 12 条进入 WTO 的成员非但没有在加入条件上获得特殊与差别待遇，反而被迫作出 WTO-plus 和 WTO-minus 承诺。

多边贸易体制中非互惠标准不完善也反映了 WTO 中的治理赤字。当前经济全球化的速度已经超过了政治全球化，然而国际社会缺乏协调连贯的全球治理机制以应对各种危机与挑战②。WTO 的成立并未改变其前身 GATT 固有的"契约"性质，未能成功转变为全球贸易治理机构，缺乏现代治理所应当具有的权威性和高效率③，国际机制主要是由追求自我利益的最强大的国家所塑造的，并主要反映了大国的利益。大国拥有国际关系的控制权，占据着国际机制制定的主导权，这与国际机制独立发挥作用的诉求是相斥的④。虽然国际经贸合作的最终目的是促进以平等待遇和非歧视原则为基础的多边主义，GATT/WTO 的缔造者事实上从未认真考虑过多边承诺。WTO 的行政机构非常无效，且无力依据变化的经济形势作出相应的决策。主要发达成员受短期利益的左右，对多边主义缺乏真正的信任⑤。也因此，二战后国际经济法从未从真正意义上建立起能够超越

---

① 徐泉 . WTO "新成员" 法律地位论析 [J]. 法学评论，2009，27（2）：83-89.

② STIGLITZ J. Making globalization work [M]. New York：W. W. Norton & Company，2006.

③ WTO 是一个由成员方驱动的组织、是一个谈判的论坛而非多边机构的"咒语"依然盛行，其日常工作模式与委员会、大会程序在近些年来未发生实质性变化。刘敬东 . WTO 改革的必要性及其议题设计 [J]. 国际经济评论，2019（1）：34-57，5.

④ 门洪华 . 国际机制理论的批评与前瞻 [J]. 世界经济与政治，1999（11）：17-22. 有学者提出，全球治理结构中包含三种模式：超国家主义、等级制以及网络化治理模式。全球治理结构是这三种治理模式不同程度的混合体。主导方根据自身利益考量在不同的治理模式中进行选择。在一定程度范围内，主导方的政策偏好与中间偏好的差距越大，权力的不对称程度越大，等级制就越容易出现。全球治理结构的混合成分在一定程度上解释了为何大国不愿意真正选择超国家主义的治理模式。KAHLER M，LAKE D A. Economic integration and global governance：why so little supranationalism? [M] //MATTLI W，WOODS N. The politics of global regulation. Princeton：Princeton University Press，2009：249.

⑤ 现代世界所面临的复杂挑战需要行政机构被授予更大的自由裁量权。这不仅仅是全球治理的需求，也是各国内层面的显著需求，因为治理的核心内涵离不开政府职能的承担。MANOCHA D. Global administrative law and the World Trade Organization's legitimacy crisis [J]. Foreign Trade Review，2010，44（4）：21.

主要发达成员狭隘政治经济利益且具有连贯性的规则体系和国际机构。

三、多边贸易体制中非互惠主体不明确

发展中成员身份的"自我认定"及发展中成员分类问题，在WTO成员之间引发了深刻的争议。出现该问题的根本原因，是多边贸易体制中非互惠的主体不明确。

一些成员和学者反对一些新兴经济体与其他发展中成员一同享受发展中成员待遇，并将该现象称为"大象躲在老鼠身后"[1]。与此同时，也有学者认为，想要在以平等为核心原则和目标的WTO内部引入非互惠，就必须以基于客观标准的分类及"毕业"机制作为支撑[2]，否则会使非互惠被操纵和滥用，从而引发正当性危机。而发展中成员反对取消发展中成员"自我认定"的方式或增加发展中成员的"毕业"机制，是因为这意味着部分发展中成员将会被永久性地剥夺享受非互惠优惠待遇的资格[3]。一些发展中成员虽然承认WTO发展中成员内部的差异性，但更看重的是发展中成员群体内部的共性[4]。加之发展中成员待遇对于许多发展中成员而言不仅仅是一项经济权利，更是一项政治权利，保留自我认定的发展中成员身份对许多发展中成员而言是不可谈判的底线。部分发展中成员担心发展中成员的分类会成为一种"分而治之"的策略[5]，使得发展中成员集团

---

[1] SCHWAB S. After Doha: why the negotiations are doomed and what we should do about it [J]. Foreign Affairs, 2011, 90 (3): 104 – 117.

[2] BRENAN A M. The special and differential treatment mechanism and the WTO: cultivating trade inequality for developing countries [J]. Trinity College Law Review, 2011, 14 (143): 143 – 160.

[3] RENA R. Impact of WTO policies on developing countries: issues and perspectives [J]. Transnational Corporations Review, 2012, 4 (3): 77 – 88.

[4] 2019年2月15日，以中国、印度、南非为代表的部分发展中成员在WTO发表声明，坚持发展中成员身份。它们提出，尽管一些新兴经济体的经济发展在过去几十年取得了显著的进步，发达成员和发展中成员整体之间的经济发展水平的差距依然明显。The Continued Relevance of Special and Differential Treatment in Favour of Developing Members to Promote Development and Ensure Inclusiveness，WTO Document，WT/GC/W/765，18 February 2019.

[5] PAUWELYN J. The end of differential treatment for developing countries? lessons from the trade and climate change regimes [J]. Review of European, Comparative and International Environmental Law, 2013, 22 (1): 29 – 41.

化联盟缺乏凝聚力，进而导致发展中成员的集体谈判地位恶化。并认为新兴经济体与其他发展中成员应当用一个声音说话，这样方能提升发展中成员的整体话语权和博弈能力①。发展中成员在分类问题上的强硬态度还源于发展中成员分类标准的难以确定性②，对分类标准的武断和片面选择可能导致不公正的分类结果。

WTO 成员在非互惠主体问题上的僵持导致 WTO 在发展中成员待遇问题上产生了一种"伪装"的文化③，即：发展中成员假定所有发展中成员都应当无差别地享受同样的待遇，而拒绝对发展中成员待遇进行进一步区分；而发达成员则向发展中成员提供"有形式而无实质"的非互惠优惠待遇，或单边附条件的优惠，导致多边贸易体制中的非互惠存在明显的效力缺陷④。这一现象阻止了 WTO 成员在非互惠问题上进行有建设性的对话。

虽然 WTO 成员未能在非互惠主体问题上达成共识，但发达成员已按照自定的标准给予市场准入的优惠待遇⑤。这一做法已得到"欧共体关税优惠案"（DS246）中上诉机构的间接支持，并预示了发展中成员待遇全面分化的趋势。然而现实中，发达成员附加的标准通常情况下都是受政策

---

① 张久琴. 对中国"发展中国家"地位的再认识 [J]. 国际经济合作，2018 (11)：11-15.

② 现有大多数国际机构界定发展中成员身份的特点是，标准的选择相对固定，且大多把 GDP 或人均国民收入作为单一衡量指标，无法全面反映人类发展水平。考虑到发展水平是一个综合性的概念，需要综合考虑能反映经济社会发展的多维指标，这极大增加了发展中成员身份确定的难度。CHANG S W. WTO for trade and development post-Doha [J]. Journal of International Economic Law，2007，10 (3)：553-570.

③ MICHALOPOULOS C. Special and differential treatment：the need for a different approach in developing countries and the WTO [M] // SAMPSON G P, CHAMBERS B. Developing countries and the WTO. Tokyo：United Nations University Press，2008：118.

④ 非互惠原则适用主体范围不明确实则影响权利义务内容的确定性，也是造成现有特殊与差别待遇条款"充满软性色彩的重要原因"。蔡从燕. 身份与契约：GATT/WTO 体制内"特殊与差别待遇"的契约法研究 [J]. 国际经济法学刊，2005，12 (2)：140-162.

⑤ 按照上诉机构的逻辑思路，非歧视意味着给予相同处境的发展中成员相同的待遇，反推之，令处境不同的发展中成员享受不同的待遇，并不必然违反非歧视原则。这一判决思路更加注重发展中成员间的差异性，认为发展中成员并不是一个不可分割的整体，从而为发展中成员内部的进一步差别化提供了法律基础。EC-Tariff Preferences. Report of the Appellate Body，para. 162.

驱动且不透明的①。普惠制给惠方的单边分类方式将面临"此种"与"彼种"社会经济问题的发展中成员相区分②，看似客观，实则专断③。普惠制附加条件已对发展中成员分类问题产生了溢出效应，使得在多边层面未能实施的对发展中成员的分类、分化以及"毕业"的诉求被转移到单边层面解决。单边设置优惠和条件的方式不但会在发展中成员间造成歧视，还会对未来多边层面发展中成员待遇和分类的谈判产生不利影响。

成员方难以就非互惠主体达成一致是发达成员不愿在非互惠制度完善方面作出实质让步的重要原因，是多哈回合特殊与差别待遇问题陷入僵局的直观体现，也是美国当下屡次指责 WTO 的一项不公平问题所在④。这一治理困境给中国、印度等发展中成员在多边贸易体制下继续坚持发展中成员身份、要求发展中成员待遇带来了空前政治压力，也给未来非互惠制度设计和规则谈判增加了难度。考虑到上述问题，在多边层面上明确非互惠主体，解决发展中成员的差别待遇和分类问题已显得十分迫切。合作解决这一问题不仅关系到多边贸易体制非互惠制度的构建与完善，也关系到WTO 成员能否在 WTO 其他领域的改革和规则现代化进程中取得进展。

第三节　非互惠治理困境的结构性成因

欲解决非互惠条款效力缺失和治理机制不成熟的问题，推动多边贸易体制中的非互惠制度完善，必须深入探索分析非互惠治理困境的成因。引发多边贸易体制中非互惠的治理困境的根本原因是结构性的。多边贸易体

---

① MICHALOPOULOS C. Special and differential treatment：the need for a different approach in developing countries and the WTO［M］// SAMPSON G P，CHAMBERS B. Developing countries and the WTO. Tokyo：United Nations University Press，2008：123.

② 给惠方对发展中成员实质上的分类不只依赖于经济因素，也取决于其他非经济领域预先设定的标准。SAMPSON G P. The WTO and sustainable development［M］. New York：United Nations University Press，2005：215 - 216.

③ TOMAZOS A. The GSP fallacy：a critique of the appellate body's ruling in the GSP case on legal，economic，and political/systemic grounds［M］// BERMAN G A，MAVROIDIS P C. WTO law and developing countries. New York：Cambridge University Press，2007：321.

④ WTO 真正的不公平并非发展中成员的自我认定方式，因为迄今为止，WTO 发展中成员的发展任务仍未实现，能力限制是存在于多数发展中成员身上的显著特征。彭德雷，周围欢，屠新泉. 多边贸易体制下中国发展中国家地位问题研究：基于历史、现实与规范的多维考察［J］. 太平洋学报，2020，28（1）：64 - 75.

制中的互惠是等级制治理结构中的关键规范性元素，而非互惠理念的提出是对于等级制结构性不平等的反思，它干扰了规则反哺权力的链条，又打破了西方发达成员对规则的垄断局面，因而引起了以美国为首的发达成员的排斥。多边贸易体制自生成发展，历经多个阶段，持续面临着互惠与非互惠之间的结构性张力。推动着多边贸易体制中互惠与非互惠演进的是发达成员和发展中成员非对称的驱动力量，互惠与非互惠的演进结果又反向作用于成员驱动力，形成了互惠与非互惠、发达成员与发展中成员的双向互动。如何明确非互惠定位，推动非互惠范式由第一、第二阶段向第三阶段发展，是考验包括发展中成员在内的所有 WTO 成员的重要命题，也是未来 WTO 改革与规则现代化能否迈向成功的关键所在。

一、互惠的非对称治理结构维系功能

美国主导下的国际经贸秩序具有非对称的治理结构，也有学者称之为等级制①。等级制这一表述因与国家主权平等原则相背离，故而在国际法与国际关系学界有被刻意淡化的趋势。但不可忽略的是，等级制在国际社会中是客观存在的②，多边贸易体制中的成员驱动与规则生成机制间的双向互动恰好展示出等级制的图景。对于等级制的剖析将对进一步理解多边贸易体制中的非互惠治理困境、结构性成因以及改革的必要性产生重要意义。

（一）多边贸易体制的等级制治理结构

等级制是指围绕核心主导权力所建立起来的不平等的国际关系体制，且该体制中的各行为体对体制主导方和被主导方的权限和责任具有共同的预期③。在等级制关系中，一方有权命令，另一方有义务遵守，且双方

---

① 莱克.国际关系中的等级制 [M].高婉妮，译.上海：上海人民出版社，2013；沃马克.非对称与国际关系 [M].李晓燕，薛晓芃，译.上海：上海人民出版社，2020.

② 有学者将等级制描述为与现代国际组织共存的"野兽"。在一个特定的社会中，尽管特权和统治阶层可能会变化，但社会的结构和分层是相对稳定的。DIEFENBACH T. Hierarchy and organization：toward a general theory of hierarchical social system [M]. New York：Routledge，2013：20.

③ KANG D C. The theoretical roots of hierarchy in international relations [J]. Australian Journal of International Affairs，2004，58（3）：337-352.

均认可这一关系的合法性①。纯粹的无政府状态与等级制都是极端的情况，而现实的国际秩序大都具有无政府状态与等级制的混合特征②。权力和实力的不平等是权威、义务和等级制秩序的重要源泉，也是当前国际关系的显著特征③。在这种具有等级制特征的秩序中，不对称的治理权限将产生失衡的权利、义务和责任关系。"主导国利用其权威建立起一种互惠但不平等的秩序，来规制附属国的行为"④，将少部分主体的特权以及不平等的权力关系合法化。

等级制由主导国、次级主导国和相对边缘的国家构成，因而国家在等级制体系中的相对位置非常重要。而国家主权只在法律意义上是平等的，在现实意义中，不同国家的主权在不同程度上发挥作用，也在不同程度上受到抑制⑤。主权国家并不总能按照自身的意愿行事。传统意义上的大国通过行使领导权提供国际秩序的稳定性，控制着国际机制的运行，为国际组织的行为赋予权限和动力。等级制秩序中的国家都对于整个体制有着不同程度的依赖，国家势必要接受主权的相互制衡，而不可能实现绝对的自治⑥。全球经济一体化的趋势意味着，边缘国家从世界经济中独立出去必然是以牺牲其经济利益为代价的，所以完全自治只能发生在封闭的经济体中。

---

①　因此等级制不仅存在于现实国际社会中，也存在于国家的意志中，以国家对本国和他国的身份及利益认定为基础。一个成熟的社会通常都是具有等级制特征的。

②　DONNELLY J. Realism and international relations [M]. Cambridge：The Press Syndicate of The University of Cambridge，2004：83 - 93.

③　DIEFENBACH T. Hierarchy and organization：toward a general theory of hierarchical social system [M]. New York：Routledge，2013：59.

④　等级制对于少数特权利益以及支配性权力关系的维护是一种"刻意为之"的不平等，服从主导国的意见也是附属国获取政治经济秩序收益所不得不付出的代价，也解释了为何等级制元素能够持续地存续在各种社会类型中。莱克. 国际关系中的等级制 [M]. 高婉妮，译. 上海：上海人民出版社，2013：13，151 - 152.

⑤　例如霸权国家在其推动创建的国际秩序中可以享有事实上的特权。就国际贸易秩序而言，美国是 GATT 和 WTO 的总设计师，为作为国际公共产品的多边贸易体制提供了运行动力，同时也借助多边贸易机制和规则获取了不对称收益，确保多边贸易规则在很大程度上与美国的利益相契合，并最终锁定其自身在国际体系中的霸权地位。

⑥　一方面，在一个国际体系中，其他国家不允许任何国家完全自治。即便是霸权国家也要依赖于国际体系而存在，离开国际体系就无霸权可言。另一方面，生产要素的流动也不允许国家完全自治。

美国在二战后缔造并延续至今的国际经济秩序是一种自由主义国际秩序①。然而自由主义国际经贸秩序在现实中既可以是相对扁平的，又可以是具有等级性的，主要取决于国家间权力的运作方式。而美国主导的自由主义国际经济秩序绝非在权力的真空中产生，而是建立在现实主义的基础之上，从本质上体现出美国自由主义霸权的内在矛盾性②。抽象的自由主义理念为建立美国主导下不平衡的利益分配机制提供了表面的正当性和合法性，而自由主义制度在形式上的、法律上的平等通常掩盖了实质上的不平等。

WTO 体制机制也同样维持着等级制的秩序，具有非正式的"等级性"特征③。这种特征一直深嵌在多边贸易体制的治理体系中。因美国的实力和权力大于多边贸易体制的其他参与方，特别是远超其中的发展中成员，美国处于多边贸易非正式等级体系的最顶端，作为美国盟友的其他发达成员位于美国之下的中上端，大部分发展中成员则处于等级制的最底端。WTO 同心圆的谈判模式证实了 WTO 实质上的等级治理结构④。大部分 GATT/WTO 规则都是"美国制造"或美国联合欧盟、日本等发达成员"共同制造"，而大部分发展中成员在此过程中被边缘化⑤。近距离观察世界贸易体制的演进历史就会发现，因严重缺乏惠及发展中成员利益的发展规则，世界贸易体制展现出一种排他性而非包容性的趋势⑥。

---

① 自由主义国际秩序是指具有开放性并主要以规则为基础的秩序。它在理想状态下通过国家同意而非胁迫得以维持，从而为国家间进行互惠和机制化合作奠定基础。伊肯伯里. 自由主义利维坦：美利坚世界秩序的起源、危机和转型 [M]. 赵明昊，译. 上海：上海人民出版社，2013：14.

② HOPEWELL K. Breaking the WTO: how emerging powers disrupted the neoliberal project [M]. Stanford: Standford University Press, 2016: 28.

③ 伊肯伯里. 自由主义利维坦：美利坚世界秩序的起源、危机和转型 [M]. 赵明昊，译. 上海：上海人民出版社，2013：33.WTO 同心圆的谈判模式证实了 WTO 实质上的等级制治理结构。另外，美国主导的全球化进程本质上具有排他性，其主导者是美国及其有共同利益的志同道合者，目标是维护美国及其盟友的领先地位。李向阳. 特朗普政府需要什么样的全球化 [J]. 世界经济与政治，2019 (3)：44-56，156-157.

④ 霍克曼，考斯泰基. 世界贸易体制的政治经济学：从关贸总协定到世界贸易组织 [M]. 刘平，等译. 北京：法律出版社，1999：65-68.

⑤ 沃尔特. 驯服美国权力：对美国首要地位的全球回应 [M]. 郭盛，王颖，译. 上海：上海人民出版社，2008：30.

⑥ CHÉ E. Special and differential treatment in international trade law: a concept in search of content [J]. North Dakota Law Review, 2003, 79 (4): 833.

（二）多边贸易体制中互惠对等级制的维护

等级制的构成包括权力、规范、正当性等多种复杂元素，表明等级制中弱者对强者的追随或服从也可能基于混合动机①。其中，规范是等级制中的一个关键性元素，因为每一个社会都是由某种规范规制的共同体，规范不仅能创造由相似的单位构成的同质的社会，与此同时还能区分出行为体的等级差异②。它既可以反映一定程度的正当性，又能为权力的运作留下空间③。因此，在特定规范治理下的等级制既具有排他性，又具有一定的包容性。它能巩固主导成员的特权，又试图在不同实力与不同治理权限的成员之间创造共同利益，使得各成员对现行等级秩序具有归属感。同化和分化的趋势是同时体现在等级制的规范含义中的。

互惠是等级制中至关重要的规范性元素。首先，互惠具有模糊性，它不仅内在包含了多种类别和含义，还持续地被赋予新义和解释。互惠的模糊性决定了互惠很容易受到权力的影响，从而有利于发达成员对其重新进行解释和塑造④。特别是当互惠意味着对等的时候，它既是一个学术概念，又是一个政治符号⑤。各成员都知道在很多情况下，寻求对等根本是一个无法破解的难题⑥。互惠作为一种外交辞令可能是虚假的，隐藏着统治和剥削的成分。各缔约方行使自由裁量权判定对等的结果通常趋向于

---

① HOBSON J M, SHARMAN J C. The enduring place of hierarchy in world politics: tracing the social logics of hierarchy and political change [J]. European Journal of International Relations, 2016, 11 (1): 63 - 98.

② TOWNS A E. Norms and social hierarchies: understanding international policy diffusion "from below" [J]. International Organization, 2012, 66 (2): 179 - 209.

③ 规范通过设置行为标准，能够产生社会等级制。TOWNS A E. Norms and social hierarchies: understanding international policy diffusion "from below" [J]. International Organization, 2012, 66 (2): 180, 188.

④ 杰克逊. 国家主权与WTO: 变化中的国际法基础 [M]. 赵龙跃, 左海聪, 盛建明, 译. 北京: 社会科学文献出版社, 2009: 273.

⑤ KEOHANE R. Reciprocity in international relations [J]. International Organization, 1986, 40 (1): 3.

⑥ 各成员方对于市场准入权利的互惠谈判非常类似于交易市场上的"以货易货"，整个过程中缺乏统一的交换媒介。特别是在全球经济持续更新、市场条件不断变化的情况下，WTO成员间市场准入权利的交易变得缺乏稳定性。HERRMANN-PILLATH C. Reciprocity and the hidden constitution of world trade [J]. Constitutional Political Economy, 2006, 17 (3): 140.

"实力决定收益"①。以权力差异和抽象规范为基础的等级制，在存续过程中会不断巩固等级和不平等，因此存在一个动态的、自我强化的过程。

互惠的模糊性也有利于应对国际市场以及国内政治的不确定性。例如在一个动态变化的全球经济市场中，新产品或新出口方的出现都会导致谈判环境和谈判条件的改变。而在市场准入谈判过程中，谈判双方的国内政治因素会显著影响到各自的谈判立场和偏好。不完全契约理论为理解互惠原则以及当前的国际经贸秩序提供了独特的理论视角。对于自由贸易支持者来说，互惠为贸易自由化过程提供动力，并实现了对贸易自由化结果的调节；对于公平贸易支持者来说，互惠是实现贸易平衡、公平竞争乃至保护环境和劳工权益的政策工具；而对于贸易保护主义者来说，互惠为其主张增添了合理的借口。互惠原则的灵活解释赋予了世界贸易宪法不完全契约的属性，可以引发深刻的制度变革来应对国内外环境的变化以及各种不确定性因素。

其次，互惠是一个兼具排他性与包容性的元素。排他性体现在对互惠（对等）的坚持可能导致部分成员被边缘化的后果，即只有有能力提供对等利益的成员之间才能建立合作关系②。互惠将成员由市场规模以及威胁关闭市场而产生的影响力在一定程度上转化为谈判资格和权力。只有那些拥有较大市场的成员方才能通过主要供应方规则而加入到关税的互惠减让过程中③。主要供应方是一种典型的以权力为导向的谈判方式，市场规模决定了贸易谈判中的权力基础，贸易谈判的收益将不对称地流向权力中心④。主要供应方的谈判模式在 GATT 前五轮回合以及乌拉圭回合都被广泛采用。这一谈判模式对发展中成员造成的最大影响，就是对其谈判资

① 现行国际经济秩序"反映市场逻辑之规则"，强调以经济实力大小决定国家待遇高低．徐崇利．新兴国家崛起与构建国际经济新秩序：以中国的路径选择为视角 [J]．中国社会科学，2012（10）：186 - 204，208．

② GOULDNER A W. The norm of reciprocity [J]. American Sociological Review，1960，25（2）：178.

③ GOLDSTEIN J L，STEINBERG R H. Regulatory shift：the rise of judicial liberalization [M] // MATTLI W，WOODS N. The politics of global regulation. Princeton：Princeton University Press，2009：215 - 216.

④ KIM S Y. Power and the governance of global trade：from the GATT to the WTO [M]．Ithaca：Cornell University Press，2010：95.

格的实际剥夺，发展中成员无法通过参与谈判来表达自身立场和利益诉求。

以主要供应方为代表的权力中心逐渐演变成多边贸易体制的"核心决策层"①，进一步巩固和加深了 WTO 谈判及决策过程中的民主赤字。多哈回合出现了非正式化小型部长级会议和同心圆谈判模式②，以美欧为核心的主要发达成员正是以同心圆的谈判模式主导并驱动了多边贸易体制规则的生成，发展中成员面临着被边缘化的处境③。多哈回合出现的非正式化小型部长级会议模式正是美国提倡的主要供应方谈判方式的延伸④。多边贸易体制决策的实质内容大都是在非正式的谈判背景下作出的。

另外，由于国际权力结构决定着何种价值会被视为对等，也决定着各国将在何种领域进行互惠谈判，发达成员还会通过控制互惠谈判的范围，控制谈判议程的设置⑤。例如在多边贸易体制谈判中，发达成员在互惠的旗帜下要求发展中成员进一步开放高新技术产品市场和服务市场，却持续在农产品领域维持着巨额补贴。乌拉圭回合谈判在将资本密集型服务纳入服务贸易谈判范畴的同时，却把航运、建筑等劳动密集型服务排除在议程之外。互惠的排他性既可以将不具备谈判实力和资本的成员边缘化，又可以将主导成员不感兴趣的领域排除在外。通过对互惠范围、类型和内涵的娴熟操控，以美国为首的发达成员确保了国际贸易规则朝着对自己最有利的方向演进，确保了贸易自由化在自身的比较优势领域获得最大限度的推行。

---

① KIM S Y. Power and the governance of global trade：from the GATT to the WTO [M]. Ithaca：Cornell University Press，2010：148.

② ELSIG M. Different facets of power in decision-making in the WTO [R]. Swiss National Centre of Competence in Research Working Paper，2006：21.

③ MEDINA DE SOUZA I A. An offer developing countries could not refuse：how powerful states created the World Trade Organization [J]. Journal of International Relations and Development，2015，18（2）：155 – 181.

④ ISMAIL F. Reforming the World Trade Organization [J]. World Economics，2009，10（4）：109 – 146.

⑤ 发达成员在全球化背景下多边贸易谈判的成功"在很大程度上归功于其对谈判议程的操控，发达成员能够选择自己拥有比较优势的产品和服务市场作为谈判主题". KEOHANE R. Reciprocity in international relations [J]. International Organization，1986，40（1）：8.

在体现排他性的同时，互惠又兼顾了一定程度上的包容性与正当性。权力本身具有一定的社会属性，可以借助规则来获得正当性辩护，从而转化成"权威"①。而公平与互惠本身就具有一种理念上的吸引力。只有成员认为公平的贸易规则才会产生正当性和执行拉力②。公平与互惠理念的塑造体现了美国的软实力，使美国在国际贸易体系中的领导权获得了正当性。美国想通过经贸规则获得权力行使的合法性，从而"鼓励弱势方克服被强大贸易伙伴剥削的恐惧感"并参加多边贸易谈判。如果其他成员认同美国主导建立的规则符合程序和道德规范，就会在更大程度上将现有规则吸收和内化③，从而减少主动挑战美国领导权的可能，美国主导下的自由主义经济秩序就会越发稳定。

以美国为代表的主导方通常利用对互惠规范的再解释，实现对等级制的维系与深化。在等级制建立初期，美国倾向于较为慷慨地利用扩散的互惠将各个成员拉入到自己主导建立的体制当中。有研究表明，扩散的互惠不仅仅存在于具备集体身份认同感的相似的行为体之间，也可能作为一种社会等级的启动机制而存在④。根据社会交换理论，在互惠关系中会出现利益交换偏向实力弱势方的情况，即弱势方从强势方处获得更多直接利益。在这种情况下，实力弱的一方通常会对实力强的一方表现出政治上的顺从，从而平衡交换利益。实力强的一方可以利用其他行为体的顺从来间

---

① 公平是一种规范性价值理念，而互惠既具有一定的理念性价值，又可以指具体的制度规范。通常认为，互惠是更为具象地反映和执行公平理念的规范和手段。赫里尔．全球秩序与全球治理［M］．林曦，译．北京：中国人民大学出版社，2018：43.

② ZAMPETTI A B. Fairness in the world economy：US perspectives on international trade relations［M］. Cheltenham：Edward Elgar，2006：50.

③ 沃尔特．驯服美国权力：对美国首要地位的全球回应［M］．郭盛，王颖，译．上海：上海人民出版社，2008：130.

④ 如果一个行为体给予的礼物过于慷慨，而接受者无法给予对等的回报，则礼物的给予者便获得了主导的统治地位。在这种交换关系中，不同的行为体具有不同的社会地位，且礼物的交换加固了社会地位的分化。与平等主体间扩散的互惠不同，等级制中扩散的互惠是战略性的，主导行为体希望通过礼物的交换实现统治的目标。OATES J G, GRYNAVISKI E. Reciprocity，hierarchy，and obligation in world politics：from Kula to Potlatch［J］. Journal of International Political Theory，2018，14（2）：145-164；萨林斯．石器时代经济学［M］．张经纬，郑少雄，张帆，译．北京：生活·读书·新知三联书店，2009：242.

接获取更多的资源和收益①。例如美国通过马歇尔计划对西欧成员进行援助，帮助欧洲成员复兴，在亚洲扶持了日本的发展，在接受大量日本出口产品的同时允许日本对美国产品采取贸易限制措施，还同意在多边贸易体制内给予发展中成员非互惠的贸易优惠②。美国上述政策措施均体现了扩散的互惠理念的运用。在实施扩散的互惠过程中，美国在等级制中的主导地位得以维持和强化。

作为等级制启动机制的扩散的互惠是战略性的。当等级制逐渐稳固，成员间非对称性相互依赖的程度增强，等级制的主导方便会推动互惠规范由扩散的互惠逐渐向对等的方向发展。美国贸易政策逐渐强调公平贸易及具体的互惠便印证了这一趋势。特别是特朗普政府将互惠界定为贸易额和贸易条件的完全对等③，为美国对他国实施贸易制裁、重新谈判贸易协定以及提出更加有利于美国利益的WTO改革方案提供了规范性依据，也为美国制度性权力的运用提供了庇护④。以美国为首的主要发达成员通过操纵互惠的类型、标准和规则制定，控制着多边贸易规则的走向。

因此，互惠具有相当程度的权力导向性。互惠本身可以成为成员权力运用的途径和媒介，是维持甚至扩大不均衡的成员间治理模式的国际机制根源⑤。尽管谈判过程中权力的形式会受到互惠规范和规则一定程度上的

---

① "提供必要的利益无疑是获得权力的最普遍的方法——尽管不是唯一的方法"。布劳. 社会生活中的交换与权力 [M]. 孙非，张黎勤，译. 北京：华夏出版社，1988：138.

② 例如冷战期间，为了吸引各国进入美国主导的自由主义经济秩序，美国对于欧洲、日本和许多发展中国家维持了非互惠的关系。SINGH A. Special and differential treatment：the multilateral trading system and economic development in the 21st century [R]. IDEAS Working Paper Series from RePEc，2003：26.

③ CHOW D C K，SHELDON I. Is strict reciprocity required for fair trade? [J]. Vanderbilt Journal of Transnational Law，2019，52（1）：1-42.

④ 王正毅，张岩贵. 国际政治经济学：理论范式与现实经验研究 [M]. 北京：商务印书馆，2003：169-170.

⑤ 伊肯伯里（John Ikenberry）曾提出国际秩序可以通过制衡、统治以及赢得同意三种方式得以确立。基于统治的等级制秩序可以通过互惠因素而受到节制和柔化，因而奠定了美国领导的自由主义霸权秩序的混合特征。然而以伊肯伯里为代表的自由主义国际关系学者将互惠视为自由主义国际秩序的典型成分，将互惠与权力和等级制相对立的研究偏羽决定了其研究视角的片面性。伊肯伯里. 自由主义利维坦：美利坚世界秩序的起源、危机和转型 [M]. 赵明昊，译. 上海：上海人民出版社，2013.

约束，但贸易体制中的谈判仍然是以权力为基础的①。互惠概念的内在模糊性、多层次性和使用方式的多样性使之具有了双重工具特征：互惠既是多边贸易体制形成和演进的基石，同时也是贯穿于美国历史的贸易政策制定的基轴②。互惠贸易政策既是美国形塑多边贸易体制的关键政策性工具，又成为美国满足国内保护主义和狭隘民族利益的重要规则武器。因此，互惠贸易政策不仅仅决定着收益分配的制度框架③，更是一种治理机制④。美国通过公平贸易与互惠理念将对外贸易政策与国际贸易治理紧密结合起来，将本国的贸易政策转化为一种治理手段。通过保证权力的运作空间，互惠规范能够巩固不均衡的治理体系，且展现出相当程度的制度惯性，导致 WTO 在不对称的成员驱动力下生成非中性的贸易规则。

二、非互惠的结构性失衡矫正功能

多边贸易体制中，发展中成员提出的非互惠对互惠原则规范的冲击，构成了发展中成员对等级制治理结构的矫正，也是发达成员坚持规则主导权与发展中成员坚持合法发展权的博弈。等级制是一个动态的结构，这意味着等级制的功能优势并非不能替代。WTO 等级式的不平等治理结构也无法保证自身长期的稳定⑤。美国主导的自由主义霸权秩序一直处于不断

① 每个贸易谈判的参与方都有自己的获胜区间，谈判结果要受到成员相对经济实力、国际制度或国际机制、市场、成员利益、成员内部决策机制和价值理念等多重因素的联合作用影响。WOOLCOCK S. Factors shaping economic diplomacy：an analytical toolkit［M］// BAYNE N，WOOLCOCK S. The new economic diplomacy：decision-making and negotiation in international economic relations. London：Routledge，2016：18－25；STONE R W. Controlling institutions：international organizations and the global economy［M］. New York：Cambridge University Press，2011：93.

② 正如有学者所说，互惠是一个"狡猾"的术语。CURZON G，CURZON V. The fair trade challenge to embedded liberalism［J］. International Studies Quarterly，2010，54（4）：1013－1033.

③ 特别是在和发展中成员的双边关系中，美国更容易通过运用权力获得不对称收益。STIGLITZ J E. Fair trade［J］. The National Interest，2008，5（95）：23.

④ HERRMANN-PILLATH C. Reciprocity and the hidden constitution of world trade［J］. Constitutional Political Economy，2006，17（3）：150.

⑤ 没有任何理论能够证明美国注定领导世界，单极秩序的终结也并不意味着全球必将陷入无序状态。阿查亚. 美国世界秩序的终结［M］. 袁正清，肖莹莹，译. 上海：上海人民出版社，2016：27.

的调整变化之中。在其从冷战时期的国际秩序向冷战后的世界秩序过渡的过程中，不断接受着来自新兴经济体和其他发展中成员的挑战①。发展中成员并不是现有秩序和制度的被动接受者，它们挑战着美国霸权主义基础、单边主义措施的运用、主权的双重标准以及贸易收入分配不公平等现有体制的多重不公②。特别是当冷战后自由主义秩序向全球扩展，单极霸权不可避免地具有滥用倾向③，多边贸易体制内的结构性失衡加剧，等级制中的其他成员由于不均衡地让渡了主权，必然会对主导方出于机会主义动机而滥用权力的行径产生担忧。多边贸易体制内对等级性治理结构的反对和抗拒也相应地产生。

多边贸易体制中的非互惠干扰了以对等为基础的规则制定逻辑，进而挑战了 WTO 等级制治理结构。等级制中的各行为体与其所在的结构是相互建构的，因此行为体交往行为模式的转变将对整个结构产生影响。在互惠原则和规范指引下的交往过程中，各成员方以对等交换作为不平等合作的"面纱"，努力升级自身在等级制中的地位，从而在体制内获得更多的权益。而非互惠理念的提出是对于等级制结构性不平等的反思，它既从贸易合作权益的分配方面矫正了失衡的分配格局，又在维护成员贸易政策规制权方面给予发展中成员足够的政策空间。既干扰了规则反哺权力的链条，又打破了西方发达成员对规则的垄断局面，为国际贸易规则的制定权增加了竞争与博弈的空间。根据科尔伯格（Lawrence Kohlberg）的发展六阶段理论，非互惠理念背后所体现的平等价值更接近于第六阶段——普

---

① 虽然新兴大国是现有秩序的受益者，且并不试图推翻现行自由主义国际经济秩序，但新兴经济体和发展中成员持续挑战着美国霸权的运用方式已是不争的事实。发展中成员可能运用自由主义国际经济秩序自身的基本原则和理念来质疑并抗衡美国权力的运用方式。HOPEWELL K. Breaking the WTO：how emerging powers disrupted the neoliberal project [M]. Standford：Standford University Press, 2016：19.

② 阿查亚 . 美国世界秩序的终结 [M]. 袁正清，肖莹莹，译 . 上海：上海人民出版社，2016：63.

③ 伊肯伯里 . 自由主义利维坦：美利坚世界秩序的起源、危机和转型 [M]. 赵明昊，译 . 上海：上海人民出版社，2013：197.

遍道德原则定向阶段①，而此阶段中的行为体将突破特定的秩序背景，重新树立价值理念，因而与等级制秩序的兼容度最低。正因为非互惠对"中心—外围"的等级制治理结构的挑战，发达成员将非互惠视为来自外围成员的抵抗。

不仅仅发达成员警惕并抵制平均主义下的非互惠可能产生的变革性效果，发展中成员内部对于互惠以及非互惠的态度也愈加复杂。随着越来越多的发展中成员融入新自由主义国际经济秩序，发展中成员的权力、利益、认知和制度已逐步发生了复杂分化。多数成员仍然愿意支持而非推翻美国主导建立的具有等级制特征的国际经济秩序，原因在于支持美国主导建立的等级制秩序可能比一个混乱状况下的无政府状态更为可取。等级制能够促进组织政策、结构的平稳有效运行，从而为社会主体提供稳定性、可预测性、确定性和安全性，在国际社会中维护了最基本的社会秩序②。虽然以美国为代表的西方所主导的国际规则和国际秩序因代表性与正当性的缺失而有待改革，但是国际社会并没有就现行国际秩序的替代方案形成共识。概言之，多边贸易体制中的非互惠在 WTO 的等级制治理结构中面临"尴尬"处境。一方面，以美国为首的发达成员因担心非互惠将对以互惠为基础的自由主义等级制秩序构成威胁，故对非互惠理念和原则持有极度谨慎甚至排斥的态度。另一方面，发展中成员并没有实力和意愿来提供替代性的、可操作的国际新规则③，导致非互惠理念频频受到歪曲、打压与排挤。

---

① 科尔伯格的发展六阶段理论是关于儿童道德发展的阶段理论。第一阶段是惩罚与服从定向阶段，第二阶段是相对功利取向阶段，第三阶段是寻求认可定向阶段，第四阶段是遵守法规和秩序定向阶段，第五阶段是社会契约定向阶段，最后一个阶段是普遍道德原则定向阶段。有学者将这六个阶段与等级制的兼容性进行了分析，并提出前五个阶段的发展演进均可以在等级制秩序下完成，因为行为体即便想要跨越等级，也只是为了获取更多利益，并不破坏等级制秩序，而第六个阶段可能意味着对等级制的改革，甚至对现有秩序构成威胁。

② 对于莫斯而言，给予礼物、接受礼物、回报礼物构成了整个维系社会秩序的重要义务。莫斯．礼物：古式社会中交换的形式与理由［M］．汲喆，译．北京：商务印书馆，2016：13－30．

③ 潘忠岐．中国与国际规则的制定［M］．上海：上海人民出版社，2019：61．中国同样尊重国际法的普遍性，并承诺维护以《联合国宪章》宗旨和原则为核心的国际秩序，主张"在国际关系中遵守国际法和公认的国际关系基本原则"，但反对少数成员通过垄断规则制定权而产生的所谓"以规则为基础"的国际秩序。

三、互惠与非互惠间的结构性张力

互惠与非互惠究竟何者在多边贸易体制中占据主导地位，在很大程度上是由成员权力博弈的结果决定的。发达成员和发展中成员通过对多边贸易体制中互惠与非互惠的相向作用力，推动了多边贸易体制的宪法性变革①。互惠与非互惠背后存在非对称的成员驱动。多边贸易体制建立与发展的历史表明，多边贸易体制成员驱动的核心自始至终持续地掌握在少数成员的手中，成员驱动的非均衡性一直存在。"一国建立起该国主导的国际制度的过程，是权力资源的投资。"只有少数成员深入参与并塑造了国际经贸制度安排从而使之更符合自己的利益需要。也只有少数成员利用对制度运作的优势影响力，将自己的理念和价值观纳入其中，通过将对己有利的规则多边化，进而获得额外制度收益。多边贸易体制非对称的成员驱动力量诠释了为何非互惠原则始终未能在多边贸易体制中摆脱边缘化的地位。

随着新兴经济体的崛起，全球治理结构加速变化，WTO 体制的治理权限向发展中成员过渡和调整，互惠与非互惠理念之间的冲突更加尖锐。发展中成员起初就提出了它们关于国际贸易不公平分配的担忧，并试图通过传统的国际法、国际组织和成员间谈判进行解决②。发展中成员具有自身的内生动力，它们在与多边贸易治理结构的互动过程中，与整个治理体系相互作用，并在 WTO 体制内扮演了越来越重要的角色③。例如在多哈

①　沃伊特（Stefan Voigt）提出，作为大部分宪法经济学基础的社会契约概念是具有误导性的。真实世界的宪法，都是历史性地镶嵌在先前的制度中，且不断地演进。甚至有些宪法没有被充分反映在宪法性文件中，还有些具有深刻意义的宪法性变革并不涉及对现有宪法规则的更改，而是通过对已有宪法性文件不断地"再解释"而实现的。VOIGT S. Explaining constitutional change: a positive economic theory of constitutions [M]. Cheltenham: Edward Elgar, 1999: 93 - 111.

②　ROLLAND S E. Development at the WTO [M]. New York: Oxford University Press, 2012: 11.

③　中国、印度、巴西等成员方不仅进入 WTO 内部决策层，还对规则谈判和适用的过程产生了深刻影响。发展中成员通过总结历史经验教训，积极谈判适合本国的发展道路和发展模式，已成为国际贸易规则的重要供给者，以及多边贸易秩序的维护和改革力量。舒建中. 多边贸易体系与美国霸权：关贸总协定制度研究 [M]. 南京：南京大学出版社，2009: 320 - 321.

回合谈判期间，发展中成员逐渐意识到议程设置的战略重要性，因而积极推动对自身有利的议题，反对纳入对自己不利的议题。在汲取乌拉圭回合谈判两类成员权益失衡教训的基础上，发展中成员更加注重发展中成员联盟内部的凝聚力①。发展中成员对于 WTO 治理体系的反作用在一定程度上撼动了美国的 WTO 治理理念以及美国霸权可获取的相对收益，但仍然不具备扭转互惠原则规范主导性地位的实力，也未能从根本上改变自由主义国际经济秩序的结构性失衡。

多边贸易体制经历了从冷战到单极霸权再到后单极霸权的不同历史时期。国际格局背景的转变会相应地影响美国的对外经贸政策。GATT多轮回合谈判都是在冷战背景下进行的，这一时期美国需要联合西方盟友，并拉拢发展中成员对抗苏联阵营的威胁，因此会相对克制地运用权力②。但当冷战结束后，世界体系进入单极霸权时代，美国在施展权力时更少地受到外部约束和制衡，这也导致美国在选择国家战略和对外政策方面拥有很大的自主裁量权③。随着以中国为代表的新兴经济体的崛起，世界格局很快进入后单极霸权时代，新兴经济体和广大发展中成员希望通过增强自身话语权参与更加均衡的国际治理格局，获得必要的自主性和发展空间④。美国面对其霸主地位会更多感到身份焦虑，因此加深了美国对于狭隘国家利益的追逐⑤。美国外交政策越来越务实，且越来越强调相对收益，倾向于从零和博弈的视角看待与新兴经济体的关系。

美国的互惠贸易政策会随着国际权力格局的变化和美国国内利益诉

---

① 发展中成员与发达成员的权力作用相抗衡，阻碍了美国和西方发达成员对 WTO 治理权限的垄断。NARLIKAR A. New powers in the club：the challenges of global trade governance [J]. International Affairs，2010，86（3）：717-728.

② MASTANDUNO M. System maker and privilege taker：U. S. power and the international political economy [J]. World Politics，2009，61（1）：121-154.

③ 伊肯伯里. 自由主义利维坦：美利坚世界秩序的起源、危机和转型 [M]. 赵明昊，译. 上海：上海人民出版社，2013：127-129.

④ 潘忠岐. 中国与国际规则的制定 [M]. 上海：上海人民出版社，2019：156.

⑤ 中国在国际规则体系内与美国相对实力的差距不断缩小，其壮大的速度和规模不但超出美国的容忍范围，而且拒绝在发展模式、政治制度和意识形态领域接受西方体系的同化。高程. 从规则视角看美国重构国际秩序的战略调整 [J]. 世界经济与政治，2013（12）：81-97，158-159；王玉主，蒋芳菲. 特朗普政府的经济单边主义及其影响 [J]. 国际问题研究，2019（4）：110-122.

求而发生演变。当美国的单极实力衰落，美国就其自身的主导地位与他国进行重新协商的动机便会增强①。美国的互惠贸易政策便会更为关注互惠中的对等因素，要求贸易伙伴承担更多的责任以实现经济利益在国际体系中的再分配②。通过追求公平贸易并实施以退为进的策略调整，美国旨在采取制度收缩的战略减轻美国维护国际经贸秩序的成本和战略负担，以此保障美国实力地位，"护持美国霸权"③。

美国互惠贸易政策的变化对多边贸易体制中的互惠原则的意涵具有明显的传导效果。多边贸易体制中互惠的变迁开始挤压非互惠制度的建构空间，使发展中成员再次面临成为规则接受者的被动局面。以美国为首的发达成员拒绝承认以中国为代表的新兴经济体的发展中成员地位，既是为其在国际贸易体制中全面广泛地推行对等贸易寻找正当性基础，也是借发展中成员待遇问题重新调整 WTO 内部权力结构和利益分配格局。换言之，发达成员对现行利益分配格局的调整意图和对相对利益的关注导致它们不愿给予新兴经济体非互惠的优惠待遇。美国想要通过收紧对等的要求，重新塑造互惠规范，从而按照本国意愿改进现有 WTO 制度，延续制度非中性所带来的收益，"钳制崛起大国的权势扩展"④。新的国际经贸格局以及治理理念的变化为非互惠制度本身的存续带来了新一轮冲击与挑战，这是多边贸易体制中的非互惠难以从边缘向核心区域发展的重要原因。

综上所述，多边贸易体制中互惠与非互惠的结构性张力是两类成员权

---

① 伊肯伯里. 自由主义利维坦：美利坚世界秩序的起源、危机和转型 [M]. 赵明昊，译. 上海：上海人民出版社，2013：7.

② 考虑到权力与经济增长之间的密切关系，在霸权衰落时期，霸权国可能会采用两种行动路线：一是加持维护"霸权地位所需要的权力资源"，二是"减少维持霸权地位所需要承担的义务"与成本。此时"霸权体系的使命已不再是为全球提供稀缺的公共物品"，而更多是霸权国挽救霸权、攫取利益的资源。王正毅，张岩贵. 国际政治经济学：理论范式与现实经验研究 [M]. 北京：商务印书馆，2003：169-170；舒建中. 多边贸易体系与美国霸权：关贸总协定制度研究 [M]. 南京：南京大学出版社，2009：307-308.

③ 李永成. 特朗普对美国自由霸权主义的继承与调整 [J]. 现代国际关系，2019（5）：26-33，62-63.

④ 温尧. 退出的政治：美国制度收缩的逻辑 [J]. 当代亚太，2019（1）：4-37，155-156.

力博弈的反映，也是两类成员权力行使的制度性来源。国内外学者已对多边贸易体制下发展中成员的参与、代表性以及规则制定过程的合法性问题作出了大量的研究，然而鲜有研究真正解析了规则谈判过程中成员驱动与互惠、非互惠之间的双向互动关系。特别是多边贸易体制中的互惠与非互惠因受到成员驱动的作用正处于演进过程中，WTO成员贸易规则制定权的博弈结果既决定又反映着多边贸易体制中互惠与非互惠的关系。

互惠与非互惠之间存在结构性张力，并不代表着互惠与非互惠之间必然相互排斥、互不相容。非互惠虽然与互惠相互作用，但同时也构成了对互惠的重要补充。互惠原则维系的等级制必须用非互惠制度规范加以限制，这是对现有秩序的维护而非颠覆。

首先，即便对于发达成员而言，对于再分配的关注也符合其自身利益。因为一国的经济增长会对其邻国乃至全世界产生溢出效应①，在不同经济发展水平的成员之间建立非互惠关系可以促进所有WTO成员共同获益。特别是在经济相互依赖的全球化背景下，一个繁荣的发展中成员世界将会为发达成员产品和服务提供更广阔的市场，从而产生良性循环的供需关系②，发展中成员的经济发展将带动全球经济整体水平的增长。

其次，美国欲维护其主导建立的自由主义霸权秩序不能只靠权力，更需要依靠权威，而权威的建立是脆弱的。主导方可能会因主张缺乏正当性的权力或因过度统治，而引发主导秩序的危机③。特别是当等级制中的其他成员与主导方具有显著不同的政策偏好时，倘若成员间偏好的分歧超出

---

① COLLIER P. Facing the global problems of development [M] //ALEXANDROFF A S. Can the world be governed? possibilities for effective multilateralism. Waterloo: Wilfrid Laurier University Press, 2008: 247.

② 有证据表明，发展中成员的进口能力受制于其外汇收入。因而解决发展中成员的发展问题是一项"国际公共产品"，当发展中成员经济发展水平提高从而带动投资环境和进口能力的提高，发达成员也会从中受益。SINGH A. Special and differential treatment: the multilateral trading system and economic development in the 21st century [R]. IDEAS Working Paper Series from RePEc, 2003: 39 - 40.

③ 莱克. 国际关系中的等级制 [M]. 高婉妮，译. 上海：上海人民出版社，2013：31 - 34.

了特定限度，全球治理机制将难以产生，国际合作很可能会失败①。发达
成员对公平价值的片面解读，以及对发展中成员待遇需求的忽视已经成为
阻碍多边贸易体制进一步发展的绊脚石②。只有当制度体现着充分的正义
观念时，制度的参与者才能获得相应的"正义感"，从而产生努力维护制
度的欲望。WTO 规则导向和自由主义理念背后隐藏的权力导向阴影和强
权政治是 WTO 治理结构体系中最大的不稳定因素。美国自由主义霸权的
内在矛盾性使其不可避免地带有"自我毁灭的基因"③。

　　最后，在不考虑成员差异的充分对等减让模式下，多边贸易体制中等
价交易中的社会意义会被大大削弱④。正如许多学者所认可的，非互惠原
则的正当性在于对平等原则的维护，因为"真正的平等意味着平等地对待
相同的个体，以及不平等地对待不同的个体"⑤。非互惠原则有利于矫正
发展中成员与发达成员之间因实力差距而引起的经济不平等现状。只有确
认了这一前提，不同实力的成员在进行经济交往的过程中才更易达成
共识。

　　多边贸易体制中互惠与非互惠的结构性张力，及其与成员权力之间的
双向互动关系，能够给包括中国在内的发展中成员以重要启示。WTO 发

---

　　①　KAHLER M, LAKE D A. Economic integration and global governance：why so little
supranationalism? ［M］//MATTLI W, WOODS N. The politics of global regulation. Princeton：
Princeton University Press，2009：255.

　　②　根据在 1973 年至 1979 年间对于东京回合谈判的实证研究，相比于贸易合作所创造的
经济效益而言，对于平等价值的关注，以及对于缔约方分歧的公平解决方案是达成一项协议
更为重要的决定性因素。CHAN K S. The international negotiation game：some evidence from
the Tokyo round ［J］. Review of Economics and Statistics，1985，67（3）：456 - 464.

　　③　伊肯伯里. 自由主义利维坦：美利坚世界秩序的起源、危机和转型 ［M］. 赵明昊，
译. 上海：上海人民出版社，2013：3. 正如沃勒斯坦所言，苏联的解体通常被看作自由主义
作为一种意识形态的最后的胜利，但这完全是对现实的误解。相反，此类事件更多地标志着
自由主义将会解体，以及我们最终将进入"自由主义之后"的世界。WALLERSTEIN I. After
liberalism ［M］. New York：The New Press，1995：1.

　　④　因而有学者提出，为了交易的公平，贫穷的一方可以回赠低价的物品，财富的差距
越大，富裕的一方越应当帮助贫穷的一方，以维系一定的社会交往。萨林斯. 石器时代经济学
［M］. 张经纬，郑少雄，张帆，译. 北京：生活·读书·新知三联书店，2009：245.

　　⑤　国际法协会曾创立了国际经济新秩序法律问题委员会，专门研究 NIEO 的一系列原
则。ANGHIE A. Legal aspects of the new international economic order ［J］. Humanity，2015，
6（1）：145 - 158.

展中成员应注重发展中成员群体间的联合①，以及与发达成员之间的协调与合作，为多边贸易体制中非互惠的完善与发展提供驱动力。对于中国而言，其在提供关于完善多边贸易体制非互惠制度的方案时，也应最大限度地争取广泛的政治支持。

促使中美形成有管控的竞合关系，是协调多边贸易体制中互惠与非互惠的重要基础。中国要善于在中美之间求同存异，追求各方共赢的包容性利益，避免制度竞争陷入你死我活的局面。中美双方在 WTO 体制内的合作不但能推动 WTO 走出危机，也将为稳定中美双边关系大局提供新的动力②。但随着中美关系中竞争性的因素逐渐增强，如何在中美战略竞争加剧的背景下，对竞争进行管理，建立包容性竞争关系，也将成为长期考验中美双方的关键性课题③。未来中美之间竞争与合作同在：美国希望维护它的全球领导地位，而中国主要致力于维护自己的发展权，双方博弈的诉求在不同层次上。中美之间形成有管控的竞争合作关系的目标并非无法实现。

协调互惠与非互惠的关系需要中美之间展开复杂的谈判。中国需要采取更加灵活的立场，适度接受美国关于公平和对等诉求的合理部分。公平和互惠理念在美国的长期存在和运用表明，美式公平及互惠对于国际贸易体制的形成和发展具有重要的引领作用。这一理念根源下产生的公平贸易战略和制度规则，恰恰是中国及其他贸易伙伴需要深刻理解、慎重回应并理性对待的部分，如果处理得当，部分公平贸易的支持者将成为各国共同推动贸易自由化过程中可以争取的美国国内力量。因此美国公平贸易战略诉求中的部分规则重构的动议，也包含着对市场经济和社会发展规律的合理认识，并不与中国自身改革的方向相冲突。中国应避免将所有支持公平

---

① 傅星国.WTO决策机制的法律与实践［M］.上海：上海人民出版社，2009：177.
② 陈凤英，孙立鹏.WTO改革：美国的角色［J］.国际问题研究，2019（2）：61-81，138.未来只要美国不改变自身资本主义国家的性质，中国继续实行开放政策，中美经贸关系就难以全面脱钩，中美两方便仍有共同利益与合作空间。李文.大变局下中美关系的"变"与"不变"［J］.人民论坛·学术前沿，2020（7）：42-50.
③ 周琪.论特朗普的对华政策及其决策环境［J］.世界经济与政治，2019（3）：57-78，157-158.

贸易的群体视为贸易保护主义者①。在寻求与美国展开合作时可以充分调动美国国内利益群体的支持，注重对美国国内矛盾的回应②。中国可接过美国公平贸易的口号，调整自由贸易和公平贸易的关系，为未来 WTO 改革奠定理论基础。

想要推动多边贸易体制中的非互惠制度完善，增强其发展导向性，中国还应充分联合其他发展中成员③。中国与其他发展中成员的合作是矫正WTO 治理结构失衡、提升治理结构包容性的关键之所在。中国与其他发展中成员的合作能够在一定程度上抵抗美国等发达成员在双边关系中的权力滥用倾向，不仅能避免发展中成员被"分而治之"，也能避免使中国自身陷入孤立无援的危险之中。发展中成员间的联合能够通过借助"均势"④ 的形成增强发展中成员在权力政治中的谈判能力，以提高谈判结果的正当性，并实现对资源与权力格局的实质性调整。

---

① 一方面，我们对于美国公平贸易战略下的条件不能全盘接受，反对那些以公平贸易为由，干涉他国发展模式和内政的行为。另一方面，也应当认识到落实可持续发展、逐步摆脱对低成本竞争优势的依赖，也是中国未来经济和社会发展的总体路径和方向。完善市场经济体系、规范政府行为，实现生态文明建设是中国进一步深化改革开放的内在需求。EHRLICH S D. The politics of fair trade：moving beyond free trade and protection [M]. New York：Oxford University Press，2018：39.

② 例如在北方成员所焦虑的制造业空心化问题与南方成员所不满的收益不均问题之间找到平衡点。王中美. 新南北矛盾与多边体系的困境 [J]. 国际经贸探索，2019，35（4）：93-104.

③ 当主导方不愿受到制度约束时，以法律和规则为基础形成的牵制力是很薄弱的。中国与其他发展中成员和部分发达成员的合作能够对美国的权力形成抗衡，也构成了以规则约束美国权力的前提基础。伊肯伯里. 自由主义利维坦：美利坚世界秩序的起源、危机和转型 [M]. 赵明昊，译. 上海：上海人民出版社，2013：249.

④ IKENBERRY G J. After victory：institutions，strategic restraint and the rebuilding of order after major wars [M]. Princeton，NJ：Princeton University Press，2001：10-17.

第五章 多边贸易体制中非互惠制度的完善

　　本章主要围绕如何推进多边贸易体制中的非互惠制度完善展开论述。完善多边贸易体制中的非互惠制度的目的在于进一步提升 WTO 内部治理的正当性、弥合 WTO 成员利益分歧、化解自由主义霸权秩序下的结构性危机、推动 WTO 改革与规则现代化的实现。本章第一部分首先对多哈回合非互惠制度完善的谈判实践进行了实证分析。多哈回合发展中成员提出的改革建议，并没有充分解决多边贸易体制中的非互惠在原则、机制和规则各个层面的治理困境和症结，尤其未能对造成非互惠治理困境的结构性失衡予以矫正。《贸易便利化协定》虽然包含了非互惠创新元素，但由于贸易便利化议题自身的独特性质，该模式并不具备充分的可复制性。将例外的非互惠向核心的非互惠转化的实践探索以失败告终。本章第二部分在考虑多边贸易体制中非互惠的治理困境及其成因的基础上，结合前期制度完善实践中的经验教训，提出了多边贸易体制中非互惠制度完善的基本路径：在包容性的互惠原则下构建非互惠运行机制，并促使非互惠成为多边贸易体制的规则支点，在此过程中尤其要注重新兴经济体在推动非互惠制度完善方面的作用发挥，以成员权利义务的差异化配置优化发展中成员"毕业"和分类的敏感问题。第三部分在基本路径规划的基础上，提出非互惠制度完善的具体方略。"互惠—非互惠"的"双层决策模式"的建立，将有助于落实在包容性的互惠原则下构建非互惠运行机制；而以规则导向为核心的非互惠标准的倡导将会促使非互惠成为多边贸易体制的规则支点，并实现权利义务的差异化配置；多边贸易体制中非互惠监督机制的创设不但能够增强非互惠条款的法律约束力，还有助于防止权力滥用、弥合成员分歧。多边贸易体制中非互惠制度完善的基本路径和具体方略的结合，将有助于实现非互惠由理念到机制再到规则的全面、系统性完善。

第一节　多边贸易体制中非互惠制度完善的实践与评析

自多哈回合起，WTO成员制定方案、采取行动，促进多边贸易体制非互惠的制度完善，以推动非互惠由边缘向核心区域发展。然而这些努力过于关注具体的法律条款，而没有触及多边贸易体制改革的结构性问题，因而并未取得理想的效果。《贸易便利化协定》虽然包含了非互惠创新元素，但由于贸易便利化议题自身的独特性质，该模式并不具备充分的可复制性。WTO成员需要汲取前期制度完善进程中的经验教训，反思非互惠治理困境的结构性成因，以便确定更加有效的非互惠制度完善路径与具体操作方略。

一、多哈回合非互惠制度完善的谈判实践

多哈回合非互惠制度完善的谈判实践基本以失败告终。多哈回合将"发展"确立为谈判主题，本意味着调整国际经济秩序结构性失衡所面临的重大机遇，"发展回合"的理念也符合非互惠范式向第三阶段发展的趋势，然而以发展为导向的理念并没有成功转化为具体的制度或机制保障。有学者认为，多哈回合作为一个发展回合并没有体现出足够的创新性，且对于一些敏感问题的讨论在这一谈判回合中难以取得进展。尽管发展中成员意识到，现有的特殊与差别待遇条款仅产生了有限的法律效果，但是大部分建议都是针对特殊与差别待遇条款缺陷的表面化改革，而没有触及影响条款效力的结构性问题。还有一些建议提出建立新的特殊与差别待遇条款，这些条款在形式和内容方面都与现有的特殊与差别待遇条款的相似程度很高，但是对于WTO的体制机制问题缺乏充分的反思。发展中成员重条款轻体制问题的做法阻碍了它们在处理非互惠问题上取得有效进展。

由于发达成员整体缺乏谈判动力，发展中成员在多哈回合前期提出的关

于发展问题的建议随着谈判的进行被束之高阁。虽然发展中成员对于谈判议程的控制力逐渐增强，也拥有了越来越多的影响谈判的政治权力，但是它们仍然没有制定出"积极的"造法策略和系统性思路，来解决它们在多边贸易体制中的需求和关注①，而更多是对特殊与差别待遇条款作技术性的修补②。且发达成员并没有真正将不同发展水平成员间的非互惠视为必须遵守的法律原则，而更多是将其当作筹码③，要求发展中成员在其他领域作出更多减让。

2001 至 2003 年，发展中成员在总理事会及贸易与发展委员会围绕着特殊与差别待遇提交了许多建议。WTO 成员在坎昆会议上未能就这些建议达成一致意见，谈判的推进步履维艰，WTO 成员仅就监督机制等个别概念达成了极其有限的共识。在 2005 年的香港部长级会议上，以最不发达成员的差别待遇为突破口，特殊与差别待遇谈判取得了阶段性成果。发达成员和部分发展中成员同意给予最不发达成员出口 97% 的免关税和配额的市场准入待遇。但其余除最不发达成员之外的特殊与差别待遇议题依旧没有取得进展，谈判再次陷入低谷。由于在委员会层面没能达成一般性的协定，有些建议在 2004 到 2006 年期间被纳入到以协定为基础的具体的委员会中进行谈判。此后，自 2008 年日内瓦的小型部长级会议至多哈回合谈判暂停，WTO 成员均未能在特殊与差别待遇议题上取得任何突破。

发展中成员提交了许多解释和丰富现有特殊与差别待遇条款含义的建议。这一类建议试图增加特殊与差别待遇条款的可执行性，但许多建议仍然将义务转移到发达成员身上，要求发达成员遵守特定的程序或采取特定的措施，以满足发展中成员的发展利益。例如，《TRIPS 协定》第 66 条第 2 款提出，"发达成员应鼓励其领土内的企业和组织，促进和鼓励向最不发达成员转让技术，以使这些成员创立一个良好和可行的技术基础"。

---

① ROLLAND S E. Development at the WTO [M]. New York: Oxford University Press, 2012: 243.

② ROLLAND S E. Development at the WTO [M]. New York: Oxford University Press, 2012: 1.

③ MELAME D C. Doing "development" at the World Trade Organization: the Doha round [J]. IDS Bulletin, 2003, 34 (2): 12-23.

非洲集团在针对此条款的改革建议中提出："发达成员应当通过制定法律或行政规章鼓励它们领土内的企业和组织，考虑到最不发达成员的实际情况及其企业和组织所面临的困境，鼓励的程度应当足够高，从而成为向最不发达成员转让技术的有效动力。"此类建议详细阐释了条款中的措辞，以增加原条款的可执行性。但事实上，这一立法技巧的效果有限。因为尽管此类建议有助于增加现有特殊与差别待遇条款的效力和可执行性，建议的实施仍取决于发达成员的单边行为和自由裁量权，发展中成员始终被置于优惠政策接受方的地位，改革后的条款仍然不足以产生对发展中成员有利的效果。

也有些建议通过强化特殊与差别待遇条款中义务的执行以增强特定条款的法律约束力，然而强化义务的执行并不能够充分弥补这些条款本身的法律义务缺陷。例如，DSU 第 4 条第 10 款要求"在磋商过程中，WTO 成员应当对发展中成员的特定问题和利益给予特别的关注"。针对该条款，印度建议作为原告的发达成员应当在专家组申请中作出声明，解释其如何对发展中成员的特定问题和利益给予了特别的关注。专家组和上诉机构也应当对这一义务的执行情况作出裁决。这一建议虽加强了该条款的执行环节，却仍然没有明确 WTO 成员应为发展中成员的利益承担哪些义务，因而很可能导致该条款的执行流于形式。再者，在农产品的关税减让问题上，非洲集团建议，当发达成员为发展中成员提供优惠的关税减让时，应把这些减让纳入货物贸易或服务贸易减让表中，使其具有法律约束力①。这项建议试图通过将单边的措施多边化，以对提供优惠的成员方进行约束，令其难以随意撤销优惠。相比于普惠制，这一建议的确可以提高优惠待遇的稳定性，但由于优惠没有通过谈判获得，这一建议仍然没有为发达成员设定提供非互惠市场准入的法律义务。相反，具有法律约束力的执行措施可能会降低发达成员提供优惠关税减让的意愿。

另外，有一些建议要求为特殊与差别待遇条款的执行设立报告机制。

---

① Special and Differential Treatment Provisions: Joint Communication from the African Group in the WTO, Committee on Trade and Development Special Session, WTO Document TN/CTD/W/3/Rev.1, 24 June 2002, p. 12.

例如发展中成员曾建议，"WTO 成员应就它们在《SPS 协定》下采取的影响发展中成员产品的措施，向农业委员会进行两年一次的报告"①。它们还建议 WTO 与联合国以及其他在 WTO 具有观察员地位的国际和区域组织合作，对 GATT1994 第 38 条的执行作出研究报告，并向贸易与发展委员会提供。虽然这些报告义务能够增加规则执行的透明度，提高不执行的声誉成本，但审查和报告的要求仍不足以提高特殊与差别待遇条款的可执行力。因为如果特定义务本身是模糊的，则报告的内容具有不确定性，报告的要求也会难以执行。

还有一些建议试图以有约束力的语言替代劝告性的语言，以增强现有特殊与差别待遇条款的可执行性。但是这样的建议并没有改变条款的实质性缺陷，因而仅能产生有限的法律效果。在很多情况下，发展中成员仅仅建议用 "shall" 替代 "would"，或删除 "考虑" 等措辞。古巴曾建议将《SPS 协定》第 9 条第 2 款更改为 "……进口成员方应当为作为出口方的发展中成员提供技术援助，以使得发展中成员维持并拓展所涉产品的市场准入机会"②。然而这样的改革建议起到的作用有限。因为即使这一修改在表面上增加了条款的法律约束力，但条款内容仍然具有模糊性，且WTO 成员在该条款中的具体义务没有得以明确。

不可忽略的是，确有部分发展中成员提出的建议触及了非互惠治理困境的结构性问题。例如古巴、多米尼加、洪都拉斯、印度等提交了关于建立特殊与差别待遇框架协议的建议③。该建议要求承认多边贸易体制成员的内在不平等性，并呼吁将特殊与差别待遇上升为多边贸易体制的基石。而制定特殊与差别待遇条款的一项指导性原则就是允许发展中成员背离

---

① Special and Differential Treatment Provisions: Joint Communication from the African Group in the WTO, Committee on Trade and Development Special Session, WTO Document TN/CTD/W/3/Rev.1, 24 June 2002, p. 12.

② Special and Differential Treatment Provisions: Joint Communication from Cuba, Dominican Republic, Egypt, Honduras, India, Indonesia, Kenya, Mauritius, Pakistan, Sri Lanka, Tanzania and Zimbabwe, Committee on Trade and Development Special Session, WTO Document, TN/CTD/W/2, 14 May 2002, pp. 3 - 4.

③ Proposal for a Framework Agreement on Special and Differential Treatment: Communication from Cuba, Dominican Republic, Honduras, India, Indonesia, Kenya Malaysia, Pakistan, Sri Lanka, Tanzania, Uganda and Zimbabwe, WT/GC/W/442, 19 September 2001.

互惠谈判。该建议还列举了特殊与差别待遇框架协议将包含的几项内容："1. 特殊与差别待遇应当在 WTO 争端解决机制中具有强制力和法律约束力。2. WTO 成员同意在任何未来的协定中，都将包含对发展维度的评估，即评估这些协定如何促进了发展目标。3. WTO 成员应当依据财政、能力建设和技术援助等因素评估未来任何协定的执行成本。4. 过渡期应当与特定的经济目标和社会标准相互联系。5. 不应禁止发展中成员采取促进增长和发展的政策，除非能够证明这些工业政策对贸易具有不利影响。6. 一揽子协定对于发展中成员的适用不应当是自动的。"

　　上述建议虽然意识到多边贸易体制非互惠问题的结构性根源，但以此为基础完善多边贸易体制中的非互惠制度、指导未来规则谈判，则仍存在不完善之处。首先，上述从结构上改革特殊与差别待遇的建议只是非常初步的框架协议，没有具体的执行方案，因而对于多边谈判的指导力度不足。其次，上述建议改革的重点还是集中于特殊与差别待遇问题上，因此仅将发展问题与发展中成员待遇相等同，没有考虑到包括发达成员在内的所有 WTO 成员的全面差异性。最后，仅仅承认成员的内在不平等并强调特殊与差别待遇的基础性地位，并不能确保发展成为多边贸易规则的主旋律。即便是对未来谈判协定的发展维度进行评估的建议也仅仅具有软法属性。事实上，多边贸易体制中互惠与非互惠的关系问题是实现多哈发展目标的主要障碍，若该问题得不到解决，建立以发展为导向的多边贸易规则的目标将始终难以实现①。概言之，发展中成员在多哈回合提出的关于非互惠的制度完善及特殊与差别待遇条款的改革建议，大部分是趋于保守的。多哈回合以发展为导向的理念并没有在 WTO 成员对于多边贸易规则制定和改革的建议中获得充分的体现。

二、《贸易便利化协定》对非互惠的创新

　　《贸易便利化协定》（TFA）中非互惠的创新是 TFA 谈判得以取得成功的重要元素。TFA 第二部分规定了给予发展中成员和最不发达成员的特殊与差别待遇。TFA 第 13 条总则提出，"应依据协定的特征和范围，

---

　　① MEDINA DE SOUZA I A. The power of law or the law of power? a critique of the liberal approach to the dispute settlement understanding [J]. Meridiano 47 – Boletim de Análise de Conjuntura em Relações Internacionais，2015，16（150）：4 – 41.

向发展中成员和最不发达成员提供履行协定的援助和能力建设支持。履行协定的范围和时间应与发展中成员和最不发达成员的执行能力相关联。若发展中成员和最不发达成员持续缺乏必要的能力，则在获得实施能力前不得要求其实施相关条款"。

TFA 允许发展中成员以"自我指定"的方式将其承担的协定义务进行分类。TFA 第 14 条提出，针对发展中成员和最不发达成员对《贸易便利化协定》第一部分条款的实施可以分为三类："A 类措施条款是指自协定生效之日起，成员方就应当履行条款规定的义务，最不发达成员则在一年内应当履行相应的义务；B 类条款为发展中成员或最不发达成员在一段时间的过渡期之后应当实施的条款；C 类条款同样是指发展中成员或最不发达成员在协定生效后的过渡期之后才应当实施的条款，但要求在过渡期期间通过提供援助和能力建设支持获得执行能力。""各发展中成员和最不发达成员应当以单个成员为基础，自我指定 A、B、C 类项下的条款。"

TFA 中包含的非互惠模式体现了几点创新。第一，TFA 将发展中成员履行协定的义务与获得相关能力建设援助相关联。换言之，将过渡期与执行要求建立在发展中成员取得执行能力的基础之上，如果能证明未取得执行能力，则成员可以按照规定的时间要求通知委员会延长相应的过渡期①。第二，TFA 在何时及如何履行协定义务方面给予了发展中成员很大的自由裁量权，发展中成员可以单方自主决定履行协定义务的时间表和获得能力建设援助的要求。而在其他 WTO 多边贸易协定中，过渡期的期限需要经由谈判确定。第三，TFA 中非互惠权利义务具有以成员为单位的特征。通常情况下，WTO 具体到单个成员的差异化权利义务都集中于关税减让表、服务贸易具体承诺表等与市场准入相关的内容。而 TFA 中"自下而上"的义务承担与执行方式模糊了一般性规则和市场准入承诺之间的界限②。TFA 中所包含的上述新元素确保了发展中成员享有充分的

---

① 对于一般发展中成员不超过 18 个月或对于最不发达成员不超过 3 年的过渡期的延长，仅需要向委员会作出通告，无须获得批准。参见《贸易便利化协定》第 17 条。

② CZAPNIK B. The unique features of the trade facilitation agreement：a revolutionary new approach to multilateral negotiations or the exception which proves the rule [J]. Journal of International Economic Law，2015，18（4）：773-794.

过渡期，提升了其对能力建设的参与程度，为发展中成员自主制定非互惠权利义务创造了先例。

三、多边贸易体制中非互惠制度完善现状

迄今为止，多边贸易体制中的非互惠改革均未能妥善解决非互惠治理困境与多边贸易体制的结构性失衡。虽然多哈回合关注于"执行问题"以及特殊与差别待遇的改革，但从多哈谈判的实际情形来看，WTO 成员试图在贸易与发展委员会推进的特殊与差别待遇改革成果甚微①。多哈回合至今，发展中成员推动的非互惠制度改革具有以下特征。

第一，仅关注于具体的法律条款，而没有触及多边贸易体制改革的结构性问题。现有的改革建议多致力于在表面上提高相应非互惠条款的法律约束力，却没有从本质上改变非互惠条款的法律特征与属性。发展中成员在制定非互惠权利义务过程中的参与度难以获得保障，非互惠仍然呈现出例外与边缘化的特点。第二，没有很好地解决多边贸易体制中互惠与非互惠之间的关系问题。多边贸易体制中互惠与非互惠的关系体现出 WTO 成员贸易规则制定主导权的相互博弈，唯有在不同层面上协调好多边贸易体制中的互惠与非互惠，方能厘清非互惠的制度改革的基本路径，确保改革的制度空间。而已有的改革方案大多对这一问题予以回避。第三，未能成功推动多边贸易体制中非互惠的机制化建设。多边贸易体制中非互惠制度完善的关键在于，以确定的非互惠标准进行差异化的权利义务配置，非互惠标准的确定以及差异性规则的谈判和监督执行，不能仅依靠具体的非互惠条款，而需要依靠系统性非互惠机制的运转。第四，未能充分考虑非互惠改革方案在政治上的可行性。非互惠制度改革和完善是 WTO 成员在 WTO 改革和规则现代化过程中，寻找"最大利益公约数"的实践探索，

---

① 多哈回合中，发展中成员提出了许多关于特殊与差别待遇的改革建议。关于特殊与差别待遇的一般性规定在 WTO 贸易与发展委员会进行讨论（并非传统意义上的规则谈判场域），而以部门为基础的具体特殊与差别待遇条款则在具体的谈判机构进行。MICHALOPOULOS C. Special and differential treatment：the need for a different approach in developing countries and the WTO [M] // SAMPSON G P, CHAMBERS B. Developing countries and the WTO. Tokyo：United Nations University Press，2008.

因此非互惠改革方案必须综合考虑不同发展水平的 WTO 成员的利益诉求，确保形成互利共赢的结果。多哈回合中发展中成员关于特殊与差别待遇的一些改革方案缺乏对激励因素的充分调动①，难以获得发达成员的支持，因而在实践中缺乏可行性。例如为避免执行压力，发展中成员在多哈谈判期间的许多建议都要求无条件延长过渡期的权利，抑或提倡用具体而确定的过渡期下限替代"合理期间""有限期间"等类似语言。这样的建议遭到了很多发达成员的反对，它们认为过渡期的无条件延期会导致适用过渡期的成员方缺乏执行的政治意愿。

TFA 中适用于发展中成员的特殊与差别待遇成为多边贸易体制中非互惠制度完善的亮点。然而 TFA 中非互惠模式的创新与改革并不能改善非互惠整体上的治理困境，也不必然导致其他领域贸易政策改革的成功。相比于其他贸易规则，贸易便利化议题具有自身的独特性质。因为发展中成员同样支持贸易便利化改革，只是缺乏相应的资源，WTO 发达成员并不担忧发展中成员自我指定过渡期和技术援助需求的做法将会导致恶意拖延履行；许多发达成员即使在缺乏 WTO 规则约束的情况下，也已准备好为发展中成员的贸易便利化改革提供技术援助②。而这些条件在市场准入、补贴等更具争议性和敏感性的谈判中并不存在，因而 TFA 中的非互惠模式可能在其他领域的谈判中招致抵抗和反对意见。

多哈回合的失败再次印证了 WTO 规则谈判和利益分配亟须结构性调整的事实③。WTO 规则中的发展赤字和结构性失衡依然严峻。WTO 成员仍然延续着乌拉圭回合的谈判方式和思路，即在新自由主义和对等谈判

---

① 例如非洲集团成员曾建议给予发展中成员永久的过渡期延长权，延长后只需要通知相关的 WTO 机构。但是该建议因可能导致延长权利的滥用，引起了发达成员的广泛反对。过渡期的永久延长权利类似于差别待遇的自我设置权。

② CZAPNIK B. The unique features of the trade facilitation agreement: a revolutionary new approach to multilateral negotiations or the exception which proves the rule [J]. Journal of International Economic Law, 2015, 18 (4): 787.

③ NARLIKAR A. Adapting to new power balances: institutional reform in the WTO [M] // COTTIER T, ELSIG M. Governing the World Trade Organization: past, present and beyond Doha world trade forum. New York: Cambridge University Press, 2009: 114-118.

的形式框架下，容许成员滥用权力有选择性地实行贸易自由化①。非互惠
理念几乎没有在谈判中起到具有法律约束力的指导性意义。想要破解
WTO 成员在发展中成员待遇问题上的僵局，推动 WTO 改革和规则现代
化进程，WTO 成员需要吸取前期经验教训，继续探索多边贸易体制中非
互惠制度的完善路径，并在此基础上制定改革的具体方略。

第二节　多边贸易体制中非互惠制度完善的基本路径

当前多边贸易体制正面临结构性危机。建立国际经济新秩序的呼声早
已消退，发展中成员要求强化非互惠的诉求似乎失去了吸引力，并逐渐陷
入形式主义的窠臼。面对多边贸易体制中非互惠的治理困境，WTO 成员
必须在汲取前期经验教训的基础上，提出非互惠制度完善的创新性思路。
本书试提出多边贸易体制中非互惠制度完善的几个基本路径，以化解多边
贸易体制结构性危机，增强多边贸易规则的发展导向性，提升 WTO 治理
效能。

一、在包容性的互惠原则下构建非互惠运行机制

多边贸易体制中非互惠制度完善的一个重要路径即在包容性的互惠
原则下构建非互惠运行机制。这一路径首先坚持了自由贸易政策的核心原
则地位，尊重平等待遇与公平竞争，因此并没有撼动自由主义理念指引下
的多边贸易秩序。互惠原则下的非互惠可以内在地嵌入自由主义经贸秩序
之中，调整多边贸易体制的结构性失衡，在发展的背景下维持公平竞争，
增强多边贸易体制成员合作的动力与凝聚力。

（一）确立多边贸易体制中包容性的互惠原则

非互惠运行机制的建立应当在具有包容性的互惠原则下进行。包容性
的互惠原则可以从以下几个方面提高多边贸易体制的非互惠制度完善的
成功概率，推动具有发展导向性的贸易规则建设。首先，包容性的互惠原

---

①　美国和欧盟仍持续拒绝取消对农产品的支持政策，非但没有落实多哈回合关注发展
问题的承诺，还在实质上违背了贸易自由化的理念。ALESSANDRINI D. Developing countries
and the multilateral trade regime: the failure and promise of the WTO's development mission
[M]. Oxford, Portland: Hart Publishing, 2010: 176.

则有助于促进 WTO 成员对规范性义务的内化。包容性的互惠原则能够容纳非互惠理念，因此并不等同于完全基于利己主义的对等。利己主义的动机在具有显著的实力差异的行为体之间很可能会导致剥削关系的出现，进而摧毁整个社会体制。而被内化了的互惠标准和互惠义务则能施加道德上的限制，进而在一定程度上促使实力强大的成员抵挡权力滥用的诱惑①。

其次，包容性的互惠原则有助于推动 WTO 成员的共同治理。包容性的互惠原则也不等同于非互惠，而是体现为扩散的互惠，在为国际组织中的每一个成员提供了治理权限的同时，也要求其承担提供与自身能力相适应的提供国际公共产品的义务。治理不仅仅意味着成员对所有事务的实质参与，也意味着对特定组织机构的授权，共同治理之中也包含着共同让渡主权的含义②。因此，非互惠无法全面替代互惠原则在多边贸易体制中的作用。在互惠原则的指引下，WTO 成员将共同对国家主权的行使作出合理的限制。非互惠关税减让要想成为稳定、有约束力的义务就必须在有发展中成员参与的前提下从具有包容性的扩散的互惠谈判中取得。

再次，包容性的互惠原则有助于建构集体身份与认同感。许多建构主义者认为扩散的互惠以集体身份和相互认同为基础，这种认同和信任感是扩散的互惠产生的必要条件。例如，温特在康德无政府状态逻辑下的集体安全体系中解释互惠。他提出，集体安全的基础是互助原则，即"大家为一人，一人为大家"。这里的规范是一般性的互惠而非具体的互惠，因为行为体在没有直接或即时回报的情况下也会互相帮助。温特指出，被充分内化的康德文化将会产生出"群我意识"，从而将国际利益视为国家利益的组成部分③。而具体的互惠是新自由主义者在分析国家行为时纳入的以自我为中心的因素，在本体论、方法论和价值论方面都具有局限性④。这

---

① GOULDNER A W. The norm of reciprocity [J]. American Sociological Review, 1960, 25 (2): 174.

② MANOCHA D. Global administrative law and the World Trade Organization's legitimacy crisis [J]. Foreign Trade Review, 2010, 44 (4): 21.

③ 温特. 国际政治的社会理论 [M]. 秦亚青，译. 上海：上海人民出版社，2014：291.

④ 刘志云. 现代国际关系理论视野下的国际法 [M]. 北京：法律出版社，2006：387.

些学者通过对等分析国际规则对国家行为的影响，并解释国际规则的约束性，但却忽略了一个重要事实——国际法本身的合法性来源于各国对国际法建构的整个国际系统的认同。

最后，包容性的互惠原则有助于创造 WTO 成员之间的共生关系。根据社会人类学家马林诺夫斯基（Bronislaw Malinowski）的说法，具有包容性的互惠原则还包含了社会主体之间互为依存的价值交换关系。这种关系与生态学意义上的"共生"具有相似之处①。"共生"这一概念正在成为不同学科共同研究的主题。它是一种"相互依存而不相害、共同成长而不相悖"的状态。在当代社会，无论大国还是小国均与整个国际法体系之间产生了"共生共长、相互依赖"的关系②。在一个共生关系结构中，一国的存在是以他国的存在为参照的，因而需要从相互性的角度考虑不同国家存在的形式和产生分歧矛盾的解决方法。换言之，共生并不回避矛盾的存在，而是在矛盾的解决中实现共存③。与此同时，共生又不仅仅意味着共存，也超越了共存。

（二）确保 WTO 成员对非互惠谈判的平等参与

非互惠谈判应当在 WTO 成员共同承担多边义务的框架内进行。非互惠规则的制定在本质上依赖于贸易回合和互惠谈判来提供整体动力④。虽然从 20 世纪 60 年代开始，在发展中成员的努力下，非互惠在多边贸易体制中已经在一定程度上获致法律原则地位，但一直没有合理地嵌入到互惠基础之中。因此，非互惠的制度设计应当将非互惠权利义务锁定在多边贸易体制框架范围内，确保所有 WTO 成员的有效参与，并包容各成员方的主要关切，引导各成员方作出必要的妥协，推动多边贸易体制下具体的非

---

① GOULDNER A W. The norm of reciprocity [J]. American Sociological Review，1960，25（2）：170.

② 刘志云. 论国家利益与国际法的关系演变 [J]. 世界经济与政治，2014（5）：33 - 48，156 - 157.

③ 国际秩序的生命力是内生的，而不是从外部强加的。各国文化和价值的多样性能够为世界发展提供宝贵的源泉。如果所有的文化、制度都被同化了，整个国际秩序也将丧失生命力。任晓. 论国际共生的价值基础：对外关系思想和制度研究之三 [J]. 世界经济与政治，2016（4）：4 - 28，156.

④ 科蒂尔. 一种 WTO 决策制定的双层次分析法 [M] //斯蒂格. 世界贸易组织的制度再设计. 汤蓓，译. 上海：上海人民出版社，2011：51 - 52.

互惠优惠待遇和非对等权利义务由单边自主设定向合作谈判设定的方向转变。

虽然发展中成员的平等参与并不必然能够确保最终达成的谈判结果对其有利，但是发展中成员的边缘化必然导致对发展中成员的发展困境的忽视。发展中成员虽然具有群体共性，但其内部不同成员具有不同的发展水平和不同的谈判立场。它们的发展模式与每个成员的特征密切相关，包括自然资源禀赋、文化遗产、领导权特征、政治经济制度等不同因素①。因此，成功的非互惠制度还必须结合各WTO成员，特别是发展中成员的能力、限制和机遇，并结合其面临的困难和起因进行设计。发展中成员的参与能够促进信息的有效交换，使得WTO成员对受惠方国内的经济社会问题产生清晰的理解，更准确、更具针对性地掌握成员内部的真实发展情况②。只有理解了贸易政策与经济发展之间的关联，才能更好地起草非互惠的规则条款，从而更好地服务于WTO成员的利益。

WTO的改革和规则现代化应始终坚持平等民主、兼容并蓄，保障各成员自主选择社会制度和发展道路的权利。在贸易规则统一适用的背景下，更需要在必要的情况下允许每个成员自主决定贸易政策，以及实行贸易自由化的范围和程度。即便全球化会带来强大的外部压力，但由于存在着根深蒂固的国内社会、政治和经济结构以及独特的民族传统，各成员的发展路径依旧是千姿百态的③。面对可能出现的理念分歧，WTO更应当保障各成员，特别是发展中成员参与非互惠优惠待遇和非对等权利义务制定的权利，尊重每一个成员的发展需求与发展模式。因此，非互惠制度的完善必须实际地赋予发展中成员参与全球经济治理的权限，确保适用于发展中成员的规则或优惠符合其自身的发展需求和利益。

---

① SAMPSON G P. The WTO and sustainable development [M]. New York: United Nations University Press, 2005: 230.

② JAYASINGHE V. The Legality of the European Union's special incentive arrangement [J]. Journal of International Economic Law, 2015, 18 (3): 555 - 575.

③ 不同成员可能对于何为发展需求，以及如何确定发展需求有不同的解释。例如对发展中成员而言，发展更多意味着实施保障措施等权利、允许政策空间、接受技术援助以及进入被发达成员保护的市场。而发达成员则倾向于认为发展中成员市场的开放有利于竞争，有利于吸引外资并增加技术转移，从而降低价格，提升产品和服务的质量。ELSIG M. Different facets of power in decision-making in the WTO [R]. Swiss National Centre of Competence in Research Working Paper, 2006: 28.

（三）不颠覆现行的自由主义国际经济秩序

多边贸易体制中非互惠制度的完善是对非互惠的强化过程，但是这一过程不应颠覆现有的自由主义国际经济秩序。正如纳利卡对发展中成员参与多边贸易体制的实证分析所述，背离多边贸易体制主导性的价值规范，或对其作出颠覆性的调整，对于发展中成员而言是不明智的。因为发展中成员群体不具备彻底转变 WTO 体制文化和制度的实力，激进式的改革反而会导致自身被边缘化①。

发展中国家建立国际经济新秩序（NIEO）运动的失败，为非互惠制度完善的路径选择提供了宝贵的经验教训②。NIEO 强调国家的法律、政治和经济主权，呼吁不干预国家内政，坚持每个国家有权采取最适合自身发展的经济社会体制，提倡不附加军事或政治条件的援助项目。在贸易方面，NIEO 呼吁提供非互惠和非歧视的关税优惠、贸易援助、技术援助和技术转移③。这一运动与发达国家所倡导的经济全球化与贸易自由化有相互矛盾之处，尤其是美国从一开始就抵制这一运动，认为这与其设计建立的以市场规律运作为主的国际秩序格格不入④。20 世纪 80 年代以来，鉴于国际经济、政治力量的差距，以及世界性经济危机和新自由主义经济政策的影响，许多迟迟未能走出经济发展困境的发展中国家逐渐放弃了追求国际经济新秩序的努力。

NIEO 运动的失败可归咎于下述原因：第一，传统的 NIEO 运动没有澄清自身的战略目标和战略手段。在不少发达国家和其学者看来，NIEO 改革的诉求深刻影响到了发达国家的既有利益，有以"权威导向的分配模

① 刘玮. 崛起国创建国际制度的策略［J］. 世界经济与政治，2017（9）：84 - 106，158 - 159.

② 陈安. 国际经济法学［M］. 北京：北京大学出版社，1994：86.

③ 概括起来，建立国际经济新秩序的主张涉及以下几个方面：强调国家经济主权，改善发展中国家在国际贸易关系中的地位和条件，增加向发展中国家的资金转移及改革国际货币金融制度，改善技术转让条件，保护海洋资源和争取海运权，加强发展中国家之间的合作，以及改革世界经济结构。SINGER H W. The new international economic order：an overview［J］. The Journal of Modern African Studies，1978，16（4）：539 - 548.

④ 发展中国家逐渐认识到，尽管发达国家有时也会背离它们自己的原则，有选择地实行贸易自由化，但它们不会放弃对市场而非政府干预塑造的贸易体制的基本偏好。朱晓勤. 发展中国家与 WTO 法律制度研究［M］. 北京：北京大学出版社，2006：105.

式"替代"市场导向分配模式"的嫌疑①。因被理解为是具有革命性质的主张，NIEO 运动遭遇了发达国家的重重阻挠。第二，传统的 NIEO 运动具有明显的"国家中心主义"的倾向，且侧重于在国际层面上解决南北问题，是部分国家对另一部分国家的诉求。这种以解决南北问题为目的的传统交易模式，虽然使得部分发展中国家的经济获得一定的增长，但由此造成的环境、劳工等问题损害了发展中国家的长期发展潜力，也在发达国家内部引起了反全球化的浪潮，增加了解决南北问题的复杂性。第三，传统的建立 NIEO 主张只研究发展中国家与发达国家之间的关系问题，因此存在着方法论意义上的"二分法"倾向②。由于涉及两类国家之间的再分配问题，发达国家一直反对发展中国家身份的"自我认定"，以及对发展中国家"不加区分"的优惠待遇。第四，也是最重要的原因在于，发展中国家在与发达国家的实力对比方面不占任何优势③，发展中国家并没有足够的能力与充分的共识去构建一个新的国际经济秩序。

基于历史教训，WTO 成员必须审慎地推进非互惠范式由第二阶段向第三阶段的转化。虽然非互惠范式向第三阶段的转化是以发展为导向的多边贸易体制的必然要求，但这一过程很可能因制度完善的路径或程度的失当而导致失败，甚至造成成员之间权力博弈与利益对抗的升级。发展中成员应当考虑如何在现有的秩序之下制定相应的改革政策，使国际经济自由化有利于各个成员经济发展水平的提高④，特别是要在吸收 NIEO 运动经验教训的基础上推动这一过程逐渐实现。还必须客观地看待等级制治理秩序的存在现实、优势以及缺陷，需要意识到互惠对等级制的维护作用，以及非互惠自身具备的改革性质，从而实现对自由主义国际经济秩序和传统

---

① 在发达国家看来，NIEO 运动的诉求是彻底改变自由主义国际经济秩序的本体性原则和规范，而非工具性的规则。克莱斯勒. 结构冲突：第三世界对抗全球自由主义 [M]. 李小华，译. 杭州：浙江人民出版社，2001：1-11.

② 蔡从燕. 从国际经济新秩序运动到可持续发展战略：南北问题解决范式的可能转换及其对发展中国家的深远影响 [J]. 国际经济法学刊，2008，15 (3)：192-214.

③ 李巍，罗仪馥. 从规则到秩序：国际制度竞争的逻辑 [J]. 世界经济与政治，2019 (4)：28-57，155-156.

④ 王正毅，张岩贵. 国际政治经济学：理论范式与现实经验研究 [M]. 北京：商务印书馆，2003：573.

国际经济新秩序运动的"双重反思、双重扬弃和双重超越"①。正如发展中成员倡导的国际经济新秩序与发达成员主导的自由主义国际经济秩序并非水火不容，公正、合理的国际经济秩序应当兼顾竞争与合作、效率与公平。非互惠不等于平均主义，只有在不推翻现有秩序的前提下，尽可能地兼顾成员利益、获得更广泛的支持，才可能增大非互惠制度完善的成功概率。

（四）协调多边贸易体制中互惠与非互惠的冲突

在包容性的互惠原则下构建非互惠运行机制意味着对多边贸易体制中互惠与非互惠的协调。WTO 成员围绕多边贸易体制中的互惠与非互惠展开了权力的博弈，而权力竞逐最终走向对抗还是合作将深刻影响多边贸易法治与 WTO 的未来②。多边贸易体制长期以来体现的"中心—外围"治理结构，以及互惠与非互惠的矛盾，体现出了西方哲学中"二元对立"的思维模式，认为两个事物之间存在斗争关系，只有让一方占据主导并消解另一方后，才能化解矛盾，然而这一思维模式可能会形成"强者愈强，弱者愈弱"的恶性循环，还往往导致零和博弈。处理这一治理困境需要另外一种价值理念作为补充，即在全球共治的过程中求同存异地对待异见。"求同"旨在建立双方的相互尊重和认可，其目的并不是要完全消除歧见（即"求同"不是同化）。因而"求同"的另一方面是"存异"（即包容异见），即承认"万物并育而不相害，道并行而不相悖"的客观规律。求同存异的理想结果是和而不同③。如果在互惠与非互惠的关系上能够求同存异，不但能够实现两种理念的有机融合，同时也能够协调 WTO 体制中贸易与发展的关系，实现全体 WTO 成员的共治与共享。

在协调多边贸易体制中互惠与非互惠关系的过程中，WTO 成员可以

① 王彦志. 国际经济新秩序的必要反思与中国的战略定位 [J]. 国际经济法学刊，2009，16（3）：112-136.

② 游启明. 中美实力对比变化对国际秩序的影响：权力转移论和新自由制度主义的比较研究 [J]. 国际展望，2019，11（2）：21-39，150.

③ 高奇琦. 全球共治：中西方世界秩序观的差异及其调和 [J]. 世界经济与政治，2015（4）：67-87，156-157.

通过程序正当性达成最低限度的共识，以寻找到成员间的"最大利益公约数"①。"最大利益公约数"也是"有限的"人类命运共同体理念的内在含义，它虽非人类的最高理想，却能促使各国在求同存异的现实基础上达成最低限度的一致性。WTO成员可以事先明确自身的核心利益和底线，在坚守底线的同时，探寻彼此的可谈判空间，防止"完美主义"立场可能带来的合作困境与谈判破裂的风险②。正如罗尔斯所言，"当我们对浅层次规范的共同理解遭遇崩溃时，抽象化是继续公共辩论的一种出路"。"分歧越深，就越要上升到一个更高的抽象水平上来，唯有如此，才能对分歧的根源获得一个清楚明白的认知。"③ 孙斯坦（Cass R. Sunstein）则从相反的方向探索达成共识的可能性，他指出"从法律上解决多元主义难题的一个突出方法就是对具体事务达成一致意见"④，因而平等协商总能在某一层面上产出共识⑤。当深层规范存在分歧时，就向浅层规范逃逸；当浅层规范存在分歧时，就向深层规范逃逸。

同理，WTO成员在多边贸易体制中互惠与非互惠问题上的对立也并非不可调和，可以通过求寻在某一层面的最低限度的共识，逐渐协调促进互惠及非互惠理念的相互融合。例如，发展中成员并没有全面否定互惠原则在多边贸易体制中的重要性，只是反对未经充分协商而确定的互惠范围和标准，以及不加区分地推动以对等为基础的关税减让。同样，发达成员也没有全面反对非互惠在多边贸易体制中的适用，但对谁有权享有、何时享有、在多大程度上享有、享有何种内容的非互惠优惠待遇存有质疑和不满。共识总是可能在某个层面达成。WTO核心成员在非互惠制度完善方

①　成员间的"最大利益公约数"，强调"各个成员都把自己所遇到的最棘手问题、所面临的最基本需求和最紧迫的未来关切聚集在一起，寻求各国彼此共同关切的领域"。何志鹏，都青．新时代中国国际法治思想［J］．国际关系与国际法学刊，2018，8：1－46．

②　琼斯，帕斯夸尔，斯特德曼．权力与责任：构建跨国威胁时代的国际秩序［M］．秦亚青，朱立群，王燕，等译．北京：世界知识出版社，2009：19．

③　RAWLS J. Political liberalism ［M］．New York：Columbia University Press，1996：45－46．

④　如果说罗尔斯关心的是从具体的分歧到抽象的共识，那么孙斯坦思考的则是从抽象的分歧到具体的共识。SUNSTEIN C R. Legal reasoning and political conflict ［M］．New York：Oxford University Press，1996：47．

⑤　唐丰鹤．法律正当性问题研究［M］．北京：北京大学出版社，2019：213－215．

面充分的"政治意愿和灵活性"将有助于推动多边谈判达成新的利益平衡，从而推动国际经贸治理实现新的突破。

二、促使非互惠成为多边贸易体制的规则支点

现行多边贸易体制事实上以美国倡导的公平为价值取向，以扩散的互惠为规范，以具体的互惠和无条件最惠国待遇为两个支点。但具体的互惠和无条件最惠国待遇的结合无法构成发展中成员在WTO体制中获得影响力、维护自身权益的充分条件，同样不能保证发展中成员在议程设置、塑造谈判规则等方面取得成功①。发展中成员在不颠覆现有秩序和基本原则的情况下，仍有改良现有体制的空间。发展中成员可以在参与多边贸易谈判的过程中不断学习和反思，提升自身的制度性权力和软实力，主动塑造并拓展多边贸易体制文化与制度的空间。这一过程需要多边贸易体制中的非互惠作为制度保障，因而多边贸易体制中非互惠的法律原则地位需要获得进一步的强化。非互惠制度的完善应当将非互惠确立为多边贸易体制的第三个规则支点，与具体的互惠以及无条件最惠国待遇相互补充和协调，共同服务于多边主义扩散的互惠，并塑造更具包容性的公平价值理念。

（一）增加多边贸易体制中非互惠的法律约束力

促使非互惠成为多边贸易体制的规则支点首先需要增加多边贸易体制中非互惠的法律约束力。虽然多边贸易体制不宜进行颠覆性的改革，但小修小补式的保守改革同样不足以改善多边贸易体制的发展赤字。非互惠制度完善的正确路径是推动其结构性转变，使非互惠成为多边贸易体制的重要规则支点。这一目标的实现需要推动非互惠原则及规则的"硬化"②。有法律约束力的规则需要满足义务、准确和授权三

---

① 　NARLIKAR A. Fairness in international trade negotiations: developing countries in the GATT and WTO [J]. The World Economy，2006，29（8）：1027.

② 　考虑到特殊与差别待遇的硬化已得到《多哈宣言》的授权，继续保留针对发展中成员的软法规则已不具备可站得住脚的理由。黄志雄 . WTO体制内的发展问题与国际发展法研究 [M]. 武汉：武汉大学出版社，2005：109.

个标准①。在这一标准的指引下，非互惠制度完善首先要促进授权性的规则转化为义务性规则。其次要澄清非互惠义务的具体内容，还应制定具有确定性的非互惠标准，以提高相关条款的准确性。最后各缔约方还应确保以非互惠为谈判基础的多边贸易规则能够由相关的监督机构保障实施，并且在多边贸易体制的争端解决机构中获得可执行性。上述路径将进一步促进非互惠理念嵌入到多边贸易体制中，增加多边贸易规则的发展导向性。

（二）明确多边贸易体制中非互惠的法律原则地位

明确多边贸易体制中非互惠的法律原则地位是建立健全非互惠制度的关键一步。它能为非互惠义务的谈判提供指引，促进 WTO 成员尽快达成共识。正如有学者提出，国际政治理论的一项卓越任务就是建立清晰、有力的、经过充分论证的原则或理念来激励、动员并组织各成员朝着一个更加公正的全球经济体制努力②。多哈回合特殊与差别待遇改革的失败在一定程度上可以归咎于非互惠原则的不明确。多哈回合谈判中，单个的发展中成员及发展中成员联盟提议了诸多特殊与差别待遇改革方案，但由于严重缺乏共识，最终这些提案大都中道而废。

明确非互惠的原则地位有利于改善多边贸易体制中非互惠的边缘化问题，也能避免非互惠沦为利益交换的筹码。非互惠是理性的行为体在原

----

① 《合法化的概念》一文提出了合法性（legality）的三个维度：义务、准确和授权，且提出硬法与软法相比，在义务程度、准确程度和授权程度这三个方面都比较高。法律义务可以启动业已建立的规范、程序和规则。国际协定中的规则和承诺如果被制定时具有法律约束力，就必须被善意地遵守，义务的违反将会产生相应的法律责任。规则的准确性是指一项规则能够清晰地表明一国或其他行为体在特定的情况下应当做出什么样的行为。换言之，准确性缩小了一项规则可以被合理解释的范围。规则的准确性越高，越说明对于某一行为是否可接受的决定是在规则制定时而非执行时作出的，立法机构而非司法机构会拥有更多的权限。第三个维度是国家或其他行为体向第三方授权执行谈判的协定。当争议双方赋予第三方裁决法律约束力时，争端解决机制的法律化程度最高；而当争端方依据政治谈判的结果解决协定纠纷时，相应规则和机制的法律化程度最低。ABBOTT K W, KEOHANE R O, MORAVSCIK A, et al. The concept of legalization [J]. International Organization, 2000, 54 (3): 408 - 418.

② CARMODY C, GARCIA F, LINARELLI J. Conclusion: an agenda for research and action [M] //CARMODY C, GARCIA F, LINARELLI J. Global justice and international economic law: opportunities and prospects. Cambridge: Cambridge University Press, 2012: 293.

初状态下会选择的贸易收益的分配方式①。非互惠的义务承担和执行是以WTO成员经济发展水平差异为基础的，特别考虑了发展中成员的客观局限性与现实的发展需求，旨在调整多边贸易体制中治理结构与收益分配的失衡，维护公平公正的贸易关系，并非利益交换的筹码。换言之，贸易问题与发展问题之间存在十分紧密的关联，不能以战略性连接的方式处理二者之间的关系，发展中成员也无须为非互惠制度的改革与完善在其他领域作出对等减让。如果发展中成员必须持续投入谈判资源，在其他领域作出减让，才能确保与发展相关的问题被保留在谈判日程中，则说明发展问题在多边贸易体制中是被战略性处理的，还会从本质上排除对WTO成员发展需求的性质、程度等问题的思考与讨论。WTO成员需要明确非互惠适用于不同经济发展水平成员时的原则地位，确保非互惠能够引领所有具体协定的谈判，避免发展中成员为获得有形式而无实质的优惠而"重复付费"。

（三）扩大多边贸易体制中非互惠的适用范围和调整范围

落实非互惠理念不能仅仅依靠发展中成员身份划分非互惠适用的主体范围。在必要的时候，应当允许非互惠适用于发达成员。因为"对契约弱者施以特别保护的正当性基础是契约当事人的法律能力差别，而非法律人格差别"②。因此也可以考虑在确保发展中成员为主要受益群体的情况下，允许非互惠原则在必要情况下适用于部分发达成员。"自由贸易并非解决不平等问题的万能药"③，这一结论同样适用于发达成员。特别是在贸易自由化过程中，发展中成员的低劳动力成本优势，可能会引起发达成员进口竞争行业内失业率的增加，并引起社会不公平、不稳定的问题。这一问题不能依靠逆全球化来解决，而只能依靠国内社会安全网的建立。多边贸易体制中的非互惠也可以在解决发达成员国内关注的问题上有所作为，如通过过渡期的设置提供安全阀与内部改革压力，催促发达成员尽快在国内层面解决好分配问题。

---

① 罗尔斯. 正义论：修订版［M］. 何怀宏，何包钢，廖申白，译. 北京：中国社会科学出版社，2009：59.

② 蔡从燕. 身份与契约：GATT/WTO体制内"特殊与差别待遇"的契约法研究［J］. 国际经济法学刊，2005，12（2）：40-162.

③ SAMUELSON P. International factor price equalization once again［J］. Economic Journal，1949，59（234）：181-197.

　　发达成员国内因贸易自由化而引发的不平等问题同样严峻。这一问题可能来自自由贸易对于国内契约的扰乱。例如经济全球化使得美国在某些产业内集聚优势，而在另外的一些产业遭受激烈冲击①，资本外流加速了美国"产业的空心化"②，导致某些群体失业和收入下降，制造业出现了尤为严重的衰退。经济全球化对不同产业收益的影响延伸至美国收入分配领域，从而扩大了美国国内阶层之间的贫富差距，进一步导致各阶层分化和"民粹主义抬头"③。在此过程中，美国联邦和州政府未能制定有效的再分配制度来调节和缓和收入增长的不平衡。为了迎合美国民众，美国政府将矛头转向中美经贸关系和以 WTO 为基础的多边贸易自由化，力图通过对国际经贸关系的调整和国际经贸体系的改革来缓和美国的国内社会问题④。面对因经济全球化而造成的国内社会问题，国际贸易体制无法弥补国内治理体制的不完善，但是多边贸易体制可以通过合理的机制设计为贸易收益的国内再分配留下空间，并加速这一调整进程。

　　多边贸易体制中非互惠的调整范围也应被扩大，以服务于更多的发展目标，促进不同成员需求和利益融合。例如，可以考虑将公平贸易议题纳入非互惠制度完善的范畴。非互惠对公平贸易的调整不但有利于 WTO 成员调和在公平贸易问题上的矛盾，也有助于增强发达成员对非互惠制度完善的政治支持。"公平贸易"这一术语在发达成员的推动和解释下发展出了特殊的含义。公平贸易既是美式公平理念在贸易领域的反映，也可以指在美国国内就对外贸易政策及其影响发起的特定运动⑤。除了传统的公平

---

① 潘晓明．变动中的国际贸易体系：特朗普政府的调整策略及思路 [J]．国际关系研究，2018（6）：126-143，155.

② 周琪．论特朗普的对华政策及其决策环境 [J]．世界经济与政治，2019（3）：57-78，157-158.

③ 潘晓明．变动中的国际贸易体系：特朗普政府的调整策略及思路 [J]．国际关系研究，2018（6）：126-143，155.

④ 周琪．论特朗普的对华政策及其决策环境 [J]．世界经济与政治，2019（3）：57-78，157-158.

⑤ 美国发起公平贸易运动是担心在全球化背景下，其他成员的贸易政策和标准会给美国生产者带来不公平的竞争劣势，因而其目标是打击贸易伙伴的不公平贸易行为，这一做法一直延续至今。例如：20 世纪 80 年代美国曾指责日本不对等开放市场、操纵汇率等不公平贸易行为；21 世纪的今天美国又以类似的主张指责中美经贸关系。EHRLICH S D. The politics of fair trade: moving beyond free trade and protection [M]. New York: Oxford University Press, 2018: 29.

贸易政策的支持者，美国支持公平贸易的群体也可能具有特定的政治诉求、价值理念诉求以及其他非经济利益考量①，例如聚焦劳工权益、环境和人权保护等非贸易关注的特定群体，它们或者具有一定的利他主义倾向而致力于提高国外的劳工和环保标准，或者担心贸易伙伴的低保护标准会造成"向下竞争"的问题而损害到国内标准。

美国的公平贸易政策也可能被滥用，成为贸易保护主义者和狭隘的民族主义者的借口②。当公平和互惠理念被贸易保护主义者滥用，保护主义也展现出一系列新的特征，在保护的手段和范围方面呈现出更广泛的态势。反补贴、反倾销、保障措施、环保与劳工标准、技术性贸易壁垒、生命健康和可持续发展等内容均可成为隐性的保护手段，使贸易措施具有名义上的合法性和实质上的歧视性③。而狭隘的民族主义者更多将国家间贸易理解为一种零和博弈，其中一方的贸易收益将会导致另一方的贸易损失。并将美国贸易逆差的攀升、就业前景的暗淡以及工人收入水平的下降归咎于中国等其他贸易伙伴的不公平贸易行为④。这两类群体均以互惠和公平贸易为名，为无限制的利己主义和反

---

① 戴斯勒. 美国贸易政治［M］. 王恩冕，于少蔚，译. 北京：中国市场出版社，2006：257－259.

② ZAMPETTI A B. Fairness in the world economy：US perspectives on international trade relations［M］. Cheltenham：Edward Elgar, 2006：149. 有观点认为发达成员判断国际经贸关系是否公平的标准往往是看自身的竞争优势能否充分体现。张向晨. 发展中国家与WTO的政治经济关系［M］. 北京：法律出版社，2000：58；HEARN E. Harm, fairness and trade policy preferences：an experimental examination of sincere fair-trade preferences［J］. International Politics, 2014, 51（1）：124－135.

③ 贸易保护主义者是在国际贸易中不具备竞争优势的群体，因而能够通过游说对贸易的保护而获取既得利益。这些保护主义者不愿承认自身缺乏技术、管理、价格等竞争优势，却指责对手存在不公平贸易的行为。STIGLITZ J E. Fair trade［J］. The National Interest, 2008, 5（95）：21. 他们无视成员间在劳工、资本、土地、经济发展水平等方面的差异以及这些差异所带来的比较优势，而强行要求各国实现贸易规制政策的协调，以达到反对竞争的目的。JONES K. Who's afraid of the WTO?［M］. New York：Oxford University Press, 2004：50.

④ 美国选民倾向于认为只有美国是公平的贸易者，其他国家在一定程度上都具有不公平的行为。巴格瓦蒂. 现代自由贸易［M］. 雷薇，译. 北京：中信出版社，2003：42；SCHEVE K F, SLAUGHTER M J. How to save globalization：rebuilding America's ladder of opportunity［J］. Foreign Affairs, 2018, 97（6）：98－108.

竞争的动机提供掩饰。

WTO 体制可以考虑将公平贸易诉求纳入到非互惠制度框架下来解决。对于不同的利益群体，有必要区分其动机，或给予政策空间，或采取限制措施，以防止真正的公平贸易者被贸易保护主义者利用和裹挟①。发达成员和发展中成员在政策空间方面可能会产生一系列复杂困难的摩擦，WTO 体制需要承认这些摩擦，并且付出努力设计规则管理这些争议，而不是一味地推进市场开放的日程②。与此同时，也应当认识到，落实可持续发展③、逐步摆脱对低成本竞争优势的依赖也是发展中成员未来经济和社会发展的总体路径和方向。通过将公平贸易诉求纳入到非互惠制度框架下，公平贸易将不再是发达成员"不受限制"的专利。发展中成员可以积极参与塑造这一理念，反对那些以公平贸易为由的保护主义，反对干涉他国发展模式和内政的行为。

中国也可以对多边贸易体制中非互惠的适用问题采取灵活立场，支持拓展多边贸易体制中非互惠的适用对象和适用范围。支持非互惠不仅适用于发展中成员，也适用于有需求的发达成员，从而更加客观地考虑成员间经济发展水平的差异。多边贸易体制中非互惠适用对象和范围的拓展，也有助于中国赢得更多成员支持，为中国方案争取更多来自发达成员的赞同意见。

---

① EHRLICH S D. The politics of fair trade: moving beyond free trade and protection [M]. New York: Oxford University Press, 2018: 39. 多边贸易体制对于发达成员的公平贸易诉求不能全盘接受，也不宜全盘反对，应当管理和规制 WTO 成员在公平贸易诉求方面的分歧。虽然 WTO 不是监督实施环保、劳工标准的最适宜的权威机构，但 WTO 在通过推进全球贸易自由，带动世界经济发展的同时，也应当推动核心标准的实施和完善。CHANG H-J. Policy space in historical perspective with special reference to trade and industrial policies [J]. Economic and Political Weekly, 2006, 41 (7): 627 - 633.

② 虽然赋予 WTO 成员公平贸易的政策空间可能会导致贸易保护主义的滥用，但是受到程序限制的政策空间要优于完全不受限制的单边措施，如果贸易保护主义压力在贸易体制外发挥作用可能会产生更严重的后果。RODRIK D. The globalization paradox: why global markets, states, and democracy can't coexist [M]. Oxford: Oxford University Press, 2011: 212.

③ 可持续发展观念虽起源于环境领域，却朝着多向度发展，成为国际经济法的价值目标之一。可持续发展包括经济持续、社会持续和生态持续三个相互关联的方面，强调全人类的长期发展，显示出着眼于未来的视野。何志鹏. 从国际经济新秩序到可持续发展：国际经济法治目标的升华 [J]. 国际经济法学刊，2008, 15 (3): 167 - 191.

（四）处理好多边贸易体制三个规则支点间的关系

无条件最惠国待遇与具体的互惠（对等）是多边贸易体制自建立之初就确立的两个重要规则支点，将非互惠作为多边贸易体制的第三个规则支点，需要处理好其与前两个规则支点的关系。其中，最重要的是要尊重并加强无条件最惠国待遇，以便在给予 WTO 成员的灵活性与以规则为基础的贸易体制之间取得平衡①。因为一旦以规则为基础的多边主义遭到破坏，实力强大的成员就更有可能采取单边行动，对发展中成员的利益构成更大的威胁。鉴于解决 WTO 成员的发展问题必须以需求为导向、以合作为基本路径，建立于多边主义基础上的非互惠优于单边给予的非互惠待遇。实践证明，发达成员以普惠制为代表的非互惠形式容易受到权力操纵②，而在最惠国待遇下谈判达成的非互惠权利义务能够在 WTO 成员之间形成明确的契约，进而增强 WTO 规则的法律约束力和稳定性。

增加非互惠为多边贸易体制的第三个规则支点，还应处理好非互惠（非对等）与对等削减贸易壁垒之间的关系。对此，一个重要原则便是以对等来调整经济发展水平相近的成员之间的贸易关系，以非对等调整经济发展水平存在明显差异的成员间的关系。在充分的对等减让模式下，不同WTO 成员之间先前存在的资源和实力的不对称的影响力将会延续，并损

---

① 互惠与非互惠的贸易政策均未明显提高部分发展中成员的经济发展水平，一个重要原因在于发展中成员市场规模和经济实力的局限性，这一局限性难以抵抗特殊情况下发达成员内部的贸易保护主义势力。而强化无条件最惠国待遇会适当弥补发展中成员实力不足，避免对发展中成员实施歧视性贸易措施。HUDEC R E，FINGER J M. Developing countries in the GATT legal system［M］. Cambridge：Cambridge University Press，2010：179 - 181.

② 因此对于普惠制而言，较为可行的处理方案就是在维持现状的情况下，尽可能限制其负面影响的扩散。例如防止单边性质的"毕业"、分类规则的溢出效应。维持现状的原因在于：一方面普惠制对于发展中成员经济发展的促进作用有限，且其伴随而来的困境难以通过制度改革得以有效应对，因此在未来多边贸易体制可能进行的特殊与差别待遇谈判中，任何试图扩大、推进或进一步固化普惠制的努力都是不明智的。但另一方面，普惠制已然建立起来，虽然发达成员具体的实施情况偏离了该制度的设计初衷，但彻底抛弃普惠制在政治上并不可行，任何彻底的普惠制改革必然会招致反对意见。MICHALOPOULOS C. Special and dif-ferential treatment：the need for a different approach in developing countries and the WTO［M］// SAMPSON G P，CHAMBERS B. Developing countries and the WTO. Tokyo：United Nations University Press，2008：124.

害发展中成员的利益，加剧贸易收益和成本分配的失衡①。而非互惠事实上将一体对等转化为同级对等，将所有成员之间的对等修正为同等实力成员之间的对等。这意味着转变一种方式衡量多边贸易体制下的关税减让程度②。换言之，不以成员作出减让的绝对价值衡量贸易壁垒的削减是否对等，而是把成员能力差异考虑其中，参照成员经济实力比较成员关税减让的相对价值，从而体现为一种非对称的对等。

非对称的对等辩证看待了互惠与非互惠的关系，与亚里士多德提出的成比例的对等概念相契合③。互惠的纽带将人们结合起来，不是简单地不管他们之间的差异，而恰恰是由于他们之间的差异。因此，对等与非对等之间并不是相互排斥。只要基于科学确定的标准，合理考量不同成员开放市场和履行义务的成本，经济发展水平不同的成员间的非对等也能体现出实质意义上的对等关系。在这一思路下，对等和非对等都将具有各自适用的范围和对象，非对等不再是"例外情形"或"法外施恩"④，而是对等的另一面，同时又是具有包容性的互惠原则的题中应有之义。

三、注重新兴经济体完善非互惠制度的作用发挥

新兴经济体的崛起为 WTO 成员在非互惠问题上达成共识创造了条件，也为多边贸易体制中的非互惠制度完善提供了前所未有的历史机遇。因为非互惠制度的形成和改造要基于文明间的平等交流与对话，然而平等的实现从根本上取决于国际力量格局演变的进程。推动非互惠制

---

① GARCIA F J. Trade, inequality, and justice: toward a liberal theory of just trade [M]. Ardsley, N. Y.: Transnational Publishers, 2003: 151. 成员间力量不均衡对于谈判过程也会产生重要影响，因而互惠的承诺无法给所有成员提供均衡的收益。JOBIM M. Drawing on the legal and economic arguments in favour and against "reciprocity" and "special and differential treatment" for developing countries within the WTO system [J]. Journal of Politics and Law, 2013, 6 (3): 55 - 66.

② ROLLAND S E. Development at the WTO [M]. New York: Oxford University Press, 2012: 303.

③ 亚里士多德《尼各马可伦理学》中专门论述了正义。他提出"合比例的才是适度的，而公正就是合比例的"。亚里士多德. 尼各马可伦理学 [注释导读本] [M]. 邓安庆，译. 北京：人民出版社，2010：85.

④ 廖凡. 构建更加公平的国际贸易体制：对 WTO 互惠原则的再思考 [J]. 国际贸易，2007 (6): 62 - 65.

度完善、实现分配正义的根本障碍是南北力量格局的不对称性。随着以新兴经济体为代表的发展中成员群体的崛起，依附论者所描述的世界经济体系已经发生了历史性的嬗变，昔日的单向依附逐渐朝着双向依存的方向发展。

新兴经济体与许多成员均保持着竞争与合作的关系。对于发达成员而言，这意味着它们将从与发展中成员的合作中获得更多潜在机会和收益；对于其他较为落后的发展中成员而言，新兴经济体的出现也增加了它们接受外部资源、援助以及合作伙伴的选择①。新兴经济体扩大市场开放所提供的动力，能够增加发展中成员整体的谈判筹码，为推动 WTO 成员非互惠制度完善与改革创造了重要的"客观物质条件"②。

另外，新兴经济体可以通过在发展援助、非互惠制度改革创新和价值调整方面发挥独特作用，平衡秩序稳定与变革之间的矛盾。在非互惠制度建设与改革的一些方面，发达成员与部分发展中成员具有反向的利益诉求与推动力，而新兴经济体可以为此提供立场缓冲地带，从而发挥重要的衔接功能。新兴经济体在国际政治经济体系中的"中间"位置和身份，决定了这一群体可以在兼顾不同利益需求、平衡秩序稳定与变革过程中起重要作用③。一方面，新兴经济体是现有国际经贸秩序的受益者，国际经贸秩序的稳定符合新兴经济体的发展诉求。另一方面，新兴经济体肩负着重大历史责任，有潜力和实力为国际社会引入以发展为导向的新价值理念，为促进分配正义和秩序改革作出积极贡献。因而在多边贸易体制非互惠制度完善过程中，应格外注重利用新兴经济体的市场优势。

新兴经济体有底线的灵活性立场将成为未来破解非互惠谈判困境的关键。非互惠制度建设不可能一蹴而就，更不可能自发形成，势必要遭受等级制秩序下部分既得利益者的反对，还要经历不同成员立场与诉求之间

---

① 王正毅，张岩贵.国际政治经济学：理论范式与现实经验研究［M］.北京：商务印书馆，2003：517.

② 正义理论的产生需要有客观物质基础，而不可能凭空产生。如果没有成熟的社会条件，正义观的改革就无从说起。杨谦，王桂艳.公平与正义问题研究［M］.南宁：广西人民出版社，2018：67.

③ 石斌.秩序转型、国际分配正义与新兴大国的历史责任［J］.世界经济与政治，2010（12）：69-100，154.

的权力博弈。新兴经济体承担更加对等的关税减让义务，不但能为发达成员接受更具法律约束力的非互惠制度安排提供动力，也更符合新兴经济体自身发展阶段的利益诉求。特别是随着以中国、印度等为代表的新兴经济体的崛起，发展中成员的投资市场趋于完备，消费市场潜力开始释放，这些先进的发展中成员能从对等谈判中获取的受益也逐渐增加。美国实力相对衰落以及社会思潮内向化导致"美国政府承担国际责任的能力和意愿下降"[1]。全球治理的责任赤字导致了全球体系的不稳定。新兴经济体成员在要求获得更多的经济权力以影响治理进程的同时，有必要承担更大的责任，适当填补欧美领导角色的真空。因此，在新兴经济体快速崛起，各国国内就业压力和竞争程度加剧的情形下，要求新兴经济体更加对等地开放市场具有一定的合理性。

中国作为全球最大的发展中国家和世界第二大经济体，应当在多边贸易体制中的非互惠制度建设方面有所作为[2]。中国可以通过进一步扩大对外开放提供市场驱动力。扩大对外开放既包括更加对等的开放，也包括单边的开放，既包括在货物贸易领域扩大开放，也包括服务贸易等多领域、多元化的开放。中国实行更加对等开放的条件已经成熟。因为在"实力界定收益"的基本逻辑下，中国经济发展水平的提高使得中国在现行多边贸易体制中可以获得的贸易收益也顺势递增[3]，故中国有必要接纳并维护现行多边贸易体制内基于机会均等的互惠和公平竞争，适度提高与发达经济体贸易关系对等程度，并在国际规则的制定中发挥与自身实力相称的建设性作用。且就中国而言，受《中国加入 WTO 议定书》与工作组报告的影

---

① From development to differentiation: just how much has the world changed? [R]. UNCTAD Research Paper, No. 33, UNCTAD/SER. RP/2019/5, 2019: 213.

② 新世纪以来，中国经济崛起成为全球化中的最大变量。中国经济发展和体制转型是推动新时代经济全球化的重要力量，与此同时，中国经济也受益于经济全球化。在此意义上，中国理应为弥补新时代经济全球化背景下出现的全球治理赤字作出贡献。刘伟，王文. 新时代中国特色社会主义政治经济学视阈下的"人类命运共同体"[J]. 管理世界，2019，35 (3)：1 - 16.

③ 中国需要在扩散的互惠理念下，努力提供国际公共产品，积极承担国际责任，为国际社会作出积极贡献。随着中国政治经济实力的提升，在全球公共产品的提供上采取"搭便车"的做法既不现实也不符合我国现阶段的根本利益。徐崇利. 二战之后国际经济秩序公正性之评判：基本逻辑、实力兴衰及收益变化 [J]. 经贸法律评论，2019 (3)：67 - 78.

响，中国本就承担了比其他 WTO 成员更为严格的义务①。相比于获得特殊与差别待遇，消除歧视、利用市场优势获得公平公正待遇可能是对于当下中国而言更现实可行的谈判立场②。中国国内大循环的畅通有可能带来强劲增长动力，带动全球经济走出深度衰退的泥潭，推动建设开放型世界经济，这也是中国作为负责任大国的价值实现③。

在更对等的开放之外，中国还可以利用单边开放进行独立探索和制度创新。单边开放属于主动开放，具有灵活性和可掌控性，曾在对外开放初期发挥重要作用。进入新时期，单边开放将再次成为推进高水平开放的试金石。在努力进行国内制度创新的基础上，中国可以在更大范围内引领区域合作、创设国际制度。尤其需要在复合的世界中推进以"一带一路"倡议为代表的更开放包容的地区主义④，提升国内规则国际化的能力⑤，中国可以在区域层面率先尝试非互惠制度设计方案，积极探索成员间合作的新模式，这有利于中国在全球化的世界中最大化自身的谈判实力，参与引领国际层面规范、实践和标准的设立。

四、以权利义务差异化配置优化发展中成员分类

发展中成员作为一个具有显著异质性的群体，分类和进一步差别待遇

---

① 经学者统计，中国在加入 WTO 谈判过程中被迫放弃 45 条优惠待遇，占比 29%，对中国而言具有务实意义的条款更少，仅占全部特殊与差别待遇条款的 32%。李双双. WTO "特殊和差别待遇"透视：改革争议、对华现实意义及政策建议［J］. 国际贸易，2019（8）：4－11，78.

② 国务院新闻办公室. 新时代的中国与世界［R/OL］.（2019－09－27）［2024－03－07］. https：//www.gov.cn/zhengce/2019－09/27/content_5433889.htm? trs＝1.

③ 董志勇，李成明. 国内国际双循环新发展格局：历史溯源、逻辑阐释与政策导向［J］. 中共中央党校（国家行政学院）学报，2020，24（5）：47－55. 中国"鼓励发展中成员积极承担与其发展水平和经济能力相符的义务"，也曾明确提出要"为国际社会提供更多公共产品"。China's Proposal on WTO Reform，WT/GC/W/773，13 May 2019.

④ 赵可金."一带一路"的中国方略研究［J］. 新疆师范大学学报（哲学社会科学版），2016，37（1）：22－33，2."一带一路"建设中的制度化合作，以务实、自愿和灵活开放为特征，形成了一种弱制度、高效率的合作范式。魏玲. 大变局下的中国与国际发展合作［J］. 亚太安全与海洋研究，2021（1）：28－44，2－3.

⑤ 赵龙跃. 统筹国际国内规则：中国参与全球经济治理 70 年［J］. 太平洋学报，2019，27（10）：47－62.

已成为多边层面上不可回避的问题①。即使对发展中成员群体被分化的担忧也不能阻止发展中成员承担义务的差异化进程。事实上，发展中成员群体内部已经呈现出利益诉求差异化的趋势②。例如以议题为基础的发展中成员联盟的出现表明，发展中成员具有不同的发展阶段、发展水平和发展诉求。此外，WTO 成员义务的分化并不是一个全新的概念，其不仅在"欧共体关税优惠案"中成为焦点，且 WTO 谈判的实践也已经在很大程度上展现了这一新的趋势。例如在 WTO 2008 年 2 月到 7 月间农产品和非农产品市场准入的谈判中，WTO 成员均建议根据成员的不同发展情况制定不同的义务"门槛"。这一权利义务差异化配置的目的，在于减轻部分发展中成员的承诺负担，与此同时，推动所有 WTO 成员的贸易自由化进程。

发展中成员无差别地适用规则的做法正越来越多地面临正当性压力。因为即使是恰好采取"中间立场"的协定也难以适用于处于不同发展谱系位置上的 WTO 成员③。非互惠被纳入多边贸易体制的历史进程表明，发展中成员享有的特殊与差别待遇缺乏明确的法律标准，很多时候只是在发达成员和发展中成员之间达成的政治妥协，导致发展中成员待遇越来越类似于政治性权利。而对于发展中成员分类问题的回避可能会使得非互惠愈加政治化，侵蚀非互惠本身的效力和正当性。

接受发展中成员承担义务的差异化，并作出更加对等的关税减让承

---

① 虽然发展中成员均面临着同质性的发展问题，但发展中成员之间的差距也是不可回避的现实存在。仅强调共性而无视差异性的谈判立场将不利于 WTO 成员在发展问题上达成共识。发展中成员之间具有不同的资源、能力、诉求以及贸易日程。它们在谈判中本来就可能持有不同的立场，甚至可能会对其他发展中成员提出的建议表示反对。WIBOWO F A H. Improving the effectiveness of the special and differential treatment of the World Trade Organization [R]. Research Paper Laws 582, Victoria University of Wellington, 2015: 13.

② 伯琼斯科夫（Christian Bjørnskov）和林德（Kim Martin Lind）基于 WTO 成员在多哈部长级会议提交的建议和声明，分析了 WTO 成员立场之间的关联。他们用一系列的统计模型证实了成员之间显著的立场分歧，同时也证实了发展中成员的利益并非完全一致。固化地以同一个声音坚持政治和法律上的发展中成员联盟，可能会给单个发展中成员的立场和实际利益带来负面影响。BJØRNSKOV C, LIND K M. Where do developing countries go after Doha? an analysis of WTO positions and potential alliances [J]. Journal of World Trade, 2002, 36 (3): 543 - 562.

③ ROLLAND S E. Development at the WTO [M]. New York: Oxford University Press, 2012: 298.

诺，是以中国为代表的新兴经济体可以考虑采取的灵活立场，以避免在发展中成员待遇的改革问题上与美欧方案直接对立。推进 WTO 成员权利义务的差异化配置并不像发展中成员身份认定那样具有政治敏感性，也不必然与发展中成员的利益相违背，这恰恰是非互惠制度完善的内在组成部分。应当明确的是，享受发展中成员待遇只是发展中成员实现发展的必经阶段，而非最终的奋斗目标①。与其追求"有形式而无实质"的特殊与差别待遇，被动接受单边的普惠制优惠，不如先致力于消除单边主义和歧视性待遇，立足本国实际，与发达成员在平等的位置上谈判解决发展问题。既要将发展中成员需要享受的"发展利益和政策空间"② 落到实处，又要确保各成员承担与自身发展水平相适应的责任。WTO 承担义务的差异化也可以推动发展中成员以差别待遇的"空头支票"换取真实的发展机会③。如果 WTO 成员可以以客观证据为基础，充分考虑发展中成员实际需求，确保不同的 WTO 成员依据不同发展情况承担不同层次的义务，并在满足相应客观条件的情况下享受特定的灵活性，WTO 成员就可以淡化或搁置发展中成员身份认定的问题和争议。

在承认发展中成员的异质性并推动权利义务承担的差异化过程中，必须具有底线意识。发展中成员身份和发展中成员待遇是多边贸易体制中客观存在且不能撼动的重要组成部分④。不能罔顾某一成员方实际发展现状武断地剥夺其发展中成员地位，不能减损某一成员方在必要情形下实施一定的灵活性政策的权利，或者强迫发展中成员承担与自身经济发展水平不相符合的义务。尽管近年来以中国为代表的新兴经济体的经济发展取得了巨大的成就，但是它们在"人均水平、经济结构、平衡发展、创新能力"

---

① 庞中英 . 中国现在须加强与美欧 WTO 立场之共同性［N］. 华夏时报，2019 - 04 - 01 (31).

② 国务院新闻办公室 . 新时代的中国与世界［R/OL］.（2019 - 09 - 27）［2024 - 03 - 07］. https：//www. gov. cn/zhengce/2019 - 09/27/content_5433889. htm？trs＝1.

③ ROLLAND S E. Development at the WTO［M］. New York：Oxford University Press，2012：7.

④ 陈卫东 ."特殊与差别待遇"是世界贸易组织的重要基石［N］. 人民日报，2019 - 01 - 17（9）.

问题上仍然具有发展中成员的共性①，与发达经济体之间还存在明显的差异。完全否认这些成员的发展中成员身份，要求它们对等开放市场或统一适用规则，是对 WTO 成员发展需求的无视；要求部分成员彻底从发展中成员身份中"毕业"，一跃进入发达成员阵营更是不切实际的做法。只有承认并坚持发展中成员身份并完善非互惠制度安排，才能减少发展中成员融入经济全球化的困难和风险，增强其经济发展的内生动力和主动开放市场的意愿。

对于中国而言，坚持发展中成员地位在未来一段时间内仍具有重要意义。中国离不开其他发展中成员的支持，中国与其他发展中成员之间存在共同合作的基础。而放弃发展中成员地位非但不能直接获得发达成员的"自动接纳"，还会影响到中国在其他国际组织和国际事务中的"角色扮演"②。因此，中国应团结其他发展中成员，积极参与 WTO 改革和未来规则的制定，长期看来，也需要为承担更高水平承诺和更多国际责任做好充分准备。

第三节　多边贸易体制中非互惠制度完善的具体方略

在多边贸易体制中非互惠制度完善的基本路径确立后，还需要制定具体方略，将上述思路进一步细化，使其具有可操作性。"互惠—非互惠"的"双层决策模式"的建立，将有助于落实在包容性的互惠原则下构建非互惠运行机制；而以规则导向为核心的非互惠标准的倡导将会促使非互惠成为多边贸易体制的规则支点，并实现权利义务的差异化配置；多边贸易体制中非互惠监督机制的创设不但能够增强非互惠条款的法律约束力，还有助于防止权力滥用、弥合成员分歧。未来学界应当进一步思考非互惠制度完善的具体方案，以实现多边贸易体制中的非互惠由理念到机制再到规则的全面、系统性完善。

---

① 郭言．国际规则制定岂能听任一家之言 [N]．经济日报，2019 - 07 - 29 (4)．
② 彭德雷，周围欢，屠新泉．多边贸易体制下中国发展中国家地位问题研究：基于历史、现实与规范的多维考察 [J]．太平洋学报，2020，28 (1)：64 - 75．

一、建立"互惠—非互惠"的"双层决策模式"

想要充分发挥非互惠的理念价值，调节收入分配，矫正结构性失衡，并将多元差异纳入规则治理，还必须依靠具体的制度化设计①。非互惠机制是一种对竞争的管理。竞争管理的核心是协调有冲突的战略目标和利益需求，减少高度不兼容的利益，进而塑造有管理的包容性竞争，避免无限升级的排他性竞争。

本书建议设置"互惠—非互惠"的"双层决策模式"，将其作为多边贸易体制中非互惠机制的核心内容。"双层决策模式"能够将互惠谈判和回合谈判的动力，与规则制定的差异性需求相整合。保障所有成员共享的基本原则、规范、规则、权利和责任构成多边主义的核心，与此同时也允许与成员经济社会发展水平相适应的规则差异性的存在。"互惠—非互惠"的"双层决策模式"能够有效协调国际法的普遍性与包容性②，有利于推动多边贸易规则朝着更加公正与合理的方向发展。

（一）互惠层面：灵活适用"一揽子承诺"

多边贸易体制应在原则层面确立扩散的互惠，而扩散的互惠中包含谈判议题间的策略性捆绑。谈判议题间的策略性捆绑可以用来实现两个目的。其一是提高谈判能力与增加谈判筹码。在某些情况下，强国可能会寻求议题的联系，以便将霸权影响力从一个问题领域转移到另一个问题领域。在一些情况下，弱国也可能会寻求运用议题间的策略性捆绑，推进自身具有竞争优势的领域，并抵抗大国权力的滥用。其二是提高成员间达成共识的可能性。在单一议题上，某一缔约方可能无法从欲达成的协定中获得利益，或者谈判结果无法为不同缔约方带来平衡的收益，而议题间的策略性

---

① 孙秀丽.“对称性互惠”与“非对称性互惠”：艾利斯·扬对交往伦理学的反思与重构[J]. 学习与探索，2017（4）：26-32.

② 蔡从燕提出，国际法的普遍性是有限度的，虽然所有国家都受到国际法的拘束，但特定国际法制度既无必要也不可能适用于所有国家。然而，包容性也是有限度的，且具有被滥用的风险。“既有研究没有密切结合国际法的普遍性加以讨论，不利于证成包容性的正当性及其限度。”蔡从燕. 国际法的普遍性：过去、现在与未来［J］. 现代法学，2021，43（1）：90-104.

捆绑可以通过在议题之间产生关联，促进缔约方达成共识。故而有学者将互惠称为"与魔鬼的交易"①。因为互惠或多或少体现了重商主义的理念，与贸易自由化的原理相背离。但作为成员间合作降低贸易壁垒的动力，在当前的国际社会中并没有其他法律政策能够全面替代互惠的作用②。理论上讲，即便不同的议题之间不存在规范性关系③，通过在谈判过程中建立联系也有利于谈判各方达成满意的结果。

尽管"一揽子承诺"与议题之间的关联性密切相关，二者却并不等同。"一揽子承诺"意味着各谈判的参与方必须同时无选择地接受所有的谈判结果，而建立议题之间的关联则不需要满足此严苛的条件④。"一揽子承诺"的谈判模式通过创造结构性的激励因素而促进谈判方达成协定，在实质上运用了议题之间的关联⑤。所有的成员必须同时针对所有协定内

① HUDEC R E, FINGER J M. Developing countries in the GATT legal system [M]. Cambridge: Cambridge University Press, 2010: 143.

② 互惠的关税减让可以为贸易自由化提供动力，以对抗公共选择理论下的集体行动问题。由于消费者从自由贸易中获得的收益极为分散且难以被关注到，而本地工人和生产者却可能从贸易自由化过程中遭受集中的损失。因此一些存在进口竞争利益的企业可能会寻求政府的贸易保护主义措施，而让消费者以及成员的整体利益受损。而在互惠的条件下，只有降低本地的进口关税，才能促使其他成员同等地降低贸易壁垒，从而为出口利益集团赢得新的市场。因此作为贸易自由化驱动力的互惠贸易政策和谈判方式是贸易自由化的关键途径。通过有效地调动出口利益集团向政府进行游说，互惠有助于对抗反自由贸易的进口竞争利益集团的力量，削弱贸易保护主义集团的影响，保障了消费者群体的利益，"在促进自由贸易的同时增强了国内民主"。

③ 策略性联系的建立不需要不同议题之间具有实质性关联，但纯粹的策略性联系在实践中是具有争议的。如果只有少部分成员认可某一议题与贸易的实质性关联，在谈判中运用策略性联系来施压的做法就是不恰当的，该议题也难以在多边层面被各成员接受。

④ 杰克逊. 国家主权与 WTO: 变化中的国际法基础 [M]. 赵龙跃，左海聪，盛建明，译. 北京: 社会科学文献出版社，2009: 119.

⑤ WOLFE R. The WTO single undertaking as negotiating technique and constitutive metaphor [J]. Journal of International Economic Law, 2009, 12 (4): 835 - 858; LEVY P I. Do we need an undertaker for the single undertaking? considering the angles of variable geometry [M] // EVENETT S J, HOEKMAN B M. Economic development and multilateral trade cooperation: the international bank for reconstruction and development. Washington, D. C.: Palgrave Macmillan, 2006: 425; MITCHELL R B, KEILBACH P M. Situation structure and institutional design: reciprocity, coercion, and exchange [M] // KOREMENOS B, LIPSON C, SNIDAL D. The rational design of international institutions. Cambridge: Cambridge University Press, 2003: 131.

容达成一致意见，而不允许挑选协定。

"一揽子承诺"作为一种谈判模式具有强大的制度价值。首先，"一揽子承诺"可以把数量庞大且具有显著差异的成员方纳入到同一个贸易自由化的体制中，有利于成员之间达成妥协。"一揽子承诺"的互惠模式更能促进 WTO 成员对谈判的参与，并增加谈判的动力。其次，"一揽子承诺"通过议题关联性的谈判规则设置，保持了协定的"完整性、统一性与多边性"①。东京回合时期，发展中成员"点菜式"的义务承担方式，打破了议题之间的关联度，也因此造成了贸易规则体系的碎片化和成员资格的差异性，使得发展中成员难以获得有价值的关税减让。最后，"一揽子承诺"保证了发展中成员的话语权和否决权，抑制了多边贸易体制等级制治理结构中的权力滥用。在"一揽子承诺"的谈判模式下，发达成员不能轻易地忽视发展中成员的利益诉求，也无法轻易将某一议题凌驾于另一议题之上。尽管乌拉圭回合谈判结果更多地偏向了发达成员的利益，发展中成员仍然可以通过行使事实上的否决权而阻止纳入它们不满意的规则，发展中成员还可以战略性地运用议题之间的关联，在其具有出口利益和竞争优势的领域取得进展。这样的谈判结果是在除"一揽子承诺"外的任何谈判模式下都无法获得的。

然而理论界和实务界针对"一揽子承诺"的质疑声从未间断。许多学者将多哈回合谈判失利归咎于"一揽子承诺"的谈判模式。原因在于任何成员都可以通过阻挠和"挟持"谈判以排除自己反对的议题，使得适合被纳入 WTO 体制且具有规范性价值的议题难以获得讨论和推进。议题的数量过多或争议性过大，均有可能降低达成共识的概率。此外，贸易谈判中议题的关联也有导致机会主义行为的风险。缔约方出于自我利益的考量，可能会拒绝作出其本不会反对的关税减让，以便在其他议题领域向谈判对手施压，为自身攫取更多收益。特别是在没有非互惠制度处理 WTO 成员差异、保障 WTO 成员权益并促进达成共识的情况下，"一揽子承诺"的谈判方式将会更多地体现出阻挠谈判进程的一面。僵持之下，"一揽子承

---

① 徐泉. WTO "一揽子承诺" 法律问题阐微〔J〕. 法律科学（西北政法大学学报），2015，33（1）：147-157.

诺"不仅难以发挥提供谈判动力的作用,还会阻碍 WTO 成员在许多技术性问题上取得进展。且发展中成员想要获得更具法律效力的发展中成员待遇,就必须在其他领域作出更多让步。

"一揽子承诺"是一把双刃剑。有鉴于此,各成员应当在多边贸易体制中通过议题的关联推进达成共识,但这并不妨碍各成员在"一揽子承诺"的谈判方式上采取灵活立场。换言之,在议题之间建立关联并不意味着要将"一揽子承诺"作为唯一或必然的选择。成员方也可以在多个诸边协定之间建立议题的关联①。乌拉圭回合"一揽子承诺"的谈判和义务承担模式的确导致了多边贸易体制非互惠的整体退化,但是这并不代表此种谈判模式应当被彻底抛弃。相反,"一揽子承诺"可以结合议题的特征和谈判的具体情况被灵活运用②,继续为后续 WTO 规则谈判提供动力。

(二)非互惠层面:综合运用"可变几何"

成功建立"双层决策模式"的前提是要区分核心规则及非核心规则,也有学者称其为宪章性规则与从属性规则③。当前 WTO 没有正式将贸易规则的法律属性予以区分,不同协议之间的关系大都是横向的,且常常模糊不清。

"双层决策模式"建立后,可以将不同的决策模式与不同法律属性的多边贸易规则相对应。对于核心权利义务或宪章性规则,需要在贸易回合期间的全面谈判过程中确立。这一类规则将包括结构与组织、基本的实质性与程序性义务(特别是非歧视义务)、不同的法律来源与决策制定模式、例外与透明度要求等等。这一类规则对于所有 WTO 成员都是根本性的,且具有相同的法律约束力,因而以互惠为基础。而对于具体的政

---

① LEVY P I. Do we need an undertaker for the single undertaking? considering the angles of variable geometry [M] // EVENETT S J, HOEKMAN B M. Economic development and multilateral trade cooperation: the international bank for reconstruction and development. Washington D. C.: Palgrave Macmillan, 2006: 419.

② 有些规则的形成依赖于在具体问题内部实现互惠,而另一些规则的达成则依赖于议题间更广泛的关联,这种差异并非毫无意义。

③ 科蒂尔. 一种 WTO 决策制定的双层次分析法 [M] //斯蒂格. 世界贸易组织的制度再设计. 汤蓓,译. 上海:上海人民出版社,2011:53. 霍克曼提出一揽子协定下的 WTO 规则不应当强制所有 WTO 成员统一适用,他建议将 WTO 规则区分为核心与非核心协定。前者适用于所有成员,而发展成员可以以满足发展目标为由免除特定的非核心义务。

策工具，可以归属于从属性规则，受制于宪章性规则的约束。这些具体的政策工具不需要对所有的 WTO 成员具有同等的法律约束力，而是可以根据成员不同的经济发展水平赋予差异性的权利义务。容纳差异性的规则制定模式以非互惠为基础，可以更全面地考虑发展中成员的需求，也能更好地服务于弱小成员和欠发达成员的学习进程。从属性规则与宪章性规则制定模式间的最大差异在于，从属性规则将较少地依赖于成员的讨价还价，而非互惠标准在调整成员义务承担水平方面将发挥更加重要的作用。

WTO 成员可以考虑在非互惠层面上对"一揽子承诺"的谈判模式作出变通式处理。重返东京回合"点菜式"义务承担模式会引发诸多弊端，但是 WTO 成员可以在以"一揽子承诺"为主体的条件下选择有限的"可变几何"（variable geometry）。一项由 WTO 前任总干事委托咨询委员会提交的名为《WTO 的未来——阐释新千年中的体制性挑战》（后称《WTO的未来》）的报告提到了"可变几何"的几种形式：第一是诸边协定；第二是货物关税减让表和服务贸易具体承诺表；第三是特殊与差别待遇；第四是区域贸易协定①。也有学者将上述四种"可变几何"式的义务承担方式归纳为两类：第一类，允许成员选择加入或不加入特定的协定；第二类，所有 WTO 成员都加入协定，但是每个成员承担的义务具有差异性②。这两种形式并不冲突，可以依据具体的情况进行选择③。两种形式的调和既可以保障发展中成员在规则制定过程中不被迫处于弱势和边缘化位置，又可以避免发展中成员承担与自身经济发展水平不相适应的义务，或负担过于沉重的执行成本。

依据第一章对多边贸易体制中非互惠表现形式的梳理，本章在非互惠

---

① 萨瑟兰，巴格瓦蒂，等 . WTO 的未来：阐释新千年中的体制性挑战，咨询委员会提交给总干事素帕猜·巴尼巴迪的报告［M］. 刘敬东，等译 . 北京：中国财政经济出版社，2005：97.

② ROLLAND S E. Development at the WTO［M］. New York：Oxford University Press，2012：6.

③ 有学者提出要警惕发达成员首先达成的诸边协定会有意摒弃特殊与差别待遇条款，从而使发展中成员在后加入的时候处于弱势地位。王中美 . 发展中国家的分类争议及特殊与差别待遇的适用［J］. 国际经贸探索，2020，36（6）：89-100.

层面探讨两类作为补充谈判方式的"可变几何"。第一类是以 ITA 为代表的开放式诸边协定,此种类型的非互惠允许少数成员不加入协定。此类协定通常以临界数量作为协定的生效要件①。临界数量的核心在于,参与贸易谈判的 WTO 成员在某一产品上的贸易权重足够大,以至于其他未参与谈判的成员不会对它们正在谈判的协定的有效性构成威胁,且参与谈判的成员愿意在最惠国待遇的基础上适用贸易协定规则②。换言之,临界数量意味着在公开、自由的多边贸易体制中,不需要由所有 WTO 成员提供公共产品③。一项新协定的达成需要有足够市场权重的缔约方的联合支持,需要遵守非歧视原则,并需要有其他非缔约方对协定的默许,以获得足够的合法性。

开放式诸边协定为多边贸易规则的更新提供了机遇,且缓解了特殊与差别待遇所产生的负担与争议。但这一规则生成路径同样面临诸多问题。第一,临界数量并没有明确,支持某一新协定的缔约方全体究竟需要达到多大比例的市场份额,哪些成员的参与是必不可少的,哪些成员是无关紧要的。事实上,多边层面的回合谈判难以取得成果的原因,往往在于大国之间难以达成一致。而在多边层面对某一协定持反对意见的成员方通常也会对开放式的诸边协定持反对意见④。第二,开放式诸边协定可能会引发多边贸易体制有关发展赤字问题的新争议⑤。且依据临界数量而制定的协定不关注非缔约方对于条约义务的执行,也不包含配套的能力建设条款,因而加大了一些发展中成员参与国际贸易新规则的难度。第三,发展中成

---

① 临界数量和诸边协定分别关注贸易协定的不同方面。临界数量所关注的是协定的生效要件,诸边协定则主要关注参与协定的成员数量。

② GALLAGHER P, STOLER A. Critical mass as an alternative framework for multilateral trade negotiations [J]. Global Governance,2009,15(3):375-392.

③ WOLFE R. The WTO single undertaking as negotiating technique and constitutive metaphor [J]. Journal of International Economic Law,2009,12(4):850.

④ 例如在 2008 年 7 月非农产品市场准入主席案文中,中国曾明确拒绝临界数量。Draft Modalities for Non-Agricultural Market Access,Third Revision,Negotiating Group on Market Access,WTO Document,TN/MA/W/103/Rev.2,10 July 2008.

⑤ BASEDOW R. The WTO and the rise of plurilateralism-what lessons can we learn from the European Union's experience with differentiated integration? [J]. Journal of International Economic Law,2018,21(2):411-431.

员没有对诸边协定谈判规则的形成施加影响力，一旦这些成员在未来想要加入开放式诸边协定，将不得不全盘接受未经自身充分参与制定的规则。

WTO 成员未来可推动开放式诸边协定这一非互惠制度安排作为贸易规则生成的重要路径，同时尽可能规避诸边协定可能引发的发展赤字问题，以更好地维护发展中成员的权益。考虑到目前 WTO 还没有调整诸边协定谈判与适用的多边具体规则，未来应在多边层面加强对诸边协定及其谈判过程的规制，以强化诸边规则生成路径的发展导向性。在议题的选择方面，需要确定哪些议题应努力达成多边协定、哪些议题可通过诸边途径完成。在谈判过程的透明度方面，委员会应详细通报会议谈判情况、各方主要观点立场和分歧、取得的阶段性成果及下一步谈判计划，保障非缔约方的谈判参与权，积极为发展中成员争取过渡性安排。在加入条款的设计方面，应保障诸边协定的开放性，确保非缔约方在满足协定标准时可以自由加入，加速推动诸边协定的多边化进程。

第二类选择是在全体成员参与的协定中制定非互惠的权利义务。既包括给予发展中成员的特殊与差别待遇，也包括关税减让表和服务贸易具体承诺表等"自下而上"的差异性义务承担方式①。"由全体成员参与的非互惠"这一规则制定方式的优势在于，避免了开放式诸边协定可能造成的"搭便车"争议，同时比临界数量的方法更能关注于发展中成员的需求②。部分成员之所以试图阻挠协商一致的达成，是由于缺乏履行新义务的能力，而这部分成员的否决权不应被随意剥夺。全体成员参与下的非互惠通过给予部分 WTO 成员过渡期、技术援助和其他优惠，避免了不参加谈判的成员被边缘化，因而增加了多边贸易规则的发展导向性。

在全体成员参与的非互惠形式中，过渡期作为有限的非互惠制度安排，可以在协调规则适用的统一性与差异性方面发挥重要作用。过渡期条

---

① 萨瑟兰，巴格瓦蒂，等.WTO 的未来：阐释新千年中的体制性挑战，咨询委员会提交给总干事素帕猜·巴尼巴迪的报告 [M]．刘敬东，等译．北京：中国财政经济出版社，2005：99.

② 临界数量虽可以确保非利益相关方无法阻挠谈判进程，但是如果这一方法被视为排斥发展中成员的一种途径，将注定会失败．斯蒂格利茨，查尔顿．国际间的权衡交易：贸易如何促进发展 [M]．沈小寅，译．北京：中国人民大学出版社，2008：306.

款承载了"离心力"与"向心力"的博弈，使差异化成为实现有限度一体化的重要途径，实现了统一适用的规则承诺与履行义务的灵活性之间的平衡。发展中成员即便尚不具备履行能力，仍需与发达成员一样对同一套规则作出承诺，而非自由地挑选规则。过渡期条款既能够满足不同经济体对于市场准入和政策灵活性的基本需求，协调履约能力和诉求的差异化，也能够保障体系化的国际规则对所有缔约方的统一适用，维护贸易体制的完整性与权威性。

以 RCEP 的服务贸易承诺为例，澳大利亚、日本、韩国、文莱、印度尼西亚、马来西亚、新加坡等七个缔约方采用负面清单的模式，而中国、新西兰等八个缔约方被允许采用正面清单的方式。使用服务贸易正面清单承诺的缔约方需要在协定生效日起 3 年内以负面清单的方式制定不符措施承诺表，提交给其他缔约方进行核实和评议。对于柬埔寨、老挝和缅甸，这一过渡期可以延长至 12 年①。过渡期条款也可能与诸边协定相结合，为破解规则生成危机发挥重要作用。例如在部分 WTO 成员所推动的开放式诸边谈判中，67 个成员联合发布了《关于服务贸易国内规制谈判结束的宣言》，其附件中包含了《服务贸易国内规制参考文本》②。该文本中规定了给予发展中成员的过渡期以及最不发达成员的特殊参与制度，从而实现了 WTO 服务贸易领域的规则新突破。在包含较多成员的大型贸易协定中，过渡期条款可成为联结不同诉求的黏合剂，也应当成为多边贸易体制非互惠制度完善的关键着力点。在过渡期条款的设置过程中，期限设定是核心环节，过渡期限过长或过短都会影响非互惠制度的实施效果。未来多边贸易体制过渡期的设置应经过调研、评估、论证、起草、审议等一系列复杂过程，避免期限设置的随意性。

对于前述不同的非互惠制度安排，应当根据谈判议题类型、贸易自由化程度以及成员的发展困境和实质需求，进行灵活选择、协调与运用。无论是开放式诸边协定还是由所有成员方参与的包含非互惠权利义务的协

---

① Article 8. 12 of the RCEP.

② Joint Initiative on Services Domestic Regulation: Reference Paper on Services Domestic Regulation，WTO Document，INF/SDR/2.

定，都有必要在扩散的互惠原则下进行谈判。虽然 WTO 谈判过程中已经频繁采用了临界数量元素，在各个谈判小组下初步谈成的协定仅仅是最终一揽子协定的有机组成部分。换言之，不同临界数量的协定并非独立的，在缺乏具有吸引力的谈判议题的前提下，临界数量的标准也难以达到。而由于"一揽子承诺"既限制差别待遇，又内在地需要差别待遇，全体成员参与下制定的非互惠权利义务与"一揽子承诺"的关系更加紧密，因而更需要在扩散的互惠原则下进行谈判。在互惠原则下，非互惠权利义务的确立将更具可行性，"互惠—非互惠"的"双层决策模式"的形成有利于在多边贸易规则的升级与更新问题上起到有力的助推作用。

二、倡导以规则导向为核心的非互惠标准

WTO 贸易与发展委员会曾被要求逐一审视现有的特殊与差别待遇条款是否符合多哈宣言的目标——促使特殊与差别待遇条款"更准确、更有效且更具有可操作性"。但这一目标本身就不具备充分的可操作性，WTO 成员对于如何实现这一目标也缺乏一致的改革思路和方向。落实完善多边贸易体制中非互惠的关键在于倡导以规则导向为核心的非互惠标准。建立多边贸易体制中的非互惠标准主要是为了实现 WTO 成员权利义务的差异化配置，WTO 需要建立权利义务差异化的机制，以确保所有 WTO 成员充分参与到削减贸易壁垒的合作进程当中。其中，想要承担更高水平义务的成员可以被允许"走在前面"，而存在特定发展状况限制的成员可以避免过早承担过于繁重或不适合其经济发展水平的承诺[1]。许多关于 WTO 成员权利义务差异化配置的学术建议，都为成员义务的承担设置了级别。这些不同方案，可以被总结为以下几种思路：

第一类方法提倡选择特定的标准对 WTO 成员进行分类。按照此方法，首先要确定特定的指标，再将具有相似发展关注和执行困难的成员分到同一类别，然后让不同类别的 WTO 成员适用不同档次的权利义务配置。这种方法的困难在于，WTO 成员很难就指标的选择、衡量和监

---

[1]　ROLLAND S E. Development at the WTO [M]. New York：Oxford University Press，2012：298.

督达成一致①。不同 WTO 成员的不同政治偏好将会决定其对特定指标的偏重。WTO 成员将很难就衡量成员经济发展水平以及执行承诺能力的指标达成一致意见，因此也就很难就发展中成员的分类达成共识。

第二类方法建议采取具体到协定和条款的方式明确非互惠标准和适用条件。这一方式要求对适用非互惠优惠待遇的情形进行认定，需要考虑的因素包括市场失灵、静态或动态的外部性、经济规模以及不完全竞争等情形，并采取可以量化的标准。WTO 成员可以在谈判过程中明确特定的非互惠优惠待遇所适用的发展中成员清单，从而将 WTO 发展中成员的分类与以条款为基础的非互惠标准结合起来，为谈判者在不同领域协调立场和利益提供可能②。此方式既能够促使非互惠优惠待遇的形式和内容更聚焦、更有针对性，有利于解决发展中成员内部发展的差异性，还可将以成员为单位的"毕业"和分类转化为以具体条款为基础的适用标准③。这种事前评判的方法可以将 WTO 成员的实际需求与客观前提条件相匹配，且一旦谈判完成，非互惠的内容和适用对象便具有确定性。但是结合详细发展状况和需求制定非互惠标准的过程必定困难而复杂，需要 WTO 各成员经过艰辛的谈判方可实现。

第三类方法提倡依据统一的标准分级确定所有成员的权利义务。这种方式通常被描述为"普遍的差异化"（general differentiation）。为避免普惠制中给惠方单方制定标准的情形，权利义务的差异化由统一的非互惠标准来确定，从而"因成员而异"地确定承诺水平。换言之，特定的协定将会依据成员的经济发展水平，给予各成员不同的义务，或不同的履行义务

---

① SUPPERAMANIAM M. Special and differential treatment for developing countries in the World Trade Organization [M] //SAMPSON G P, CHAMBERS W B. Developing countries and the WTO. New York: United Nations University Press, 2008: 135.

② KASTENG J, KARLSSON A, LINDBERG C. Differentiation between developing countries in the WTO [R]. Swedish Board of Agriculture Report 2004: 14E, 2004: 39.

③ KECK A, LOW P. Special and differential treatment in the WTO: why, when and how [M] // EVENETT S J, HOEKMAN B M. Economic development and multilateral trade cooperation: the international bank for reconstruction and development. Washington, D.C.: Palgrave Macmillan, 2006: 156 – 157.

的过渡期①。所有成员方都参与并接受了所有贸易协定，但是不同成员承担的义务存在差异。

学界对"普遍的差异化"的权利义务承担方式提出过不同建议，这些建议大都针对可以量化的关税减让承诺，且有利于非互惠优惠待遇的供给与需求实现最大限度的契合。例如查尔顿（A. Charlton）曾建议建立一个义务差异化的体制，成员的承诺水平将取决于该成员在整个体制中的相对位置。这一建议后来发展为"多哈回合市场准入提案"，要求每个成员都向经济发展水平低于自己的成员作出关税减让承诺，但这些承诺并不必然拓展到经济发展水平高于自己的成员②。这是一个非常具有特色的方案。此种方案的优势在于能够确保利益向整个体制底部沉淀，经济发展水平最低的 WTO 成员能够获得最多的优惠，并作出最少的减让，且有助于成员规避来自强大成员的进口威胁。有差异性的市场准入将随意性较强的非互惠优惠条款转化为具有法律约束力的权利义务，且规避了确定成员分类或义务分化标准的难题。但这一建议的弊端同样明显，首先是在贸易体制中确定每个成员的相对位置可能产生争议，其次这一方案可能对最惠国待遇造成冲击。虽然该方案明确提出仅适用于特殊与差别待遇的提供，从而不会影响最惠国关税，但成员间广泛差异性的市场准入权利仍然意味着对最惠国待遇的全面背离。

还有学者建议基于预先设定的客观标准，依成员经济实力作出分级减让或线性减让承诺。具言之，发达成员确定关税或补贴水平后，发展中成员可以超越此水平施加额外的贸易保护，但是发展中成员之间关税和补贴的施加标准是有差异的，关税和补贴的水平将取决于成员的经济发展水平③。这种义务差异化方式在本质上是以发达成员的最高承诺水平为基

---

① SUPPERAMANIAM M. Special and differential treatment for developing countries in the World Trade Organization ［M］//SAMPSON G P，CHAMBERS W B. Developing countries and the WTO. New York：United Nations University Press，2008：136.

② CHARLTON A. A proposal for special and differential treatment in the Doha ［R］. Working Paper for WTO SDT Working Group，2005.

③ LEE Y-S. Facilitating development in the world trading system：a proposal for development facilitation tariff and development facilitating subsidy ［J］. Journal of World Trade，2004，38（6）：935-954.

础，再依据成员的经济发展水平依次下调承诺标准。与此相对应，还有学者建议以发展中成员能够作出的最低承诺水平为义务设置基准，再依据不同成员的经济实力将标准依次上调①。这两种预先设定分级标准或线性标准的义务差异化方案，同样能够将 WTO 非互惠原则转化为有法律约束力的权利义务，且在经济水平不同的成员之间确保贸易关系的非互惠（对等）。此类方案能够有针对性地回应不同发展中成员的发展需求，使得成员作出承诺的水平符合自身的经济能力。

分级确定成员义务水平的做法，在 WTO 现有规则中已经有所体现。例如《补贴与反补贴措施协定》第 27 条第 2 款规定，该协定第 3 条第 1款（a）项取消出口补贴的规定不适用于附件 7 中所列的发展中成员，且在协定生效 8 年内不适用于其他发展中成员。附件 7 中所列的发展中成员包括最不发达成员，以及人均年国民生产总值不足 1000 美元的少数发展中成员。该条款将 WTO 成员取消出口补贴的义务承担情况分为了三类：附件 7 中的发展中成员无须取消出口补贴，其余发展中成员在过渡期内无须取消出口补贴，发达成员应当取消出口补贴。此外，《农业协定》第 6条第 4 款规定了计算综合支持总量（AMS）的最低门槛（即"微量允许"）的标准：发达成员不超过其年度农业生产总值的 5%，发展中成员不超过 10%。而中国在加入 WTO《工作组报告》第 235 段被迫作出承诺，将"微量允许"的水平确定在 8.5%，介于发达成员和其他发展中成员之间。这一方式兼顾了谈判效率与确定性，因而在未来谈判中具有一定的可适用空间。

第四类方法提倡制定以成员方为单位的非互惠权利义务。这种方法以个案为基础、以成员为单位确定成员义务水平，而不制定普遍适用的标准或公式。该方法也可以进一步细化为两种类型。第一种类型赋予成员方自

---

① 罗兰认为，确定最低标准的方式是为了赋予发展中成员更多主导权，以保证发展中成员的优势领域能够纳入减让范围，同时也激励发展中成员作出更多的减让。他提出，基准设置将间接产生议程设置的效果。ROLLAND S E. Development at the WTO [M]. New York：Oxford University Press，2012：302. 但该种方法能否在实践中产生作者试图产生的效果仍有待验证。特别是当 WTO 不采用"一揽子承诺"的谈判方式，而是由最低标准的成员来掌控谈判议程和减让水平时，这一义务承担方式可能难以被发达成员接受。

主确定权利义务的权限。这种"自下而上"的承诺方式赋予成员较大的自主权，也相对较为缺乏雄心①。在第二种类型中，单个成员的具体权利义务需要经过谈判确定。例如对于过渡期和灵活性的设置，美国反对"全面地"设置或延长过渡期，而是提倡采取个案的方法，逐个成员、逐个协定、逐项条款地确定过渡期期限。因需要其他 WTO 成员的认可，第二种类型更容易受到成员权力的作用影响②。这种设置方式由于过于个体化，故难以基于类型化的实质标准，也更容易使寻求灵活性与过渡期的 WTO 成员承受政治压力，尤其是发展中成员必须为争取自身的过渡期和灵活性空间付出较多的谈判资源③。

上述几类方法各有利弊，因此可以在不同情形下，以不同的程度结合使用。非互惠标准的制定需要以发展中成员的实质参与为前提。发展中成员义务的差异化不是以"简单的方式"单边划分发展中成员类别④，而是一系列经济、政治与法律问题的结合体。所有这些问题的解决需要经济学家参与制定全面客观的标准，更需要 WTO 成员在多边层面进行复杂的对话和谈判，还要将一个成员的发展需求与非互惠优惠待遇可能给其他成员造成的影响相平衡⑤。但 WTO 成员正处于不同的发展水平，拥有不同的政治和法律体制，这决定了决策的过程必然是复杂的，因此期待 WTO 可

---

① 萨瑟兰，巴格瓦蒂，等. WTO 的未来：阐释新千年中的体制性挑战，咨询委员会提交给总干事素帕猜·巴尼巴迪的报告［M］. 刘敬东，等译. 北京：中国财政经济出版社，2005：99.

② 也有学者认为，以个案为基础确定义务水平仅能产生有限的效力，是治理能力不足的体现。MANOCHA D. Global administrative law and the World Trade Organization's legitimacy crisis［J］. Foreign Trade Review，2010，44（4）：22.

③ GARCIA F J. Trade，inequality，and justice：toward a liberal theory of just trade［M］. Ardsley，N. Y. ：Transnational Publishers，2003：180.

④ 程大为. 强调发展目标，反对美国荒诞的 WTO 改革建议［N］. 经济日报，2019 - 07 - 28（3）.

⑤ 如果指定特定的专家来执行非互惠标准，从而确定成员的义务水平，可能会因缺乏权力制衡和责任承担机制，而导致正当性的缺失。因此，经济学家的建议必须结合所有成员的实质参与，成员参与可以形成对指定专家组行动的制约。GRANT R W，KEOHANE R O. Accountability and abuses of power in world politics［J］. American Political Science Review，2005，99（1）：29 - 44.

以非常有效率地制定规则是不现实的。正如有学者提出，"如果说 WTO 是个中世纪的国际组织，那可能是因为这个世界就是如此"①，"正义的获得从来就不是容易的"②。WTO 成员应充分考虑发展中成员实际需求，确保不同的 WTO 成员依据不同发展情况承担不同层次的义务，共同致力于一套以经济发展水平为基础、以规则为导向、有充分法律约束力的非互惠制度安排。

三、创设多边贸易体制中的非互惠监督机制

建立非互惠的监督机制是多哈回合关于非互惠改革的谈判中唯一取得初步成果的领域。但 WTO 成员仅仅就建立监督机制达成了原则性的一致，而在组织结构、运作时间、运行权限等具体的问题上仍存有分歧。发展中成员认为监督机制的建立是为了监督发达成员对特殊与差别待遇条款的执行，并及时发现和解决问题；而发达成员则希望通过监督机制审议特殊与差别待遇的必要性，使特殊与差别待遇条款的适用进一步严格化，并强化发展中成员分类和"毕业"机制③。关于监督机构的选择和具体运行模式的确立，不同学者提出过不同的方案，其中包括拓展贸易政策评审机制的权限④，或建立起单独的发展政策评审机制⑤，还有学者建议采取

---

① WOLFE R. Can the trading system be governed？institutional implications of the WTO's suspended animation [M] // ALEXANDROFF A S. Can the world be governed？possibilities for effective multilateralism. Waterloo：Wilfrid Laurier University Press，2008：291.

② GARCIA F J. Trade，inequality，and justice：toward a liberal theory of just trade [M]. Ardsley，N. Y.：Transnational Publishers，2003：178.

③ 林灵. 试析多哈回合"特殊与差别待遇"谈判及中国相关立场 [J]. 武大国际法评论，2007，7（2）：96 - 114.

④ 贸易政策评审机制虽然表现出一定的灵活性以及对发展中成员的支持，但是其在实际运作中的局限性十分明显。贸易政策评审机制对于成员贸易的约束作用仅限于监督层面，评审结果对成员没有强制力，一些发达成员背离 WTO 基本原则和规则的做法并没有在该机制下获得有效改善。MICHALOPOULOS C. Special and differential treatment：the need for a different approach in developing countries and the WTO [M] // SAMPSON G P，CHAMBERS B. Developing countries and the WTO. Tokyo：United Nations University Press，2008：126.

⑤ TRACHTMAN J. Legal aspects of a poverty agenda at the WTO：trade law and global apartheid [J]. Journal of International Economic Law，2003，6（1）：20.

强制性的发展援助报告机制①。

本书建议建立周期性运作的监督机制，并协调不同 WTO 成员的利益诉求。因此可考虑赋予非互惠的监督机制三个方面的监督功能。第一，对于需要 WTO 成员采取积极措施保障发展中成员权益的条款，可以由特定的机构监督执行。例如非洲集团曾提出，应当建立一个强有力的监督机制，常规审核特殊与差别待遇条款的效用，确保这些条款被良好地遵守，且在条款执行过程中出现的问题被有效解决②。第二，非互惠监督机制还应审核成员承担的义务水平是否与其经济发展水平相适应。由于 WTO 成员面临的发展境况与困境处于不断的发展变化中，适用于特定成员的贸易规则以及贸易政策工具也不能一成不变，必须根据特定的情形变化作出相应的调整③，因而监督机构必须重新审查影响非互惠标准的各种国内外因素，以确保成员承担的义务水平不会太高或太低。成员承担义务水平太高则难以充分考虑并兼顾 WTO 成员（特别是发展中成员）的发展需求；太低则可能导致多边贸易体制中的非互惠被滥用，不利于推动 WTO 成员削减贸易壁垒的进程④。第三，对于接受技术援助与能力建设的 WTO 成员而言，它们不应是被动的援助接受方，而应当是援助过程的驱动方。这些成员本身也有义务去实际利用非互惠条款，致力于执行、建立有意义的国内改革⑤。因此非互惠监督机制也应当监督被援助方是否有效运用了援助资源，从而积极承担起被援助方的义务。

---

① LEE Y-S. Development and the World Trade Organization: proposal for the agreement on development facilitation and the council for trade and development in the WTO [M] // LEE Y-S. Economic development through world trade: a developing world perspective. Netherlands: Kluwer Law International, 2008: 28.

② SAMPSON G P. The WTO and sustainable development [M]. New York: United Nations University Press, 2005: 227.

③ 监督机制也可以重新审视享受发展中成员待遇的资格，以避免出现资源的错配。TRACHTMAN J. Legal aspects of a poverty agenda at the WTO: trade law and global apartheid [J]. Journal of International Economic Law, 2003, 6 (1): 20.

④ 监督机制可以降低 WTO 成员操纵政策空间的风险，避免非互惠制度被机会主义地滥用。SCOTT R E, STEPHAN P B. The limits of leviathan: contract theory and the enforcement of international law [M]. New York: Cambridge University Press, 2006: 77-79.

⑤ UCHÉ E. Special and differential treatment in international trade law: a concept in search of content [J]. North Dakota Law Review, 2003, 79 (4): 840.

多边贸易体制中非互惠的制度完善与执行应当是全体 WTO 成员合作推动的过程，而并非单方面向某些成员施加义务或片面地向某些成员赋予权利的过程。因此，多边贸易体制中非互惠监督机制也应当被赋予全面的监督职能，既监督非互惠优惠给予方的执行情况，也监督接受方的执行情况；还应以成员方的实际需求为依据，动态化地监督成员方承担的非互惠权利义务是否适宜。这样的非互惠监督机制设置将成为整个非互惠制度安排中必不可少的组成部分，不但能够增强非互惠条款的法律约束力，还有助于防止成员权力滥用，有利于加快 WTO 成员在非互惠制度完善方面取得共识。

余　论

非互惠在当今国际贸易体制中展现出深刻的理论价值，且服务于不可或缺的现实需求。当今世界经济面临着治理滞后和发展失衡的严峻挑战。资本逻辑主导的经济全球化造成了全球范围内贫富分化加剧和区域发展不平衡，世界经济体的不同区域（中心、边缘、半边缘）承担着不同的经济角色。资本主义的生产资料私有制导致了对全球发展正义的忽略，无法引领人类走出当前世界的普遍交往困境①。资本开辟的全球化致使全球两极分化与对立，经济分化又引发政治极化。欧美发达国家与第三世界发展中国家和地区的矛盾复杂尖锐，尤其在全球重大议题的责任承担和履行义务的标准划定上存在严重的矛盾分歧。

在全球经济治理所面临的严峻治理困境下，非互惠应当成为国际贸易规则体系建设的内在组成部分。它能够兼顾普遍性与包容性，改善国际规则生成的非中立性。事实证明，以美国为代表的发达成员未能充分考虑各国的发展水平、发展阶段和发展条件的差异，试图以对等为规范性基础，推行"一刀切"的标准划定方式②，导致南北双方难以达成普遍的合作共识。非互惠不但挑战了"实力决定收益"的规则制定方式，还能够兼顾不同成员的发展需求和特殊性，从而使具有不同发展关切的成员进一步推动

---

① 李包庚. 世界普遍交往中的人类命运共同体 [J]. 中国社会科学，2020（4）：16 - 20.

② 张鹭，李桂花. "人类命运共同体" 视域下全球治理的挑战与中国方案选择 [J]. 社会主义研究，2020（1）：103 - 110.

市场开放成为可能。

与此同时，非互惠也是 WTO 改革难以绕开的重要议题，未来将必不可少地体现在多边贸易机制组成和规则设计当中。多边贸易体制正面临着深刻的治理困境。以机制化、制度化为代表的 WTO 体制是多边贸易体制当下发展的最高阶段，这套以规则导向为基础的治理体系也面临着来自体制内外的多重危机和挑战。多边贸易体制结构性失衡贯穿了 ITO—GATT—WTO 的不同历史发展进程，而互惠与非互惠成为该发展进程中多边贸易规则体系建构的重要组成部分。发达成员和发展中成员非对称的驱动力量推动着多边贸易体制中互惠与非互惠的演进，使二者之间相互脱嵌，并相互作用。成员实力、利益与价值观的冲突撕裂了互惠与非互惠特定的内部关联，从结构上导致了多边贸易体制中非互惠的治理困境。在 WTO 面临危机亟待改革之际，预计 WTO 各成员将提出不同改革方案和利益诉求，并就多边贸易治理框架和新规则生成展开激烈的博弈。在此过程中，非互惠既是 WTO 成员达成妥协并形成共识的关键因素，也是维护广泛成员权益所无法回避的现实问题。

非互惠是不同成员间现实性地进行贸易交往的必然产物。即便是在发达成员之间也仍然存在着不完全、不对等开放的情形。中国在与贸易伙伴开展经贸合作的过程中，尤其需要处理好非互惠与对等减让之间的平衡。特别是当更加对等的开放已经在主要贸易大国之间成为一种趋势，中国更加有必要利用非互惠为薄弱领域赢得发展空间，更好地服务于自身渐进式的改革开放进程。

本书围绕着五个问题展开对多边贸易体制中非互惠的论述。第一个问题关系到非互惠的基本理论。其中包含一系列具体问题，例如：什么是互惠？什么是非互惠？如何理解多边贸易体制中的互惠与非互惠？并非所有的互惠都要求严格的对等，而非对等的范围大于非互惠。多边贸易体制中的互惠与非互惠具有交叉重合关系，二者均是互惠与非互惠理念与演进中的多边贸易体制相交织的产物。上述概念的梳理有利于澄清学界的认知混乱，为破解多边贸易体制中非互惠的治理困境奠定理论基础。

第二个问题是"多边贸易体制中非互惠是如何演变的"。多边贸易体制中的非互惠自产生后，经历了从承担义务的非互惠向履行义务的非互惠，再到多哈发展回合的非充分互惠的转变过程；多边贸易体制中的互惠也经历了由扩散的互惠到具体的互惠、由以规则为基础的互惠到以结果为基础的互惠、由一阶差分互惠到现状的互惠的发展趋势，并与多边贸易体制中非互惠的演进相互作用。根据非互惠在多边贸易体制中的演进趋势，可以归纳出隔绝的非互惠到例外的非互惠再到核心的非互惠的范式。这一过程是发展中成员总结参与多边贸易体制经验教训的结果，更是多边贸易体制沿着发展与进步的方向演进的体现。

第三个问题是"多边贸易体制中非互惠背后的法理是什么"。多边贸易体制中的非互惠首先契合了国家经济主权原则、公平互利原则以及全球合作原则等国际经济法基本原则，能够保障成员的平等参与权与民主决策权、维护成员的贸易政策规制权、促进贸易收益分配的实质公平、协调国际社会共同体利益；其次，非互惠理念反映了贸易与发展问题之间的实质性关联，是发展权在国际经贸合作领域的体现，是对维护弱势群体发展权益更为具象化的表述，非互惠制度安排将有助于促进发展权理念在多边贸易体制中的贯彻落实；最后，多边贸易体制中的非互惠兼顾输入正当性与输出正当性，能够强化规则生成的民主性、化解多边贸易规则生成危机。多边贸易体制中非互惠的法理分析能够为进一步加强非互惠制度建设奠定理论前提，为推动非互惠从边缘向核心发展，增进多边贸易规则的发展导向性作出坚实的理论铺垫。

第四个问题是"多边贸易体制中非互惠的治理困境是什么，背后的原因是什么"。在具体的规则和条款层面，特殊与差别待遇、过渡期、灵活性以及授权条款等非互惠条款存在效力缺失问题；在机制层面，多边贸易体制中的非互惠存在定位不清晰、标准不完善与主体不明确的问题。引发非互惠治理困境的根本原因是结构性的。成员实力、利益与价值观的冲突撕裂了互惠与非互惠特定的内部关联。发达成员和发展中成员非对称的驱动力量推动着多边贸易体制中互惠与非互惠的演进；互惠与非互惠的演进结果又反向作用于成员驱动力，形成了互惠与非互惠、发达成员与发展中成员的双向互动。

第五个问题是"如何推动多边贸易体制中非互惠的制度完善"。本书提出了多边贸易体制中非互惠制度完善的基本路径：在包容性的互惠原则下构建非互惠运行机制，促使非互惠成为多边贸易体制的规则支点，注重新兴经济体在推动非互惠制度完善方面的作用发挥，以成员权利义务的差异化配置优化发展中成员"毕业"和分类的敏感问题。在基本路径规划的基础上，本书还提出了非互惠制度完善的具体方略，即建立"互惠—非互惠"的"双层决策模式"，倡导以规则导向为核心的非互惠标准，创设多边贸易体制中的非互惠监督机制。多边贸易体制中非互惠制度完善的基本路径和具体方略的结合，将有助于实现非互惠由理念到机制再到规则的全面、系统性完善。

针对上述问题，本书从理论基础、症结阐释与制度完善等方面入手进行破解，并展现出以下创新性元素。第一，在多学科的背景下，对多边贸易体制中的互惠与非互惠进行全面系统的解释。此外，还从不同维度建立起概念谱系，以澄清对对等、互惠、非对等、非互惠等不同概念的基本内涵、特征和相互关系的理解。第二，通过梳理多边贸易体制中非互惠的演进脉络，以三个关键性阶段为标志，归纳并预测了非互惠演进的范式，即从隔绝的非互惠到例外的非互惠再到核心的非互惠的发展过程。这一过程是发展中成员总结参与多边贸易体制经验教训的结果，更是多边贸易体制沿着发展与进步的方向演进的体现。第三，对多边贸易体制中非互惠的治理困境的体制结构根源进行了深入挖掘，揭露了互惠与非互惠的张力背后贸易规则主导权的博弈，表明了互惠与非互惠以及发达成员与发展中成员驱动间的双向互动关系，解析了互惠与非互惠在 WTO 等级制治理结构中扮演的角色。第四，提出了多边贸易体制中非互惠的制度完善路径——在包容性的互惠原则下构建非互惠机制，促使非互惠成为多边贸易体制的规则支点。本书提出，需要强化多边贸易体制中非互惠的法律原则地位，倡导以规则导向为核心的非互惠标准，建立"互惠—非互惠"的"双层决策模式"以落实这一制度完善方案。

鉴于篇幅及结构所限，本书对多边贸易体制中非互惠的相关研究仍然具有相当程度的局限性。对于中国应当如何对待互惠与非互惠，以及中国如何促推国际贸易体制中非互惠制度完善的分析不足。特别是考虑到互惠与非互惠之间的相互作用关系，本书在分析了多边贸易体制中的非互惠问题之余仍存在一个漏洞，即未能阐明中国应当对互惠和对等开放持何种立场。故本书在余论中澄清这一问题，以更好地实现中国在互惠与非互惠问题上的立场协调，并在此基础上提出与非互惠有关的后续研究方向。

一、中国对待互惠的立场建议

我国政府的官方文件与对外贸易有关的内容中，少有对等与互惠的表述，展现出了我国在处理互惠问题上的谨慎立场。2015年《中共中央　国务院关于构建开放型经济新体制的若干意见》曾提到"坚持自主开放与对等开放"，但2018年《关于中美经贸摩擦的事实与中方立场》白皮书专门批判了美国所谓的对等开放，并提出这种绝对对等可能会成为歧视待遇的掩护。中国提倡"优势互补和互惠互利"，并在多个场合反复强调"开放、包容、普惠、平衡、共赢"的重要性，表明中国在国际经贸合作过程中总体上支持扩散的互惠。

国际贸易合作背景下的互惠涉及国家间利益交换、全球经济治理以及国家经济主权多个层面。在国家间利益交换层面，对等开放是国家间贸易难以规避的关键成分；在全球经济治理层面，兼顾公平正义考量的扩散而宽泛的互惠方才具有充分的正当性；在国家经济主权层面，对等原则要求国家对等地谈判规则、遵守规则，却不简单意味着贸易规则和贸易条件的绝对统一适用，更不等同于规则的单边扩张与实施。本书认为，有必要在揭示互惠不同层面含义的基础上，进一步提出中国在国际贸易合作过程中对待互惠问题的立场建议。

（一）在利益交换层面积极应对对等开放挑战

对等开放是中国未来改革开放进程中需要面临的严峻挑战。依上文所述，鉴于互惠内含的区间性特征，互惠概念中对等要求的严格程度通常随成员间关系或相对地位而变化。考虑到中美之间的经贸依赖已逐步由互补关系向竞争关系发展，美国在未来相当长的一段时间内，将会持续强调公平贸易，并收紧对于中国对等开放的要求。美国不仅会更多强调严格的对等与现状的对等，要求中国的市场开放水平与美国持平，还会策略性地在不同对等类型之间变化与抉择，以最大限度地发挥美国贸易竞争力。

在为中国对外开放带来压力和挑战的同时，对等开放对中国而言也意味着诸多机遇。其一，更大程度的对等开放能"为中国经济打造可持续的、和平的国际环境"①。作为全球最大的发展中国家与新兴经济体，中国国内大循环的畅通能够提供强劲的增长动力，带动全球经济走出深度衰退的泥潭。其二，加大对等开放力度能为进一步深化国内改革提供动力。且随着中国的投资市场趋于完备，消费市场潜力开始释放，中国能从对等开放中获取的收益也逐渐增加。其三，中国市场开放水平的提高既有助于填补欧美领导角色的真空，还能进一步增加发展中成员群体的谈判筹码，为推动全球正义的实现创造重要的"客观物质条件"②，促进中国作为负责任大国的价值实现。

积极应对对等开放挑战也是协调管理中美关系的必要前提。现如今特别是在高新技术产业领域，中国已逐渐与美国呈现竞争态势，因此无论对于产业间贸易还是产业内贸易，中国均有必要进一步主动加大对等开放程度。首先，进一步对等开放市场有助于缩短中美之间的"秩序距离"③。中国可以通过扩大国内市场需求，提升进口规模和质量，逐步形成与世界规则标准同步的国际市场。中美双方在国际经济秩序上的接近，有利于避免中美经贸关系的进一步恶化。其次，加大对等开放力度有利于缓解美国国内贸易保护主义压力。随着中美两国要素结构相似度的日渐趋同，提升产业内对等开放水平，有助于分散整个产业协会所形成的保护主义势力④。最后，提高对等开放水平有助于减轻中国自身的崛起压力。相关研究表明，崛起国对霸权国市场的"脆弱性依赖"程度越低，霸权国遏制崛起国的难度也就越大⑤。因此，扩大对等开放在中国抵抗美国打压，突破现有发展瓶颈方面能够发挥重要作用。

（二）在全球治理层面支持扩散的互惠

扩散的互惠是多边主义的内在组成部分，也是维持全球经贸治理的黏

---

① 高柏. 对等开放：中国迈向发达国家的必由之路 [J]. 文化纵横，2021 (1)：65 - 82.

② 杨谦，王桂艳. 公平与正义问题研究 [M]. 南宁：广西人民出版社，2018：67.

③ 肖河，徐奇渊. 国际秩序互动视角下的中美关系 [J]. 美国研究，2019，33 (2)：107 - 129，7 - 8.

④ 高柏. 对等开放：中国迈向发达国家的必由之路 [J]. 文化纵横，2021 (1)：65 - 82.

⑤ 高程，王震. 大国崛起模式与中国的策略选择：基于大国崛起历史进程的比较研究 [J]. 世界经济与政治，2020 (12)：4 - 27，155.

合剂。面对全球经贸治理体系可能面临的碎片化风险，中国需要坚定不移地支持多边主义，并在多边经贸治理层面坚持扩散的互惠。多边贸易体制中扩散的互惠能够兼顾各国之间经济发展水平的差异，纠正国际贫富悬殊的不合理现象，实现各国经济发展的共同繁荣。扩散的互惠中包含了非互惠，其对差异性的包容，提高了发展中成员等边缘性群体参与多边贸易治理的自主性和灵活性。与此同时，由扩散的互惠所维系的多边主义有利于避免对抗思维，为各国在现行经济治理体系下探索共同利益提供契机，也为中国对抗美国可能的限制干扰行为提供行动基础。

对于中国自身而言，对等开放水平的提升必须是主动且理智的，而不是"混乱、无限制的开放"①。中国正处于对外开放的新发展阶段，既需要对等开放提供深化改革的动力，也需要非互惠确保充分的发展空间。因此，有必要坚持将对等开放嵌入到以扩散的互惠为基础和背景的全球经贸治理体系中，在努力实现对等削减贸易投资壁垒的同时，注重维护国家经济安全和补足产业链短板的需求，将维护国内改革自主性和参与国际经贸治理二者置于可控而平衡的互动进程之中。

中国若想在区域经济合作领域发挥更加积极的建设引领作用，则更需要以扩散的互惠为基础引领区域贸易合作平台的建设。中国的实力地位决定其需要在当下治理体系中扮演"协进式""合作式"领导角色②。扩散的互惠能够培育关系型信任，增加团体凝聚力，限制对工具理性的过度推崇③。在扩散的互惠的治理理念下，中国可以通过提供公共产品或政策倾斜，提高周边国家的合作收益，强化地区内部的利益捆绑，在取得其他国家的合法性认同的同时，提升自身的国际地位④。与此同时，中国还可以

① 胡北思．国际互动中的中国新发展阶段 [J]．世界社会主义研究，2021，6（3）：20 - 25，90．

② 徐秀军．规则内化与规则外溢：中美参与全球治理的内在逻辑 [J]．世界经济与政治，2017（9）：63 - 83，158．

③ 吴志成，李佳轩．全球信任赤字治理的中国视角 [J]．政治学研究，2020（6）：24 - 36，125 - 126．

④ 孔繁颖，李巍．美国的自由贸易区战略与区域制度霸权 [J]．当代亚太，2015（2）：82 - 110，159．

通过扩散的互惠，鼓励各个发展水平的国家共同参与全球经贸治理，共同但有区别地承担提供国际公共产品的责任，共同分享国际经贸合作收益，从而进一步优化国家间交往条件、巩固区域合作基础。

（三）在主权层面坚持维护对等原则

中国须在主权层面坚持维护对等原则，这并不能仅靠规则的统一适用而实现，而是要以国家谈判地位对等和国家经济主权平等为基本前提，支持所有国家共同治理、平等协商制定规则。国际社会的多元态势愈加需要一种民主协商的决策程序，任何一个国家都难以独自主导国际事务的治理①。中国不仅应维护法律意义上的国家主权平等，主张各国参与全球事务时的平等身份和代表性，合理分享全球治理过程中的发言权和决策权，还应努力获得与自身实力相匹配的国际地位与影响力，在全球治理进程中对国际规则的形成发挥积极的塑造作用。

在主权层面坚持维护对等原则还意味着中国应坚决维护国家核心利益。特别是对于贸易伙伴威胁到国家主权、国家安全的行为给予坚决的对等反击。正如中国"以战促和"应对美国主动挑起的贸易摩擦，一国在主权层面坚持对等原则有利于迫使贸易伙伴进行平等协商。但需要注意的是，坚持主权层面的对等不等同于对抗。中国尤其需要处理好中美竞合关系，建立竞争限制及管理机制，以明确的底线来规范和限制双方行为，避免陷入到中美争夺世界霸权的误区与冲突之中②。

（四）警惕贸易伙伴对互惠的策略性运用

中国首先要反对单边定义下的对等减让诉求。主导方可能会垄断互惠标准的制定，进而将少部分主体的特权以及不平等的权力关系合法化。例如在北美区域合作中，不平衡的政治经济结构和不对称的实力格局导致了以美国为中心的"中心—外围"的轴辐模式③。这一合作模式以对等和美

---

① 秦亚青. 世界秩序的变革：从霸权到包容性多边主义 [J]. 亚太安全与海洋研究，2021 (2)：1 - 15，133.

② LAKE D A. Whither the liberal international order? authority, hierarchy, and institutional change [J]. Ethics and International Affairs，2020，34 (4)：469 - 470.

③ 王翠文. 从 NAFTA 到 USMCA：霸权主导北美区域合作进程的政治经济学分析 [J]. 东北亚论坛，2020，29 (2)：19 - 31，127.

国定义的"公平"为核心，以单方"威胁退出"等强制性方式作为升级谈判的途径，体现了霸权主导的结构背景下地区合作制度框架的内生缺陷①。中国应坚决反对单边定义下的对等减让诉求，尤其要反对单边确定的标准或缺乏民主正当性的规则统一适用。

其次，中国还应当警惕贸易伙伴选择性地要求严格对等或部门内对等的做法。这一做法事实上秉持"双重标准"，将互惠作为打击贸易对手、获取竞争优势的工具。例如美国贸易竞争的惯用战略之一，就是基于对自身和对手的全面评估，锁定己方占优而对手较弱的领域，"在差异化竞争中取胜"②。美国所谓的对等开放被用作迫使其他成员开放市场的武器，与 WTO 中考虑到各成员发展阶段差别的互惠互利原则并不一致。"WTO所提倡的互惠互利原则，是各成员就所有产业开放市场实现总体互惠和利益平衡，并非狭义局限于每个产业或产品承诺水平对等。"中国应在努力推动单边开放与对等开放的同时，掌握对外贸易政策的主动权，抵制关于对等开放的不合理指责。

二、中国对待非互惠的立场建议

中国应当支持国际贸易体制中非互惠的制度建设与完善，以推动国际贸易体制朝着更加公平公正的方向发展。然而需要注意的是，中国应当将非互惠作为规则统一适用下必要的差异化的制度配置，使之与自身的需求相匹配，并以非互惠为突破口进行制度创新，而不能将非互惠作为避风港或者谋取一国私利的工具。

（一）不将非互惠作为深层次改革的避风港

中国应支持国际贸易体制中的非互惠制度安排，却不应以享受非互惠优惠待遇为主要目的，更不应将非互惠作为推动自身更深层次改革的避风港。中国支持非互惠的初衷在于，调整现有国际经贸体制的治理结构失

---

① 王正毅，张岩贵. 国际政治经济学：理论范式与现实经验研究［M］. 北京：商务印书馆，2003：169-170.

② 李薇. 美国参与大国战略竞争策略论析［J］. 东北亚学刊，2020（6）：69-79，148-149.

衡，增强国际贸易规则的公平公正性与发展导向性，尊重世界各国主权，使国际经贸合作与改革符合渐进式的客观规律，而并非利用非互惠的政策空间和优惠为本国谋取不当私利。在参与国际经贸合作过程中，中国既应充分接轨先进的国际经贸规则与标准，也应积极引领新一轮国际经贸规则建设。中国可以结合自身情况，有取舍地适用非互惠权利义务，甚至在多数情况下不享受非互惠优惠待遇，敢于扩大对等开放和单边开放程度。一方面，中国有必要接纳并维护基于机会均等的互惠和公平竞争，适度提高与发达经济体贸易关系对等程度，在国际规则的制定中发挥与自身实力相称的建设性作用。另一方面，中国也可以在区域经贸一体化的进程中，给予其他发展中成员必要的非互惠优惠，确保实力较弱的发展中成员参与国际经贸合作的积极性，增强成员间经贸合作的凝聚力。

（二）在区域贸易合作平台引领非互惠规则创新

中国应当在区域背景下推动成员间合作，创新国际规则，并助推多边层面的非互惠制度完善。中国可以借助"一带一路"倡议的推行，在区域层面上率先开展非互惠规则实践，积极探索国家间合作的新模式①。不同于西方"中心—边缘"的排他性制度设计，"一带一路"倡议将各国视为平等的合作伙伴，允许周边国家搭乘中国经济发展的快车，反映了中国积极提供国际公共产品的大国担当。另外，"一带一路"并没有推广由中国提出的统一发展模式或最佳实践，而是积极与沿线国家进行政策沟通和发展战略对接，积极寻找利益契合点。摒弃了以利为先、零和博弈的权力导向，突出了以义为先、合作共赢的发展导向②。在此意义上，"一带一路"是中国践行非互惠理念、创设非互惠规则、细化非互惠标准的重要平台，也是当今时代背景下中国主动参与全球经济治理和国际合作的创造性尝试。RCEP 是中国进行非互惠规则创新的另一重要试验平台。RCEP 是现有区域贸易协定中体现非互惠理念程度最高的协定，也展现了一定程度的非互惠机制化水平，照顾了不同发展水平的发展中国家的现实国情，增强

---

① 赫里尔. 全球秩序与全球治理［M］. 林曦，译. 北京：中国人民大学出版社，2018：285.

② 李向阳."一带一路"建设中的义利观［J］. 世界经济与政治，2017（9）：4-14，156.

了治理弹性①。因成员大多是发展中国家，RCEP 有机会为经济发展水平具有显著差异的发展中国家创造新的合作模式，是中国引领非互惠制度建设的重要区域平台。

中国可以统筹国内自贸区和区域贸易协定中的非互惠规则实践，为国内国际双循环相互促进的新发展格局提供法治保障，也促进区域国际经贸规则与国内法治完善的互动发展。中国在区域贸易合作平台开展非互惠规则实践的经验，有利于增强中国方案的制度竞争力，从而助推多边层面的非互惠制度完善。中国在区域层面推出的非互惠制度和治理模式能够以区域整体利益观代替国家局部福利，体现了中国权衡短期利益与长期利益的自我克制。中国促推国际贸易体制中非互惠制度完善，可以有效降低欧美发达国家单边主义、保护主义带来的风险，极大提高发展中国家的自主性和灵活性，也为中国自身提供广阔的战略空间。中国致力于提供的带有公共产品性质的非互惠治理机制，也有助于让发展中国家分享长期利益，激发、创造出"以扩散的互惠为基本特征的"国际经济合作模式②。

（三）与非互惠有关的后续研究方向

未来学界可在以下几个方向上对非互惠及其相关问题进行更深入的研究。首先，在推进多边贸易体制中非互惠制度完善方面，可以提出更加细致具体的实施方案，以进一步增加非互惠制度完善的可行性。例如全面分析各个非互惠标准制定方案的利弊，逐一衡量影响权利义务差异化配置的因素，使多边贸易体制中的非互惠机制更加健全。这一过程需要全面结合经济学、政治学、法学等多个学科的研究方法，兼顾标准与方案制定的确定性与灵活性。

其次，学界可对多边及区域层面非互惠制度完善的中国方案进行进一步研究。中国的发展既受制于外部世界经济治理赤字和发展赤字的影响，也限于国内全面深化改革开放的体制机制障碍。国际贸易体制中的非互惠对中国突破现有发展瓶颈起到了重要的作用，中国需要利用非互惠制度以

① 杨娜. 全球经济治理机制的革新与探索：以 RCEP 的构建为例［J］. 国际经贸探索，2020（12）：67 - 81

② 孙伊然. 亚投行、"一带一路"与中国的国际秩序观［J］. 外交评论，2016，33（1）：1 - 30.

赢得发展空间。与此同时，一个包容开放的世界经济体系也需要中国在其中发挥重要作用。

中国如何在区域贸易一体化的过程中推动非互惠制度建设可以成为下一步的研究重点。非互惠制度完善的中国方案必须立足于国内治理及区域治理中的经验教训和相关制度创新。这也是"统筹推进国内法治和涉外法治""协调推进国内治理和国际治理"的内在要求①。只有解决好国内区域间发展不平衡的问题，才能将区域间协调联动发展的治理经验推广到国际区域和多边经贸治理层面，形成非互惠制度建设的中国方案，推进不同经济发展水平的成员之间通过合作实现发展。中国现有的 22 个自由贸易区和海南自由贸易港是探索建立"更高水平开放型经济新体制"的重要试验场。中国区域经济合作发展整体上存在区域不平衡、"极化"现象明显、地方政府行政力量过强以及区域合作协调机制发育不完善等方面的问题。面对国内区域间经济协调联动发展不平衡、不协调的治理困境，中国可通过构建与完善区域协调发展机制，促进区域经济一体化机制和体制的创新，同时也为多边与区域层面的非互惠制度完善提供制度范本。

最后，互惠、非互惠、对等、非对等几个概念之间并非相互对立。后续研究有必要对这些概念间的关系进行更加具体、有深度的分析，以便对中国在新发展阶段中的贸易政策进行更加合理与准确的定位。中国尤其要考虑发达成员提出的"对等减让要求"，并以全新的角度看待对等。有学者提出，中国"即将进入一个以对等开放推动深水区改革的历史新阶段"②。在特定的条件下，实行对等削减贸易投资壁垒，不仅可能为中国的改革提供比加入 WTO 更大的推动力，还有助于在中美竞争与合作过程中求同存异，防止中美关系滑向修昔底德陷阱。但中国加大对等开放力度并不意味着中国应当放弃在特定情况下享有非互惠权利义务保障下的发展空间，更不意味着发展中成员在非互惠制度安排下的发展权利应当受到

---

① 习近平总书记在中央全面依法治国工作会议上的讲话中，用"十一个坚持"系统阐述了习近平法治思想的核心要义。"十一个坚持"中包含了"坚持统筹推进国内法治和涉外法治"的内在要求。

② 高柏. 对等开放：中国迈向发达国家的必由之路 [J]. 文化纵横，2021 (1)：65 - 82.

压制。中国在对等与非对等开放之间的协调恰恰应当成为学界研究的重点。后续研究一方面需要分析中国是否需要对等、应当在何种条件下、在多大范围内、对哪些国家实行对等开放，另一方面也需要分析中国何时需要非互惠制度安排提供的发展空间与法治保障。这些内容的研究将对新时期中国建设更高水平开放型经济新体制产生关键性指导意义。

参考文献

一、中文类参考文献

（一）著作类

［1］阿查亚．美国世界秩序的终结［M］．袁正清，肖莹莹，译．上海：上海人民出版社，2016.

［2］阿克塞尔罗德．合作的进化：修订版［M］．吴坚忠，译．上海：上海人民出版社，2007.

［3］巴顿，戈尔斯坦，乔思林．贸易体制的演进：GATT 与 WTO 体制中的政治学、法学和经济学［M］．廖诗评，译．北京：北京大学出版社，2013.

［4］巴格瓦蒂．现代自由贸易［M］．雷薇，译．北京：中信出版社，2003.

［5］鲍德温．新现实主义和新自由主义［M］．肖欢容，译．杭州：浙江人民出版社，2001.

［6］贝格威尔，思泰格尔．世界贸易体系经济学［M］．雷达，詹宏毅，等译．北京：中国人民大学出版社，2005.

［7］贝兹．政治理论与国际关系［M］．丛占修，译．上海：上海译文出版社，2012.

［8］布朗利．国际公法原理［M］．曾令良，等译．北京：法律出版

社，2007．

[9] 陈安．国际经济法学［M］．北京：北京大学出版社，1994．

[10] 陈立虎，黄涧秋．保障措施法比较研究［M］．北京：北京大学出版社，2006．

[11] 戴斯勒．美国贸易政治［M］．王恩冕，于少蔚，译．北京：中国市场出版社，2006．

[12] 富勒．法律的道德性［M］．郑戈，译．北京：商务印书馆，2005．

[13] 莱克．国际关系中的等级制［M］．高婉妮，译．上海：上海人民出版社，2013．

[14] 霍布豪斯．社会正义要素［M］．孔兆政，译．长春：吉林人民出版社，2006．

[15] 霍克曼，考斯泰基．世界贸易体制的政治经济学：从关贸总协定到世界贸易组织［M］．刘平，等译．北京：法律出版社，1999．

[16] 基欧汉．霸权之后：世界政治经济中的合作与纷争［M］．上海：上海人民出版社，2006．

[17] 杰克逊．GATT/WTO 法理与实践［M］．张玉卿，等译．北京：新华出版社，2002．

[18] 杰克逊．国家主权与 WTO：变化中的国际法基础［M］．赵龙跃，左海聪，盛建明，译．北京：社会科学文献出版社，2009．

[19] 杰克逊．世界贸易体制：国际经济关系的法律与政策［M］．张乃根，译．上海：复旦大学出版社，2001．

[20] 克莱斯勒．结构冲突：第三世界对抗全球自由主义［M］．李小华，译．杭州：浙江人民出版社，2001．

[21] 梁西，王献枢，曾令良．国际法［M］．3 版．武汉：武汉大学出版社，2011．

[22] 刘振环．美国贸易政策研究［M］．北京：法律出版社，2010．

[23] 刘志云．现代国际关系理论视野下的国际法［M］．北京：法律出版社，2006．

[24] 鲁杰．多边主义［M］．苏长和，等译．杭州：浙江人民出版

社，2003.

[25] 罗尔斯. 正义论：修订版 [M]. 何怀宏，何包钢，廖申白，译. 北京：中国社会科学出版社，2009.

[26] 罗尔斯. 作为公平的正义：正义新论 [M]. 姚大志，译. 上海：上海三联书店，2002.

[27] 马丁，西蒙斯. 国际制度 [M]. 黄仁伟，蔡鹏鸿，等译. 上海：上海人民出版社，2006.

[28] 麦金尼斯，莫维塞西恩. 世界贸易宪法 [M]. 张保生，满运龙，译. 北京：中国人民大学出版社，2004.

[29] 奈. 软实力 [M]. 马娟娟，译. 北京：中信出版社，2013.

[30] 欧文. 贸易的冲突：美国贸易政策 200 年 [M]. 余江，刁琳琳，陆殷莉，译. 北京：中信出版社，2019.

[31] 潘忠岐. 中国与国际规则的制定 [M]. 上海：上海人民出版社，2019.

[32] 萨林斯. 石器时代经济学 [M]. 张经纬，郑少雄，张帆，译. 北京：生活·读书·新知三联书店，2009.

[33] 萨瑟兰，巴格瓦蒂，等. WTO 的未来：阐释新千年中的体制性挑战，咨询委员会提交给总干事素帕猜·巴尼巴迪的报告 [M]. 刘敬东，等译. 北京：中国财政经济出版社，2005.

[34] 桑德尔. 自由主义与正义的局限 [M]. 万俊人，等译. 南京：译林出版社，2011.

[35] 舒建中. 多边贸易体系与美国霸权：关贸总协定制度研究 [M]. 南京：南京大学出版社，2009.

[36] 斯蒂格利茨，查尔顿. 国际间的权衡交易：贸易如何促进发展 [M]. 沈小寅，译. 北京：中国人民大学出版社，2008.

[37] 斯蒂格. 世界贸易组织的制度再设计 [M]. 汤蓓，译. 上海：上海人民出版社，2011.

[38] 斯特兰奇. 国家与市场 [M]. 杨宇光，等译. 上海：上海人民出版社，2006.

[39] 谈谭. 国际贸易组织（ITO）的失败：国家与市场 [M]. 上

海：上海社会科学院出版社，2010.

［40］唐丰鹤．法律正当性问题研究［M］.北京：北京大学出版社，2019.

［41］王正毅，张岩贵．国际政治经济学：理论范式与现实经验研究［M］.北京：商务印书馆，2003.

［42］温特．国际政治的社会理论［M］.秦亚青，译.上海：上海人民出版社，2014.

［43］沃尔特．驯服美国权力：对美国首要地位的全球回应［M］.郭盛，王颖，译.上海：上海人民出版社，2008.

［44］徐乃斌．国际法学［M］.2版.北京：中国政法大学出版社，2013.

［45］徐泉．国际贸易投资自由化法律规制研究［M］.北京：中国检察出版社，2004.

［46］徐泉．国家经济主权论［M］.北京：人民出版社，2006.

［47］韦伯．学术与政治：韦伯的两篇演说［M］.冯克利，译.北京：生活·读书·新知三联书店，2005.

［48］亚里士多德．尼各马可伦理学［注释导读本］［M］.邓安庆，译.北京：人民出版社，2010.

［49］杨谦，王桂艳．公平与正义问题研究［M］.南宁：广西人民出版社，2018.

［50］伊肯伯里．自由主义利维坦：美利坚世界秩序的起源、危机和转型［M］.上海：上海人民出版社，2013.

［51］伊斯梅尔．改革世界贸易组织：多哈回合中的发展中成员［M］.贺平，凌云志，邓峥晖，译.上海：上海人民出版社，2011.

［52］俞正樑．全球化时代的国际关系［M］.2版.上海：复旦大学出版社，2009.

［53］张建新．权力与经济增长：美国贸易政策的国际政治经济学［M］.上海：上海人民出版社，2006.

［54］张乃根．国际法原理［M］.北京：中国政法大学出版社，2002.

［55］张向晨．发展中国家与 WTO 的政治经济关系［M］．北京：法律出版社，2000.

［56］赵维田．世贸组织（WTO）的法律制度［M］．长春：吉林人民出版社，2000.

［57］赵维田．《中国入世议定书》条款解读［M］．长沙：湖南科学技术出版社，2005.

［58］赵心树．选举的困境：民选制度及宪政改革批判［M］. 2 版．成都：四川人民出版社，2008.

［59］周旺生．法理学［M］．西安：西安交通大学出版社，2006.

［60］朱景文．当代西方后现代法学［M］．北京：法律出版社，2001.

［61］朱彤．发展中国家在 WTO 中的地位和利益［M］．北京：经济科学出版社，2001.

（二）论文类

［62］阿特斯，托莫．国际法中的发展权：三十年后的新动力？［J］．国际法研究，2017（1）：26 - 46.

［63］蔡从燕．从国际经济新秩序运动到可持续发展战略：南北问题解决范式的可能转换及其对发展中国家的深远影响［J］．国际经济法学刊，2008，15（3）：192 - 214.

［64］蔡从燕．国际法的普遍性：过去、现在与未来［J］．现代法学，2021，43（1）：90 - 104.

［65］蔡从燕．身份与契约：GATT/WTO 体制内"特殊与差别待遇"的契约法研究［J］．国际经济法学刊，2005，12（2）：140 - 162.

［66］曹俊金．论贸易援助评价制度及对我启示［J］．国际展望，2014（2）：123 - 139，154.

［67］车丕照．WTO 对国际法的贡献与挑战［J］．暨南学报（哲学社会科学版），2014，36（3）：1 - 10.

［68］陈凤英，孙立鹏．WTO 改革：美国的角色［J］．国际问题研究，2019（2）：61 - 81，138.

［69］陈琪，管传靖．国际制度设计的领导权分析［J］．世界经济与政治，2015（8）：4 - 28，155 - 156.

［70］陈咏梅．析 WTO 对发展中成员的技术援助和能力建设［J］．武大国际法评论，2010，12（S1）：58－279.

［71］崔凡，洪朝伟．论对等开放原则［J］．国际贸易问题，2018（5）：1－11.

［72］杜涛．互惠原则与外国法院判决的承认与执行［J］．环球法律评论，2007（1）：110－119.

［73］高波．经济发展理论范式的演变［J］．南京大学学报（哲学・人文科学・社会科学），2010，47（1）：43－54，159.

［74］高奇琦．全球共治：中西方世界秩序观的差异及其调和［J］．世界经济与政治，2015（4）：67－87，156－157.

［75］韩秀丽．论入世议定书的法律效力：以《中国入世议定书》为中心［J］．环球法律评论，2014（2）：20－32.

［76］何易．论普惠制实施中的差别待遇：兼论 WTO 发展中国家成员分类问题［J］．国际经济法学刊，2006，13（2），50－70.

［77］何志鹏，都青．新时代中国国际法治思想［J］．国际关系与国际法学刊，2018，8：1－46.

［78］何志鹏，孙璐．国际关系的现实主义维度：和平共处五项原则的立场探究［J］．吉林大学社会科学学报，2014，54（6）：123－130，175.

［79］何志鹏．从国际经济新秩序到可持续发展：国际经济法治目标的升华［J］．国际经济法学刊，2008，15（3），167－191.

［80］侯力．国际经济秩序危机与中国的政策选择［J］．东北亚论坛，2019（5）：53－58.

［81］黎尔平．"一带一路"建设对世界发展权的贡献［J］．人权，2016（5）：8－17.

［82］李滨，陆健健．论建立公平的国际经济秩序之正当性［J］．世界经济与政治，2011（12）：59－79，157.

［83］李朝祥，韩璞庚．国际话语权的三重维度和基本构成［J］．学习与探索，2019（5）：14－18.

［84］李春林，张章盛．国际法的代际演进与国际法律差别待遇的历

史演变 [J]. 福建论坛 (人文社会科学版), 2010 (3): 152-156.

[85] 李春林. 构建人类命运共同体与发展权的功能定位 [J]. 武大国际法评论, 2018, 2 (5): 1-24.

[86] 李丹. 论全球治理改革的中国方案 [J]. 马克思主义研究, 2018 (4): 52-62, 159-160.

[87] 李双双. WTO "特殊和差别待遇" 透视: 改革争议、对华现实意义及政策建议 [J]. 国际贸易, 2019 (8): 4-11, 78.

[88] 李巍, 罗仪馥. 从规则到秩序: 国际制度竞争的逻辑 [J]. 世界经济与政治, 2019 (4): 28-57, 155-156.

[89] 李向阳. 特朗普政府需要什么样的全球化. 世界经济与政治 [J]. 2019 (3): 44-56, 156-157.

[90] 李永成. 特朗普对美国自由霸权主义的继承与调整 [J]. 现代国际关系, 2019 (5): 26-33, 62-63.

[91] 梁颖, 黄立群. 共生型国际秩序与命运共同体建设 [J]. 南洋问题研究, 2017 (1): 39-50.

[92] 廖凡. 构建更加公平的国际贸易体制: 对 WTO 互惠原则的再思考 [J]. 国际贸易, 2007 (6): 62-65.

[93] 林灵. 试析多哈回合 "特殊与差别待遇" 谈判及中国相关立场 [J]. 武大国际法评论, 2007, 7 (2): 96-114.

[94] 刘敬东. WTO 改革的必要性及其议题设计 [J]. 国际经济评论, 2019 (1): 34-57, 5.

[95] 刘玮. 崛起国创建国际制度的策略 [J]. 世界经济与政治, 2017 (9): 84-106, 158-159.

[96] 刘志云. 论国家利益与国际法的关系演变 [J]. 世界经济与政治, 2014 (5): 33-48, 156-157.

[97] 门洪华. 国际机制理论的批评与前瞻 [J]. 世界经济与政治, 1999 (11): 17-22.

[98] 潘晓明. 变动中的国际贸易体系: 特朗普政府的调整策略及思路 [J]. 国际关系研究, 2018 (6): 126-143, 155.

[99] 彭德雷, 周围欢, 屠新泉. 多边贸易体制下中国发展中国家地

位问题研究：基于历史、现实与规范的多维考察 [J]. 太平洋学报，2020，28（1）：64-75.

[100] 秦娅. 论 WTO 出口税制度的改革：自然资源主权、经济发展与环境保护 [J]. 清华法学，2013，7（2）：123-149.

[101] 石斌. 秩序转型、国际分配正义与新兴大国的历史责任 [J]. 世界经济与政治，2010（12）：69-100，154.

[102] 斯蒂格利茨. 对发展经济学的反思 [J]. 经济社会体制比较，2013（4）：224-229.

[103] 苏长和. 和平共处五项原则与中国国际法理论体系的思索 [J]. 世界经济与政治，2014（6）：4-22，156.

[104] 苏长和. 世界秩序之争中的"一"与"和" [J]. 世界经济与政治，2015（1）：26-39，155-156.

[105] 粟丽玉，郭馨. 当代国外发展理论的历史演进及其启示 [J]. 理论界，2020（1）：16-22.

[106] 孙秀丽."对称性互惠"与"非对称性互惠"：艾利斯·扬对交往伦理学的反思与重构 [J]. 学习与探索，2017（4）：26-32.

[107] 汪习根，涂少彬. 发展权的后现代法学解读 [J]. 法制与社会发展，2005（6）：55-66.

[108] 汪习根. 发展权含义的法哲学分析 [J]. 现代法学，2004，26（6）：3-8.

[109] 王大为. 世贸组织改革中发展问题的政治经济学分析 [J]. 中国国际战略评论，2019（1）：86-99.

[110] 王国锋. 论 WTO 中的发展权 [J]. 北方法学，2015，9（3）：79-87.

[111] 王秋雯. 国际竞争规则重塑进程中的中国话语权构建 [J]. 当代世界与社会主义，2019（4）：139-145.

[112] 王秀梅. 从"共进国际法"看国际法的发展趋势 [J]. 兰州大学学报（社会科学版），2010，38（4）：1-99.

[113] 王彦志. 国际经济新秩序的必要反思与中国的战略定位 [J]. 国际经济法学刊，2009，16（3）：112-136.

［114］王彦志．内嵌自由主义的衰落、复兴与再生：理解晚近国际经济法律秩序的变迁［J］．国际关系与国际法学刊，2018（8）：5-8.

［115］王中美．发展中国家的分类争议及特殊与差别待遇的适用［J］．国际经贸探索，2020，36（6）：89-100.

［116］温尧．退出的政治：美国制度收缩的逻辑［J］．当代亚太，2019（1）：4-37，155-156.

［117］徐崇利．《巴黎协定》制度变迁的性质与中国的推动作用［J］．法制与社会发展，2018，24（6）：198-209.

［118］徐崇利．二战之后国际经济秩序公正性之评判：基本逻辑、实力兴衰及收益变化［J］．经贸法律评论，2019（3）：67-78.

［119］徐泉．WTO"新成员"法律地位论析［J］．法学评论，2009，27（2）：83-89.

［120］徐泉．美国外贸政策决策机制的变革：美国《1934年互惠贸易协定法》述评［J］．法学家，2008（1）：154-160.

［121］姚大志．评桑德尔的分配正义观［J］．社会科学，2013（10）：98-105.

［122］姚大志．社群主义的焦虑：评桑德尔的共同体观念［J］．学习与探索，2014（8）：1-6.

［123］游启明．中美实力对比变化对国际秩序的影响：权力转移论和新自由制度主义的比较研究［J］．国际展望，2019，11（2）：21-39，150.

［124］袁正清，宋晓芹．理解和平共处五项原则的传播：国际规范扩散的视角［J］．国际政治研究，2015，36（5）：66-81，6.

［125］曾令良．现代国际法的人本化发展趋势［J］．中国社会科学，2007（1）：89-103，207.

［126］张国清．罗尔斯难题：正义原则的误读与批评［J］．中国社会科学，2013（10）：22-40，204-205.

［127］张建华，杨少瑞．发展经济学起源、脉络与现实因应［J］．改革，2016（12）：134-143.

［128］张久琴．对中国"发展中国家"地位的再认识［J］．国际经济合作，2018（11）：11-15.

［129］张文显. 规则·原则·概念: 论法的模式［J］. 现代法学, 1989（3）: 27 - 30.

［130］张向晨, 徐清军, 王金永. WTO 改革应关注发展中成员的能力缺失问题［J］. 国际经济评论, 2019（1）: 9 - 33, 4.

［131］张亚非. 浅论对等和互惠原则及其作用［J］. 社会科学, 1984（10）: 60 - 63.

［132］周琪. 论特朗普的对华政策及其决策环境［J］. 世界经济与政治, 2019（3）: 57 - 78, 157 - 158.

［133］朱慧玲. 共同体主义还是共和主义?: 桑德尔政治哲学立场评定与剖析［J］. 世界哲学, 2011（3）: 150 - 159.

［134］朱炎生. 发展权的演变与实现途径: 略论发展中国家争取发展的人权［J］. 厦门大学学报（哲学社会科学版）, 2001（3）: 111 - 118.

［135］资琳. 制度何以为凭?: 兼评桑德尔《自由主义与正义的局限》［J］. 法律科学, 2006（4）: 155 - 159.

二、外文类参考文献

(一) 著作类

［136］ALEXANDROFF A S. Can the world be governed? possibilities for effective multilateralism［M］. Waterloo: Wilfrid Laurier University Press, 2008.

［137］ALESSANDRINI D. Developing countries and the multilateral trade regime: the failure and promise of the WTO's development mission［M］. Oxford and Portland: Hart Publishing, 2010.

［138］BANAI A, RONZONI M, SCHEMMEL C. Social justice, global dynamics theoretical and empirical perspectives［M］. New York: Routledge, 2011.

［139］BARNETT M, DUVALL R. Power in global governance［M］. Cambridge: Cambridge University Press, 2005.

［140］BAYNE N, WOOLWOCK S. The new economic diplomacy decision-making and negotiation in international economic relations［M］.

London: Routledge, 2016.

[141] BEITZ C. Political theory and international relations [M]. Princeton: Princeton University Press, 1979.

[142] BERMAN G A, MAVROIDIS P C. WTO law and developing countries [M]. New York: Cambridge University Press, 2007.

[143] BEVIR M. Encyclopedia of governance [M]. Thousand Oaks: SAGE Publications, 2007.

[144] BHAGWATI J N, HUDEC R E. Fair trade and harmonization: prerequisites for free trade? vol. 2: legal analysis [M]. Cambridge: The MIT Press, 1997.

[145] BROUDE T. International governance in the WTO: judicial boundaries and political capitulation [M]. London: Cameron, 2004.

[146] BROWN A G. Reluctant partners: a history of multilateral trade cooperation 1850 - 2000 [M]. Ann Arbor: The University of Michigan Press, 2003.

[147] CARMODY C, GARCIA F J, LINARELLI J. Global justice and international economic law: opportunities and prospects [M]. Cambridge: Cambridge University Press, 2012.

[148] CHARNOVITZ S. The path of world trade law in the 21st century [M]. Hackensack, N. J. : World Scientific Publishing, 2015.

[149] CHANG H-J. Kicking away the ladder-development strategy in historical perspective [M]. London: Anthem Press, 2002.

[150] COTTIER T, ELSIG M. Governing the World Trade Organization: past, present and beyond Doha world trade forum [M]. New York: Cambridge University Press, 2009.

[151] DIEFENBACH T. Hierarchy and organization: towards a general theory of hierarchical social system [M]. New York: Routledge, 2013.

[152] DONNELLY J. Realism and international relations [M]. Cambridge: The Press Syndicate of The University of Cambridge, 2004.

[153] EHRLICH S D. The politics of fair trade: moving beyond free

trade and protection [M]. New York: Oxford University Press, 2018.

[154] EVENETT S J, HOEKMAN B M. Economic development and multilateral trade cooperation, the international bank for reconstruction and development [M]. Washington, D. C. : Palgrave Macmillan, 2006.

[155] FARD S N. Reciprocity in international law: its impact and function [M]. London: Routledge, 2016.

[156] FREEMAN S. Justice and social contract: essays on Rawlsian political philosophy [M]. New York: Oxford University Press, 2007.

[157] FRIEDMANN W. The changing structure of international law [M]. New York: Columbia University Press, 1962.

[158] FULLER L L. The morality of law [M]. New Haven: Yale University Press, 1969.

[159] GARCIA F J. Trade, inequality, and justice: towards a liberal theory of just trade [M]. Ardsley, N. Y. : Transnational Publishers, 2003.

[160] GILLIGAN M J. Empowering exporters: reciprocity, delegation and collective action in american trade policy [M]. Ann Arbor: The University of Michigan Press, 1997.

[161] GRYNBERG R. WTO at the margins: small states and the multilateral trading system [M]. New York: Cambridge University Press, 2006.

[162] HABERMAS J. The theory of communicative action [M]. Boston: Beacon Press, 1984.

[163] HOEKMAN B, MATTOO A, ENGLISH P. Development, trade, and the WTO: a handbook [M]. Washington, D. C. : World Band Publications, 2002.

[164] HOEKMAN B M, KOSTECKI M M. The political economy of the world trade system: the WTO and beyond [M]. Oxford: Oxford University Press, 2009.

[165] HOPEWELL K. Breaking the WTO: how emerging powers disrupted the neoliberal project [M]. Standford: Standford University

Press，2016.

[166] HUDEC R E. Developing countries in the GATT legal system [M]. Cambridge: Cambridge University Press，2010.

[167] HURREL A, WOODS N. Inequality, globalization, and world politics [M]. New York: Oxford University Press，1999.

[168] HURRELMANN A, SCHNEIDER S, STEFFEK J. Legitimacy in an age of global politics [M]. Basingstoke: Palgrave Macmillan，2007.

[169] IRWIN D A. Clashing over commerce: a history of US trade policy [M]. Chicago: The University of Chicago Press，1992.

[170] JONES K. Who's afraid of the WTO? [M]. New York: Oxford University Press，2004.

[171] KAPSTEIN E B. Economic justice in an unfair world: towards a level playing field [M]. Princeton: Princeton University Press，2006.

[172] KAUL I. Providing global public goods: managing globalization [M]. Oxford: Oxford University Press，2003.

[173] KIM S Y. Power and the governance of global trade: from the GATT to the WTO [M]. Ithaca: Cornell University Press，2010.

[174] KOREMENOS B, LIPSON C, SNIDAL D. The rational design of international institutions [M]. Cambridge: Cambridge University Press，2004.

[175] LAL D, SNAPE R H. Trade, development and political economy [M]. New York: Palgrave，2001.

[176] LEE Y-S. Economic development through world trade: a developing world perspective [M]. Netherlands: Kluwer Law International，2008.

[177] MATTLI W, WOODS N. The politics of global regulation [M]. Princeton: Princeton University Press，2009.

[178] PETERSMANN E-U. Constitutional functions and constitutional problems of international economic law [M]. New York: Routledge，2018.

[179] RAWLS J. A theory of justice [M]. Cambridge: Belknap Press, 1999.

[180] RHODES C. Reciprocity, U. S. trade policy, and the GATT regime [M]. Ithaca: Cornell University Press, 1993.

[181] RODRIK D. The globalization paradox: why global markets, states, and democracy can't coexist [M]. Oxford: Oxford University Press, 2011.

[182] ROGER F, URY W. Getting to yes: negotiating agreement without giving in [M]. Boston: Houghton Mifflin, 1991.

[183] ROLLAND S E. Development at the WTO [M]. New York: Oxford University Press, 2012.

[184] ROSTOW W W. The process of economic growth [M]. New York: Walt W. Norton & Company, 1962.

[185] SAMPSON G P, CHAMBERS W B. Developing countries and the WTO [M]. New York: United Nations University Press, 2008.

[186] SAMPSON G P. The role of the World Trade Organization in global governance [M]. Tokyo: United Nations University Press, 2001.

[187] SAMPSON G P. The WTO and sustainable development [M]. New York: United Nations University Press, 2005.

[188] SANDEL M. Justice: what's the right thing to do? [M]. New York: Farrar, Straus and Giroux, 2009.

[189] SANDEL M. Liberalism and the limit of justice [M]. Cambridge: Cambridge University Press, 1982.

[190] SCOTT R E, STEPHAN P B. The limits of leviathan: contract theory and the enforcement of international law [M]. New York: Cambridge University Press, 2006.

[191] SRINIVASAN T N. Developing countries and the multilateral trading system: from the GATT to the Uruguay round and the future [M]. New York: Routledge, 1998.

[192] STERN R M. Globalization and international trade policies

[M]. Hackensack, NJ: World Scientific Publishing Company, 2009.

[193] STIGLITZ J E, CHARLTON A. Fair trade for all: how trade can promote development [M]. New York: Oxford University Press, 2005.

[194] STOLL P-T, SCHORKOPF F. WTO: world economic order, world trade law [M]. Leiden: Nijhoff, 2006.

[195] STONE R W. Controlling institution: international organizations and the global economy [M]. Cambridge: Cambridge University Press, 2011.

[196] SUNSTEIN C R. Legal reasoning and political conflict [M]. New York: Oxford University Press, 1996.

[197] WESTERMARCK E. The origin and development of the moral ideas [M]. London: Macmillan and Co. Limited, 1908.

[198] WALLERSTEIN I. After liberalism [M]. New York: The New Press, 1995.

[199] YOUNG I M. Intersecting voices: dilemmas of gender political philosophy, and policy [M]. Princeton: Princeton University Press, 1997.

[200] ZAMPETTI A B. Fairness in the world economy: US perspectives on international trade relations [M]. Cheltenham: Edward Elgar, 2006.

[201] ZOLLER E. Peacetime unilateral remedies [M]. Dobbs Ferry, N. Y.: Transnational Publishers, 1984.

(二) 论文类

[202] ABBOTT K W, KEOHANE R O, MORAVSCIK A, et al. The concept of legalization [J]. International Organization, 2000, 54 (3).

[203] BABU R R. Cause and effect of "differentiation" between developing countries in the WTO [J]. International Journal of Private Law, 2011, 4 (3).

[204] BAGWELL K, STAIGER R W. Reciprocity, non-discrimination and preferential agreements in the multilateral trading system [J].

European Journal of Political Economy，2001，17（2）.

［205］BARNETT M，DUVALL R. Power in international politics ［J］. International Organization，2005，59（1）.

［206］BARTELS L，HÄBERLI C. Binding tariff preferences for developing countries under article II GATT ［J］. Journal of International Economic Law，2010，13（4）.

［207］BARTELS L. The WTO enabling clause and positive conditionality in the European ［J］. Journal of International Economic Law，2003，6（2）.

［208］BHAGWATI J N，IRWIN D A. The return of the reciprocitarians—US trade policy today ［J］. The World Economy，1987，10（2）.

［209］BIMANTARA A. Donald Trump's protectionist trade policy from the perspective of economic nationalism ［J］. Journal Hubungan International，2018，7（2）.

［210］BROWN A G，STERN R M. Global market integration and national sovereignty ［J］. World Economy，2006，29（3）.

［211］BRENAN A M. The special and differential treatment mechanism and the WTO：cultivating trade inequality for developing countries ［J］. Trinity College Law Review，2011，14（143）.

［212］BUNN I D. The right to development：implications for international economic law ［J］. American University International Law Review，2000，15（6）.

［213］CARMODY C. WTO obligations as collective ［J］. European Journal of International Law，2006，17（2）.

［214］CHANG H-J. Policy space in historical perspective with special reference to trade and industrial policies ［J］. Economic and Political Weekly，2006，41（7）.

［215］CHANG S W. WTO for trade and development post-Doha ［J］. Journal of International Economic Law，2007，10（3）.

［216］CHAN K S. The international negotiation game：some evidence from the Tokyo round [J]. Review of Economics and Statistics, 1985, 67 (3).

[217] CHARNOVITZ S, BARTELS L HOWSE R, et al. The appellate body's GSP decision [J]. World Trade Review, 2004, 3 (2).

[218] CHOW D C K, SHELDON I. Is strict reciprocity required for fair trade? [J]. Vanderbilt Journal of Transnational Law, 2019, 52 (1).

[219] CHRISTENSEN J. Fair trade, formal equality, and preferential treatment [J]. Social Theory and Practice, 2015, 41 (3).

[220] CONCONI P, PERRONI C. Special and differential treatment of developing countries in the WTO [J]. World Trade Review, 2015, 14 (1).

[221] CRAVEN M. Legal differentiation and the concept of the human rights treaty in international law [J]. European Journal of International Law, 2000, 11 (3).

[222] CURZON G. Non-discrimination and the rise of "material" reciprocity [J]. The World Economy, 1989, 12 (4).

[223] CZAPNIK B. The unique features of the trade facilitation agreement: a revolutionary new approach to multilateral negotiations or the exception which proves the rule? [J]. Journal of International Economic Law, 2015, 18 (4).

[224] DIEKMANN A. The power of reciprocity: fairness, reciprocity, and stakes in variants of the dictator game [J]. Journal of Conflict Resolution, 2004, 48 (4).

[225] DRAHOS D. When the weak bargain with the strong: negotiation in the World Trade Organization [J]. International Negotiation, 2003, 8 (1).

[226] FINNEMORE M, TOOPE S J. Alternatives to "legalization": richer views of law and politics [J]. International Organization, 2001, 55 (3).

[227] GALLAGHER M E. Reform and openness: why China's economic reforms have delayed democracy [J]. World Politics, 2002, 54 (3).

[228] GALLAGHER P, STOLER A. Critical mass as an alternative framework for multilateral trade negotiations [J]. Global Governance, 2009, 15 (3).

[229] GERHART P M. Slow transformations: the WTO as a distributive organization [J]. American University International Law Review, 2002, 17 (5).

[230] GOULDNER A W. The norm of reciprocity [J]. American Sociological Review, 1960, 25 (2).

[231] GUILLÉN A. USA's trade policy in the context of global crisis and the decline of North American hegemony [J]. Brazilian Journal of Political Economy, 2019, 39 (3).

[232] HAINSWORTH S M. Sovereignty, economic integration, and the World Trade Organization [J]. Osgoode Hall Law Journal, 1995, 33 (3).

[233] HARRISON J. Incentives for development: the EC's generalized system of preferences, India's WTO challenge and reform [J]. Common Market Law Review, 2005, 42 (6).

[234] HEARN E. Harm, fairness and trade policy preferences: an experimental examination of sincere fair-trade preferences [J]. International Politics, 2014, 51 (1).

[235] HERRMANN-PILLATH C. Reciprocity and the hidden constitution of world trade [J]. Constitutional Political Economy, 2006, 17 (3).

[236] HOBSON J M, SHARMAN J C. The enduring place of hierarchy in world politics: tracing the social logics of hierarchy and political change [J]. European Journal of International Relations, 2016, 11 (1).

[237] HOEKMAN B, MAVROIDIS P. WTO "à la carte" or "menu

du jour"? assessing the case for plurilateral agreements [J]. The European Journal of International Law, 2015, 26 (2).

[238] HOEKMAN B. Operationalizing the concept of policy space in the WTO: beyond special and differential treatment [J]. Journal of International Economic Law, 2005, 8 (2).

[239] HSIEH P L. Reassessing the trade-development nexus in international economic law: the paradigm shift in Asia-Pacific regionalism [J]. Northwestern Journal of International Law and Business, 2017, 37 (3).

[240] IRISH M. GSP tariffs and conditionality: a comment on EC-preferences [J]. Journal of World Trade, 2007, 41 (4).

[241] ISMAIL F. Mainstreaming development in the World Trade Organization [J]. Journal of World Trade, 2005, 39 (1).

[242] ISMAIL F. Reforming the World Trade Organization [J]. World Economics, 2009, 10 (4).

[243] JACKSON J H. Status of treaties in domestic legal systems: a policy analysis [J]. American Journal of International Law, 1992, 86 (2).

[244] JAYASINGHE V. The legality of the European Union's special incentive arrangement [J]. Journal of International Economic Law, 2015, 18 (3).

[245] JOBIM M L K. Drawing on the legal and economic arguments in favour and against "reciprocity" and "special and differential treatment" for developing countries within the WTO system [J]. Journal of Politics and Law, 2013, 6 (3).

[246] JONES K. Green room politics and the WTO's crisis of representation [J]. Progress in Development Studies, 2009, 9 (4).

[247] KANG D C. The theoretical roots of hierarchy in international relations [J]. Australian Journal of International Affairs, 2004, 58 (3).

［248］KAUL I. Global public goods: explaining their under-provision ［J］. Journal of International Economic Law, 2012, 15 (3).

［249］KEOHANE R O. Reciprocity in international relations ［J］. International Organization, 1986, 40 (1).

［250］KISHORE P. Conditionalities in the generalized system of preferences as instruments of global economic governance ［J］. The International Lawyer, 2011, 45 (3).

［251］KOSKENNIEMI M. International law in Europe: between tradition and renewal ［J］. European Journal of International Law, 2005, 16 (1).

［252］LAMP N. How some countries became special ［J］. Journal of International Economic Law, 2015, 18 (4).

［253］LEEBRON D W. Linkages ［J］. The American Journal of International Law, 2002, 96 (1).

［254］LEE H-H, PARK D, SHIN M. Do developing-country WTO members receive more aid for trade? ［J］. World Economy, 2015, 38 (9).

［255］LICHTENBAUM P. Special treatment vs. equal participation: striking a balance in the Doha negotiations ［J］. American University International Law Review, 2002, 17 (5).

［256］MANOCHA D. Global administrative law and the World Trade Organization's legitimacy crisis ［J］. Foreign Trade Review, 2010, 44 (4).

［257］MASTANDUNO M. System maker and privilege taker: U. S. power and the international political economy ［J］. World Politics, 2009, 61 (1).

［258］MEDINA DE SOUZA I A. The power of law or the law of power? a critique of the liberal approach to the dispute settlement understanding ［J］. Boletim Meridiano 47, 2015, 16 (150).

［259］MELAMED C. Doing "development" at the World Trade Organization: the Doha round [J]. IDS Bulletin, 2003, 34 (2).

[260] MICHALOPOULOS C. The developing countries in the WTO [J]. World Economy, 1999, 22 (1).

[261] MITCHELL A D, VOON T. Operationalizing special and differential treatment in the World Trade Organization: game over? [J]. Global Governance, 2009, 15 (3).

[262] MITCHELL A D, WALLIS J E. Pacific pause: the rhetoric of special & differential treatment, the reality of WTO accession [J]. Wisconsin International Law Journal, 2010, 27 (4).

[263] MOON G. Trade and equality: a relationship to discover [J]. Journal of International Economic Law, 2009, 12 (3).

[264] NARLIKAR A. Fairness in international trade negotiations: developing countries in the GATT and WTO [J]. The World Economy, 2006, 29 (8).

[265] NARLIKAR A. New powers in the club: the challenges of global trade governance [J]. International Affairs, 2010, 86 (3).

[266] NOTTAGE H. Trade and competition in the WTO: pondering the applicability of special and differential treatment [J]. Journal of International Economic Law, 2003, 6 (1).

[267] NOWAK M A, SIGMUND K. Evolution of indirect reciprocity by image scoring [J]. Nature, 1998, 394 (6685).

[268] OATES J G, GRYNAVISKI E. Reciprocity, hierarchy, and obligation in world politics: from Kula to Potlatch [J]. Journal of International Political Theory, 2018, 14 (2).

[269] ONYEJEKWE K. International law of trade preferences: emanations from the European Union and the United States [J]. St. Mary's Law Journal, 1995, 26 (2).

[270] PAUWELYN J. A typology of multilateral treaty obligations: are WTO obligations bilateral or collective in nature? [J]. European Journal of International Law, 2003, 14 (5).

[271] PAUWELYN J. The end of differential treatment for developing countries? lessons from the trade and climate change regimes [J]. Review of European, Comparative and International Environmental Law, 2013, 22 (1).

[272] PENA R. Impact of WTO policies on developing countries: issues and perspectives [J]. Transnational Corporations Review, 2012, 4 (3).

[273] POSNER E A. Human rights, the laws of war, and reciprocity [J]. Law & Ethics of Human Rights, 2013, 6 (2).

[274] PREBISCH R. Commercial policy in the underdeveloped countries [J]. The American Economic Review, 1959, 49 (2).

[275] PROVOST R. Reciprocity in human rights and humanitarian law [J]. British Yearbook of International Law, 1994 - 1995, 65 (1).

[276] QIN J Y. The challenge of interpreting "WTO-plus" provision [J]. Journal of World Trade, 2010, 44 (1).

[277] RUGGIE J G. At home abroad, abroad at home: international liberalisation and domestic stability in the new world economy [J]. Journal of International Studies, 1995, 24 (3).

[278] SAMUELSON P. International factor price equalization once again [J]. Economic Journal, 1949, 59 (234).

[279] SANCHO L H. What kind of generalized systems of preferences [J]. European Journal of Law and Economics, 2006, 21 (3).

[280] SCHANZE E. On the meaning of reciprocity: comment [J]. Journal of Institutional and Theoretical Economics, 2003, 159 (1).

[281] SCHEVE K F, SLAUGHTER M J. How to save globalization: rebuilding America's ladder of opportunity [J]. Foreign Affairs, 2018, 97 (6).

[282] SCHWAB S C. After Doha: why the negotiations are doomed and what we should do about it [J]. Foreign Affairs, 2011, 90 (3).

[283] SHIN J-S. The future of development economics: a methodo-

logical agenda [J]. Cambridge Journal of Economics, 2005, 29 (6).

[284] SINGER H W. The new international economic order: an overview [J]. The Journal of Modern African Studies, 1978, 16 (4).

[285] STAMBERGER J L. The legality of conditional preferences to developing countries [J]. Chicago Journal of International Law, 2003, 4 (2).

[286] STEINBERG R H. In the shadow of law or power? consensus-based bargaining and outcomes in the GATT/WTO [J]. International Organization, 2002, 56 (2).

[287] STIGLITZ J E. Fair trade [J]. The National Interest, 2008, 5 (95).

[288] SUGDEN R. Reciprocity: the supply of public goods through voluntary contributions [J]. Economic Journal, 1984, 94 (376).

[289] SUTRISNO N. Substantive justice formulated, implemented and enforced as formal and procedural justice: a lesson from WTO special and differential treatment provisions for developing countries [J]. Journal of Gender, Race and Justice, 2010, 13 (3).

[290] SWAN A C. "Fairness" and "reciprocity" in international trade section 301 and the rule of law [J]. Arizona Journal of International and Comparative Law, 1999, 16 (1).

[291] SWITZER S. A contract theory approach to special and differential treatment and the WTO [J]. Journal of International Trade Law and Policy, 2017, 16 (3).

[292] THOMAS C A. The uses and abuses of legitimacy in international law [J]. Oxford Journal of Legal Studies, 2014, 34 (4).

[293] TOWNS A E. Norms and social hierarchies: understanding international policy diffusion "from below" [J]. International Organization, 2012, 66 (2).

[294] TRACHTMAN J P. Legal aspects of a poverty agenda at the WTO: trade law and global apartheid [J]. Journal of International

Economic Law，2003，6 (1).

[295] TRACHTMAN J P. The WTO cathedral [J]. Stanford Journal of International Law，2007，43 (1).

[296] TURKSEN U. The WTO law and the EC's GSP＋ arrangement [J]. Journal of World Trade，2009，43 (5).

[297] TYAGI M. Flesh on a legal fiction: early practice in the WTO on accession protocols [J]. Journal of International Economic Law，2012，15 (2).

[298] UCHÉ E. Special and differential treatment in international trade law: a concept in search of content [J]. North Dakota Law Review，2003，79 (4).

[299] WADE R H. What strategies are viable for developing countries today? the World Trade Organization and the shrinking of "development space" [J]. Review of International Political Economy，2003，10 (4).

[300] WEILER J H H. The transformation of Europe [J]. Yale Law Journal，1991，100 (8).

[301] ZAMMAT A，SINGH A. Labour standards and the "race to the bottom": rethinking globalization and workers' rights from the developmental and solidaristic perspective [J]. Oxford Review of Economic Policy，2004，20 (1).

[302] ZANGL B，HEUBNER F，KRUCK A，et al. Imperfect adaptation: how the WTO and the IMF adjust to shifting power distributions among their member [J]. The Review of International Organization，2016，11 (2).

（三）其他类

[303] Accession of Least Developed Countries，The General Council Decision，WT/L/508，WTO Document，20 January 2003.

[304] An Undifferentiated WTO: Self-declared Development Status Risks Institutional Irrelevance，WTO Document，WT/GC/W/757，16

January 2019.

[305] Brazil-Export Financing Programme for Aircraft, Report of the Panel, WT/DS46/R, 14 April 1999.

[306] Charter of Economic Rights and Duties of States, General Assembly Resolution 3281 (XXIX), 12 December 1974.

[307] Declaration on the Establishment of a New International Economic Order, the General Assembly, A/RES/S-6/3201, 1 May 1974.

[308] Declaration on the Right to Development, The General Assembly, UN Document, A/RES/41/128, 4 December 1986.

[309] Differential and More Favorable Treatment Reciprocity and Fuller Participation of Developing Countries, contracting parties Decision, L/4903, 28 November 1979.

[310] Doha Ministerial Declaration, WT/MIN (01)/DEC/1, WTO Document, 20 November 2001.

[311] Draft Modalities for Non-Agricultural Market Access, Third Revision, Negotiating Group on Market Access, WTO Document, TN/MA/W/103/Rev. 2, 10 July 2008.

[312] European Communities-Anti-Dumping Duties on Imports of Cotton-Type Bed Linen from India, Report of the Panel, WT/DS141/R. 30 October 2000.

[313] European Communities-Conditions for the Granting of Tariff Preferences to Developing Countries, Panel Report, WT/DS246/R, 1 December 2003.

[314] European Communities-Conditions for the Granting of Tariff Preferences to Developing Countries, Report of the Appellate Body, WT/DS246/AB/R, 7 April 2004.

[315] European Economic Community-Restrictions on Imports of Dessert Apples, Report of the Panel, L/6491-36S/93, 22 June 1989.

[316] Final Act of the First United Nations Conference on Trade and Development, UNCTAD Document, E/CONF. 46/141, 1964, Vol 1.

［317］ From Development to Differentiation: Just How Much Has the World Changed? UNCTAD Research Paper, No. 33, UNCTAD/ SER. RP/2019/5, June, 2019.

［318］ India-Measures Affecting the Automotive Sector, Report of the Panel, WT/DS146/R, 21 December 2001.

［319］ India-Quantitative Restrictions on Imports of Agricultural, Textile and Industrial Products, Report of the Panel, WT/DS90/R, 6 April 1999.

［320］ Ministerial Meeting Tokyo, 12 - 14 September 1973 Declaration, GATT/1134, 14 September 1973.

［321］ NAM H-W. Korea gives up WTO developing country status ［EB/ OL］. (2019 - 10 - 25) ［2024 - 03 - 07］. http: //www. koreatimes. co. kr/ www/nation/2019/10/694_277692. html.

［322］ Progressive Development of the Principles and Norms of International Law Relating to the New International Economic Order, United Nations Document, A/39/504/Add. 1, 23 October 1984.

［323］ Proposal for a Framework Agreement on Special and Differential Treatment: Communication from Cuba, Dominican Republic, Honduras, India, Indonesia, Kenya, Malaysia, Pakistan, Sri Lanka, Tanzania, Uganda and Zimbabwe, WT/GC/W/442, 19 September 2001.

［324］ Protocol on the Accession of the Kingdom of Cambodia, WT/ MIN (03)/18, WTO Document, 11 September 2003.

［325］ Protocol on the Accession of the Kingdom of Nepal, WT/MIN (03)/19, WTO Document, 11 September 2003.

［326］ Protocol on the Accession of the People's Republic of China, WT/L/432, 23 November 2001.

［327］ Protocol on the Accession of the Sultanate of Oman to the Marrakesh Agreement Establishing the World Trade Organization, WT/ ACC/OMN/28, 3 November 2000.

［328］ Protocol on the Accession of the Sultanate of Oman to the

Marrakesh Agreement Establishing the World Trade Organization, WT/ACC/OMN/28, 3 November 2000.

[329] Report of the Working Party on the Accession of China, WT/ACC/CHN/49, 1 October 2001.

[330] Report of the Working Party on the Accession of the Kyrgyz Republic, WT/ACC/KGZ/26, WTO Document, 31 July 1998.

[331] Report of the Working Party on the Accession of Viet Nam, WT/ACC/VNM/48, WTO Document, 27 October 2006.

[332] Report to the General Council, TN/CTD/7, 10 February 2003.

[333] Review Working Party II on Tariffs, Schedules and Customs Administration, Contracting Parties Ninth Session, GATT Document L/329, adopted on 24 February 1955.

[334] Rules and Procedures for the Dillon and Kennedy Rounds, the Secretariat, MIN/W/8, 25 February 1975.

[335] Singapore Ministerial Declaration, Singapore WTO Ministerial 1996, WT/MIN (96)/DEC, 18 December 1996.

[336] South Centre. The right to development at 30: looking back and forwards [EB/OL]. (2016 - 08 - 16) [2024 - 03 - 07]. https://www. southcentre. int/question/the-right-to-development-at-30-looking-back-and-forwards/.

[337] Special and Differential Treatment Provisions: Joint Communication from Cuba, Dominican Republic, Egypt, Honduras, India, Indonesia, Kenya, Mauritius, Pakistan, Sri Lanka, Tanzania and Zimbabwe, Committee on Trade and Development Special Session, WTO Document, TN/CTD/W/2, 14 May 2002.

[338] Special and Differential Treatment Provisions: Joint Communication from the African Group in the WTO, Committee on Trade and Development Special Session, WTO Document, TN/CTD/W/3/Rev. 1, 24 June 2002.

[339] Strengthening and Modernizing the WTO: Discussion Paper-

Communication from Canada, WTO General Council, JOB. GC. 201, September 24, 2018.

[340] The Continued Relevance of Special and Differential Treatment In Favour of Developing Members to Promote Development and Ensure Inclusiveness, WTO Document, WT/GC/W/765, 18 February 2019.

[341] Trends in International Trade-Note by the Executive Secretary, GATT Document, MGT/80/58, August 1958.

[342] United Nations Millennium Declaration, UN General Assembly, UN Document, A/RES/55/2, 18 September 2000.

[343] United States-Import Prohibition of Certain Shrimp and Shrimp Products, Report of the Appellate Body, WT/DS58/AB/R, 12 October 1998.

[344] United States-Imports of Sugar From Nicaragua, Report of the Panel, L/5607 - 31S/67, 13 March 1984.

[345] U. S. Mission Brazil. Joint Statement from President Donald J. Trump and President Jair Bolsonaro [EB/OL]. (2019 - 03 - 19) [2024 - 03 - 07]. https: //br. usembassy. gov/joint-statement-from-president-donald-j-trump-and-president-jair-bolsonaro/.